SOCIAL WELFARE ADMINISTRATION

사회복지행정론

이기영 문순영 엄태영 주은수 이상우 최혜경 공저

신정

머/리/말

사회복지행정은 사회복지를 실천하는 조직의 외적 효과성과 내적 효과성을 구현하는 과정 혹은 그 필요 요소들을 의미한다고 할 수 있다. 외적 효과성이란 크게는 사회구성원의 복지와 삶의 질 향상을 도모하는 것이고 미시적으로는 복지서비스 이용자의 만족을 높이는 것이다. 외적 목표차원에서 사회복지행정은 급여 및 서비스 개발, 제공 및 실천, 평가적 피드백 활동 등과 연관된다. 내적 효과성은 공공기관이든 민간조직이든 이러한 외적 목표를 달성하기 위한 조직 자체의 효과적인 관리 및 운영을 의미한다. 여기에는 조직환경 및 조직행동, 리더십, 인적자원관리, 재정 및 정보관리, 홍보 및 지역사회 소통 등의 주제가 중요하게 관련된다. 그리고 내 · 외적 효과성 실현 논의는 사회복지직무의 전문성(professionality) 관련 논의와 연결된다. 또한 사회복지조직이 내 · 외적 효과성을 위해 실천해 가는 과정에서 이용자, 지역주민, 정부 및 지자체, 자원제공자 등 다양한 이해관계자가 존재하며 이들을 향한 사회적 책임성은 더욱 강하게 요청되고 있다.

이렇듯 사회복지현장의 실천가나 학교에서 사회복지를 전공하는 학생들에게 사회복지행정은 필수적인 지식과 기술로 그 중요성을 더해가고 있지만 학습 영역이 매우 넓고 심도가 있어 사회복지행정 공부는 매우 어려운 과제라고 할 수 있다. 1990년대 이후 사회복지조직들이 팽창하고 사회보장체계가 확장되면서 한국의 사회복지행정학이 중요시되기 시작했고 지금까지 사회복지 전공과목으로서 체계와 내용이 지속적으로 업그레이드되어 왔다. 그러나 한국사회의 사회보장 및 사회서비스 전달체계와 내용, 그리고 제공방식에서의 변화가 최근까지 지속적으로 그리고 대폭 이루어지고 있어 교과서의 저자나 학생들 모두 도전이 되고 있다.

이 책은 위에서 서술한 과제와 도전에 대응하여 부족하나마 사회복지전공 학부 및 대학원 학생, 그리고 사회복지현장에서의 관리자 및 종사자들이 주요하게 학습할 내용을 가능한 쉽게 정리하고 실제적인 사례를 많이 제공하기 위해 노력하였다. 사회복지행정 교육에 필요한 기본지침 내용에 충실하면서도, 가능한 최근 사회복지행정현장의 변화와 요청을 반영할 수 있도록 노력하였다. 특히 마지막 챕터인 사회복지조직에서의 새로운 경영방식(14장)에서는 최근 경영 및 조직관리에서 화두가 되고 있는 ESG경영 및 윤리경영에 초점을 두고 그 기본적 개념이해와 사회복지 실천현장에서의 적용성을 제시하는 데 노력하였다.

이 책은 총 5부, 14장으로 구성되어 있다. 제1부 '사회복지행정의 개념과 역사'에서는 사회복지행정의 개념과 특성(제1장)에 이어 사회복지행정의 역사(제2장)를 서술하고 있다. 제2부 '사회복지조직과 전달체계'에서는 사회복지조직의 특성과 유형(제3장), 사회복지조직이론(제4장), 리더십(제5장), 사회복지전달체계(제6장)를 서술하고 있다. 제3부 '기획 및 평가'는 사회복지 기획(제7장)과 프로그램 실행관리와 평가(제8장)를 서술하고 있으며, 제4부는 '조직관리'에 중점을 두고 인적자원관리(제9장), 재정관리(제10장), 정보관리(제11장), 마케팅과 홍보(제12장)를 중점적으로 서술하고 있다. 마지막으로 제5부 '혁신 및 새로운 경영'에서는 사회복지조직의 평가(제13장)와 사회복지조직의 새로운 경영방식(제14장)으로 ESG경영 및 윤리경영을 서술하고 있다.

이 책을 만들게 해주신 많은 분들께 감사의 말씀을 전하고 싶다. 먼저 사회복지학문이 생소하였던 1980년대 한국 사회에 사회복지행정의 초석과 기틀을 만들어주신 성규탁 교수님께 감사를 드린다. 특히 성교수님의 '사회복지행정론'은 당시 사회복지행정론이라고 부를 수 있는 최초의 책이었기에 후학들에게 많은 지적 자극과 격려가 되었다.

사회복지행정 교재를 저술하고자 결의했던 초기의 멤버들이 시간이 흐르는 동안 많이 바뀌기는 했지만, 연세대 교정에서 공부했던 동문 후배 교수님들께서 저자로서 적극 참여해 주셔서 마침내 출판하게 되었음을 진심으로 감사드리며, 이제야 안도의 숨을 내쉰다. 또한 맡은 챕터들을 충실하고 깔끔하게 집필하여 이 책을 완성할 수 있게 해준 제자이자 든든한 동역자인 최혜경 박사님께 감사를 드린다. 이 책이 출판되기까지 참으로 오랜 시간을 기다려주신 신정출판사의 최용구 사장님께 진심으로 감사드린다.

초판의 저술을 통하여 저자들의 생각과 집필 의도를 독자들에게 충분히 전달하기에는 부족한 부분이 있을 수 있음을 안다. 앞으로의 추가적인 연구와 집필을 통하여 더욱 유용한 교재가 될 수 있도록 이 책을 읽으실 분들께서 많은 비평과 조언을 해주시길 바란다.

2023년 6월

저자를 대표하여 이기영 씀

차/례

제2부 사회복지조직과 전달체계

CHAPTER 03 사회복지조직의 특성과 유형

CHAPTER 04 사회복지조직이론

CHAPTER 05 리더십

CHAPTER 06 사회복지전달체계

제3부 기획 및 평가

CHAPTER 07 사회복지 기획

제 1 부

사회복지행정의 개념과 역사

01

CHAPTER 01

사회복지행정의 개념과 특성

전통적으로 사회복지는 빈곤계층을 포함한 복지 취약계층 지원에 대해 개인이나 집단의 노력에 의해 수행되어 왔다. 하지만 현대사회는 전 세계적으로 복지국가(welfare state)의 개념이 확산되고 일정 조직(organization)을 기반으로 한 사회복지 서비스를 제공하게 되면서 행정의 개념이 부각되기에 이른다. 따라서 사회복지행정(social welfare administration)은 사회복지실천이 이루어지는 각종 조직의 활동 전반을 기획하고 실행하며 관리, 평가, 혁신하는 것과 관련한 지식이라는 점에서 중요한 사회복지 영역으로 볼 수 있다. 특히 최근 들어 코로나19와 같이 예측이 어려운 상황에서 어떻게 조직을 관리, 운영해야 하는지 그리고 4차 산업혁명과 기후변화, 디지털 전환 등 변화된 환경에서 조직이 생존하기 위해 어떻게 혁신해야 하는지를 다루고 있다는 점에서 그 중요성이 더해지고 있다. 이 장에서는 사회복지행정의 개념을 규정하고, 일반 행정에 비해 사회복지행정이 가지고 있는 고유의 특성들을 살펴보겠다.

1 사회복지행정의 개념

1) 어원적 개념

사회복지행정의 개념을 정의하는 다양한 방식 중에 사회복지와 행정을 구분하여 살펴보는 것은 유용한 방법이다. 즉 어원적으로 사회복지행정의 개념은 사회복지(social welfare)와 행정(administration)이 혼합된 말로 볼 수 있기 때문이다.

우선 사회복지의 개념은 인간이 지니고 있는 다양한 욕구를 개인 스스로가 아닌 사회적, 집합적 노력으로 충족시키는 것이다. 그리고 행정의 개념은 공동의 목적을 성취하기 위한 사람들의 노력을 의미하며 가족단위에서부터 정부조직에 이르기까지의 집단적 활동은 모두 행정과 관련성을 가진다.

좀 더 구체적으로 행정의 의미를 행정과 관련한 고전(古典)을 통해 살펴보면 White[1]는 행정의 기술은 소기의 목적을 달성하기 위해 많은 사람들을 지시하고 협력하게 하며 통제하는 것을 의미한다고 하였다. Nigro[2] 또한 행정을 어떠한 목적 성취를 위한 조직과 사람 그리고 사물을 활용하는 것으로 정의한 바 있다. 따라서 행정은 일정한 목적이 있으며 이에 도달하기 위한 조직 또는 집단의 노력으로 설명될 수 있다.

이러한 행정의 개념을 바탕으로 사회복지행정을 어원적으로 정의 내리면 사회복지라는 목적을 달성하기 위한 조직이나 집단의 전반적인 노력과 그 과정에서 조직, 집단 구성원들을 지시, 협력, 통제하는 행위라고 할 수 있다.

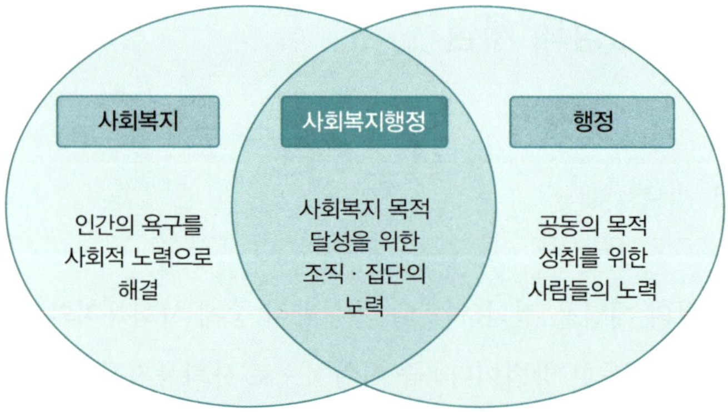

[그림 1-1] 사회복지행정의 어원적 개념

2) 기존 문헌에서의 개념정의

기존 문헌에서의 사회복지행정 정의는 대체로 정책적 측면과 사회복지기관 운영적 측면으로 나뉘어져 제시되는 경향이 있다. 따라서 이러한 부분을 고려하여 여기에서는 광의의 개념과 협의의 개념으로 구분하여 살펴보았다. 즉 광의의 사회복지행정 개념은 다양한 정책을 실현 가능한 구체적 서비스로 전환하는 것으로, 협의의 사회복지행정 개념은 사회복지기관 운영과 관련한 내용으로 구분하여 설명하였다.

(1) 광의의 개념

광의의 사회복지행정 개념을 설명하는 데 있어서는 일반적으로 Kidneigh[3]의 정의가 가장 널리 활용되고 있다. 그는 사회복지행정 개념을 사회복지정책이 사회복지서비스로 전환되는 과정이며 그 과정에서 얻게 된 다양한 경험들을 사회복지정책의 개선에 활용하는 것으로 정의하고 있다. 이와 유사하게 Patti[4]도 사회복지정책이 사회복지서비스로 전환하는 데 필요한 사회복지조직의 총체적인 활동으로 사회복지행정을 보고 있다. 특히 사회복지행정의 개념을 사회서비스 제공을 위한 사회복지기관의 효과적 운영 외에도 국가의 사회복지정책을 사회서비스로 구체화시키는 것과 관련한 사회복지 영역의 각종 활동으로 다소 넓게 보았다.

〈표 1-1〉 광의의 사회복지행정 개념

구분	학자	내용
광의의 사회복지행정 개념	Kidneigh	• 사회복지정책이 사회복지서비스로 전환되는 과정 • 그 과정에서 얻게 된 다양한 경험들을 사회복지정책의 개선에 활용하는 것
	Patti	• 사회복지정책이 사회복지서비스로 전환되는 데 필요한 사회복지조직의 총체적인 활동 • 사회서비스 제공을 위한 사회복지기관의 효과적 운영 외에도 국가의 사회복지정책을 사회서비스로 구체화시키는 것과 관련한 사회복지 영역의 각종 활동

(2) 협의의 개념

광의의 사회복지행정 개념에 비해 협의의 사회복지행정 개념들은 주로 사회복지기관 또는 사회복지조직을 기반으로 한 내용이 주를 이루고 있다. 우선 Skidmore[5]는 사회복지정책과 같은 거시적인 접근보다는 사회복지기관의 정책을 사회복지서비스로 전달할 수 있도록 하기 위한 조직 구성원들의 활동으로 사회복지행정을 바라보고 있다. Stein[6] 또한 조직의 목표를 설정하고 이의 달성을 위한 조정과 협조의 과정으로 사회복지행정을 보았으며, Trecker[7]도 조직이 지니고 있는 자원을 활용하여 사회복지서비스 제공이라는 목표 달성을 위해 조직 구성원들이 그들의 역량을 최대한 발휘하고 협력토록 하는 과정으로 사회복지행정을 정의하고 있다.

그 외에도 사회복지행정을 전문적인 실천 활동으로 바라보는 정의도 나타나는

데 우선 Spencer[8]는 사회복지행정을 지역사회의 자원들을 확보하고 이를 지역사회를 대상으로 하는 각종 서비스에 투입하는 과정으로 정의하면서, 자원 확보 및 활용에 있어서 이사회나 기관 직원, 자원봉사자, 후원자 등을 활발하게 참여토록 하는 것으로 보았다. 그리고 Dunham[9]은 사회복지행정을 사회복지기관이 직접적인 서비스를 제공하기 위해 필요한 각종 활동을 지지, 촉진하는 과정으로 정의하면서 사회복지행정의 범위를 조직 기능 및 정책결정, 리더십, 그 외에도 기록, 회계 등 일상적인 운영까지로 보았다.

〈표 1-2〉 협의의 사회복지행정 개념

구분	학자	내용
협의의 사회복지행정 개념	Skidmore	• 사회복지기관의 정책을 사회복지서비스로 전달할 수 있도록 하기 위한 조직 구성원들의 활동
	Stein	• 조직 목표를 설정하고 이의 달성을 위한 조정과 협조의 과정
	Trecker	• 조직이 지니고 있는 자원을 활용하여 사회복지서비스 제공 목표달성을 위해 조직 구성원들의 역량을 최대한 발휘하고 협력토록 하는 과정
	Spencer	• 지역사회 자원을 확보하고 이를 지역사회 각종 서비스에 투입하는 과정 • 자원확보 및 활용에서 이사회, 기관직원, 자원봉사자, 후원자 등을 활발하게 참여토록 하는 것
	Dunham	• 사회복지기관이 직접적 서비스를 제공하기 위해 필요한 각종 활동을 지지, 촉진하는 과정 • 조직 기능 및 정책결정, 리더십, 기록, 회계 등 일상적 운영까지도 범위로 보고 있음

(3) 사회복지행정의 개념 정리

위에서 제시한 각종 문헌들을 통한 사회복지행정의 개념을 정리하자면, 우선 협의의 사회복지행정 개념은 정책 중심이 아닌 서비스가 제공되는 기관 중심의 접근이라는 점과 실천적 요소를 강조하고 있다는 점에서 광의의 사회복지행정 개념과는 많은 차이가 있다. 그럼에도 불구하고 광의와 협의의 사회복지행정 개념은 사회복지정책이 설정하고 있는 목표를 바탕으로 이를 달성하기 위한 조직 또는 사회복지실천 과정의 구체적인 활동이라는 점에서 공통점을 포함하고 있다. 따라서 협의와 광의의 개념을 종합해 보면 결국 사회복지행정의 개념은 사회복지정책을 사회복지서비스로 전환하는 것과 관련하여 사회복지조직이 추구하는 목표 달성을 위해 조직 구성원들의 모든 활동과 이를 위한 조직의 관리 노력으로 정의할 수 있다.

2 사회복지행정의 유사개념

사회복지행정의 개념을 정의하는 과정에서는 사회복지행정과 유사한 개념들을 함께 살펴봄으로써 사회복지행정의 개념을 보다 명확히 할 수 있다. 여기에서는 사회행정(social administration), 복지행정(welfare administration), 사회사업행정(social work administration), 그리고 사회복지정책(social welfare policy)의 개념을 다루었다.

(1) 사회행정

영국에서 주로 사용하는 용어인 사회행정(social administration)은 사회 전체의 욕구와 이의 충족을 위해 필요한 자원을 배분하는 것과 관련된 것으로 사회보장 및 사회복지조직의 운영과 조정을 다루는 활동으로 정의된다.[10] 따라서 사회행정의 개념에서는 국가차원의 사회보장뿐만 아니라 민간차원의 사회복지시설 운영을 함께 고려하고 있다. 사회행정을 보다 세분화하면 국가영역은 사회보장행정으로, 민간영역은 사회복지행정으로 세분화할 수 있는 것이다. 여기서 사회보장행정은 다양한 사회적 위험으로부터 모든 국민을 보호하고 삶의 질을 향상하는 것과 관련한 행정으로, 그리고 사회복지행정은 도움이 필요한 모든 국민을 대상으로 사회복지사업을 통한 서비스를 제공함으로써 이들의 삶의 질이 향상되도록 하는 행정으로 규정할 수 있다.

(2) 복지행정과 사회사업행정

사회복지행정의 유사 개념으로 복지행정(welfare administration)과 사회사업행정(social work administration)은 함께 살펴볼 필요가 있다. 왜냐하면 이 세 가지 개념은 비록 다른 관점을 가지고 있지만 매우 밀접한 연관성을 가지고 있기 때문이다. 우선 복지행정은 행정학의 한 분야로 사회복지정책 목표 달성을 위해서 형성된 정부 조직의 복지업무수행과 관련한 것으로 우리나라에서는 주로 보건복지부의 행정을 의미한다. 따라서 복지행정은 국가의 보건행정이나 교육행정, 국방행정과 같은 맥락으로 이해될 수 있으며 국민의 복지를 증진하고 취약계층 보호를 목적으로 한 정부 주도 정책 및 관련 사업수행으로 이해될 수 있다.[11] 특히 복지행정은 공공행정 중에서 사회복지영역을 다루고 있다는 점에서 사회복지행정과 유사하지만 국가가 주체인 점에서 공공과 민간 전체를 아우르는 사회복지행정과는 다소 차이가 있다. 이에 비해 사회사업행정은 주로 미국에서 사용하는 개념으로 1970년대 이전의 전문 사회사업에서 클라이언트 치료과정에서 활용된 행정접근을 의미한다. 즉, 전통적인 사회사업의 3대 방법론이라 할 수 있는 개별사회사업(case work), 집단사회사업(group work), 지역사회조직(community organization)을 효과적으로 실천하기 위해 필요한 관리기술로써 사회복지행정을 바라보고 있는 것이다. 따라서 사회사업행정의 주체는 민간 사회복지기관으로, 객체는 서비스를 필요로 하는 클라이언트라는 점에서 사회복지행정과 유사한 점이 있으나 사회사업행정이 임상적 측면을 강조한 것에 비해 사회복지행정은 조직운영과 정책적 측면까지도 다룬다는 점에서 그 차이점을 발견할 수 있다.

결론적으로 복지행정을 다소 거시적인(macro) 접근방법이라 한다면 사회사업행정은 미시적(micro) 접근방법이며 사회복지행정은 이 두 개념에 비해 중범위적(mezo) 접근방법으로 이해할 수 있다. 또한 복지행정은 행정적 측면을 강조하는 공공부분으로, 사회사업행정은 사회사업실천 측면을 강조하는 사회복지기관부분으로, 그리고 사회복지행정은 복지행정과 사회사업행정을 모두 포괄하는 개념으로 볼 수 있는 것이다.

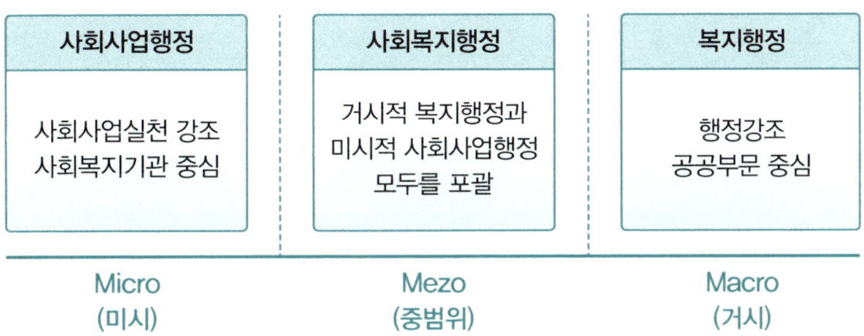

[그림 1-2] 사회사업행정과 복지행정, 사회복지행정 간의 관계

3 사회복지행정의 특성

사회복지행정은 사회복지의 목적 달성을 위하여 행정적 접근을 수행하는 것이므로 일반행정과 유사한 속성을 가지고 있을 뿐만 아니라 사회복지의 특수성으로 인해 일반행정과 구별되는 속성을 동시에 지니고 있다. 따라서 기존의 각종 문헌

과 연구들에서 다루어지는 내용을 바탕으로 사회복지행정과 일반행정의 공통적 속성과 차별적 속성을 살펴보고, 이를 통해 사회복지행정의 특성을 제시하였다.

1) 사회복지행정과 일반행정의 공통적인 속성

사회복지행정은 행정의 체계에서 비롯된 부분이 많기 때문에 일반행정과 공통되는 속성을 가지고 있다.[12] 대체로 문제해결의 과정, 가치적 판단, 능력 강화의 과정, 미래지향적인 창조성, 공공의 의지 실현, 조직 구성원에 대한 접근 등 총 6가지 영역이 사회복지행정과 일반행정의 공통된 속성으로 제시되고 있다.

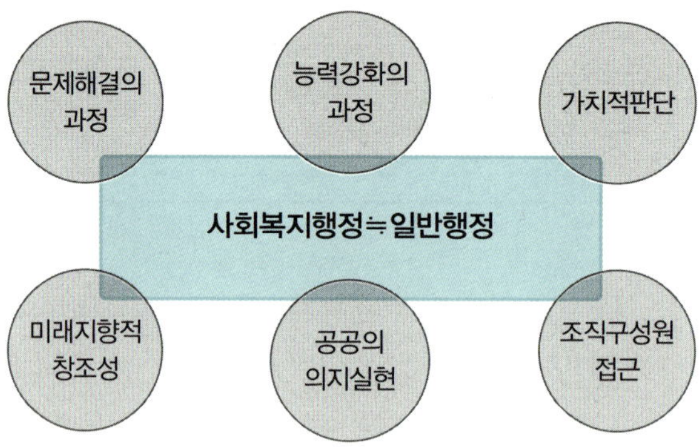

[그림 1-3] 사회복지행정과 일반행정의 공통적인 속성

(1) 문제해결의 과정

행정은 다양한 문제를 해결하는 과정이므로 특정 문제에 대해 접근 방식을 개발하여 수행하고, 그 결과를 평가하게 된다. 여기에서 다루는 문제들은 조직의 문제일 수도 있고, 지역사회나 국가의 문제가 될 수도 있다. 따라서 행정에서는 문제

탐색의 방법과 이렇게 탐색된 문제에 대한 해결책을 개발하는 능력, 그리고 실제 행정을 수행하면서 요구되는 역량과 행정 성과를 평가하고 환류하는 방법에 대한 이해가 필요하다. 사회복지행정의 경우에도 사회복지서비스를 제공하는 사회복지기관뿐만 아니라 국가에서 나타나는 복지문제에 대해 다양한 해결책을 제시하고 사회복지행정 성과를 평가하며 그 결과를 다시 환류한다는 점에서 일반행정과의 공통적인 부분이 많다.

(2) 가치적 판단

행정은 다양한 영역에서 나타나는 문제를 해결하는 과정에서 대안을 선택하게 되는데, 이때 가치적 판단이 요구된다. 왜냐하면 문제해결을 위한 대안들을 마련하고 최종적으로 적합한 대안을 해결방안으로 선택하는 과정에서 행정가의 가치가 고려될 수박에 없기 때문이다. 사회복지행정의 경우에도 각종 사회문제해결을 위한 대안을 마련하고 이를 선택하는 일련의 과정을 지속적으로 반복하게 되는데 그때 사회복지적 가치를 고려할 수박에 없다는 점에서 일반행정과 유사한 측면이 있다.

(3) 능력강화 과정

행정은 조직 구성원 개인이나 조직 전체가 효과적으로 기능할 수 있도록 능력을 강화하는 과정이 필요하다. 행정과정에서 필요한 역량들이 무엇인지를 도출하고 다양한 방법을 통해 습득할 수 있는 기회가 마련되어야 하며, 그러한 역량이 지속될 수 있는 조직문화가 조성되어야 한다. 사회복지행정의 경우에도 사회복지조직 구성원들이 기존 사회문제뿐만 아니라 4차 산업혁명과 코로나19 등의 상황으로 인해 나타난 새로운 이슈에 대해 적절히 대응할 수 있도록 끊임없는 능력 강화가 요구된다.

(4) 미래지향적인 창조성

행정은 앞으로 닥쳐올 미래와 관련된 일이 많으므로 각종 지식과 기술을 사용하는 과정에서는 창조적 속성이 강조될 필요가 있다. 최근 들어 다양한 조직, 지역사회, 국가에서 나타나는 문제들은 이전과는 다른 새로운 양상들이 많기 때문에 지금까지 활용했던 지식과 기술을 통해서는 적절한 효과를 거두지 못할 가능성이 있다. 따라서 행정과정에서 어떠한 지식과 기술을 새롭게 적용할 것인지를 지속적으로 모색해야 한다. 특히 4차 산업혁명 관련 산물들이나 그외 영역들에서 개발되는 새로운 지식, 기술들을 행정에 활용하는 것에 대해 유연한 태도를 가져야 한다.

사회복지행정의 경우에도 돌봄과정에 AI 기술을 적용한다거나 응급상황 대처를 위해 IOT 접근을 활용하는 등을 그 예로 들 수 있으며, 코로나19 이후에는 비대면 사회서비스 제공을 위해 디지털 기기를 이용하는 것에 대해 적극적이고 유연할 수 있어야 한다는 점에서 일반행정과 유사성이 있다.

(5) 공공의 의지 실현

행정은 공공의 의지(public will)를 실현하는 일이다. 공공이 원하는 다양한 일들을 행정과정을 통해 집행해야 하며, 공공의 기대수준을 충족해야 한다. 따라서 행정 관련 조직들은 언제나 책임성, 투명성, 공정성, 중립성 등의 다양한 행정원칙들을 고려해야 하는 것이다. 사회복지행정의 경우에도 사회복지행정 수행과정에서 필요한 재원을 정부보조금이나 후원금 등으로 충당하고 있고 그러한 재원을 사용함으로써 공공이 기대하는 수준 이상의 성과를 도출해야 하는 효과성과 책임성, 그리고 효율적으로 재원을 사용해야 하는 원칙을 준수해야 한다. 따라서 공공의 의지 실현이라는 점은 일반행정과 사회복지행정이 공통적으로 지니는 특성이라 할 수 있는 것이다.

(6) 조직 구성원에 대한 접근

행정은 조직 구성원들의 지위나 조직에 대한 기여 정도에 따라 적절히 대우해야 하며 조직 구성원들로 하여금 끊임없이 조직의 목표나 가치를 인식할 수 있는 기회를 제공해야 한다. 이는 조직 구성원들이 자신의 능력을 최대한 발휘토록 하여 최선의 서비스를 클라이언트에게 제공할 수 있도록 동기를 부여하고 힘을 북돋워 줄 수 있기 때문이다. 또한 조직 구성원들 간에 긍정적 관계가 형성되도록 의사소통의 과정에 관심을 가져야만 하고 행정과정에도 적극적인 참여가 이루어질 수 있도록 해야 한다.

사회복지행정의 경우에도 조직 구성원들의 역량을 강화하기 위한 직무교육과 함께 실천과정에서 적절한 수퍼비전을 제공받아야 하며, 각종 의사결정의 과정에 대한 참여나 구성원들 간의 긍정적 의사소통이 이루어져야 한다는 점에서 일반행정과 유사성이 있다.

〈표 1-3〉 사회복지행정과 일반행정의 공통적인 속성

영역	내용
문제해결의 과정	• 행정은 다양한 문제를 해결하는 과정 • 특정 문제를 확인하고 이를 위한 접근 방식을 개발하여 수행, 평가
가치적 판단	• 다양한 문제해결과정에서 활용하는 대안을 선택하고 이 과정에서 가치적 판단이 요구됨
능력강화 과정	• 조직 구성원 개인이나 조직 전체의 효과적 기능을 위해 능력을 강화하는 과정이 필요
미래지향적 창조성	• 앞으로 닥쳐 올 일을 위한 지식, 기술적용과정에서 창조적 속성이 강조되어야 함

공공의 의지 실현	• 공공이 원하는 다양한 일들을 행정과정을 통해 집행해야 함
조직구성원 접근	• 조직구성원의 지위, 기여에 대한 대우 • 조직 구성원이 조직의 목표나 가치를 인식할 수 있도록 기회제공

2) 사회복지행정과 일반행정의 구별되는 특성

사회복지행정은 대체로 사회복지기관을 기반으로 이루어지므로 일반행정과는 구별되는 특성이 있다.[13] 여기에서는 기존의 연구들을 바탕으로 지역사회와의 관계, 서비스 제공, 조직운영과정, 자원활용 등 총 네 가지 영역에서 일반행정과 구별되는 사회복지행정의 특성들을 살펴보았다.

[그림 1-4] 사회복지행정과 일반행정의 구별되는 특성

(1) 지역사회와의 관계

사회복지행정은 지역사회가 지니고 있는 다양한 복지관련 욕구를 충족하고 사회문제 해결을 돕는 역할을 수행한다. 또한 사회복지행정이 이루어지는 대표적인 조직이라 할 수 있는 사회복지기관은 지역사회를 대변하고 투명한 조직 운영을 위한 이사회를 보유하게 된다. 따라서 사회복지행정가는 사회복지기관과 지역사회의 관계를 적절히 고려해야 하는 책임이 있으며 이러한 특성이 일반행정과는 차이

점이라 할 수 있다. 즉 지역사회의 다양한 측면들이 사회복지행정 수행과정에 영향을 미칠 수 있다는 가능성을 사회복지행정가는 항상 생각할 필요가 있다.

(2) 서비스 제공

사회복지행정이 이루어지는 사회복지기관에서는 각종 사회서비스들이 제공되는데, 이러한 사회서비스들은 대체로 손상된 사회적 기능을 회복하거나 사회 및 개인의 효과적인 사회적 기능을 수행하는 데 필요한 자원을 제공하고 다양한 사회 역기능을 예방하게 된다. 하지만 이러한 사회서비스들은 생산되는 즉시 소멸되므로 곧바로 필요한 대상에게 전달되어야 하고 비축이 어렵다는 점으로 일반행정과정이 적용되기는 쉽지 않다. 또한 사회복지기관에서 제공되는 사회서비스에는 전문화된 사회복지적 요소가 포함되어야 하므로 조직구성원들은 전문적 역량과 자질을 보유하고 있어야만 한다.

(3) 조직운영과정

사회복지기관은 조직의 규모나 범위, 구조, 그리고 형태에 있어서 일반행정과는 달리 매우 다양하고 사회복지기관들 간 차이도 크다. 대체로 사회복지기관들의 설립목적이나 위치하고 있는 지역적 특성, 그리고 보유하고 있는 자원 등이 다르기 때문에 이는 조직운영과정에 직간접적으로 영향을 주고 있다.

또한 사회복지행정과정에 대체로 모든 조직구성원들이 참여하는 경향이 커서 이는 사회복지기관의 운영에 있어 다양한 영향을 미치게 된다. 특히 사회복지기관은 자신의 업무와 관련한 재량권을 가지고 직접 프로그램을 수행하는 전문가적 접근이 중요하므로 일반행정에서의 관리자 중심 접근과는 많은 차이점을 가진다.

(4) 자원활용

사회복지기관은 기본적인 운영을 위해서는 끊임없이 외부 환경으로부터 자원을 조달해야 한다. 따라서 사회복지기관이 획득한 각종 자원은 최대한 효과적으로 활용되어야하기 때문에 사회복지행정의 과정에서는 일반행정과는 달리 조직의 생존을 위해 지나치게 많은 자원을 사용해서는 안 된다. 이와 관련하여 사회복지행정가는 조직이 최적의 기능을 발휘할 수 있도록 노력해야 하고 조직의 유지, 보호와 관련한 책임을 지니게 된다.

〈표 1-4〉 사회복지행정과 일반행정의 구별되는 속성

영역	내용
지역사회와의 관계	• 지역사회의 욕구를 충족하고 사회문제 해결을 위해 존재 • 지역사회를 대변하고 조직 운영과정에서 구속력을 지니는 이사회를 보유
서비스 제공	• 손상된 사회적 기능회복, 사회 및 개인의 효과적인 사회적 기능수행을 위한 자원제공, 사회적 역기능 예방을 위한 서비스 제공 • 서비스 내에는 전문화된 사회복지적 요소가 포함되어야 함
조직운영과정	• 조직의 규모나 범위, 구조, 형태에 있어서 매우 다양하고 서로 차이가 큼 • 사회복지행정과정에 모든 조직구성원들이 참여하여 다양한 영향을 미치게 됨
자원활용	• 각종 자원이 최대한 효과적으로 활용되어야 하고 자원활용과 관련한 선택의 과정이 계속됨 • 조직의 생존을 위해 많은 자원이 사용되어서는 안되고 조직이 최적으로 기능을 발휘할 수 있도록 노력 • 조직의 유지와 보호관련 책임은 사회복지행정가에게 있음

3) 사회복지행정의 영역

사회복지행정은 일반행정과 비교해 볼 때 공통점을 가지기도 하지만 사회복지라는 특수성으로 인해 다양한 차이점이 나타난다. Sarri[14]는 사회복지행정의 영역을 사회적 요구를 정책 및 운영목표로 전환, 목표를 위한 조직구조 및 과정 설정, 목표달성을 위한 자원확보, 필요한 기술의 선택, 효율성과 효과성 증대, 성과평가 등 총 6가지로 구분하여 설명하고 있다. 이러한 내용을 바탕으로 사회복지행정의 영역을 좀 더 구체적으로 살펴보면 다음과 같다.

(1) 사회적 요구를 정책 및 운영목표로 전환

사회복지행정은 사회복지 목적달성이라는 사회적 요구 실현을 위해 사회복지조직 운영정책 및 목표를 정하고 이를 중요한 조직행동의 방향으로 설정한다. 특히 이러한 운영정책 및 목표는 사회복지조직의 각종 프로그램에 있어 매우 중요한 행동 기준으로 여겨지게 된다.

(2) 목표를 위한 조직구조 및 과정 설정

사회복지행정은 정책 및 운영목표를 실현하기 위해 사회복지조직의 구조와 실행과정을 설정한다. 즉 사회복지행정 수행을 위한 조직체계를 구성하고 이들을 위한 행정의 과정을 마련하게 된다.

(3) 목표달성을 위한 자원의 확보

사회복지행정은 조직의 목표를 달성하고 조직의 생존을 위해 다양한 형태의 자원과 직원, 클라이언트 등을 확보한다. 끊임없이 조직이 필요한 자원을 충당하고 사회복지행정을 수행하기 위한 직원을 선발하여 적절히 활용하며 사회복지행정의 도움을 받는 클라이언트를 발굴해야 한다.

(4) 필요한 기술의 선택

사회복지행정은 사회복지 목적을 달성하기 위해 각종 프로그램을 기획하게 되는데 이때 필요한 기술을 선택하여 활용한다. 물론 전문적인 사회복지서비스 제공을 위해 기본적으로 사회복지실천기술이 중요하겠으나, 최근에는 사회복지 영역 외에도 다양한 신기술(new technology)의 적용도 필요하다.

(5) 효율성과 효과성 증대

사회복지행정은 효율성과 효과성 증대를 위해 사회복지조직 행동을 최적화한다. 비록 효율성과 효과성은 상반되는 측면이 있으나 이 두 가지 개념은 사회복지행정 수행과정에서 동시에 고려해야 한다.

(6) 성과평가

사회복지행정은 특정 문제에 대한 체계적이고 지속적인 해결을 촉진하기 위해 조직에 대한 성과(outcome)평가를 실시한다. 성과평가의 결과는 조직으로 환류(feedback)되어야 하며 이러한 환류체계는 성과평가가 평가로 끝나지 않기 위해 매우 중요하다.

4) 사회복지행정의 범위

사회복지행정의 범위는 대체로 사회복지행정의 과정에서 이루어지는 주요 활동을 의미한다. 사회복지행정의 범위로는 Gulick[15]이 제시한 기획(planning), 조직

(organizing), 인사(staffing), 지시(directing), 조정(coordinating), 보고(reporting), 재정(budgeting)의 7가지 항목에 버나드[16]의 평가(evaluating)까지 포함하여 총 8가지 항목을 POSDCoRBE의 형태로 나타내는 것이 일반적이다. 이러한 POSDCoRBE는 관리를 위한 일련의 단계이므로, 각 단계별 주요 사항을 이해하는 것은 중요하다. 따라서 POSDCoRBE를 순차적으로 자세히 설명하면 다음과 같다.

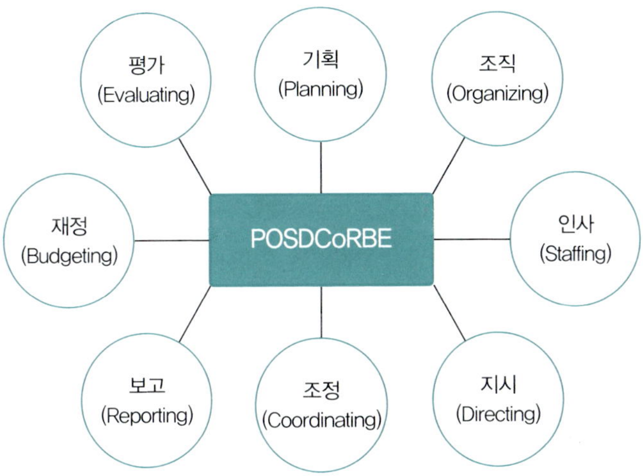

[그림 1-5] POSDCoRBE의 구성요소

(1) 기획(planning)

기획은 목표를 설정하고 목표 달성을 위해 완료해야 하는 구체적인 과업 및 이의 수행과 관련한 통합된 절차를 광범위하게 수립하는 것을 의미한다. 대체로 기획은 사회복지행정과정에서 세부적인 활동과 일정을 설정하는 단계이기 때문에 POSDCoRBE에서 첫 번째 순서이자 가장 중요하다고 볼 수 있다.

(2) 조직화(organizing)

조직화는 사회복지행정에서 수행할 과업을 공식적으로 다양한 하위 과정으로 세분화하기 위해 과업을 분류하고 정의하는 작업을 의미한다. 기획 단계에서 활동과 일정이 정해지면 조직화 단계에서는 이것이 더욱 정교해지며 과업에 적합한 인력을 배치할 수도 있다.

(3) 인사(staffing)

인사는 과업수행과 관련한 직무에 적합한 직원을 모집, 선택하고 적절한 작업환경을 유지하면서 오리엔테이션 및 직무교육을 촉진하는 것이 포함된다. 즉 직원 선발 이후 직무수행과정에서 필요한 교육적 측면과 작업환경 구축 모두를 인사의 과정에서 고려해야 하는 것이다.

(4) 지시(directing)

지시에서는 의사결정과 구조화된 명령, 그리고 명령을 실행하도록 직원들에게 권한을 위임하는 작업이 이루어진다. 지시의 과정은 POSDCoRBE에서도 특히 중요한데, 바로 조직의 팀(team)과 조직 구성원에게 지시를 통해 명확한 목표를 부여하게 됨으로써 작업이 이루어질 수 있도록 하기 때문이다.

(5) 조정(coordinating)

조정은 기본적으로 다양한 과업들의 구성요소를 조정하고 과업 간에 적절히 연결하는 것을 의미한다. 최근 들어 사회복지행정에서는 협업과 연계사업이 예전에 비해 중요하게 부각되고 있는데 이러한 조정의 과정을 통해 사회복지행정 성과를 극대화할 수 있겠다. 또한 조정의 과정에서는 과업 조정 외에도 조직구성원 간, 부서 간에 효과적인 의사소통 방식을 마련하는 것도 필요하다.

(6) 보고(reporting)

보고는 사회복지행정 과정에서 과업의 진행 상황이나 업무와 관련한 활동내용에 대해 상급자 등에게 정기적으로 정보를 제공하는 것과 관련된 것이다. 이러한 정보제공은 다양한 기록형식이나 감사, 조사의 방식을 통해 이루어질 수 있으며 정보제공의 대상으로는 직원에서부터 이사회, 지역사회, 관리감독 행정기관, 그리고 후원자 등이 될 수 있다.

(7) 재정(budgeting)

재정은 감사와 회계, 재정기획과 통제 아래의 모든 활동이 포함된다. 특히 사회복지행정에서 재정은 정부지원금과 후원금, 그 외 수입 등에 대한 지출 관련 내용뿐만 아니라 사회복지기관이 보유하고 있는 다양한 형태의 자산까지도 폭넓게 관련되어 있다. 재정의 과정에서는 무엇보다 관련 회계규정을 통해 투명성의 가치가 실현될 수 있어야 하겠으며, 단기적인 재정접근이 아닌 중장기적 접근이 고려되어야 한다.

(8) 평가(evaluating)

평가는 사회복지기관 목표에 따른 활동의 전반적 결과들이 기대하는 수준이었는지를 살펴보는 과정으로 효과성 평가와 효율성 평가가 많이 활용된다. 효과성 평가의 경우 사회복지행정에서는 사회복지기관이 지원하는 클라이언트의 문제나 욕구를 적절하게 해결하였는지와 관련한 궁극적 성과를 다루고 효율성 평가는 투입된 자원에 비해 산출이 어느 정도였는지와 관련된 내용으로 볼 수 있다.

4 사회복지행정의 필요성

사회가 복잡·다양해지면서 기존의 사회문제뿐만 아니라 새롭게 등장한 사회문제로 인해 충족되지 못한 인간의 욕구는 사회복지 조직들의 보다 적극적인 참여와 활동을 기대하고 있다. 특히 최근 들어 코로나19의 상황과 디지털 환경변화로 인해 사회복지 취약계층들의 삶의 질은 더욱 악화되고 있기에, 효과적인 사회복지 서비스 제공을 위해 사회복지행정의 중요성은 더해가고 있는 것이다.

1) 사회복지행정의 필요성 대두

사회복지행정이 필요하다고 대두된 것은 대체로 20세기 초반 영국의 상황에서부터 비롯되었다. 이 당시 영국의 복지 상황은 계속되는 전쟁의 여파로 전 국가적 차원에서 매우 열악했기 때문에 이 당시 집권당인 자유당 정부는 빈곤과 실업 등 다양한 사회문제 해결을 위해 사회복지와 관련된 법들을 적극적으로 제정하기에 이른다. 하지만 그때까지 적절한 전달체계가 마련되지 않았던 상황에서 이러한 법들이 집행되지 못해 효과적인 복지서비스가 제공되지 않았다. 결국 법이나 정책을 복지서비스로 전환하기 위해 전달체계를 구축하였고, 그러한 전달체계를 적절하게 운영하기 위해 사회복지행정이 필요하게 된 것이다.[17]

특히 사회복지행정은 단순히 복지서비스를 전달하는 것 외에 복지서비스의 질에 매우 중요한 영향을 미치기 때문에 사회복지조직 내에서 사회복지행정의 필요성이 더욱 강조된다. 어떻게 사회복지행정의 과정을 수행하는지에 따라 복지서비스의 질이 크게 좌우되는 것이다.

2) 사회복지조직에서의 사회복지행정

사회복지조직에 있어서 사회복지행정은 효과적인 사회복지서비스가 제공될 수 있도록 하고 특히 서비스 품질까지 영향을 미친다는 점에서 매우 중요하다. 바인바흐[18]는 이러한 사회복지행정이 사회복지조직에 존재하지 않는다면 어떠한 현상이 발생할 것인지를 가정하여 제시하고 있다.

(1) 계약이 이루어지지 않는 상황

사회복지조직의 도움을 받는 클라이언트와 이들을 지원하는 직원들은 자신의 기분에 따라 나타나거나 사라질 것이다. 사회복지조직의 도움을 받기 위해서 클라이언트는 대체로 지원 기간이나 지원 내용 등을 계약하게 되고 직원 또한 계약 안에서 구체적 지원활동에 대해 약속하게 된다. 하지만 사회복지행정이 없다면 계약을 하지 않거나, 계약을 하더라도 준수하지 않는 부분에 대해 어떠한 제재도 이루어지지 않을 가능성이 높다.

(2) 직원이나 기관의 입장을 우선시하는 상황

직원들은 자신이 하고 싶은 업무만을 하려 할 것이고, 업무를 수행하는 과정에서도 다른 직원들과의 유기적 관계가 없을 것이다. 사회복지행정은 클라이언트의 욕구를 충족하고 문제를 해결하기 위해 전문적 접근을 수행해야 하고 필요한 자원을 적절히 동원해야 하는 것을 요구한다. 또한 서비스 품질을 관리하고 서비스 성과를 평가하여 환류하도록 한다. 따라서 사회복지행정이 조직에서 존재하지 않는다면 클라이언트의 상황보다는 직원의 입장이나 기관의 이익을 우선적으로 고려할 것이며 많은 노력이 필요한 협업보다는 단순 서비스 제공에 그칠 수 있다.

(3) 평가가 이루어지지 않는 상황

조직 내 어떠한 사람도 조직업무에 대한 책임을 지거나 평가를 하려 하지 않을 것이다. 사회복지행정의 과정에서 도출된 성과를 정확히 평가하고 이를 다시 조직활동 속으로 환류(feedback)함으로써 조직에 대해 기대하는 수준을 달성했는지 판단토록 한다. 따라서 사회복지행정이 조직 내에 존재하지 않는다면 활동에 대한 평가나 평가결과를 환류하는 과정 자체가 이루어지지 않을 것이며 사회가 요구하고 기대하는 수준에 도달했는지 조차도 가늠할 수 없게 된다.

(4) 클라이언트와 지역사회의 요구를 조직에 반영하지 않는 상황

아무도 지역사회 속에서 자신의 조직이 어떠한 역할을 수행해야 하고, 조직의 미래에 대해서도 관심을 가지지 않을 것이다. 사회복지행정은 끊임없이 클라이언트와 지역사회가 조직에 대해 요구하는 부분을 파악하고 이를 조직 운영과정에 적극적으로 반영하여 성과를 도출하려 한다. 하지만 사회복지행정이 조직 내에 없다면 지역사회와의 관계 형성은 물론이거니와 지역사회 요구를 조직 목적으로 설정하는 과정도 가지지 못하게 된다.

(5) 직원들 간 의사소통이 이루어지지 않고 조정되지 않는 상황

다른 직원과 어떠한 정보를 함께 공유하려 하지 않을 것이다. 사회복지행정은 다른 직원들이 수행하는 과업들을 끊임없이 조정하고 최대한의 조직 성과가 도출되기 위해 협업, 연계를 강조한다. 하지만 사회복지행정이 조직 내에서 존재하지 않음으로 인해 기본적인 과업 관련 정보가 공유되지 못하고 직원들 간의 의사소통이 이루어지지 못함으로써 궁극적으로 적절한 조정이 불가능하게 된다.

(6) 조직 내에 리더십이 부재한 상황

조직 내에 확실한 지도자가 없을 것이며, 직원들에 대한 분명한 역할 기대도 없을 것이다. 또한 과업의 위임도 전혀 없을 것이며 모든 조직의 결정은 일방적이 될 것이다. 사회복지행정에서는 지시를 통해 구조화된 명령을 내리고 직원들은 이것을 수행하게 된다. 그리고 그러한 과업수행 과정에서 권한을 위임하는 작업도 나타나는데, 조직 내에서 사회복지행정이 없다면 지시와 명령수행, 권한위임 등이 이루어지지 않게 된다.

(7) 조직의 목표와 사명이 부재한 상황

조직의 행동을 지도할 목표도 사명도 없을 것이다. 모든 행동은 제멋대로 될 것이다. 사회복지행정은 기획의 과정을 통해 조직의 목표를 설정하고 목표달성과 관련한 과업을 수립하게 되는데, 이러한 기획이 이루어지지 못함으로써 결국 조직 구성원들은 구체적 과업수행을 할 수 없게 된다.

(8) 직원의 역량강화가 이루어지지 않는 상황

직원들의 지식과 기술을 향상시키는 것을 지원할 어떠한 수단도 없을 것이다. 사회복지행정에서는 과업에 적합한 직원을 선발하고 이들에 대한 직무교육을 통해 전문적인 서비스 제공이 가능토록 한다. 하지만 조직 내 사회복지행정이 없다면 결국 직무수행을 위한 직원모집 및 교육과정이 이루어지지 않게 되는 것이다.

결국 사회복지행정은 이러한 조직의 혼란과 저급한 서비스제공을 관리하기 위한 중요한 접근방식이며 사회가 요구하는 수준의 조직 목표를 설정하고 그 목표를 달성하는 데 있어서 필수적인 사항이라고 할 수 있다.

1 White. L. D. (1955). *Introduction to the Study of Public Administration*. The Macmillan Company.

2 Nigro, E. A. (1951). *Public Administration : Readings and Documents*. New York: Rinehart and Co. Inc.

3 Kidneigh, J. C. (1950). Social Work Administration: An Area of Social Work Practice? *Social Work Journal*, *31*(2), 57–61.

4 Patti, R. J. (1983). *Social Welfare Administration: managing social program in a development context*. NJ: Prentice–Hall. p. 25.

5 Skimore, R. A. (1995). *Social Work Administration*. Allyn & Bacon.

6 Stein, H. (1970). Social Work Administration. In H. A. Schatz (ed.), *Social work administration: A resource book*. New York: Council on Social Work Education. p. 7.

7 Trecker, H. (1977). *Social Work Administration: Principles and Practice*. New York: Association Press.

8 Spencer, S. (1959). *The administration method in social work education* (Vol. 3), New York: Council on Social Work Education. p. 26.

9 Dunham, A. (1962). *Community Welfare Organization: Principles and Practice*. New York: Thomas Y. Crowell.

10 Titmuss, R. M. (1974). *Social Policy*. London: Allen and Unwin.

11 황진수 (2011). **현대복지행정론**. 대영문화사.

12 Patti, R. J. (1983). *Social Welfare Administration : managing social program in a development context*. NJ: Prentice–Hall.

13 Patti, R. J. (2000). The Handbook of Social Welfare Management. Sage Publications, Inc.; Sarri, R. C. (1987). Administration in social welfare, In NASW(ed.), *Encyclopedia of Social Work*(18th ed.), Vol.1 Silver Spring, MD.: NASW. pp. 27–40.

14 Sarri, R. C. (1971). Administration in social welfare. *Encyclopedia of Social Work*, *1*, 39 – 48. New York: National Association of Social Workers.

15 Gulick, L. H. (1937). Notes on the theory of organization. In L. H. Gulick & L. F.

Urwick, eds. *Papers on the science of administration*. New York: Institute of Public Administration.

16 Barnard, C. (1964). *The functions of the Executives*. Cambridge, Mass, Harvard University Press(Originally published in 1938).

17 Titmuss, op. cit.

18 Weinbach, R. W. (1990). *The Social Worker as Manager: Theory and Practice*. New York: Longman.

CHAPTER 02

사회복지행정의 역사

일반적으로 역사학습은 과거를 통해 현재의 모습을 확인하고, 이를 바탕으로 미래를 전망하기 위해서 이루어진다. 사회복지행정의 역사 또한 과거의 다양한 사회복지행정 관련 내용을 파악함으로써 어떠한 과정으로 현재 사회복지행정이 이루어졌는지, 그리고 앞으로는 사회복지행정이 어떻게 전개될 것인지를 이해하기 위해서 필요하다. 사회복지행정의 지식과 기술들이 오랜 기간에 걸쳐 이루어진 것이므로 더욱 사회복지행정과 관련된 역사를 학습하는 것은 중요한 것이다.

여기에서는 사회복지행정이 가장 먼저 독립적인 사회복지 영역으로 발전한 미국 사회복지행정 역사와 함께 한국의 사회복지행정 역사를 살펴보았다. 물론 다른 사회복지 교과목에서 등장하는 내용이 동일하게 다루어질 수 있지만 사회복지행정과 직접적으로 관련되는 내용에만 초점을 맞추어 제시하였다.

1 미국 사회복지행정의 역사

미국은 국가의 통제를 피해 자유를 찾아온 이민자들이 세운 나라이므로 자유방임과 개인주의를 중요한 가치로 둔다. 따라서 조직적 접근이나 관료적 성향에 대해서는 다소 거부감을 가졌고, 각종 사회문제에 대해서도 국가의 정책적 개입보다는 자조나 대상자에 대한 전문적인 치료적 접근을 강조함에 따라 사회복지행정의 시작이 유럽보다 늦었던 것이 사실이다. 그럼에도 불구하고 남북전쟁 이후 나타난 각종 사회문제의 해결 과정에서 사회복지행정이 시작되었기 때문에 상당히 긴 역사 과정을 가지며 이에 대한 시기 구분이 이루어져야 한다.

비록 학자마다 시대구분의 방식이 다르긴 하지만 여기에서는 Patti[1]가 제시한 사회복지행정 역사분류 방식에 최근의 사회복지행정 상황을 고려하였다. 즉 사회복지행정의 필요성이 대두된 인식기(19세기 말~1930년대), 사회복지교육이 시작된 기초 정립기(1930년대 중반~1950년대), 사회복지행정이 위축된 정체기(1960년대), 전세계적으로 나타난 오일쇼크 이후 사회복지 영역의 책임성 이슈와 관련한 도전과 발달기(1970년대 이후~1980년대 중반), 그리고 1980년대 후반부터 최근까지의 사회복지행정 상황들을 전환기로 명명하고 세부적인 내용을 제시하였다.

1) 사회복지행정 인식기(19세기 말~1930년대 초반)

19세기 중반 남북전쟁 이후 분열된 나라가 통합되고 산업화의 추진도 확대되면서 많은 도시가 새롭게 조성되었다. 하지만 급격한 도시화는 빈곤, 실업, 질병, 범죄, 위생 등의 다양한 사회문제들을 초래하였고 상류계층들은 체제에 대한 불안감을 가지게 되었다. 유럽에서 나타났던 사회주의 운동과 함께 이러한 불안정한 상황에 대응하고자 지역 기업가들을 중심으로 민간자선기관을 확대하게 되었고 무분별하게 생긴 자선기관의 조정을 위해 자선조직협회(Charity Organization Society)가 탄생하였다.

사회복지행정에 있어서 자선조직협회는 우선 자선 중복과 누락을 방지하기 위해 지역사회 자선기관들과 사업을 조정하고 연락관을 통한 수혜자 정보를 교환함으로써 보다 효율적이고 효과적인 자선을 실시하게 되었다. 그리고 COS의 리더들이 대부분 지역 기업가임에 따라 이들의 기업경영관련 방법과 경험들이 사회복지기관 운영에 적용되면서 사회복지행정의 개념이 고려되기 시작한 부분이 있었다. 또한 빈민들의 가정을 방문하여 조사와 상담 등을 시행한 COS 우애방문원(frendly visitor)에 대한 체계적인 훈련프로그램을 마련하였다. 특히 우애방문원들이 빈곤가정의 상황을 진단하고 개별 가정의 다양한 어려움을 도울 수 있는 자원분석 능력을 가지게 함으로써 향후 전문적인 사회사업가(social worker)로 발전하게 되는 계기가 되었다.

이와 함께 이전 민간비영리단체에서 주로 지역의 부유한 남성 후원자들이 이사장의 역할을 맡으면서 대체로 이사장의 리더십에 의존하여 운영되었다면 1920년대부터는 사회복지교육을 받은 인력이 민간 사회복지조직에 충원되면서 행정기능과 이사회 기능이 현재처럼 분리될 수 있었다. 즉 행정은 시비스 제공과 인사업무를 담당하고 이사회는 각종 의사결정이나 재정관리 같은 업무를 수행하게 되었다.[2]

사회복지기관이 지속적으로 증가하고 이전에 비해 체계적 운영이 요구되었지만, 사회복지기관 관리자(manager)를 양성하는 교육프로그램은 여전히 수행되지 못했다. 1929년 사회복지의 본질규명을 주제로 한 학술대회였던 밀포드 회의(Milford Conference)에서 사회복지행정이 개별사회사업, 집단사회사업, 지역사회조직 방법과 함께 기본적인 실천 방법으로 인정되는 분위기가 있었지만, 여전히 1930년대까지 다른 실천 방법에 비해 주요한 위치를 잡지는 못하였다.[3]

결국 이 시기는 자선조직협회가 출범함에 따라 사회복지기관의 효과적, 효율적 운영에 대해 관심을 가지고 특히 기업경영기법이 사회복지기관에 적용되었다는 점, 그리고 직원에 대한 전문교육이 강조된 측면에서 사회복지행정 관련 내용들을 찾아볼 수 있다. 또한 사회복지기관 운영 과정에서 의사결정 역할을 담당하는 이사회와 직원 중심의 행정 역할이 구분됨에 따라 관리자의 필요성이 제기된 부분에 있어서 결국 사회복지행정에 대한 인식이 시작된 시기라고 할 수 있다. 하지만 여전히 개별 대상자의 문제해결 중심 실천을 강조하는 사회적 분위기에 따라 개별사회사업에 비해 사회복지행정의 중요성은 덜했다는 제한점이 있었다.

2) 사회복지행정의 기초 정립기(1930년대 중반~1950년대)

사회복지행정의 기초가 정립된 시기는 1930년대 중반에서 1950년대까지로 볼 수 있다. 특히 1930년대는 미국 사회복지 역사에 있어서 매우 중요한 전환기였는데, 1929년 경제 대공황 이후 연방정부는 국민생활에 대한 정부의 역할을 새롭게 생각하게 되었고 특히 개인주의 철학을 대체하고 정부의 공공복지에 보다 많은 관여를 하기 시작하였으며,[4] 이러한 과정에서 사회복지행정도 이전과는 다른 양상으로 펼쳐지게 되었다. 프랭클린 루즈벨트(Flanklin Roosevelt)는 1933년 대통령에 당선된 이후 사회경제적 위기 대응을 위해 연방정부 뉴딜(New Deal)정책을 시행하게 되었는데, 그 과정에서 정부 재원을 통한 직접 생계지원이나 공공사업을 통해 그리고 다양한 사회입법을 바탕으로 국민들의 삶을 제도적으로 지원하였다. 특히 1934년 연방긴급구호청(Federal Emergency Relief Administration)이 설립되면서 공공구제와 관련한 관리자가 필요하게 되면서 사회복지행정이 전문사회사업의 한 분야로 발전되는 기반이 마련되었다. 또한 1935년 사회보장법(Social Security Act)이 제정되면서 사회보험과 공공부조, 사회복지서비스가 생겨나게 되었고 여기서 사회복지행정의 역할이 확대되기에 이르렀다.

사회보장법 제정 이후 마련된 제도 중 미국 최초의 공공부조인 ADC(Aid to Dependent Children)는 사회복지행정과 밀접한 연관성을 가진다. 이 프로그램은 그 당시 사회개혁 운동을 이끌었던 시카고 Hull House 행정가들과 루즈벨트 대통령의 자문가였던 Hopkins 사회복지사 등의 제안으로 이루어졌으며 이후 전국적인 공공사회복지행정체계가 마련된 계기가 되었다.[5] 공공부조의 확대는 공공복지분야에서 사회복지사에 대한 수요급증으로 이어졌고 학부과정에서 사회복지사를 배출하게 되었으며 민간 개별사회사업 중심의 기존 교육과정으로는 더 이상 공공사회복지행정가 양성과 맞지 않아 변화가 필요한 것으로 인식되었다.[6] 이후 복지정책 관련 과목이나 행정학 분야의 지식을 사회복지조직에 적용하려는 시도, 그리고 기존 사회복지영역이었던 개별, 집단사회사업의 내용들을 공공복지행정에 적용하고자 하였다.

공공복지 행정이 확대되면서 1930년대에는 크게 두 가지 형태의 사회복지행정가가 나타나게 된다. 먼저 민간사회복지기관 행정가로서 그동안의 개별사회사업 실천 경험을 바탕으로 중소규모 사회복지기관을 운영하는 역할과 직접 실천 경험은 부족하지만 대규모의 관료제 중심 조직을 이끌면서 공공 복지프로그램을 관리하는 공공복지행정가였다. 이 중 민간사회복지기관 행정가는 사회복지사 직원에 대한 인사권을 가지면서 기관 이사회와의 조정을 담당하였으며 공공복지행정가는 인사권과 함께 재정권도 행사하였다. 특히 제2차 세계대전 이후 공공복지행정가로는 퇴역한 장교들이 많이 임명되었다.[7]

1950년대에는 사회복지행정을 보다 체계화하려는 과정 가운데 지속적으로 발전해온 일반 행정학의 이론과 기법들을 사회복지행정에 적용하려는 시도들이 이루어졌다. 그 결과 사회복지행정에서는 다양한 변화들이 나타나게 되었는데, 우선 사회복지행정은 일반행정과 분명 다른 특성이 있기 때문에 이를 위한 훈련과 전문지식이 필요하다는 인식이 확대되었다. 또한 개별사회사업의 가치와 방법이 사회복지행정에 접목되면서 대인관계기술의 행정적용을 통해 직원대상 동기부여나 리더십의 중요성이 부각되고 권위주의적 명령이 아닌 클라이언트를 중시하는 민주적 절차가 강조되었다. 이러한 과정을 거치면서 사회복지행정은 기존의 개별사회사업, 집단사회사업, 지역사회조직과 동일한 수준으로 자리잡을 수 있는 계기가 마련되었다.

3) 사회복지행정 정체기(1960년대)

기존 민간 사회복지기관의 지속적 발전과 함께 경제 대공황 이후 공공복지의 확대는 분명 사회복지행정의 입지를 확장시켰지만, 1960년대에 들면서 이러한 상황은 정체되기에 이른다. 물론 이 시기 미국 전역에서는 흑인 인권운동이나 복지권운동, 반전운동 등의 민주화운동 결과 나타난 사회행동기관(social action gencies)과 1963년 케네디 정부의 지역사회정신건강센터법(the community mental health centers act)에 의한 지역사회정신건강센터에는 사회복지행정가가 더욱 필요하게 되는 등의 긍정적 측면도 나타났다.

하지만 1964년 존슨 대통령이 빈곤과의 전쟁(the War on Poverty)을 선포함에 따라 많은 사회복지 재원을 증가시키고 새로운 프로그램들을 개발할 수 있었지만 그럼에도 불구하고 빈곤층의 문제가 여전히 해결되지 못한 채 남게 되었다. 또한 이 시기 베트남전이 발발하고 이에 대한 반전운동이 확대되면서 정부에 대한 비난이 사회복지조직으로까지 이어지게 되었다. 특히 정부 중심의 빈곤 구제가 대다수 빈곤층을 구성하는 흑인들의 정치적 폭동을 완화하기 위해 제공되었으며, 빈곤 자체에 대한 근본적인 해결보다는 사회 불안정에 대한 미봉책이었다는 비판이 일면서[8] 지역사회조직(community organizing) 방법이 빈곤문제 해결을 위한 실천접근으로 부각되고 사회복지행정은 정체되는 모습이 나타난 것이다.

이와 함께 1962년 ADC가 AFDC(the Aid to Families with Dependent Children)로 변경되면서 여성 수급자의 지역사회 자원봉사나 직업훈련 참여가 의무화되는 과정에 상담서비스가 추가되면서 사회복지사의 역할이 더욱 중요하게 부각되었다. 하지만 1967년 사회보장법이 개정되면서 AFDC에서의 상담서비스는 데이케어나 가족계획같은 서비스로 대체되고 공공부조에서 사회복지사의 입지는 다소 축소되기에 이른다.

4) 사회복지행정의 도전과 발달기(1970년대~1980년대)

베트남전과 지속되는 사회복지비용의 증가, 그리고 1973년과 1978년에 발생한 오일쇼크는 미국 전역에서 재정적 어려움을 발생시켰다. 사회복지 영역에 대해서도 이전까지와의 접근과는 다르게 책임성을 강조하게 되면서 비용투입 대비 성과가 높은 사회복지프로그램을 선별하여 운영할 필요가 있게 되었다. 특히 1960년대의 개별사회사업(case work)의 효과성에 대한 의문을 제기하는 연구[9]가 발표되면서 이후 많은 연구자와 실천가들이 사회복지실천의 성과에 대한 문제를 제기하였다. 결국 1960년대까지 새로운 사회복시프로그램을 지속적으로 개발했던 분위기는 1970년대 들면서 사회문제에 대한 보수적 접근을 견지하게 된 것이다.

이렇듯 변화된 사회적 분위기 속에서 사회복지기관들은 생존을 위해 최소의 비용으로 최대의 효과를 내는 사회복지프로그램 효과성과 효율성에 대해 관심을 가지게 되었고 이때까지와는 달리 비용효과분석이나 프로그램에 대한 평가 등이 중요하게 대두되었다. 따라서 사회복지행정이 사회복지프로그램에 대한 계획과 수행, 관리, 평가와 관련한 주요한 기술로서 다시 주목받게 되었다.

여기에 더해 1970년에는 미국 사회복지교육위원회(Coucil on Social Work Education: CSWE)가 사회복지행정과 관련한 기존의 지식을 체계화하여 'Social

Work Administration: A Resource Book'을 출간하였고 1976년에는 사회복지행정학 분야에서 가장 권위있는 전문학술지인 '사회사업행정(Administration in Social Work)'이 창간되며 사회복지행정의 발전을 더욱 가속시키게 된다.

1980년대부터는 연방정부의 사회복지 프로그램과 함께 다양한 사회복지관련 예산들이 대폭 삭감되고 정부가 직접 운영하던 프로그램에서 민간영역이 주체로 부각되는 민영화(privatization)의 경향이 나타났다.[10] 특히 1980년대 말에는 민영화가 더욱 심화되면서 사회복지행정가의 자격에서 기존 사회복지학 외에 정부지원 프로그램 유치나 프로그램 평가, 자원동원 등의 추가적인 능력을 요구하게 되었다. 이러한 상황을 반영하듯이 사회복지행정을 전공교육과정으로 운영하는 대학은 계속 증가하기 시작했다. 1975년에는 84개 사회복지대학 중 19개에 그쳤으나 1977년에는 35개 대학, 그리고 1991년에는 44개 대학으로 확대된 것이다.[11]

결국 이 시기는 공공영역의 전반적인 사회복지프로그램은 축소되었으나 사회복지기관의 민영화와 책임성에 대한 분위기를 바탕으로 효과성과 효율성을 위한 사회복지행정가의 사회적 수요는 오히려 늘게 되었다. 또한 이러한 사회복지행정가의 직무를 체계적으로 수행하기 위한 교육과 학술적 접근은 더욱 중요성을 가진 시기라 할 수 있겠다.

5) 1990년대부터 최근까지의 사회복지행정

1990년대에도 여전히 사회복지행정 관리자들에 대한 수요는 확대되었는데, 특히 의료영역에서 사회복지행정관리자들을 채용하는 사례가 증가하였다. 미국의 민영건강보험은 관리의료(managed care)의 특징을 가지는데, 보험가입자에 대한 관리의료플랜을 수립하고 적절한 관리의료 네트워크 안에서 진료를 받도록 함으로써 과잉진료를 방지하고 비용을 절감하게 된다.[12] 그러한 과정에서 행정 경험이 풍부한 관리자들이 필요했던 것이다.

또한 사회복지조직에서 그동안의 전통적인 공공기관과 민간기관으로의 구분에서부터 준 공공기관과 준 민간기관이 추가로 등장하기에 이른다. 준 공공기관은 정부와 계약을 통해 공공프로그램을 운영하는 비영리기관으로서 정부예산을 활용하기 때문에 비영리기관의 특징인 독립적 측면이 약하다. 이에 비해 준 민간기관은 자체 규정을 바탕으로 이사회의 책임하에서 운영되는 영리, 비영리 조직으로 일부 정부의 재정지원을 받게 된다. 결국 이러한 공공기관과 민간기관의 성격이 혼합된 조직들이 새로이 등장하게 되었으며 이러한 조직형태를 하이브리드모델(hybrid model)이라고 지칭하게 된다.[13] 이와 함께 조직구조에 있어서도 다양한 변화가 나타났는데, 관료제를 중심으로 형성되었던 사회복지조직들이 수직구조에서 수평구조로 변화하여 하부조직들 간의 유기적 네트워크를 바탕으로 한 팀(team) 접근방식과 과업집단(task force)을 형성하게 된 것이다.[14] 그 외에 민영화 과정에서 다양한 재원확보를 위해 조직에 대한 마케팅 방식의 적용과 홍보의 적극화가 요구되고 있고,[15] 정보사회로의 진입에 따라 국가차원에서 복지행정정보시스템 개발과 구축에 대한 관심의 폭이 커졌다. 따라서 사회복지기관에서도 클라이언트에 대한 정보수집 및 관리, 조직 내 의사결정 과정에서 필요한 정보관리에 대해서도 커다란 변화가 나타나게 되었다.

결국 최근까지 미국 사회복지행정에 있어서는 급격하게 사회가 변화함에 따라 조직의 형태나 구조, 사회복지행정가에 대해 요구하는 역할 또한 지속적으로 전환되고 있으며 무엇보다 환경에 적절히 대응하기 위한 새로운 행정기법들의 적용이 필요할 것으로 전망할 수 있다.

2 한국 사회복지행정의 역사

한국의 사회복지역사는 고대의 공공영역 시혜적 구호를 비롯하여 상호부조 전통 등에서 쉽게 발견할 수 있다. 특히 전문적인 사회복지적 접근이라 할 수 있는 외국원조기관 이전부터 가난한 이웃을 돕는 일에 적극적으로 참여하였으며 일제 침략기 시절에도 계속되어 왔다.

하지만 여기에서는 사회복지조직을 기반으로 한 1900년부터 살펴보고자 하며, 크게 4개의 시기로 구분하였다. 먼저 외국인 선교사들의 활동에서 비롯된 19세기 말부터 일제 침략기를 거쳐 1945년 해방까지의 시기를 사회복지행정의 모색기, 1946년부터 1970년대까지를 사회복지행정의 출발기, 1980년대부터 1990년대까지를 사회복지행정의 성립기, 마지막으로 국민기초생활보장제도가 시작된 2000년대 이후를 사회복지행정의 확립기로 분류하였다.

1) 사회복지행정의 모색기(19세기 말~1945년)

우리나라에서 근대 사회복지가 도래한 시기는 자본이 축적되기 시작하였던 조선조 말로 볼 수 있지만, 대체로 기독교가 도입된 이후 정부의 빈곤계층 대상 구제 제도 중심을 탈피하고 다양한 형태의 근대 사회복지 활동이 본격화된 것으로 볼 수 있다.[16] 하지만 이 당시 기독교를 포함한 종교단체 중심의 사회복지 사업들은 선교의 목적을 위한 2차적 활동으로 전개되었다는 한계가 있다. 그럼에도 불구하고 1885년 프랑스 신부 메스트로에 의해 서울에 양로원과 고아원이 처음 개설되었고, 1907년 평양양로원이 설립되었다. 그 외에 이필화, 이우선 부자가 한국인으로서는 최초로 1907년 경성고아원을 설립하고 각계각층의 많은 관심과 후원을 받기도 하였지만 후원금 관리를 둘러싼 의혹으로 임직원 및 원생들과 갈등을 빚고 결국 사립에서 관립으로 바뀌게 되었다.[17]

영국과 미국의 인보관 운동이 이 당시 미국 감리교 선교사 놀스(Knowles) 여사에 의해 한국에 전해지게 되면서 1906년 원산에서 반열방으로 여성을 위한 계몽사업을 시작하게 된다. 이후 1921년 메리 마이어스(Marry Myers) 선교사가 태화여자관을 설립하고 한글교육, 위생 및 생활환경사업, 가정방문상담 등을 펼치고 아동건강 및 교육사업도 함께 진행하였다.[18] 이 당시 여성은 사회가 변혁될 수 있는 매우 중요한 시작점이 될 수 있었기에 기관 명칭도 여자관으로 붙였으며 여성 중심의 사업이 주를 이루었다.

1910년 한일합방 이후 조선총독부는 식민지 통치전략의 일환으로 사회복지를 활용하였으며 대표적인 사항으로는 1927년의 방면위원 제도와 1944년 조선구호령을 들 수 있다. 방면위원 제도는 빈민의 생활실태를 조사하고 생활개선을 위해 노력하는 자선조직협회의 우애방문원 및 현재의 사회복지전담공무원과 유사한 측면이 있었다. 대부분의 방면위원들이 단체장이나 부의원 등 복수의 공직에 종사하고 있었기 때문에 전문적인 접근을 한다는 것은 거의 불가능하였다.[19]

조선구호령의 경우 일본군 징병으로 인해 한국민들의 반발을 완화시키기 위해 일본의 구호법을 거의 그대로 도입하여 만들었다. 비록 조선구호령이 국가의 구호의무를 규정하고 중앙정부와 지방정부 간의 구호비용분담 등 법령상 체계는 갖추었다고 볼 수 있지만 실제 구호 내용면에서는 실효가 없었으며 시혜의 의미가 컸다.[20]

2) 사회복지행정의 출발기(1946년~1970년대)

일본이 제2차 세계대전에서 패망하면서 한국도 자연스럽게 해방을 맞이하게 되었지만 자주 정부를 수립하지 못하고 미군정 시기를 거치게 되었다. 미군정에 의해 긴급구호 중심의 공공복지가 제공되었으며 1945년 9월 위생국에서 이를 담당하다가 10월부터 보건후생국으로 조직을 확대하게 되었다. 여기에서는 긴급 및 재해구호와 공공구호, 아동복지, 종업원복지와 연금제도, 주택보호 등의 직무를 담당하였다.[21]

이러한 미군정청의 구호서비스는 구호에 관한 후생국보 3호, 후생국보 3A, 후생국보 3C가 조선구호령과 함께 적용되었다.[22] 이렇듯 미군정 시기는 일제침략기 시절의 사회복지와 큰 차이가 없었으며 자선과 시혜 중심으로 무계획적이고 임기응변적인 것으로 평가되어진다. 단, 이 시기에 아동복지시설이 양적으로 증가하였는데 일본으로부터 독립 당시 전국에 총 33개소였던 것에 반해 1948년 정부수립 이후 96개로 증가한 특징이 있다.[23]

1948년 정부가 수립되었지만 여전히 사회복지 영역은 응급구호와 외국원조기관 및 민간 사회복지기관에 의존하고 있었다. 특히 1950년 한국전쟁이 발발하자 전쟁으로 인한 이재민들과 고아들을 수용, 보호하기 위하여 시설중심의 복지사업이 주를 이루게 되었다. 하지만 시설에 대한 설치 · 운영 기준이 없던 시기였기 때문에 정부는 1950년 뒤늦게 후생시설 설치기준을 제시하고 시설에 대한 최저 기준을 규정하기에 이른다. 그리고 1952년에는 시설 설립을 등록제에서 허가제로 전환하여 난립하고 있는 시설에 대한 정부의 관리감독을 시작하게 되었다. 비록 이 시기는 근대 사회복지에서 현대 사회복지로 전환되는 과정으로서 의미를 지니고 있긴 하지만, 여전히 자원이 부족하여 시설의 생존이 중요한 관심사였으며 체계적인 시설운영과 관련한 사회복지행정의 중요성은 별로 인식되지 못한 것으로 볼 수 있다.

그럼에도 불구하고 대학에서 사회복지 교육이 시작되었는데, 사회복지관련 법률이 마련되지 못한 상황에서 사회복지 전문인력이 먼저 배출되게 되었는데, 이는 매우 이례적인 상황이었다. 보다 구체적으로 살펴보면 1947년 이화여대 기독교학과 내에서 사회사업 전공이 설치되었고, 1953년 중앙신학교가 그 뒤를 이었으며 1957년에는 국립사회복지 종사자훈련원이 개소하여 중앙정부 차원의 사회복지사 교육이 이루어졌다.[24]

1960년에는 5.16 쿠데타가 발발하고 정권을 잡은 3, 4공화국은 사회복지관련 법률을 심도 있는 검토 없이 행정부의 요청과 국민들의 마음을 사로잡아 정부에 대한 정당성을 부여하기 위해 대량으로 입법화하였다. 따라서 이 시기는 지금까지 외국원조기관에 의존하였던 구호중심의 체계에서 국가 중심의 복지제도 수립으로 전환하기 시작한 시기로 볼 수 있다.

특히 1970년 사회복지사업법이 제정되면서 각종 사회복지사업과 시설운영, 그리고 정부의 사회복지시설에 대한 지원과 관련한 법적 근거가 마련되었으며 사회복지조직으로서의 사회복지 법인형태가 등장하기에 이른다. 그외 1967년 한국사회사업가협회가 결성됨으로써 전문 사회사업 단체로서의 의미를 지니게 되었으며 1970년대에 이르러 사회복지행정이 사회복지학과의 교과목으로 채택되어 사회복지행정의 중요성이 어느정도 인식되게 되었다. 하지만 여전히 민간 사회복지기관에서 사회복지행정의 지식과 기술들이 활용되기에는 어려움이 있었다.

3) 사회복지행정의 성립기(1980년대~1990년대)

이 시기는 각종 사회복지기관들이 나타나고 공공복지행정체계가 수립됨으로써 사회복지행정이 본격적으로 시작된 것으로 볼 수 있다. 이러한 움직임은 급속한 산업화와 도시화 이후 발생한 사회문제와 함께 민주화운동 이후 국민들의 복지의식이 높아지고 복지관련 욕구가 자유롭게 표출되면서 비롯된 것이다.

우선 1982년 한국사회사업가협회가 한국사회복지사협회로 개칭하면서 사회복지사들의 전문성 확보에 중점을 두고 1988년 사회복지사 윤리강령을 제정하여 공

포함으로써 사회복지전문가의 책임을 인식하기 시작하였다. 1987년에는 국민복지증진대책의 일환으로 대도시에 저소득층 200가구 이상 밀집한 지역을 대상으로 7급 별정직 사회복지전문요원을 배치하기 시작하였으며, 1992년에는 사회복지사업법 개정을 통해 사회복지전문요원이 사회복지 전담공무원 제도로 전환되고 사회복지 직렬이 5급까지 설치되기에 이른다. 1997년에는 사회복지시설 평가제도가 시작되어 사회복지기관에 대한 책임성과 효과성, 효율성을 향상시키는 과정에서 사회복지행정의 중요성이 더욱 커지게 되었다.

사회복지 프로그램에 대한 질적, 양적 확대도 나타나게 되었는데, 1995년도부터 삼성복지재단은 사회복지기관을 대상으로 현재의 사회복지사업 프로포절을 공모신청받고 재정지원을 시작하였으며 1998년에는 사회복지공동모금회의 공모사업이 시작되면서 사회복지기관 프로그램 관리 및 전문성 향상의 계기를 마련하였다.

그외에 1989년 사회복지관 설치 · 운영규정을 만들어 영구임대아파트 단지 등 저소득층 밀집지역에 사회복지관 설치를 유도하였다. 이러한 사회복지관의 확대는 그동안 수용시설 중심적 접근을 탈피하고 지역사회를 기반으로 주민들의 복지욕구에 부응할 수 있게 되었다는 의의가 있다. 그리고 1990년대 이후 사회복지 또는 사회사업학과가 계속적으로 전국의 대학에 설치되었으며 사회복지행정과 관련한 지식의 체계화 및 발전을 위해 1999년에는 사회복지행정학회가 창립되면서 사회복지행정과 관련한 권위있는 학술지도 발간하게 되었다.

4) 사회복지행정의 확립기(2000년대 이후)

2000년 이후 한국 사회에서는 새로운 사회적 위험들이 발생하기 시작하였다. 먼저 빈곤의 책임에 대한 사회구조적 관점과 권리개념을 반영하여 기존의 생활보호법을 「국민기초생활보장법」으로 대체하게 된다. 이 법은 우리나라 사회복지행정 환경의 커다란 변화를 초래하였다. 즉 사회복지행정 과정에서 사회복지가 시혜나 자선의 개념으로 접근되는 것에서 법적 보장을 받는 권리성 급여로 전환된 것이다.

또한 사회복지행정에 커다란 영향을 주게 된 변화로 지방화를 들 수 있다. 2005년부터 사회복지관련 사업의 지방 이양을 위한 분권교부세를 한시적으로 시행하였으며 이 재원을 바탕으로 지방정부는 지역의 특성을 고려한 사회복지사업을 계획할 수 있게 되었다. 또한 2005년 시군구 지역사회복지계획 및 협의체 설치를 의무화함으로써 지역 중심의 지역복지 활성화를 도모할 수 있는 기반이 마련되었다. 특히 지역사회복지협의체를 통해 지역 내 자원 연계를 강화하고 지역복지에 대한 주요 사항을 심의할 수 있도록 한 것은 주민들의 복지에 대한 참여를 통해 책임 있는 복지사업을 수행할 수 있게 하였다.

이와 함께 각종 사회서비스 영역에 대한 민영화 방식은 사회복지행정에 매우 커다란 영향을 미치고 있다. 민영화는 사회복지서비스 제공과정에 민간 영리기관 참여도 허용하는 것을 의미하는데, 2007년 사회서비스 전자바우처 제도와 2008년 장기요양보험제도를 도입함으로써 본격화되었다. 사회복지기관 간 경쟁을 전제로 한 바우처제도는 돌봄서비스는 물론이거니와 장애인지원서비스와 지역자율형 사회서비스투자사업 등 다양한 영역에 민간 영리기관 참여를 가능케 하였다.

2006년부터는 기존의 동사무소를 동주민센터로 변경하면서 보건, 복지, 주거, 고용, 평생교육, 생활체육, 문화, 여가 등 8개 분야의 서비스나 관련 정보를 제공하는 것을 목표로 주민생활지원서비스를 펼치게 되었다.

그리고 정보관련 체계가 발전하면서 사회복지행정에 있어서도 적극 적용되게 되었는데, 2010년에는 사회복지시설 신고와 변동관리, 각종 온라인 보고, 보조금과 복지급여의 전자적 처리를 가능하게 하는 사회복지통합관리망을 활용하게 되었다. 2013년에는 복지사업 정보를 연계하여 복지대상자의 복지서비스 수혜인력

관리, 중복 또는 부정수급 방지, 각종 복지사업 업무처리를 위해 사회보장정보시스템(행복e음)을 운영하게 되었다.

통합업무수행과 관련해서는 2012년 시군구에 희망복지지원단이 설치되면서 공공영역에서의 통합사례관리업무가 수행되었고, 2016에는 동 주민센터의 복지기능 강화를 위해 복지허브화를 추진하면서 읍면동 주민센터에 복지전담팀을 설치하였다. 특히 주민맞춤형 복지를 추구하기 위해 찾아가는 서비스를 확대하게 된다.

마지막으로 2007년 사회적기업 육성법이 제정되면서 지역사회에 다양한 사회적경제관련 조직들이 형성되게 되면서 사회복지 영역에 있어서 또다른 주요한 수행 주체로서 부각되고 있다. 특히 이들 사회적경제조직들은 사회적 목적을 구현하는 비즈니스 조직체라는 특성 때문에 지역사회 내 취약계층 고용은 물론이거니와 지역사회가 지니고 있는 각종 사회문제를 이들 사회적경제조직을 통해 해결 가능하다는 유용성이 있다. 또한 이러한 사회적경제조직에 대해 사회복지사들이 진출하고 있는 점도 눈여겨볼 만하다.

사회복지기관이 그 수와 유형이 계속적으로 증가하고 책임성이 강화되며 경쟁력 또한 요구받고 있는 현 시점에서 사회복지행정의 지식과 기술을 적용하는 것은 매우 중요하다. 특히 기관운영과 관련한 과학적 평가를 통해 기관의 현재 모습을 진단하고 직원들의 직무만족을 위한 기관조건을 향상하며 리더십의 변화, 정보체계의 활용, 자원동원을 위한 노력 등 사회복지행정이 필요로 하는 영역은 지속적으로 늘고 있다. 사회복지행정의 역사적 과정에 대한 이해를 통해 현재의 모습을 이해하고 향후 사회복지행정의 방향을 전망하는 기회를 반드시 가져야 할 것이다.

1 Patti, R. J. (1983). *Social Welfare Administration: managing social program in a development context*. NJ: Prentice-Hall.

2 Kirschner, D. S. (1986). The paradox of professionalism : reform and public service in urban America, 1900-1940. Westport, CT: Greenwood.

3 Patti, op. cit.

4 Leiby, J. (1978). A History of Social Welfare and Social Work in the United States New York: Columbia University Press.

5 Austin, D. M. (2000). Social work and social welfare administration: a historical perspective In Patti, R. J. ed., *The handbook of social welfare management*. Thousand Oaks, GA: Sage Publication.

6 Patti, op. cit.

7 Austin, op. cit.

8 Piven, F. F., & Cloward, R. A. (1971). *Regulating the poor: the functions of public welfare*. New York: Pantheon Books.

9 Fischer, J. (1973). Is casework effective? a review, *Social Work*, *18*, 5-20.

10 Kamerman, B. & Kahn, A. J. (1989). *Privatization and the Welfare State*. Sheila eds. Princeton: Princeton University Press.

11 McNutt, J. G. (1995). 'The macro practice curriculum in graduate social work education: results of a national study, *Administration in Social Work*, *19*, 59-74.

12 원석조 · 김은혜 (2019). 미국 민간건강보험의 실태와 오바마케어. **보건과 복지**, 21(4), 87-107.

13 Gibelman, M. (2000). Structural and Fiscal Characteristics of Social Service Agencies. In Patti, R. J. ed., *The handbook of social welfare management*. Thousand Oaks, GA: Sage Publication.

14 Hasenfeld, Y. (1996). The administration of human services : what lies ahead? In P. R. Rattoul & C. A. MeNeece(Eds.), *Futhre issues for social work practice*. Neeham Height, MA: Allyn & Bacon. pp. 191-202.

15 Grønbjerg, K. A. (1993). Understanding Nonprofit Funding: Managing Revenues in Human Services and Community Development Organizations. Jossey-Bass.

16 김경태 (1994). **근대한국의 민족운동과 그 사상**. 이화여대출판부.

17 한규무, 노기욱 (2010). 대한제국기 경성고아원의 설립과 운영. **서울과 역사**, 76, 163-210.

18 김성은 (2014). 한말 일제시기 엘라수 와그너의 한국여성교육과 사회복지사업. **한국기독교와 역사**, 41, 115-152.

19 김근홍, 서화자, 심창학, 이만식, 함세남, 홍금자 (2007). **사회복지역사와 철학**. 학지사.

20 이두호, 최일섭, 김태성, 나성린 (1991). **빈곤론**. 나남.

21 김영모 (2006). **사회복지학**. 사회복지정책연구소.

22 장인협 (1993). **사회복지개론**. 서울대학교출판부.

23 김근홍 외, 전게서.

24 이혜경 (1986). 복지사회와 사회복지교육: 학부과정 사회복지교육의 방향 모색을 위한 연구. 이화여자대학교.

제 2 부

사회복지조직과 전달체계

02

CHAPTER 03

사회복지조직의 특성과 유형

1 휴먼서비스와 휴먼서비스 조직의 특성

휴먼서비스(human service)는 사회복지서비스를 포함한 인간 대상 서비스, 예를 들면 교육, 보육, 보건 · 의료, 상담 등의 광범위한 영역을 아우르는 개념으로, 궁극적인 목적은 클라이언트 또는 이용자의 복지를 증진하는 것이다.[1] 이와 유사하게 최근에는 '사회서비스(social service)'라는 용어를 통해 사회복지서비스를 대체하거나 함께 사용하는 경향이 있다. 그러나 사회서비스 역시 서비스 전달 방식이 '사회적' 또는 '공적' 방식에 의해 이뤄진다는 점에서 휴먼서비스 개념을 완전히 대체하기는 어렵다. 가령 사회복지 영역에서 작동하는 순수 시장 부문의 서비스 내용을 포괄하기 위해서는 사회서비스, 사회복지서비스보다는 휴먼서비스 개념을 활용하는 것이 적절할 수 있다.[2] 이에 따라 본 장에서는 사회복지조직의 서비스와 조직 특성을 휴먼서비스의 관점에서 살펴보았다.

휴먼서비스 조직의 특성은 다음과 같다.[3] 첫째, 휴먼서비스 전달 과정에서 다양한 이해관계자 집단 간 가치와 기대의 충돌이 발생할 수 있다. 이는 정책의 우선순위를 결정하는 과정에서 발생하는 갈등 상황을 의미한다. 클라이언트는 그들의 욕구에 대한 의견을 제시할 수 있고, 이것이 조직의 정책 및 목표와 다를 경우 갈등이 발생할 수 있다. 또 휴먼서비스 조직은 다양한 전문분야의 직종이 혼재하는 만큼 갈등 조정이 필요하다. 둘째, 휴먼서비스 조직은 결과보다 과정에 더 많은 관심이 있다. 시비스 방법 및 성과의 효과를 구체화하기 어렵기 때문에 궁극의 성과보다 서비스 자체에 더 초점을 두기도 한다. 셋째, 휴먼서비스 조직의 성과는 측정하기 어렵다. 예를 들어 교육훈련 프로그램에 참여한 실업 상태의 클라이언트의 숫자를 세는 것은 쉽다. 그러나 서비스 전달 후 중·장기적으로 클라이언트의 고용상태가 어떻게 개선되고 유지되고 있는가를 밝히는 것은 어렵다. 보이지 않는 무형의 휴먼서비스 성과에 대한 책임성을 입증하기 한계가 있기 때문이다. 넷째, 휴먼서비스 조직은 때때로 비자발적이고 복합적인 문제가 있는 클라이언트를 대상으로 서비스를 제공해야 한다. 영리를 추구하는 시장 모델(market model)에서는 관심이 없는 클라이언트에 대해 휴먼서비스 조직은 개입한다.

휴먼서비스 조직으로서 사회복지조직의 특성을 살펴보면 다음과 같다.[4] 첫째, 사회복지조직은 인간을 원료(raw material)로 하며 클라이언트에 대한 도덕적 가치판단을 한다. 둘째, 조직 활동의 핵심은 클라이언트와 직원의 관계에 있다. 클라이언트의 반응에 따라 서비스 계획 및 방향이 바뀔 수도 있다. 셋째, 사회복지조직은 지역사회에 기반한다. 넷째, 사회복지조직은 여가, 교육, 문화 등 광범위한 영역을 포괄하는 사회서비스를 제공한다. 다섯째, 사회복지조직의 대상 집단은 지역사회의 모든 주민을 포함하는 광의의 개념으로 정의할 수 있다. 여섯째, 따라서 사회복지조직의 클라이언트(이용자)는 연령, 인종, 성별, 소득 등의 특성에 따라 다양하다. 일곱째, 사회복지조직은 정책 의사결정 과정에서 시민 참여의 가치를 지지한다.

이상의 내용을 요약하면 사회복지조직은 지역사회 주민 및 클라이언트와 밀접한 수준의 상호관계를 바탕으로 욕구를 파악하여, 이들에게 필요한 서비스를 함께 생산한다는 특성이 있다. 특히 휴먼서비스의 '공동생산(co-production)' 개념은 최근 한국의 사회복지 환경변화와도 관련이 있다. 오늘날 사회복지서비스 대상자에 대한 개념은 전통적 개념인 '수혜자'에서 '이용자(또는 고객)'로 그리고 더 나아가 서비스 '참여자' 또는 '생산자'의 개념으로 발전하고 있다.

2 휴먼서비스 조직의 관리 기능

오늘날 많은 휴먼서비스 조직은 지역사회의 다양한 욕구를 충족시키기 위해 노력한다. 이를 위한 휴먼서비스 조직의 관리기능은 기획, 설계, 인적자원 개발, 지도·감독, 모니터링 및 평가 등으로 구성된다.[5]

① 기획

기획(planning)은 조직의 미래를 위한 비전을 개발하고 전략을 수립하며, 목적과 목표를 설정하여 바람직한 프로그램 모델을 선택하는 것이다. 기획 과정에서는 대상 집단에 어떠한 문제와 강점 및 자원이 있는지, 가장 시급하게 해결해야 할 문제는 무엇인지를 결정한다.

② 설계

설계(designing)는 기획을 통해 도출된 계획을 실제로 수행하는 데 필요한 작업을 구조화하고 조정하는 것으로, 의사소통 및 의사결정 체계 등과 같은 조직의 과정을 포함한다. 따라서 각 사람이 조직 내에서 자신이 어떤 역할을 해야 하는지, 지속적인 의사소통과 협력을 위해 어떻게 해야 하는지, 자신의 권한과 책임의 경계가 어디까지인지 등을 명확하게 설정해야 한다.

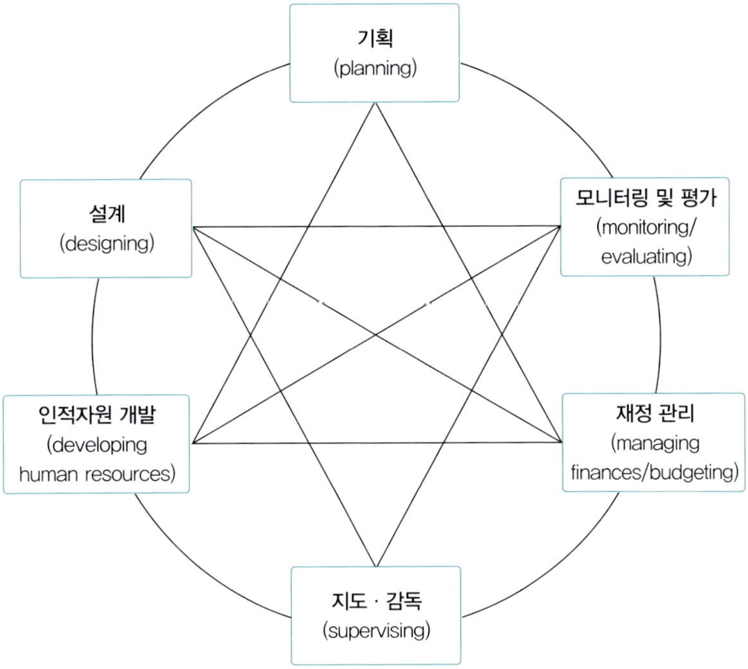

[그림 3-1] 휴먼서비스 조직의 관리 기능[6]

③ 인적자원 개발

인적자원 개발(developing human resources)은 휴먼서비스 조직의 프로그램을 운영하는 데 필요한 인력을 동원하고 이들의 생산성을 향상하기 위한 노력을 의미한다. 효과적인 인적자원 개발을 위해 휴먼서비스 조직의 관리자는 직원의 채용, 해고, 임명, 승진, 교육 및 훈련 등 전반에 대한 인사관리(staffing) 역시 전략적으로 수행해야 한다.

④ 지도 · 감독

슈퍼비전(supervision) 또는 지도 · 감독은 슈퍼바이저와 슈퍼바이지의 관계에서 지지와 격려 제공, 전문기술 및 역량 강화, 업무 감독 등을 통해 서비스 제공인력의 효과성을 극대화하는 것이다. 슈퍼바이저의 핵심 과업은 슈퍼바이지가 업무를 수행하는 데 필요한 지식, 실천기술, 태도 등을 개발하도록 하는 것, 슈퍼바이지의 성장을 위한 동기부여를 강화하는 것이다.

⑤ 재정 관리

재정 관리(managing finances/budgeting)는 목표를 달성하기 위한 중·장기 재정 계획을 수립하고 정해진 회계 규정에 따라 투명하게 지출을 관리하는 것이다. 비영리 휴먼서비스 조직은 보조금, 후원금 및 기부금, 서비스 이용자의 이용료 등 재원에 의존하는 경향이 있다. 따라서 휴먼서비스 조직의 행정가는 항상 조직이 추구하는 목표와 관련된 새로운 재원 확보의 방법에 민감해야 한다.

⑥ 모니터링 및 평가

모니터링(monitoring)은 서비스 프로그램의 목표와 활동에 대한 과정을 추적하는 것이고, 평가(evaluating)는 기획 단계에서 설정된 목표와 실제 나타난 변화의 정도를 근거로 서비스 성과를 비교하는 것이다. 휴먼서비스 조직의 정보체계는 클라이언트 대상 서비스에 대한 지속적인 모니터링과 서비스 효과성을 평가하기 위한 자료를 제공한다.

3 사회복지조직의 유형

휴먼서비스와 휴먼서비스 조직 특성에 대한 이해를 바탕으로 우리나라 사회복지조직의 유형을 구분하는 기준은 다음과 같다. 먼저 운영주체가 누구인가? 영리를 추구하는가? 권력형태는 무엇인가? 급여 · 서비스를 이용하는 대상이 누구인가? 업무에 대한 통제성 수준은 어떠한가? 등의 기준을 제시할 수 있다.

1) 운영주체 구분

먼저 운영주체는 사회복지조직 유형을 구분하는 데 일반적으로 사용하는 기준이다. 황성철 교수와 그의 동료들은 사회복지조직을 공공조직과 민간조직으로 구분하고, 민간조직은 다시 영리조직(for-profit)과 비영리조직(non-profit)으로 구분하였다.[7] 이에 따르면 민간의 순수한 자발적 동기에 의해 소규모 비영리조직 형태로 운영되는 전통조직(traditional providers), 대규모 정부조직이 중심이 되어 공공복지를 담당하는 복지관료조직(welfare bureaucracy), 사회복지사, 정신과의사 등이 개별 치료소를 개원하여 서비스를 제공하는 임상치료소(clinical entrepreneurs), 영리를 목적으로 대규모 조직을 갖추어 서비스를 제공하는 사회복지경영조직(human services executive)으로 구분할 수 있다.

전통조직의 사례에는 대표적으로 자선조직협회(COS), 헐 하우스(Hull house) 등 오늘날에는 재정의 취약성으로 조직 운영에 어려움이 있는 조직들이 포함된다. 반면 복지관료조직은 최근 국가의 복지 책임 증대에 따라 그 역할이 함께 확대되었다. 우리나라의 공공부조제도(국민기초생활보장제도), 사회보험제도 등을 담당하는 정부조직이 이에 해당된다. 임상치료소 역시 최근 사회서비스 부문이 확대됨에 따라 다양한 영역의 심리치료 전문가(예: 무용동작치료사, 미술 · 음악치료사 등)들이 운영하는 치료센터 등이 포함될 수 있다. 마지막 사회복지경영조직에는 영리를 목적으로 장기요양서비스 시장에 진입한 노인요양시설, 바우처(voucher) 사업 시행에 따른 지역사회서비스투자사업 참여 조직 등이 해당된다.

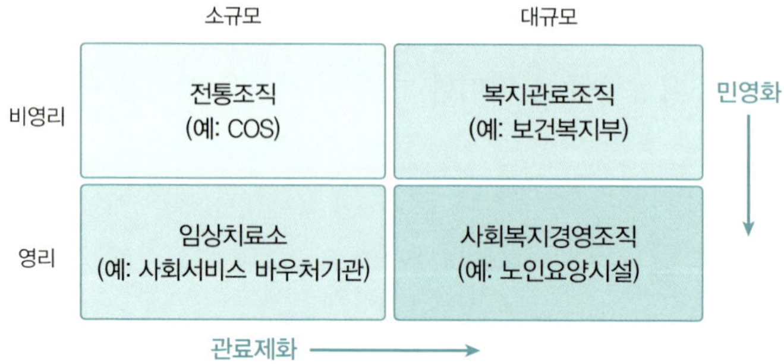

[그림 3-2] 사회복지조직의 유형[8]

2) 하이브리드 조직

최근에는 다양한 운영주체의 특성이 혼합된 조직, 예를 들면 공공조직과 민간조직의 특성이 혼합된 형태의 조직, 정부 · 시장 · 시민사회 간 공동의 거버넌스를 통해 운영되는 조직들을 발견할 수 있다. 이 같은 조직을 '하이브리드 조직(hybrid organizations)'으로 부른다.[9] 하이브리드 조직은 영역 간 경계가 명확한 전통조직의 강점을 혼합한 조직으로, 급격한 환경변화에 대응하기 위해 발생하였다. 이에 따라 다양한 자원을 활용한다는 특성이 있다. 가령 지역 내 사회복지서비스 기관은 정부의 재정 지원 이외에도 시민사회의 자원봉사활동 또는 기부 및 후원 등의 사회적 자원 등을 활용할 수 있다.[10] 하이브리드 조직을 구성하는 요소를 살펴보면 다음과 같다.[11] 먼저 하이브리드 조직이 궁극적으로 지향하는 목적은 경제적 목적과 사회적 목적으로 구분할 수 있다. 이에 따른 조직의 동기는 영리를 추구하는 이윤과 비영리에 기초한 사명 중심의 동기로 구성된다. 소유권은 개별 운영주체의 사적 소유 형태와 조합 소유형태, 공공 소유형태로 구성된다. 하이브리드 조직에서 생산하는 산출물의 내용은 조직의 지향점에 따라 사유재와 공공재로 구성되며, 생산품의 유형은 제조 물품 또는 무형의 서비스로 구성된다. 하이브리드 조직에서 가치를 창출하는 주체는 생산자 또는 소비자(이용자)이며, 사회 영역으로는 시장, 국가, 시민사회의 세 가지 영역이 포함된다.

〈표 3-1〉 하이브리드 조직[12]

기준	하이브리드 조직 구성요소
지향점	경제적 목적(영리) vs 사회적 목적(비영리)
동기	이윤(profit) vs 사명(mission)
소유권/운영주체(ownership)	사유 vs 조합 vs 공공
생산품	사유재 vs 공공재
생산품 유형	제조 vs 서비스
가치창출의 주체	생산자 vs 소비자(이용자)
사회영역(social sector)	시장 vs 국가 vs 시민사회

우리나라의 사회복지조직 유형에도 하이브리드 조직을 찾아볼 수 있다. 사회복지조직의 하이브리드 조직 유형에는 '준 공공조직'과 '준 민간조직'이 포함된다.[13] 이는 운영 및 소유권의 주체가 공공 또는 민간에 속하는지에 따라 구분된다. 준 공공조직은 법률적 근거에 따라 공공 재원에 의존하지만, 별도의 규정과 조직체계를 가진 조직이다. 예를 들어 현재 시 · 도 차원에서 설립 · 운영되는 사회서비스원 또는 지역복지재단 등이 해당한다. 특히 사회서비스원은 시 · 도가 운영의 주체가 되어 공적 재원을 보조할 수 있으며, 사업 내용으로 노인장기요양보험의 방문요양서비스 등 이윤 창출을 목표로 한 영리서비스까지도 포함한다는 점에서 하이브리드 조직의 특성을 갖는다.

〈표 3-2〉 2021년 우리나라 사회서비스원 설립 · 운영 현황(2022.5 현재)[14]

구분	사회서비스원 설립 여부	특징
서울특별시	○	신규 설립

부산광역시	X	
대구광역시	O	신규 설립
인천광역시	O	복지재단 전환
광주광역시	O	신규 설립
대전광역시	O	복지재단 전환
울산광역시	O	신규 설립
세종특별자치시	O	복지재단 전환
경기도	O	신규 설립
강원도	O	신규 설립
충청북도	X	
충청남도	O	복지재단 전환
전라북도	O	신규 설립
전라남도	O	복지재단 전환
경상북도	X	
경상남도	O	신규 설립
제주특별자치도	O	신규 설립
계	14개 시 · 도 설립 · 운영	신규 설립 9곳, 복지재단 전환 5곳

BOX 3.1 사회서비스 지원 및 사회서비스원 설립 · 운영에 관한 법률(약칭: 사회서비스원법)

[시행 2022. 3. 25.] [법률 제18467호, 2021. 9. 24., 제정]

제1조(목적) 이 법은 사회서비스 지원과 사회서비스원의 설립 · 운영에 관한 사항 등을 정함으로써 사회서비스의 공공성 · 전문성 및 투명성 제고 등 사회서비스를 강화하고, 사회서비스와 사회서비스 관련 일자리의 질을 높여 국민의 복지증진에 이바지하는 것을 목적으로 한다.

제7조(시 · 도 사회서비스원의 설립) ① 시 · 도지사는 제10조의 사업을 수행하기 위하여 관할하는 특별시 · 광역시 · 특별자치시 · 도 · 특별자치도(이하 "시 · 도"라 한다)에 시 · 도 사회서비스원(이하 "시 · 도 서비스원"이라 한다)을 설립 · 운영할 수 있다.

② 제1항에 따라 시 · 도지사가 설립한 시 · 도 서비스원은 법인으로 한다.

제10조(시 · 도 서비스원의 사업) ① 시 · 도 서비스원은 다음 각 호의 사업을 할 수 있다.

1. 「재난 및 안전관리 기본법」 제3조제1호에 따른 재난 등의 발생으로 아동 · 노인 · 장애인 등에게 돌봄 공백이 발생한 경우 긴급돌봄서비스의 제공
2. 국가 또는 지방자치단체로부터 위탁받은 국공립 사회서비스 제공기관 운영
3. 국가 또는 지방자치단체로부터 위탁받은 사회서비스 제공 또는 지원에 관한 사업
4. 사회서비스 수급자의 욕구에 따른 종합적인 재가서비스 제공을 위한 사업
5. 사회서비스 제공 및 운영 기관에 대한 재무 · 회계 · 법무 · 노무 등에 관한 각종 상담 · 자문
6. 사회서비스 종사자의 처우 개선 및 고용 안정성 제고를 위한 사업의 지원
7. 지역 내 사회서비스의 질 제고를 위한 연구 · 개발 및 교육사업의 지원
8. 지역 내 사회서비스 수급계획 수립의 지원
9. 새로운 사회서비스 도입을 위한 시범사업의 실시
10. 그 밖에 시 · 도지사가 사회서비스 공공성등의 제고를 위하여 필요하다고 인정하는 사업

제29조(보조금 등) 국가 또는 지방자치단체는 예산의 범위에서 시 · 도 서비스원의 설립 · 운영에 필요한 경비를 출연 또는 보조할 수 있다.

제30조(재원) 시 · 도 서비스원은 국가 또는 지방자치단체의 출연금 · 보조금 및 그 밖의 수입금으로 운영한다.

반면 준 민간조직은 소유권 및 운영주체가 민간에 있고 조직의 주요 사항은 자체 의사결정 기구인 이사회를 통해 이루어진다는 특징이 있다. 그러나 준 민간조직 역시 정부의 재정지원에 의존하는 성격이 있어 독립적인 조직 운영의 한계가 있다. 우리나라에서는 정부의 보조금 수입을 통해 서비스를 제공하는 사회복지관 등의 민간 사회복지조직이 포함될 수 있다.

3) 권력유형 구분

권력의 유형에 따라 신체적 · 물리적 위협에 기반하거나, 조직의 규범 · 규정에 의해 강제력을 행사하는 강제적 조직(예: 교도소 등), 급여 등 물질적 보상에 의해

운영되는 보상적 조직(예: 영리 기업), 윤리 · 도덕 · 사회적 가치 등의 규범에 기반한 규범적 조직으로 구분할 수 있다. 이 중 사회복지조직은 종교조직, 병원, 정치조직, 학교 등과 함께 규범적 조직에 포함된다.[15]

4) 수익 주체 구분

조직의 운영을 통해 이익이 발생하는 주체가 누구인가에 따라 상호수혜조직(mutual-benefit associations), 사업조직(business concerns), 서비스조직(service organizations), 공공조직(commonwealth organizations)의 4가지 유형으로 구분한다.[16] 상호수혜조직은 조직 내 구성원이 상호 이익이 되는 정당, 종교단체 등이 해당되고, 사업조직은 조직의 소유자에게 이익이 되는 영리 기업 등이 해당된다. 공공조직은 불특정 다수의 일반 대중이 수익자가 되는 정부조직 및 군대 등이 해당된다. 사회복지조직은 서비스 이용자 또는 클라이언트가 주요 수익자인 서비스조직으로 분류할 수 있다. 이외에도 앞서 휴먼서비스 개념에 포함된 병원, 학교 등의 전문 서비스 제공조직들 역시 서비스조직으로 구분할 수 있다. 타 조직유형과 다르게 서비스조직은 클라이언트의 복지를 최우선으로 추구한다.

5) 업무의 통제성 구분

업무의 통제수준에 따라 관료조직, 일선조직, 전면통제조직, 투과성조직으로 구분할 수 있다.[17] 관료조직의 대표적인 사례에는 정부조직을 들 수 있으며, 공식적 · 위계적 조직구조를 바탕으로 전문화된 분업, 합리적인 통제가 이뤄지는 조직이다. 일선조직은 공식적이고 위계적인 특성이 있지만, 실제 권한은 일선업무를 담당하는 부서에 분산된 조직으로, 기업, 연구소, 사회복지조직 등이 해당된다. 조직의 업무가 독립적으로 이뤄지기 때문에 직접적인 통제는 어렵다. 전면통제조직은 관리자에게 강한 통제권한이 허용되는 교도소 등이 해당된다. 마지막 투과성조직은 통제성의 수준이 가장 낮으며, 개인의 자발적 · 주체적 참여를 강조하며 조직의 활동이 외부에 쉽게 노출되는 조직이다. 자원봉사활동조직 등이 이에 해당된다.

〈표 3-3〉 업무의 통제성에 따른 조직구분[18]

구분	특성	사례
관료조직	• 공식적인 조직과 규정, 위계적인 권위구조, 전문화된 분업, 문서 위주 업무처리, 기술적 자격에 기초한 신분 및 보장 등	정부조직, 지방자치단체 등
일선조직	• 공식적인 위계조직이나 실제 권한이 분산된 조직으로 일선업무에 주도권 존재 • 각 업무단위가 독립적인 수행으로 직접적인 조정과 통제 어려움	기업(각 부서), 사회복지조직, 연구소 등
전면통제조직	• 관리자가 수용자에 대한 강한 통제권 지님 • 강제적 수용	교도소, 정신병원 등
투과성조직	• 조직구성원과 참여자의 자발성, 개인의 주체성 강조 • 조직문화와 규정에 대한 통제성 약함 • 조직활동이 외부에 노출	자원봉사활동조직 등

4 사회복지조직의 운영 체계 및 구조

1) 법인

우리나라 사회복지조직의 운영 체계는 운영주체로서의 법인과 실제 사업을 수행하는 집행체계인 사회복지시설로 구분할 수 있다. 법인은 "법률에 의해 법인격이 부여되어 법률상의 권리 · 의무의 주체가 된 단체(사단법인) 또는 재산(재단법인)"을 말한다. 즉 법에 따라 권리를 인정받은 조직체라는 점에서 자연인과 대비되는 개념으로서의 법인으로 구분할 수 있다.[19]

법인의 유형은 법인을 구성하는 요소가 무엇인지에 따라, 영리성을 추구하는지에 따라, 설립근거가 무슨 법률에 있는지에 따라 3가지 기준으로 구분할 수 있다.

먼저 구성요소 기준에 따르면, 법인에 가입한 사람(회원 또는 사원)을 중심으로 하는 '사단법인'과 특정한 목적을 위해 출연된 재산을 중심으로 하는 '재단법인'으로 구분된다. 재단법인의 경우 재산을 출연한 사람의 의사를 존중한다는 점에서 사단법인에 비해 많은 제약이 가해지는 타율적 조직의 특성이 있다. 다만 사단법인은 영리를 추구하는 영리법인도 허용하는 반면, 재단법인은 비영리 법인만 인정한다.

다음 영리성을 기준으로 하면, 법인의 경제적 이익을 목적으로 설립되어 구성원(사원 또는 주주)에게 분배하는 것을 목적으로 하는 '영리법인'과 법인활동을 통해 창출한 이익을 법인 고유의 재산으로 적립하는 '비영리법인'으로 구분할 수 있다. 영리법인은 기본적으로 구성원의 이익분배를 전제로 하기 때문에 모두 사단법인의 형태라 할 수 있고, 구성원이 없는 재단법인은 영리법인이 될 수 없다. 비영리법인은 반드시 '공익'을 목적으로 해야 하는 것은 아니고, 설립목적을 벗어나지 않는 수익활동(예: 학회 참가비 징수, 발행도서 판매 등)이 가능하다. 다만 비영리법인의 수익은 구성원들에게 분배할 수 없다.

마지막 설립근거에 따른 기준에 의하면, 「상법」에 근거한 '상법법인', 「민법」에 근거한 '민법법인', 「공익법인의 설립·운영에 관한 법률」에 근거한 '공익법인', 「사립학교법」, 「사회복지사업법」, 「의료법」, 「변호사법」 등 각종 개별법에 근거한 '특수·법정법인'으로 구분할 수 있다. 상법법인은 영리를 목적으로 하는 영리법인이 해당되고, 민범법인은 사단법인과 재단법인 중 영리를 추구하지 않는 비영리법인이 해당된다. 공익법인은 재단법인이나 사단법인으로서 사회 일반의 이익에 이바지하기 위하여 학자금·장학금 또는 연구비의 보조나 지급, 학술, 자선에 관한 사업을 목적으로 하는 법인으로, 일반적인 민법법인에 비해 상속세 및 증여세법에 따른 혜택이 부여되지만, 더 엄격한 규제가 따른다. 마지막 특수·법정법인은 학교법인, 사회복지법인, 의료법인, 법무법인 기타 개별법에 의하여 법인격이 부여된 각종 조합 및 연합회 등이 포함된다. 우리나라의 많은 사회복지조직은 사회복지법인의 유형으로, 재단법인의 비영리법인 중 「사회복지사업법」에 근거하여 사회복지사업을 할 목적으로 설립된 특수법인에 해당된다.

[그림 3-3] 법인의 유형 구분[20]

2) 사회복지법인과 시설

2019년 기준 전국에는 2,985개의 사회복지법인이 있다. 이 중「사회복지사업법」 제2조제4호의 사회복지시설을 설치 · 운영할 목적으로 설립된 시설법인은 2,711개, 시설의 설치 · 운영을 목적으로 하지 않고, 사회복지사업을 지원할 목적으로 설립된 지원법인은 274개이다(보건복지부, 2021: 5). 지역으로는 전체 2,985개 중 서울이 306개(10.3%)로 가장 많고, 경기 272개(9.1%), 경남 256개(8.6%)의 순으로 나타났다. 또 전체 사회복지법인의 90% 이상은 사회복지시설을 설치 · 운영하는 시설법인에 해당한다.

〈표 3-4〉 사회복지법인 현황[21]

구분	합계(%)	시설법인	지원법인
		계	계
전국	2,985(100.0)	2,711	274
서울	306(10.3)	214	92
부산	224(7.5)	208	16
대구	185(6.2)	178	7
인천	53(1.8)	45	8
광주	143(4.8)	139	4
대전	104(3.5)	93	11
울산	49(1.6)	46	3
세종	21(0.7)	21	0
경기	272(9.1)	230	42
강원	193(6.5)	170	23
충북	167(5.6)	149	18
충남	230(7.7)	213	17
전북	242(8.1)	236	6
전남	221(7.4)	217	4

경북	203(6.8)	194	9
경남	256(8.6)	244	12
제주	116(3.9)	114	2

우리나라 사회복지법인 제도는 1970년 사회복지사업법의 제정과 함께 시작되었다. 이후 1983년 사회복지사업법 개정을 통해 사회복지 증진을 위한 국가 및 지방자치단체의 정부보조 및 비용징수의 법적 근거를 마련하여, 사회복지시설 직원에 대한 인건비가 책정되었다.[22] 우리나라 사회복지법인의 성격은 사적 특성과 동시에, 공공적 특성이 혼재된 조직으로 평가된다.[23] 사적 특성에는 구성원이 공무원이 아닌 민간인이라는 점, 사회복지사업을 수행하는 융통성이 있다는 점이 포함된다. 반면 공공적 특성에는 설립의 법적 근거가 있다는 점, 사업 범위 및 내용이 국가 및 지자체 허용 범위에 제한되는 점, 수익활동에 대한 제약, 법인 사업에 대한 엄격한 통제 등이 해당한다. 물론 사회복지법인의 자체적인 자원을 동원하여 시설을 충분히 지원한다면 순수한 형태의 민간 사회복지사업이 가능하다. 그러나 현재는 이러한 시설운영이 현실적으로 어려움에 따라, 국가 또는 지방자치단체가 사회복지시설을 설립하고 사회복지법인 등 민간에 위탁 후 보조금을 지원하는 형태가 많다.[24]

〈표 3-5〉 사회복지법인의 성격[25]

구분	공공	민간	내용
설립주체		●	● 국가 또는 지방자치단체가 아닌 민간의 자유로운 의사에 따라 설립
종사자 신분		●	● 비공무원, 노동3권 보장
사업운영	★	●	★ 법인 설립목적 및 수행사업 범위내로 국한 ★ 정부지원을 받는 사업에 대해서는 정부역할 대행자적 지위 ● 법인 설립목적 내에라도 자체예산 또는 후원금 등을 통해 조성된 재원으로 이사회에서 결정된 사업을 융통성 있게 수행할 수 있는 자율성을 (제한적이나마) 보유

법적 근거	★		★ 민법상의 법인에 대한 특수법인적 성격
재산 성격	★		★ 출연재산은 법인재산 ★ 설립허가 취소 시 잔여재산은 국고귀속
정부지원	★		★ 면세혜택 및 보조금 지급 등
각종 행정 통제	★		★ 인건비 지급기준 마련 및 통제 ★ 기본재산 처분 허가, 합병 허가 ★ 이사회 운영 등 공공적 지배구조 강제 ★ 서비스 가격통제
비영리성	★		★ 법인설립목적수행에 지장이 없는 범위 내 ★ 수익은 법인 또는 법인설치 시설 운영 외 사용 불가

사회복지법인은 사회복지시설을 통해 사회복지사업을 수행한다. 이 같은 사회복지시설에 대해 '인적 및 물적 결합체로서의 공공용 영조물(공공시설)'로 규정하고, 사회복지법인의 책임은 이를 관리 · 운영하는 것으로 설명할 수 있다.[26]

그러나 1997년 사회복지사업법 개정을 통해 사회복지시설의 운영주체가 법인뿐만 아니라 개인에게도 확대되면서 사회복지서비스 공급주체는 점차 국가 또는 지방자치단체, 비영리법인, 개인 등으로 다양화되고 있다. 이는 궁극적으로 시설 간 경쟁을 통한 서비스 이용자의 선택권 확대에도 영향을 미칠 수 있다. 실제로 사회복지관 및 장기요양기관 운영주체 변화 현황을 살펴보면, 사회복지관은 2009년 사회복지법인 비율이 72.8%에서 2019년 70.1%로 감소하는 대신, 비영리법인 비율은 14.6%에서 17.7%로 증가했다. 장기요양기관의 경우 변화가 더 급격히 나타났는데, 2008년 노인장기요양보험 도입 후 2010년 개인시설이 전체 중 74.2%에서 2020년에는 83.4%로 증가했다. 반면 법인시설은 2010년 23.9%에서 2020년 15.3%로 감소하였다. 이는 지난 10년 동안 우리나라 사회복지법인 및 시설 등을 둘러싼 환경이 서비스 공급주체의 다원화로 변화해 왔음을 보여준다.

〈표 3-6〉 사회복지관 및 장기요양기관 운영주체 현황[27]

구분		사회복지관				장기요양기관[1)]			
		2009		2019		2010		2020	
		개	%	개	%	개	%	개	%
법인	사회복지법인	305	72.8	328	70.1	3,585	23.9	3,896	15.3
	비영리법인	61	14.6	83	17.7				
지방자치단체		28	6.7	31	6.6	215	1.4	244	1.0
개인		-	-	-	-	11,113	74.2	21,158	83.4
기타[2)]		25	6.0	26	5.6	66	0.4	86	0.3
합계		419	100.0	468	100.0	14,979	100.0	25,384	100.0

주1) 장기요양기관: 재가기관, 노인요양시설, 노인전문요양시설, 노인요양공동생활가정 등
주2) 학교법인 등

3) 이사회와 위원회

사회복지법인은 이사로 구성된 이사회를 반드시 두어야 한다. 이사는 7인 이상 두어야 하며(외국인 이사는 이사 현원의 1/2 미만이어야 한다), 이사회 구성에 있어 '특별한 관계에 있는 사'는 이사 현원의 1/5을 초과할 수 없다. 이사의 임기는 3년으로 연임이 가능하다.[28]

BOX 3.2 특별한 관계에 있는 자의 범위(「사회복지사업법 시행령」 제9조)

1. 출연자
2. 출연자 또는 이사와의 관계가 다음 각목의 어느 하나에 해당하는 사람
   가. 6촌 이내의 혈족
   나. 4촌 이내의 인척
   다. 배우자(사실상 혼인관계에 있는 사람을 포함한다)
   라. 친생자(親生子)로서 다른 사람에게 친양자(親養子)로 입양된 사람 및 그 배우자와 직계비속
3. 출연자 또는 이사의 사용인 그 밖에 고용관계에 있는 자(출연자 또는 이사가 '출자에 의하여 사실상 지배하고 있는 법인'의 사용인 그 밖에 고용관계에 있는 자를 포함)
4. 출연자 또는 이사의 금전 그 밖의 재산에 의하여 생계를 유지하는 자 및 그와 생계를 함께 하는 자
5. 출연자 또는 이사가 재산을 출연한 다른 법인의 이사

이사회는 조직의 목표 달성을 위한 책임을 지는 의사결정 기구로서 조직의 운영과 관련된 내용을 결정할 수 있는 강한 영향력이 있다.[29] 구체적으로 이사회가 결정할 수 있는 기능의 내용에는 첫째, 법인의 예산, 결산, 차입금 및 재산의 취득 · 처분과 관리에 관한 사항, 둘째, 정관의 변경에 관한 사항, 셋째, 법인의 합병 · 해산에 관한 사항, 넷째, 임원의 임면에 관한 사항, 다섯째, 수익사업에 관한 사항, 여섯째, 기타 법령이나 정관에 의하여 그 권한에 속하는 사항 등이 포함된다.[30] 이사회의 기능을 다음과 같이 설명할 수 있다.[31] 첫째, 조직의 목적 또는 목표 설정, 둘째, 조직의 운영기구 설정, 셋째, 필요한 인적 및 물적 자원의 조달, 넷째, 조직의 행정책임자 채용 및 임명, 다섯째, 정책의 결정, 여섯째, 예산인준 및 재정원천에의 접근 촉진, 일곱째, 조직운영의 점검 및 평가, 여덟째, 조직과 지역사회 간의 중개, 아홉째, 지역사회의 계획참여, 열째, 정관의 변경이다. 정리하면 이사회는 사회복지조직의 운영 전반에 대한 의사결정 권한을 바탕으로 조직의 목표 달성에 법률적 책임을 지는 정책결정 기구라 할 수 있다. 그러나 많은 사회복지조직에서 이사회의 기능은 형식적인 수준에 그치는 경우가 있다. 앞서 설명한 것과 다

르게 의사결정의 주체가 사회복지조직의 최고관리자가 되고 이사회는 이를 통과하는 기구의 역할만을 수행하는 것이다. 이는 최고관리자에 대한 이사회의 견제가 어려워지는 상황을 발생할 수 있다.

관련하여 이사회의 역할 및 최고관리자 등 조직구성원 사이의 효과적인 관계 설정의 중요성 역시 강조할 수 있다.[32] 이사회의 바람직한 역할이란, 조직의 미션 개발, 조직의 자원 발굴, 조직 운영 전반에 대한 감독과 평가, 조직 외부의 다양한 이해관계자 간 관계를 연결하는 '다리(bridge)'이자 '완충장치(buffer)'의 역할을 수행한다고 설명하였다. 이사회가 다리이자 완충장치로서의 역할을 잘 수행하기 위해서 필요한 핵심 활동의 내용은 다음과 같다.

- 다양한 이해관계자에게 조직의 미션, 정책, 프로그램, 서비스를 전달하는 홍보대사(ambassadors)의 역할
- 지역사회의 욕구를 이해하고 전달하는 역할
- 정부 정책과 관련한 조직의 입장(position)을 결정하고 이를 지지하는 역할
- 정부 및 특별 이해집단의 부적절한 이익 침해(intrusion)로부터 조직을 보호하는 역할
- 기부자 및 잠재적 기부자에게 조직을 홍보하는 역할

만일 이사회가 지역사회의 욕구 등을 잘 파악하고 최고관리자 등 조직과 잘 소통할 수 있다면, 조직의 직원들은 이사회의 의견을 환영할 수밖에 없다. 따라서 이사회와 조직을 관리하는 구성원 사이에는 밀접한 연계 · 협력이 필요하다. 예를 들면 조직의 관리자가 이사회와 조직 운영 전반에 대한 정보를 잘 공유할 때, 이사회는 조직을 지원하기 위한 중요한 역할을 할 수 있다. 또 조직의 관리자는 이사회가 지역사회로부터 전달하는 메시지에 개방적일 때, 조직의 전략적 기획 과정에서 유용한 자원을 얻을 수 있다.[33]

위원회는 조직의 목표달성을 위한 일상업무 수행의 기구와는 별도로 전문가 등으로 구성된 활동기구이다. 사회복지시설의 경우 운영의 민주성·투명성 제고 및 시설이용·생활자의 권익 향상 등을 위해 모든 사회복지시설에 시설운영위원회를 설치·운영하도록 하고 있다. 시설운영위원회는 위원장 1명을 포함한 5인 이상 15인 이하의 위원으로 구성하고 분기별 1회 이상의 정기회의를 개최해야 한다. 위원회에서 심의하는 사항은 다음과 같다.

- 시설운영계획의 수립·평가에 관한 사항
- 사회복지프로그램의 개발·평가에 관한 사항
- 시설종사자의 근무환경 개선에 관한 사항
- 시설거주자의 생활환경 개선 및 고충처리 등에 관한 사항
- 시설 종사자와 거주자의 인권보호 및 권익증진에 관한 사항
- 시설과 지역사회와의 협력에 관한 사항
- 그 밖에 시설의 장이 운영위원회의 회의에 부치는 사항

시설운영위원회의 위원장은 사회복지시설 운영과 관련된 전문적인 사항에 대한 자문을 구하기 위해 5인 이내의 전문가로 구성된 자문위원회를 둘 수 있다. 자문위원회는 사회복지 분야의 전문가를 중심으로 조직 내부의 역량 및 전문성 등을 강화하기 위한 목적으로 운영된다. 자문분야에는 서비스 개발, 인사노무, 재무회계, 경영전략 등 직원의 업무능력 향상을 위한 내용이 포함된다. 위원회를 운영할 때 발생할 수 있는 장점은 첫째, 조직 운영에 필요한 여러 전문가의 자문의견을 확보할 수 있다는 점, 둘째, 조직의 참여적 관리(행정)를 수행하는 수단이 되는 점, 셋째, 관리자의 의사결정을 보조해 준다는 점 등이다. 반면 단점도 존재하는데, 첫째, 위원회 운영을 위한 비용과 시간이 소요되는 점, 둘째, 타협적인 의사결정이 이루어질 가능성, 셋째, 위원 사이의 복잡한 이해관계가 있는 경우 객관적인 위원

회 운영이 어렵다는 점 등이다.

한편 조직에서 위원회를 보다 적극적인 형태로 활용하는 모습을 찾아볼 수 있는데, 이를 특별위원회 구조(adhocracy)라 부른다.[34] 특별위원회는 조직이 큰 위험에 처한 상황에서 생존과 혁신이 필요하다고 판단될 때, 조직을 둘러싸고 있는 환경이 역동적으로 변화함에 따라 신속하고 유연한 대응이 필요하다고 판단될 때 적절하다고 평가된다.[35] 이러한 특별위원회는 높은 수준의 전문 지식과 기술이 있는 전문가들이 임시적 형태의 위원회 또는 팀을 구성하여 운영한다. 특별위원회에서 다루는 업무의 특성은 예측이 어렵고 복잡하므로, 표준화된 방식의 업무보다는 조직의 유연하고 수평적인 조정에 의존한다. 따라서 직접적인 관리·감독보다는 문제를 해결하는 데 필요한 정보와 전문성에 따라 권력이 '선택적으로' 분산되는 방식을 택한다. 다만 위원회 내 구성원 간 상하관계가 명확하지 않아 역할의 모호성 및 갈등 등의 비효율성 문제가 발생할 수 있다. 따라서 조직이 생존의 위기에 직면한 상황에서 단기간 내에 조직 혁신을 달성하기 위한 목표를 수립하고 달성하기 위한 효과적인 방법이 될 수 있다.

BOX 3.3 이사회와 위원회의 차이

1. 이사회는 조직 운영에 대한 주요 의사결정이 이루어지므로 조직의 최고관리자가 참석하는 반면, 위원회는 실무책임자가 참석하는 것이 일반적이다.
2. 이사회는 조직의 직원이 이사가 되는 경우가 드물지만, 위원회 위원으로 참여하기도 한다.
3. 일반적으로 이사회의 구성원 수는 위원회의 구성원 수보다 적다.
4. 위원회 위원에는 이용자, 참여자 등이 참여하는 반면, 이사회의 이사로 참여하는 경우는 드물다.
5. 이사회는 운영회에 비해 조직 운영과 서비스 제공에 많은 영향을 가진다.
6. 이사회는 정책을 결정하고 위원회는 건의하는 역할을 주로 한다.

4) 사회복지조직의 구조

조직구조란 조직을 구성하는 단위별 기능, 권한, 책임이 어떻게 구분되고 조정되는지를 의미한다. 일반적으로는 조직표(organizational chart)를 통해 공식적인 조직구조를 표현한다.[36] 조직표는 해당 조직의 팀이 어떻게 구분되어 있는지, 최고관리자와 이사회 및 위원회의 관계는 어떻게 설정되어 있는지 등을 보여준다. 예를 들어 우리나라의 사회복지관 조직구조를 살펴보면, 일반적으로 [그림 3-4]와 같이 사례관리, 서비스제공, 지역사회조직의 3대 기능별 구조에 따라 형성된다.

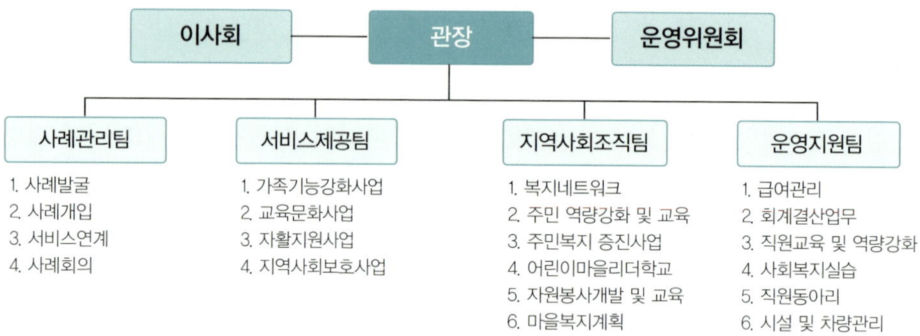

[그림 3-4] 사회복지관의 조직구조 예

최근에는 전통적 방식이 아닌 새로운 형태의 조직구조도 나타나고 있다. 이는 [그림 3-4]에 제시된 사회복지관의 3대 기능별 조직구조가 아닌, 사회복지관이 관리하는 동별로 사업팀을 구성하는 구조이다. 사회복지관이 특정 동에 위치함에 따른 이용자 접근성의 한계와 복지 사각지대 문제를 해소하기 위한 새로운 조직구조이다. [그림 3-5]의 사회복지관은 지역 내 위기가구에 대한 신속한 서비스 제공 중심의 사례관리 수행 필요성에 따라 모든 복지사업과 지역사회 욕구조사를 4개의 동으로 구분하여 수행하였다. 사회복지사는 자신이 담당한 동으로 직접 출퇴근하면서 필요한 인적·물적 자원을 동원하고 서비스를 제공하고 있다.[37]

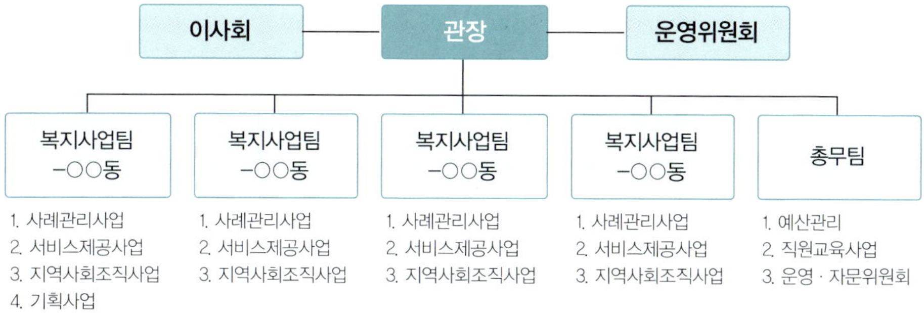

[그림 3-5] 새로운 형태의 사회복지관 조직구조 예

1 Lewis, J. A., Packard, T., & Lewis, M. D. (2007). *Management of Human Service Programs*(4th ed.). Thomson Higher Education.

2 김영종 (2009). 휴먼서비스 산업체계 모형에 의한 사회복지서비스 동향 분석. **한국사회복지행정학**, 11(2), 35-73.

3 Lewis, op. cit.

4 Hasenfeld, Y., & Schmid, H. (1989). The coummunity center as a human service organization. *Nonprofit and Voluntary Sector Quarterly*, *18*(1), 47-61; Hasenfeld, Y. (1992). *Human Services as Complex Organizations*. Newbury Park, CA: SAGE.

5 Lewis, J. A., Packard, T., & Lewis, M. D. (2007), 전게서.

6 ibid, p. 9.

7 황성철, 정무성, 강철희, 최재성 (2014). **사회복지행정론**(pp. 108-112). 정민사.

8 상게서, p. 109과 Stoesz, D. (1989). A Theory of Social Welfare. *Social Work*, *34*(2), 106을 참고하여 정리함.

9 Billis, D. (Ed.). (2010). *Hybrid organizations and the third sector: Challenges for practice, theory and policy*. Macmillan International Higher Education; Evers, A. (2005). Mixed welfare systems and hybrid organizations: Changes in the governance and provision of social services. *Intl Journal of Public Administration*, *28*(9-10), 737-748을 참고하여 정리함.

10 Evers, A., & Laville, J. L. (Eds.). (2004). *The third sector in Europe*. Edward Elgar Publishing.

11 정원오, 김형돈, 송선영. (2019). 사회적경제 조직의 하이브리드 유형에 관한 연구. **한국사회복지행정학**, 21(3), 101-135.

12 상게서, p. 104.

13 황성철, 정무성, 강철희, 최재성 (2014), 전게서.

14 사회서비스 중앙지원단 홈페이지(https://www.pass.or.kr/)

15 최상미, 김아래미 (2020). **사회복지행정론**. 학지사.

16 Blau, P. M., & Scott, W. R. (2003). *Formal organizations: A comparative approach*.

Stanford University Press.

17 Smith, G. (1979). *Social work and the sociology of organizations*. Routledge & Kegan Paul Books; 이준영 (2019). **사회복지행정론**. 학지사를 참고하여 정리함.

18 상게서, p. 190. [그림 7-4] 참조 후 재구성.

19 법무부 (2020). 비영리법인 · 단체 관리운영 업무편람.

20 상게서, p. 56; 최상미 외, 전게서, p. 77.

21 보건복지부 (2021). 2021년 사회복지법인 관리안내(p. 5) 참조 후 재구성.

22 김진우, 정혜영 (2013). 민간복지가 공공복지에 비하여 갖는 장점에 관한 연구. 사회복지법인대표자협의회.

23 김진우 (2015). 환경변화에 따른 사회복지법인 제도의 비판적 고찰. **한국사회복지행정학**, 17(3), 461-489.

24 이준영 (2019). **사회복지행정론**. 학지사.

25 김진우, 전게서, p. 465.

26 상게서, p. 466.

27 보건복지부 (2020). 2020 보건복지통계연보; 국민건강보험공단 (2021). 노인장기요양보험 통계. https://kosis.kr/statHtml/statHtml.do?orgId=350&tblId=DT_35006_N020&conn_path=I3 자료검색일: 2021년 11월 16일 자료를 참조.

28 보건복지부 (2021). 2021년 사회복지법인 관리안내.

29 최상미 외, 전게서.

30 보건복지부, 전게서.

31 최성재, 남기민 (2020). **사회복지행정론**. 나남.

32 Axelrod, N. R. (2005). Board leadership and development. In R. D. Herman (Ed.), *The Jossey-Bass handbook of nonprofit leadership and management*(2nd ed., pp. 131-152). San Francisco: Jossey-Bass.

33 Lewis, J. A., Packard, T., & Lewis, M. D. (2007), 전게서, p. 36.

34 황성철 외, 전게서.

35 Mintzberg, H., & McHugh, A. (1985). Strategy formation in an adhocracy. Administrative science quarterly, 160-197.

36 김영종 (2019). **사회복지행정**. 학지사.

37 이상우 (2018). 사회혁신 주체로서 사회복지조직의 가능성 모색: 사례분석을 통한 시사점 도출. **한국사회복지행정학**, 20(4), 57-86.

CHAPTER 04

사회복지조직이론

우리의 일상생활에 영향을 미치거나 관련되는 단체나 기관 대부분은 조직이다. 동아리나 동호회에서부터 생활필수품 제조업체, 동사무소, 학교, 슈퍼마켓, 쓰레기 수거 기관, 수돗물 공급처, 전력공급기관, 상담센터, 아파트 건설업체, 관리사무소, 신문사, 방송사, 기업, 교회, 학교, 병원 심지어 국가에 이르기까지 헤아릴 수 없이 많은 조직에서 우리는 생활하고 있다.

조직에 대한 본격적인 연구는 18세기 산업혁명(Industrial Revolution) 시기 영국의 공장시스템으로 인해 시작되었다고 이해된다.[1] 대량생산을 위한 대규모 공장이 등장하지 않았던 산업혁명 이전에 대부분의 조직은 비교적 단순한 형태였고, 상품을 최대한 효율적으로 생산하기 위해 종업원들을 어떻게 구성해야 하는가와 같은 질문들이 필요하지 않았다. 그런데 산업혁명 이후 대량생산 체제가 되면서 효율성과 생산성을 극대화하면서 조직을 어떻게 최상으로 기능하게 할지와 같은 문제들이 중요해졌다. 이러한 물음에 대한 해답을 찾으면서 조직이론이 생겨나게 되었다. 이후 조직이론은 경영학, 심리학, 사회학, 행정학, 경제학, 정치학, 인류학 등 다양한 학문적 배경을 지닌 학자들의 연구를 통해 발전하였다.

조직이론(organization theory)은 조직의 구조를 비롯한 조직의 요소를 연구하여 조직을 보다 바람직하게 유지 · 발전하는 데 도움을 주고자 체계화한 것으로[2] 조직 현상을 기술하고 설명하는 데 활용되는 일련의 개념과 원리이다. 조직이론의 학문적 배경이 다양한 만큼이나 시대구분이나 단계구분도 다양하게 나타난다.[3]

본 장에서 살펴보는 조직이론은 특히, 사회복지조직 및 사회복지프로그램 관리에 특별히 관심을 두었던 루이스 등(Lewis et al.)의 구분을 활용한다. 사회복지조직의 관리가 다른 사회조직들, 예를 들면 정부와 같은 공공조직이나 기업과 같은 영리조직 등의 관리와 완전히 다르다고 할 수는 없다. 또한 오늘날 사회복지조직은 영리조직, 공공조직 구분 없이 정부조직에서부터 공단과 같은 준공공조직, 민간비영리조직, 사회적 기업, 심지어 영리조직에 이르기까지 다양하다. 그럼에도 사회복지조직은 물품을 생산하는 조직이 아닌 인간에게 서비스를 제공하는 조직으로서의 특수성이 있다. 따라서 이를 반영하는 구분이 필요하다고 생각되어 사회복지조직의 관리에 초점을 맞춘 루이스 등의 구분에 따라 전통이론, 인간관계론적 접근, 인간자원이론, 현대이론으로 나누어 살펴본다.

1 전통적 이론

전통적 조직이론은 산업혁명 이후 산업조직이 성장, 복잡해짐에 따라 질서 있는 조직구조를 만드는 것이 관심의 대상이 되었던 1900년 초~1930년대에 완성된 이론이다. 과학적 관리론, 일반관리론, 관료제 이론 등이 해당된다. 이 이론들은 지금까지도 환경 변화에 대응하기 위하여 수정 · 발전되고 있으며, 오늘날의 조직 설계에도 유용하게 활용되고 있다.[4]

1) 과학적 관리론

19세기 초 급격한 산업혁명의 진행과 더불어 격화된 경쟁으로 독점기업이 형성되었고, 불황으로 공장폐쇄, 조업단축, 파업, 임금률 인하(rate cutting) 등의 사태가 속출하면서 종래의 생산과 관리방식에 대한 비판이 제기되었다. 이에 대한 개선책의 하나로 등장한 것이 과학적 관리론(scientific management)이다.

과학적 관리론이란 단어는 미국 동서부를 관통하는 철로를 건설한 산타페 철도(Santa Fe Railload)의 애멀슨(Harington Emerson)에[5] 의해서 최초로 사용되었지만 이론의 대표적 창시자는 테일러(F. W. Taylor)이다. 1911년에 『과학적 관리의 원리(the Principle of Scientific Management)』라는 책이 테일러에 의해 출간되면서 조직 안에서 일어나는 효율적 생산의 문제와 효과적인 상호협력의 문제를 해결하기 위한 최적화 모델이 무엇인가에 대한 관심이 연구자들의 주제가 되었다. 테일러는 비능률적인 이전의 경험에 의한 방법(Rule of Thumb Method)을 비판하였다. 그는 삽 실험과 슈미트(Schmidt) 실험 등을 통하여 개개의 작업을 가장 간단한 요소동작으로 분해하여 각 요소 동작의 형태 · 순서 · 소요 시간을 시간연구[6]와 동작연구[7]로 표준화하여 하루의 공정한 작업량을 설정하고 이를 기준으로 하는 관리의 과학화를 주장하였다. 이후 길브레스(F. B. Gilbreth)도 그의 주장에 힘입어 벽돌공장 노동자들의 작업 동작을 세분하여 '느리고 긴' 동작을 '빠르고 짧은' 동작으로 바꾸어서 능률을 올리게 하였다.

테일러의 과학적 관리론은 그 당시 사회에 큰 반향을 일으켜 포드 자동차의 이동식 조립라인(conveyor system)을 비롯한 대부분의 대규모 공장에서 과학적 관리론이 주창하는 경제적 보상을 바탕으로 하는 노동의 관리 방법을 택하게 하였다.

이들이 발전시킨 과학적 관리의 특징은 다음과 같다.

① **직무의 과학적 연구와 분석:** 각 근로자의 직무를 과학적으로 분석하고, 직무수

행에 가장 효율적인 방식을 탐구한다. 업무에서 최선의 방식을 발견한다. 특히 관리자의 궁극적 목적은 생산성 증대이다.

② **과학적 선발, 훈련 및 발전:** 직무를 수행함에 있어 가장 적절한 근로자를 과학적으로 선발하고, 정확한 방식으로 직무를 수행할 수 있도록 교육한다. 이러한 업무 과정은 관리의 역할이다.

③ **관리자와 노동자의 협력:** 관리자는 근로자가 과학적 방식으로 직무를 수행할 수 있도록 협력해야 한다. 특히 기획, 조직 및 통제와 같은 활동은 개별 근로자보다 관리자의 주책임이다. 테일러는 근로자의 생산성이나 업적에 비례하여 보상이 주어지는 시스템을 옹호하였다.

④ **기능적 감독:** 관리와 근로자 사이에 책임과 명확한 업무 분할이 있어야 한다. 관리자는 기획하고, 조직화하고, 의사결정 활동 및 감독하는 데 업무의 책임이 있으며, 근로자는 직무를 수행한다. 특히 관리자는 근로자가 할당된 업무를 수행할 수 있도록 가까이에서 감독해야 한다.

이상과 같은 과학적 관리의 핵심은 단순성과 합리성이다. 작업하는 동안 익숙하지 못하거나 불필요한 행동을 제거하기 위하여 기계적인 동작을 분석하여 효율적인 가장 합리적인 방법을 찾아내는 것이다. 또한 근로자들을 연구하고 가르치며 훈련시키고, 그후 적합한 곳에 사람을 배치하고, 그의 업적에 따라 차등적인 봉급체계를 적용하여 근로자에게 동기를 부여한다.

그러나 과학적 관리론은 인간을 기계 취급하면서 인간의 경제적 욕구만 지나치게 강조하는 점이 비판을 받았다. 그럼에도 불구하고 여전히 오늘날의 맥도날드(MaDonald)와 같은 즉석식(fastfood) 체인점 외에도 수많은 유통회사, 제조업, 사무실 등에 영향을 미치고 있다.

과학적 관리론에 따라 사회복지조직을 운영하면 사회복지사의 직무수행을 위한 훈련이나 발전을 위한 교육 등에 힘쓰게 되어 조직이 발전할 수 있는 긍정적인 측면이 있다. 그렇지만 다른 한편으론 사회복지사의 업무를 효율성을 중심으로 과도하게 표준화하여 직무 능률을 높이는 것이 문제가 될 수 있다. 왜냐하면 사회복지사의 업무는 효율성의 측면보다는 심리 사회적 집중이 필요하고 서비스의 질과 효과성이 담보되어야 하기 때문이다. 따라서 이러한 사회복지업무의 본질적 요소 때문에 과학적 관리론을 사회복지조직관리에 그대로 적용하기에는 한계가 있다.

2) 일반관리론

일반관리론은 1920~30년대 발전한 모든 조직에 적용할 수 있는 보편타당한 관리의 원리를 좇으면서 발전하게된 이론이다. 행정관리론(administrative management theory),[8] 행정원리학파(principles school)라고 지칭되기도 한다.

일반관리론은 과학적 관리론의 영향을 받아 조직구성원을 효과적으로 관리 · 통제하여 조직의 효율성을 극대화하려는 방안으로 연구되었지만 과학적 관리론과 달리 근로자가 아닌 관리자를 연구주제로 삼아 관리자(혹은 경영자)의 자리에서 조직 전체를 효율적으로 운영되는 원칙을 찾아내고자 하였다. 대표적 학자로 경영학 분야에서 페욜(Henry Fayol), 무니(James Mooney) 등이 있고, 행정학 분야에서는 귤릭(Luther Gulick), 어윅(Lyndall Urwick) 등이 있다.

페욜에 의하면 기업활동은 기술(technical: 상품생산), 영업(commercial: 구입, 판매), 재무(financial: 재화, 예산 등의 자원을 획득하고 사용), 보안(security: 재산과 인원을 보호), 회계(accounting), 관리(managerial)의 6개 직능으로 구분되고, 이 가운데 관리 활동은 계획(planning), 조직(organizing), 명령(commanding), 조정(coordinating), 통제(controlling)로 이루어지는데 이를 통해 나머지 다섯 가지 직능 모두를 수행한다고 주장하였다. 여기서 기술, 영업, 재무, 보완, 회계 등 다섯 가지 직능은 일반직원이 주로 담당하는 일이고, 관리 활동은 관리자의 담당이라고 하였다. 조직의 계층 상위로 올라갈수록 관리활동 비중이 높아진다. 그리고 그는 이러한 조직관리(government)는 사기업이든 공기업이든 또는 종교단체이거나 행정조직을 막론하고 공통적으로 요구되는 것이라고 하였다.

페욜은 성공적으로 조직을 관리하기 위해 분업(division of work), 권한과 책임(authority and responsibility), 규율(discipline), 명령 통일(unity of command), 지휘의 통일(unity of direction), 전체 조직이익에 대한 개인 이익의 승복(subordination of individual interests to general interests), 보수(remuneration), 집권화(centralization), 계층화(scalar chain), 질서(order), 공평성(equity), 직원 임기의 안정성(stability of tenure of personnel), 솔선수범(initiative), 단합심(esprit de corps) 등 14가지를 제시하고, 이러한 원칙이 조직에서 방향을 잡아주는 등대의 역할을 한다고 주장하였다.[9]

규릭과 어윅도 모든 조직이 가장 효과적으로 운영되기 위하여 따라야 하는 이상적인 조직구조를 달성하는 원리(principles) 혹은 원칙이 존재하고, 그러한 조직구조의 원칙을 발견하는 것이 성공적인 관리를 위한 핵심이라고 주장하였다. 그들은 관리자가 해야 할 일곱 가지 주요한 기능 POSDCoRB를 제시하였다.[10] 계획(planning), 조직(organizing), 인사(staffing), 지휘(directing), 조정(coordinating), 보고(reporting), 예산(budgeting)으로 이들의 영문 앞 글자를 따서 명명 되었다.

이들은 조직을 관리하기 위한 합리적 시스템 설계와 관리의 기본적 기능에 관심을 두었다. 그러나 이 원리에도 한계는 있다. 예를 들면 페욜의 14가지 관리원칙들은 과학적 검증을 거쳤거나 실제 조사연구를 통해서 도출된 것이 아니라 본인 자신의 관리 경험에서 나온 것에 불과하여 상호모순이 되기도 하고, 지나치게 이상적인 점도 있다. 그럼에도 불구하고 어윅 등의 많은 학자들에 의하여 현대적인 관점에서 새로운 보편적 내용이 보완되어 고전이론의 체계를 잡았고, 일반관리론은 사회복지조직을 포함한 많은 현대의 다양한 조직들의 관리 활동으로 기능하고 있다. 특히 이들 학파들이 제시한 관리자가 해야 할 기능들은 오늘날 사회복지조직을 포함한 대부분의 조직에서 사용되고 있다.

3) 관료제 이론

현대 조직의 출발점으로 이해되는 관료제(bureaucracy)의 어원은 '작은 책상(small desk)'을 의미하는 프랑스어 Bureau와 '지배하다(to rule)'는 그리스어의 Kratein에서 유래되었다고 한다. 따라서 어원으로 보면 관료제는 기본적으로 사무실에 의한 지배를 의미한다.[11]

관료제는 단순한 방법으로 조직을 관리할 수 없을 만큼 조직의 규모가 커져 근로자와 관리자로만 해결할 수 없는 경우에 규정, 규칙, 법률을 어떻게 만들어서 조직의 효율성을 높이는 데 관심을 두었다. 따라서 관료제 이론은 과학적 관리론이나 일반관리론과 마찬가지로 조직의 능률성, 효율성, 생산성을 연구의 목표로 한다.

우리가 이해하는 관료제는 독일의 사회학자 막스 베버(Marx Weber)에 의해 주창된 내용이다. 그는 조직 구성원들 간의 권력관계를 연구하여 조직의 권한구조(authority structure), 즉 조직의 운영과 구성원 통치 방법을 카리스마적 통치(charismatic authority), 전통적 통치(traditional, authority), 합법적 통치(rational & legal authority)로 규명하였다. 그는 그동안 국가조직이나 사회조직이 전통적 혹은 카리스마적인 권력자에 의해서 지배되어 온 경우가 많았고 그로 인하여 많은 모순과 비용을 초래했다고 보았다. 그래서 조직의 효율성을 높이기 위해서는 어느 조직이나 미리 정해진 규칙과 법에 따라 운영되는 관료제 형태를 적용해야 한다고 주장하였다. 그는 이상적인 조직 형태인 합리적 관료제의 구조적 특징을 ① 명확한 지휘계통을 가진 계층제(clear hierarchy), ② 계층제의 모든 사람이 수행해야 할 구체적인 직무를 가지고 있는 전문화(specialization), ③ 조직에 있어 기능과 활동

분배를 결정하는 합리적인 노동 분업(division of labor), ④ 각 구성원에게 업무와 상황을 어떻게 처리해야 하는지를 안내하는 표준적 운영 절차(standard operating procedure: SOP)인 공식적 규칙(formal rules), ⑤ 전문적인 자격과 능력에 기초한 직위, 시험과 교육을 통한 선발, 업무 활동을 위한 전임직원, 즉 평생고용시스템이라고 하였다. 그리고 그는 관료제 조직이야말로 시대와 공간을 초월하여 언제 어디서나 합법적 통치를 할 수 있는 조직 형태로 현대 사회의 지배적인 조직구조가 될 것으로 예측하였다.

이후 관료제 이론은 불라우(Peter M. Blau), 머튼(R. K. Merton), 톰슨(V. A. Thomson) 등에 의해 수정되면서 발전을 지속하였다.

오늘날 대부분의 조직은 관료제의 변형이다. 관료제의 특성은 모든 유형의 정부 조직과 많은 민간조직, 비영리조직, 심지어 서비스 조직에 이르기까지 적용되고 있다. 이는 관료제가 가지고 있는 다음과 같은 장점 때문이다.[12]

첫째, 관료제는 표준적인 운영 절차를 가지고 있어 일관성, 계속성, 예측성, 안정성, 반복적 업무에 대한 효율적 성과, 공평성, 합리성, 전문성을 고취하는 조직 형태이다.

둘째, 관료제는 결과를 성취함에 있어 준수해야 하는 절차와 균형이 있어 다른 사람의 부탁과 같은 개인적 의지를 최소화할 수 있다. 관료제는 작업기술과 지식에 기반한 직원 채용과 승진을 지원하게 된다. 이러한 측면에서 관료제는 모든 관료를 동등하게 대우한다. 따라서 구성원의 사기 제고(提高)에 도움이 된다.

셋째, 관료제는 실적주의에 입각한 채용과 승진이 이루어진다. 담당 업무를 처리할 능력과 전문성을 갖춘 사람이 채용되거나 승진하게 되고, 담당 직무에 부합한 기량을 겸비할 훈련을 받을 수 있다.

넷째, 조직 내부 또는 조직 간의 상하관계 체계가 계층제로 이루어져 상급 기관이 하급 기관에 명령 통일로 통제하고 구체적인 역할과 임무로 하급 기관의 성과를 모니터링할 수 있다.

다섯째, 직무의 전문화를 요구하여 규모의 경제가 발생한다. 기능에 의해 직무를 명확히 구분하는 것은 경제성이 발생하고, 전문화된 부서는 자원을 효율적으로 공유할 수 있다.

이와 같은 장점으로 인하여 현대의 대부분의 조직들은 규모에 상관없이 관료제화되어 있다. 사회복지조직도 예외는 아니다. 우리나라의 보건복지부, 지방정부의 사회복지관련 국, 과, 계 등은 관료적 조직의 특성을 나타내고 있으며, 전국적 조직인 건강보험공단이나 국민연금공단, 근로복지공단, 복지재단 등은 대규모 조직으로서 관료제가 불가피한 측면이 있다. 이들 조직 내에서도 위계적 구조가 존재하며 법규와 규칙, 내규에 따라야 하는 등 관료제적인 조직양상이 나타난다.

그러나 관료제 이론도 정서적 · 감정적인 면을 너무 배제하고 인간을 규정으로 움직이는 꼭두각시로 취급하는 문제점이 있다. 또한 규정에 너무 집착하다 보면 조직이 경직화되어 상황 변화에 대처하는 융통성이 부족해질 뿐만 아니라 개인의 재량권의 폭이 좁아지고 다양성과 창의성 개발이 제한받는 한계도 있다.[13] 이런 이유로 관료제는 다양하고 비일상적인 업무를 전문가적인 판단으로 처리해야 하는 작업환경에는 부적합하다.

사회복지조직은 서비스를 필요로 하는 대상자의 문제를 해결하거나 욕구를 충족시키기 위하여 전문가에 의하여 적절하다고 판단되는 서비스를 제공하는 융통성이 필요하다. 이런 측면에서 사회복지조직이 관료제를 따라 법규와 규칙을 엄격히 준수하게 되면 클라이언트의 다양한 욕구를 충족시켜 주지 못하게 될 수 있다. 이는 사회복지조직 중 서비스 제공조직에는 치명적인 문제점일 수 있다.

2 인간관계론

1920년대 말 미국의 경제 대공황은 자본주의 경제체제를 파국 직전으로 몰아넣었고 노사분쟁을 격화시켰다. 이러한 상황은 미국의 산업조직에 새로운 관리방식을 요청하게 되었고, 이에 부응하여 등장한 조직이론이 인간관계론(human relations)이다.

인간관계론이 성립하게 된 직접적인 동기가 된 것은 시카고의 웨스턴 전기회사(Western Electric Company)에서 진행된 호손(Hawthorne)공장 실험이었다.[14] 〈표 4-2〉에서와 같이 네 가지 실험이 1924년에서 1934년까지 진행되었다. 1924년의 조명도 실험은 호손 공장의 능률적 관리론자들에 의해서 이루어졌고, 1927년부터의 릴레이 조립공장실험부터는 하버드대학의 메이요와 다른 연구보조원 2명(W. Dixon & F. Roethlisberger)에 의하여 수행되었다.[15]

〈표 4-2〉 호손의 4가지 실험

실험구분	실험내용	결과
조명도 실험 (1924~1927년)	조명도 변화에 따른 생산성 영향	• 작업장의 물리적 조건(조명도) 변화가 생산성 변화를 설명하지 못함 • 심리적 요인이 생산성의 중요 요소임
릴레이 조립공정실험 (1927~1928년)	시간과 다른 근무조건의 변화(보수 인센티브, 작업기간, 휴식시간 등)에 따른 생산성 향상	• 노동자의 생산성은 관심의 반응임 • 강한 사회적 연대가 실험집단에서 일어남 • 노동자는 인정 욕구, 안전과 소속 욕구의 영향을 받음
광범위한 인터뷰 프로그램 (1928~1930년)	노동자의 태도와 감정조사(감독훈련에 활용할 정보 수집)	• 대화와 불평 호소 기회 제공은 사기를 증진시킴 • 불평은 뿌리 깊은 불안의 상징임 • 노동자는 조직 내·외에서 획득한 경험에 좌우됨
뱅크배선 관찰실험 (1931~1932)	관찰자가 노동자와 상호작용 없이 데이터만 기록 소규모 집단의 보수 인센티브와 생산성의 관계	• 이전에 존재하는 성과규범 • 집단지향적 생산표준(group directed production standards) 설정 • 관리적 변화로부터 작업집단 보호 • 임금 인센티브 계획은 생산성에 비효과적임

이 연구는 친교집단이나 우연한 상호작용에 기반을 둔 비공식적 조직(informal organization)이 공식조직(formal organization)과 동시에 존재할 수 있음을 밝혀냈으며, 관리자가 조직구성원의 인간적 측면에 세심한 주의를 기울여야 한다는 것을 보여주었다. 호손 연구는 근로자가 단지 돈(경제적 보상)만을 위해 일하는 경제적 동물이 아니라는 것을 증명하였다.

호손 연구가 시작된 비슷한 시기 폴릿(Mary Follett)은 1924년 『창조적 경험(Creative Experience)』라는 저서에서 조직구성원이 공동 목표를 성취하는 데 서로 직접적인 상호작용을 함으로써 성취감을 느낄 수 있다고 주장하였다. 즉, 집단구성원들이 집단의 발달 과정을 통해서 스스로 성취감을 높인다는 것이다. 이러한 그녀의 아이디어는 작업장의 민주화와 자치그룹의 비계층적 네트워크에 대한 관심으로 이어졌다. 폴릿은 관리와 근로자의 상호작용을 강조하고, 조직 내 진정한 권력은 위로부터의 권력(power over)이 아니라 함께하는 권력(power with)이고,[16] 의사결정에 부하직원들의 참여를 중요시하였다.

인간관계론은 조직 내 인간을 단순한 노동력의 제공자로만 파악하는 것이 아니라 심리적, 사회적인 욕구를 가진 전인격적인 존재로 파악할 것을 강조한다. 그래서 이전의 인사관리와 같이 채용과 배치, 작업조건, 임금 지급 등의 제도적 측면을 중시하기보다는 조직 내의 집단이라는 사회적 구조를 중시하고, 조직의 공동 목표 달성을 위하여 사람들을 어떻게 협력시키는 것이 좋은가에 초점을 맞춘다. 이런 측면에서 인간관계론은 조직 내부의 의사전달 문제나 균형상태 유지를 중시하는 새로운 인사 기능이 필요하다는 점을 보여주었다. 또한 인간관계론은 소집단의 행태 연구에 영향을 미쳐 1940년대부터 발전한 행태과학(behavioral science)연구의 기초를 닦았다. 맥거리거(MaGregor), 리커트(Likert), 허즈버그(Herzberg) 등의 학자들이 조직 성원의 행동과 영향, 동기의 원천, 리더십의 본질 등을 규명하여 조직관리의 발전에 공헌할 수 있도록 길을 내주었다.

인간관계론은 조직 내의 인간적 요인을 주 관심 대상으로 한다. 이전에는 조직을 단순히 공식적 구조로만 파악하였지만 인간관계론의 대두로 조직을 개인 · 비공식집단 및 집단 상호 간의 관계로서의 사회체제로 인식하게 되었다. 이러한 측면은 사회복지조직의 특수성에 잘 부합한다. 인간관계론이 조직 내의 인간을 심리적, 사회적인 욕구를 가진 전인격적인 존재로서 보는 측면은 클라이언트의 가치 및 강점, 특성 등을 중시하는 사회복지 실천의 가치와도 부합하여 사회복지조직 관리에 잘 수용될 수 있다. 사회복지조직의 직원들에 대한 인사관리가 직원들의 능력과 동기, 자율성을 높이는 방향으로 이루어지면 사회복지 조직 운영의 효과성은 매우 높아질 것이다. 또한 대다수의 사회복지사로 구성된 사회복지조직은 전문직으로 엄격한 통제보다는 자율성을 인정하고 참여를 권장하는 리더십이 조직의 효과를 극대화할 수 있다.

그러나 인간관계론도 몇 가지 한계는 있다. 우선 호손 실험의 경우 의사소통의 필요, 카타르시스(catharsis)와 같은 상담의 역할, 갈등을 완화하는 수단 등과 같은 문제에는 매우 깊은 관심을 가졌지만 조직 내 조직원 간에 갈등이 가져올 수 있는 창조적인 면은 간과되었다. 또한 근로자의 전체적인 환경의 중요성을 인지하였지만 근로자의 소외감, 계층의식, 무력감 등에 대한 것들은 충분히 탐구하지 못하였다. 인간의 감정적 요소를 중요하게 생각하였지만 조직 내 인간의 복잡하고 미묘한 상태와 조직 성과를 연결하지는 못하였다. 결국 인간관계론은 조직관리에 있어 비공식집단을 지나치게 강조하여 공식조직 및 합리적 · 경제적 요소를 등안시하고 감정의 충족과 인간관계의 유지에만 집중하는 문제점을 보여주었다. 조직관리의 합리화를 기하기 위해서는 인간 행동의 합리적 · 비합리적 측면, 조직의 공식적 · 비공식적 측면을 통일적으로 파악해야 한다.

3 인간자원모델

인간자원모델은 아지리스, 맥거리거, 그리고 리커트에 의한 관리 체제 모형이라고 할 수 있다. 초기 인본주의적 심리학자인 아지리스(Argyris)는 조직의 직원들은 경제적 요소 외에 성장과 독립에 대한 욕구와 같은 다른 많은 요인들에 의해서 동기화된다고 말하면서 성숙-미성숙 이론을 주장하였다. 그는 전통적 이론가들이 의무화하는 조직 형태는 미성숙하고 의존적이며 업무에 대한 통제력이 거의 없고, 자율성과 독립성을 갖춘 성숙한 직원을 방해한다고 말한다. 변화는 끊임없이 이루어지고 인간은 미성숙 상태에서 성숙으로 변화하므로 조직 내 구성원들에게 책임의 폭을 넓혀주고 믿음으로 대해주며, 직장에서 성장(성숙)할 기회를 제공해 주면 구성원의 자아실현의 욕구를 충족시키면서 조직의 효율성도 높이고 조직목표도 달성할 수 있다고 보았다.[17]

인간자원모델은 이후 맥거리거(D. McGregor)의 X-Y모델과 리커트(Likert)의 관리체제 모형으로 이어진다.

맥그리거는『기업의 인간적 측면(The Human Side of Enterprise)』과『리더십과 동기(Leadership and Mitivation)』라는 서술을 동해 X-Y이론을 세안하였다. 그에 의하면 경영자 혹은 관리자의 행위는 그들이 가진 인간성이나 인간 행위에 관한 사고방식에 의해 결정적으로 영향을 받는다. 즉 경영자나 관리자는 그들이 가진 인간성에 대한 가정에 따라 조직구성원을 지도하고, 통제하며 동기를 부여한다. 그는 인간을 바라보는 두 가지 분명히 다른 관점(인간성을 부정적으로 해석하는 X이론과 긍정적으로 해석하는 Y이론)에 근거하여 조직 운영 방법을 달리해야 한다고 말하였다.

그가 제시한 X이론에서 직원들은 노동을 개인의 도전과 만족의 원천으로 생각하기보다는 필요악으로 간주한다. 그래서 그들 대부분은 노동을 일종의 징벌로 간주하여 이 징벌의 대가인 급여조차 직무를 수행하면서 만족스럽게 사용하는 것이 아니라 직장을 떠나 사용함으로써 만족을 더 살 수 있다고 생각한다.[18] 이렇게 일하기를 싫어하는 무책임한 직원을 다루기 위해서 관리자는 직원을 조직하고 통제하며 엄격하게 관리해야 한다. 또한 책임을 회피하고 싶어 하고 오히려 명령받기를 좋아하는 소극적인 성향의 직원들은 금전이나 복리후생, 처벌에 대한 두려움에 따라 일에 필요한 동기가 부여된다. 그러므로 조직의 목표를 달성하기 위해서는 명령과 통제에 따른 경영방식이 불가피해진다. 이는 의사결정이 상층부에 집중되어 상사와 부하의 관계가 피라미드 구조로 형성되는 가운데 하향적으로 통제되는 전통적인 조직체계의 기반과 맞닿아 있다. 예를 들어 기업의 관리자가 생산성을 강조하여 일일 적정노동량을 말하고, 노동조합이 필요 이상의 고용을 요구하거나 생산에 제약을 주는 사항들을 요구한다고 보는 경우, 실적에 따라 보상을 한다고 표방하는 경우, 그 이면에는 X이론에 따라 선천적으로 일하기 싫어하는 인간의 성향에 대하여 관리자가 대처한다는 사고가 작용하고 있다.

맥그리거는 X이론이 인간에 관한 과거의 직공(factory hand of the past)을 토대로 세워진 것이어서 현대 사회에 적절하지 않다고 비판하면서 Y이론을 제시하였다. 그는 지시와 통제에 의한 조직의 운영 방법이 생활수준이 높아지고 교육수준도 한결 향상되어 인간에게 성숙된 행동을 기대할 수 있고, 사회적 욕구나 자기 존중의 욕구, 자아실현의 욕구가 현저하게 강한 사람들의 동기부여 방법으로 사용할 수 있을지 의문스럽다고 말하였다. 그래서 이렇게 변화된 조직에는 조직을 운영하는 원리도 변화되어야 하고, 이를 Y이론으로 정리하였다.

Y이론에 따르면 인간의 본성은 게으르거나 신뢰할 수 없는 것이 아니며 동기만 적절하게 부여된다면 그 기본에 있어 자율적으로 그리고 창조적으로 일할 수 있다고 본다. 그는 인간을 성장하고 발전할 가능성이 있는 능력 있는 존재로 간주한다. 따라서 경영자나 관리자는 인간이 가진 이러한 잠재 가능성을 발휘할 수 있도록 조직의 여건을 마련하여야 한다. Y이론에 입각하여 적절하게 동기가 부여된 종업원들은 조직의 목표를 달성하는 방향으로 자신들의 노력을 투입함으로써 그들 자

신의 목표도 함께 달성할 수 있게 된다.[19]

맥거리거와 달리 모스와 로쉬(Morse & Lorsch)는 조직에서 수행되는 업무의 성격에 따라 적용되는 X, Y 이론의 효과성이 달라진다고 주장하였다. 반복적이고 예측 가능한 과업은 X이론에 의한 통제중심의 관리가 효과적이고, 과업이 다양하고 전문직 직무의 경우에는 Y이론에 의한 민주적 의사결정이 더욱 효과적이라는 것이다.

맥거리거의 X-Y모델이 조직에 주는 함의는 매우 명확하다. X이론 관리자는 높은 수준의 전문성, 명확한 권위, 좁은 통제범위, 중앙집중적인 의사결정을 사용하고, Y이론 관리자는 덜 전문적이고, 덜 통제적이며 의사결정과 책임성에 있어 더 많은 것들을 직원들에게 위임하는 방법을 사용한다. 따라서 관리자가 Y이론을 조직에 적용하여 운영하면 조직은 분권화되고, 그 결과 직원들의 자연스러운 창의성이 높아져 조직의 효과성이 높아진다.[20] 그는 관리자의 조직목표 달성을 위한 노력이 조직구성원 개개인의 목표성취로 연결될 수 있는 조직 여건을 마련해야 한다고 주장한다.

리커트는 리더십, 동기, 의사소통, 의사결정, 목표설정, 그리고 통제 등과 같은 조직 내 변수들을 어떻게 다루고 있는가에 따라 조직을 다음의 4가지 기본적 유형으로 분류하였다.[21]

① 시스템 1(착취적인 권위형)

조직의 관리자는 자신들의 부하들을 신뢰하지 않으며, 의사결정과정은 조직 내 가장 상위의 계층에 집중되어 이루어지고, 조직 내 의사소통은 거의 대부분이 관리자에게서 그의 통솔을 받는 부하직원에게로 내려오는 '위에서 아래'로 이루어진다. 통제와 권력이 가장 상위의 관리자에게 집중되어 다른 사람들은 조직의 목표에 대해 별로 관심을 느끼지 못한다.

② 시스템 2(온정적 권위형)

이 조직은 위계의 상층에 있는 몇몇의 관리자들에게 권력이 집중되어 있지만 의사소통의 정도는 좀 더 증가한 구조이다. 시스템 1보다는 부하직원들에게 더 신뢰를 보내지만 이는 단지 온정적인 속성에서 우러나는 것이다.

③ 시스템 3(협의적 유형)

이 조직은 의사소통이 증가된 유형이다. 비록 중요한 의사 결정의 대부분이 여전히 위계의 가장 상층 관리자에게서 이루어지지만 직원들은 투입을 할 수 있는 기회는 가지고 있다.

④ 시스템 4(참여적 집단)

이 조직은 시스템 2와 완전히 반대 유형이다. 리더는 직원들을 완벽히 신뢰하고, 직원의 동기는 경제적 보상뿐만 아니라 참여와 책임에 기초를 두고 있다. 조직의 모든 구성원 간에 의사소통이 이루어지고, 광범위한 의사소통, 분권화된 의사 결정, 조직목표에 대한 광범위한 수용, 통제에 대한 광범위한 책임 등이 특징이다.

그에 의하면 대부분의 관리자들은 이론적으로 시스템 4가 다른 유형들에 비해서 우수하다고 인지한다고 말한다. 만약 조직이 계획을 명확하게 하고, 높은 목표, 기술적 능력을 셋팅 한다면 시스템 4유형이 다른 유형보다 우수한 조직이다.

이상에서 살펴본 인간자원 접근이론을 조직에서 활용하는 목적은 직원들의 강점과 동기 강화에 초점을 두는 조직 형태를 발전시키기 위한 것이다.

사회복지조직에 인간자원이론을 적용하였을 때의 강점은 전문성을 높일 수 있다는 것이다. 사회복지사들은 클라이언트를 위한 선택과 자기 책임성을 증가시키는 경향이 있다. 또한 인간자원학파의 묘사처럼 사회복지사들은 조직 내에서 자신들에게 높은 수준의 자율성을 주는 관리자들을 선호한다. 더하여 인간자원에 기반한 조직은 관료제 구조를 가진 조직보다는 더 큰 변화를 허용한다. 비록 관료제가 틀에 박힌 업무들을 수행하는 데 효과적이지만 유동적인 환경이 만들어 내는 변화에 창조적으로 대응하는 것에는 제한적이다. 사회복지분야는 지속적으로 변화하는 세계에 있는 클라이언트를 돕기 위해서 새로운 접근을 필요로 한다. 혁신을 할 수 있는 자유와 혁신을 창조할 수 있는 기회를 가진 전문가들이 고도로 전문성을 가진 동료들보다 클라이언트에게 더 나은 서비스를 제공할 수 있다(Lewis et al., 2007: 77).[22]

4 현대적 이론

1) 전문적 관료제

미왈드(Miewald)와 민츠버그(Mintzberg) 등은 20세기 후반이 되면 베버(Weber)가 제시한 것과 같은 19세기 기계식 관료제와는 다른 종류의 관료제가 출현할 것이라고 주장하였다. 그들은 관료제의 기본적 성질을 가지고 있으면서도 새로운 형태의 조직이 출현한다고 말하면서 이 새로운 관료제를 전문가 관료제라 칭하였다.

전문가 관료제는 전문화와 표준화가 결합한 형태이다. 전문직의 특성은 학자에 따라 조금씩 다르게 정의되고 있지만 핵심적인 내용에 있어서는 유사한 부분들이 있다. 그린우드(Greenwood)는 이를 다음의 4가지로 요약한다. 첫째, 일련의 기술과 지식체계가 있고, 둘째, 이와 같은 지식과 기술을 습득하기 위해 오랜 훈련기관을 요구하며, 셋째, 이러한 지식과 기술에 대한 타당성이 사회적으로 수용되고, 그 지식과 기술을 사용하는 배타적 권리가 인정되고, 넷째, 전문직 구성원에 의해 구성된 전문적 문화와 전문가 윤리 등이다.[23] 이러한 특징 때문에 전문가들은 대체로 높은 신분적 지위와 고소득을 유지한다.

전문적 관료제(Professional bureaucracy)는 조직의 효율적 운영을 위해 훈련받은 전문가들을 직원으로 채용한다. 일선 운영핵심부에 정식으로 훈련과 교육을 받은 전문가를 고용하고 그들에게 자신의 작업에 대한 상당한 통제권을 부여한다. 전문가들은 그와 같이 일하는 동료에 대하여 독립적으로 일하지만 그가 봉사하고 있는 대상자 혹은 고객과는 밀접히 관련되어 자신의 작업에 대하여 스스로 통제한다. 전문가의 권한은 조직 운영에 요구하는 핵심기술과 관련되어 있고, 전문적 기술을 사용하는 데 있어 최고의 자율재량권을 행사하기에 높은 자율성이 보장된다. 이로 인하여 전문가 관료제의 행정구조는 상당히 민주적 구조이고 분권화되어 있다. 따라서 전문가 관료제는 실제 작업이 행해지는 일선 운영부에 권한과 자원이 집중될 수 있는 관료제 형태로, 집권화되지 않고도 안정적이고, 예측적이며, 결과적으로 표준화된 형태를 확보할 수 있는 그런 조직 형태이다.[24] 그러므로 작업이 너무 복잡하여 작업 과정을 표준화하기 어렵고, 또 산출물을 쉽게 측정할 수 없는 그런 작업을 하는 조직에 전문가 관료제가 유효하다.

전문적 관료제의 가장 좋은 예의 하나는 대학교이다. 대학교수들은 공식적인 간섭으로부터 자유로우며 자신들의 전문성을 자유롭게 활용한다. 교수들이 소속된 각 학과별로 권력은 분권화되어 있으며 통제는 전문적인 훈련과 지도에 기반을 두고 있다. 이외에도 병원, 사회복지기관, 박물관, 도서관 등도 유사한 특징을 가지고 있다.

전문적 관료제에도 단점은 있다. 전문가에게 업무의 자율성을 주는 것은 조직에 이익이 될 수도 있으나 조정과 품질관리의 측면에서 문제에 봉착할 수 있다. 전문가들에게 주어진 높은 권한과 재량권은 전문가들이 소속된 부서 단위 간의 갈등을 초래하고, 갈등이 발생하였을 때 조정이 어려운 측면이 있다. 예를 들어 대학교의 정교수(tenured professors)는 공식적인 제제를 거의 받지 않는데, 학과 사이에 갈등이 생겼을 때 조정하는 것은 매우 어렵다. 또한 대학교의 정교수가 무능함과

무책임성을 보일 때 이에 대응하는 방법을 대학교가 찾아내는 것은 쉽지 않다.[25] 전문가 관료제에서 표준화는 기계적 관료제처럼 자신이 속한 구조 자체에서 만들어지는 것이 아니라 자신의 구조 밖의 전문가 동료집단에서 만들어져 제공된다. 전문가들은 그들이 배운 전문가적 기술과 표준에 의해서만 제약을 받는다. 더하여 전문적 관료제는 환경 변화에 느리게 반영한다. 일반적으로 혁신은 전문적 관료제에 거의 영향을 주지 않는다. 전문가 개인은 그들의 분야에서 최고가 되기 위해서 노력하는 반면에 환경의 어떠한 변화도 성가신 간섭으로만 보는 경향이 있기 때문이다. 따라서 전문가들로 구성된 전체 조직은 더디게 변화한다는 점이 하나의 패러독스(paradox)이다.[26]

2) 시스템(system, 체제)이론

시스템이론(system theory)은 이론 생물학자인 버틀란피(Ludwig von Bertalanffy)에 의해 발전되었다. 버틀란피는 여러 학문분야를 통합할 수 있는 공통된 사고와 연구의 틀을 찾으려는 노력 끝에 시스템이론을 고안하였다. 그가 원래 생물(유기체)을 이해할 목적으로 개발된 아이디어들을 우리의 일상생활을 설명하는데 활용한 것이다.[27]

시스템(system)은 '함께 배열하다(to place together)'라는 의미의 그리스어 systema에서 유래된 것이다. 시스템은 전체 목적을 달성하기 위해 여러개의 독립된 기능 단위 요소들이 유기적으로 연결되어 상호작용하는 통일체로 규정되고, 이에 연결된 하위 시스템(Sub-system)으로 구성된다. 모든 시스템은 많은 부분 요소들로 구성되어 있으며 이들 부분들은 서로 관련을 가지고 작용하며, 외부환경의 다른 시스템과도 끊임없이 상호작용을 주고받는다. 시스템에 대한 환경은 그 시스템에 영향을 미치고 그 시스템으로부터 영향을 받는 모든 외부 사물들이다.[28]

조직이론으로서 시스템이론은 조직의 복잡성을 물리 체계 및 생물 체계(biological

system)와 비교하면서 시작되었다. 물리 체계는 단지 몇 가지 변수가 포함되지만 복잡한 현대 조직은 수천가지 상호작용하는 변수들을 가진다. 이후 1970년 샤칸스키(Sharkansky)가 행정학 저서에서 조직 틀로서의 시스템 접근법을 소개하였고, 미시간 대학의 다니엘 카츠와 로버트 칸(Daniel Katz & Robert Kahn)은 조직연구에 있어 개방시스템의 원인을 제공하였다. 또한 카이조와 야누쟈스(Rocco Carzo와 John Yanouzas)는 개방시스템으로 공식적 조직을 모형화하는 등으로 조직에서 시스템이론을 발전시켰다.

시스템으로서의 조직은 자기가 존재하는 환경적 상위체제와 부단히 상호작용하며 또한 상호 간에 의존하고 작용하는 내부 하위체제들로 구성된다. 캐스트와 로젠바이그(Kast, F. E. & J. E. Rosenzweig, 1985)는 조직체제의 구성을 [그림 4-1]과 같이 내부 하위체제로 구성된다고 설명하였다.[29]

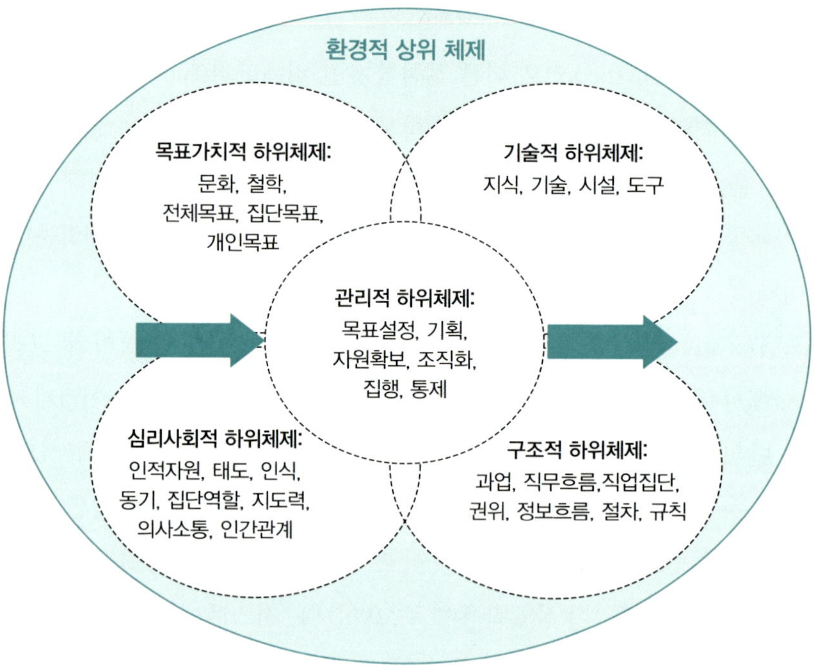

[그림 4-1] 조직의 하위체제

조직에 대한 시스템 이론적 접근은[30] 조직이 살아있는 유기체와 같이 환경에 대해 개방적이며, 생존을 위해 항상 환경과 우호적인 관계를 유지해야 한다는 인식에 기반을 두고 있다. 조직은 투입(input), 진행(processing), 산출(output) 그리고 피이드백(feedback)의 과정을 거치며 환경과 격리된 시스템인 폐쇄시스템과 환경과 같이 연결된 개방시스템으로 되어 있다.

하몬과 메어어(Harmon & Mayer)는 조직에서의 체계이론의 특성을 다섯 가지로 규정하였다. 첫째 조직 내의 각 부분은 조직 내의 다른 부분들과 연관성이라는 관점에서 이해될 수 있다. 둘째, 상호연관성이 있는 조직 내의 모든 부분은 조직의 전체적인 기능에 이바지할 수 있다면 중요한 것이다. 셋째, 조직은 욕구나 목표를 가진 하나의 생물이나 육체로 간주될 수 있다. 은유적으로 보면, 전체로서 설정된 조직의 욕구는 조직구성원이나 개인의 욕구나 목표보다 우선시된다. 넷째, 조직의 욕구나 목표는 정적(예를 들어, 생존 혹은 질서유지)이거나 또는 역동적(예를 들면, 의도적 성장 혹은 변화의 관점에서)으로 이해될 수 있다. 마지막으로, 조직의 활동은 조직의 생존이나 목표 달성을 위해 필요로 하는 자원과 조건을 제공하는 외부환경과의 연관성의 측면에서 이해될 수 있다.[31]

시스템이론의 장점은 조직을 전체로서(as a whole) 고려하는 것, 투입-전환과정-산출과정을 통한 자원과 에너지의 흐름을 명확하게 보여주는 것, 다양한 개념, 아이디어, 요소처럼 보이는 것을 통합한 시각을 제공하는 것, 각 요소들의 상호관계 흐름에 초점을 두어 조직운영을 보다 잘 표현할 수 있는 모델 빌딩을 제공하는 것이다. 이에 비해 단점은 시스템의 전체주의적 측면으로부터 집권화가 초래될 수 있다는 점, 조직 관계를 조직 내 관계와 조직 간의 관계로 너무 단순화시키는 점, 이론 자체가 너무 추상적이서 현실에 적용하기 어렵다는 점 등이다.[32]

사회복지는 환경 속의 인간이라는 관점에서 출발하여, 단순히 인간과 환경, 어느 일방에 중심을 두기보다는 인간과 환경의 상호작용을 중요시하고, 자원봉사자와 재정, 지역사회의 지지, 제도 등과 같은 외부환경에 큰 영향을 받는 특수성을 갖고 있다. 이런 부문 설명에 체제이론이 잘 맞아 떨어진다. 또한 시스템이론은 사회복지사들에게 조직 상호 간의 연결성, 조직의 욕구 등을 잘 설명해 줄 수 있다.

3) 상황이론

상황이론(contingency theory)은 관리에 최상의 방법이 있다고 주장하였던 고전적 조직이론가들의 가정에 대하여 1970년대 로렌스와 로쉬(Lawrence & Lorsch, 1967)가 비판을 제기하면서 발전하였다.[33] 이들은 조직에서의 관리 문제는 상황에 따라 다르게 다루어져야 하고 상황적 요구에 따라 해결되어야 한다고 주장하였다. 여기서 상황이란 한 가지 사건이 다른 사건들에 의존되어 있는 것을 말한다. 조직은 자신이 처한 상황에서 가장 적합한 구조를 가질 때 효과적이다. 이들은 한 상황에서 효과적인 방법이 다른 상황에서는 그렇지 않을 수도 있음을 주장한다.[34] 즉, 모든 상황에서 최적의 결과를 가져오는 단 하나의 방법은 없다고 본다. 스캇(Scott)은 최선의 조직화 방법은 조직이 관련을 맺을 수밖에 없는 상황, 환경의 성격에 달려있다고 설명한다.[35]

상황이론에서는 조직에 영향을 주는 중요한 상황요소(변수)로 기술, 규모, 생애주기, 환경의 변화와 복잡성 등을 제시한다. 상황이론에서는 이러한 요인 중 하나의 상황 요소만이 조직에 영향을 주는 것이 아니라 다양한 상황적 요소들이 모여서 종합적으로 조직에 영향을 주는 것으로 이해한다. 그리고 이러한 상황 요소들의 상대적인 중요성은 그 해당 조직이 처한 포괄적인 상황에 따라 달라진다.

상황이론의 특징을 정리하면 다음과 같다.[36]

첫째, 관리에서 최상의 방법이나 주먹구구식 방법은 없다. 관리자는 모든 시대와 욕구에 적용할 수 있는 특정 관리원리와 기법을 고려하지 않는다. 조직구성원의 문제를 해결하는 데 최상의 방식은 없으며, 모든 것은 상황에 의존한다.

둘째, 본질적으로 관리는 상황적이어서 관리기술은 상황에 따른다. 따라서 관리자는 특정 상황에서 조직 목적을 달성하는 데 가장 잘 기여하는 관리기술에 대해 정확히 이해하는 것이 중요하다. 또한 관리는 각 특정 상황의 요구와 조화되는 접근법과 전략을 채택해야 한다. 환경적 변화에 부응하는 관리정책과 실재가 효과적이다. 조직은 상황을 극복할 수 있도록 조직구조, 리더십 스타일, 통제시스템을 설계해야 한다. 이에 관리자는 구체적 상황에 가장 적절한 조직을 설계하고 관리활동을 규정하기 위해 노력해야 한다.

셋째, 상황이론은 조직시스템을 하부시스템과 환경 상호작용의 산물로 인식한다. 이런 관점에서 캐스트와 로젠바이크는 상황이론적 시각을 조직과 조직환경 상호관계, 하부시스템 내 혹은 하부시스템 사이의 상호관계를 이해하는 것으로 규정한다.[37]

넷째, 상황이론은 시스템적 접근법에서 발전된 것이다. 시스템이론에 확고한 뿌리를 두고 있으며, 1960년대와 1970년대 조직분석의 지배적인 접근이다.

이러한 특징에서 볼 때 상황이론은 조직과 관리에서 개방적이고 현실적인 관점을 취한다. 보편적 타당성을 거부하고, 관리자에게 상황 지향적 사고를 가지고, 고정관념(stereotype)에서 벗어나 혁신적이고 창의적인 사고를 배양해야 한다고 말한다. 상황이론은 관리자에게 외부환경에 대한 판단과 가장 적합한 관리기법 활용에 대해 선택의 자유를 제공한다. 그래서 이 이론은 조직 관리에서 광범위한 적용성과 실제적인 유용성을 가지는 장점이 있다.

그러나 단점도 있다. 우선 상황이론은 모든 상황이 독특(unique)하다는 것이다. 이것이 사실이면 관리는 단지 직관(intuition)과 판단에 의해 실행된다. 그러면 관리자가 소유한 이전 지식과 지혜의 가치를 부인하게 된다. 또한 상황이론은 이론적 틀과 개념적 틀이 없는 전적으로 현실적인 접근법(practical approach)이다. 관리자가 행동을 취하기 전에 모든 행동 대안에 대해 알고 있기를 기대한다. 마지막으로 상황이론에서 관리자의 책임은 무한히 증가하는 경향이 있다. 관리자는 자신의 상황을 분석해야 하고, 상황에 대한 다른 원리와 기술에 대한 타당성을 검증해야 하고, 상황에 적절한 기술을 올바로 선택해야 하고, 선택한 대안을 집행해야 한다.

사회복지조직 중에서 특정한 문제를 지닌 클라이언트만을 대상으로 서비스를 제공하는 기관은 업무를 일상화하고 공식적인 구조를 만드는 것이 안정적이므로 상황이론의 적용이 맞지 않는다. 반면에 여러 행태의 클라이언트와 예측 불가능한 클라이언트(예: 응급구호가 필요한 경우)를 다루는 기관은 조직구조를 탄력적으로 만들고 규정 중시의 접근방식(by the book approach)을 지양하는 것이 좋으므로 상황이론이 잘 적용된다고 볼 수 있다.

4) 자원의존이론(resource dependence theory: RDT)

제프리 페퍼와 제랄드 살란식(Jeffrey Pfeffer & Gerald Salancik)이 1978년『조직의 외부통제(The External Control of Organizations)』라는 저서를 발표하면서 자원의존이론의 기초를 닦았다. 이들은 조직이 외부로부터 자원을 획득하기 위하여 어쩔 수 없이 발생하는 환경에 대한 의존성과 그 의존성을 통제하는 전략을 제시하였다.

의존성을 발생시키는 조건은 다음의 세 가지이다.[38]

첫째, 자원의 중요성이 클수록 의존성이 높아진다.

둘째, 자원 의존성을 높이는 조건은 바로 자원의 배분과 사용에 대한 통제권의 보유 여부이다. 희소한 자원에 대해 통제권을 갖고 있지 못한 조직은 자연히 통제권을 보유한 조직에 의존할 수밖에 없다. 자원에 대한 통제권은 자원을 직접 소유하거나, 자원에 접근할 수 있는 통로를 갖고 있거나, 자원의 실질적인 사용에 영향을 미칠 수 있을 때 그리고, 자원과 관련한 규칙이나 규정을 제정할 수 있을 때 갖게 된다.

셋째, 자원에 대한 통제권이 소수의 조직에 집중되어 있다면 자연히 의존성이 높아진다. 주요한 자원을 공급하는 조직이 단 하나만 존재한다면 그 자원을 필요로 하는 모든 조직이 공급자를 대체할 수 있는 다른 조직에 접근할 수 있다면 의존성이 낮아지지만 그렇지 못한 경우 높은 의존성을 보이게 된다.

그리고 이 세가지 요소에 대한 통제전략을 정리하면 다음과 같다.[39]

조직은 지원체계에서 제공하는 중요한 자원에 의존한다. 조직은 스스로 자원을 충당할 수 없기 때문에 환경으로부터 자원이 조달되지 않으면 운영될 수 없다. 조직이 필요로 하는 중요한 자원을 획득하지 못하였을 경우, 구상했던 업무는 더 이상 작동되지 못하는 결과를 낳는다. 이를 방지하고자 조직은 그들의 생존에 영향을 줄 수 있는 환경에 민감하며, 중요한 자원을 보유한 대상으로부터 자원을 조달할 수 있는 요건을 확보하고자 한다. 특히 비영리조직들은 시장에서의 자원 확보가 쉽지 않아 지원체계에서 제공하는 자원에 의존성을 갖게 된다.

조직은 필요한 자원을 확보하기 위해 제도의 권력(power)을 따른다. 조직이 환경의 요구를 받아들여야 하는 까닭은 환경이 자원에 대한 통제권, 즉 권력을 쥐고 있기 때문이다.[40] 결과적으로 환경과 조직은 의존관계를 맺게 된다. 비영리 사회복지조직이나 사회적 기업이 자원과 역량이 부족할수록 정부, 기업, 자원봉사, 지역사회 사원 등에 의손하게 된다.

또한 조직은 의존관계에서 발생하는 위험이나 미충족된 자원을 확보하기 위해 대체전략을 확보해야 한다. 그 이유는 조직이 단일한 대상의 자원과 역량에 전적으로 의존하는 것은 오히려 환경 변화에 대응하지 못하게 되는 문제를 발생시킨다. 따라서 느슨하게 연결된(loosely coupled) 다양한 관계를 맺는 것이 요구된다. 에머슨(Emerson)과 블루(Blau)는 이를 '일방적으로 의존하는 조직(A)은 그들이 원하는 자원을 대체할 수 있는 방법을 확보하는 것으로 상대조직(B)에 대한 의존을 줄일 수 있으며, 의존을 줄이는 것으로서 권력을 증진할 수 있다'고 표현하였다.[41] 이러한 이유로 조직의 환경은 다원화될 필요가 있다.

이후 조직이 능동적으로 의존성을 관리할 수 있음을 밝히는 경험적 연구들이 많이 진행되어 자원의존이론이 더욱 발전되었다.[42]

자원의존이론은 조직이 환경에 개방(open system)되어 있다는 전제하에 조직행동을 조직이 속한 환경의 산물로 보면서 환경에의 적응성을 중시하는 이론이다. 고전적 조직이론은 조직을 폐쇄적 시스템으로 파악하고 조직의 성공이 내부적인 운영의 효율화에 달려있다고 보았다. 반면에 자원의존이론은 기본적으로 어떤 조직도 완전히 자족적일 수 없다고 본다. 그러므로 조직은 조직이 필요로 하는 자원[43]들에 대해서 조직 외부의 많은 다양한 조직들과 거래를 형성한다. 그리고 이러한 거래 관계는 조직의 의존을 유발하는 요인이 된다. 즉 생존을 위해서는 환경과의 어떤 거래가 필요하게 되며 이에 따라 조직이 거래하는 환경의 다른 요인들과 상호의존적인 관계를 형성한다. 따라서 조직내 관리자의 중요 업무는 환경에 대한 의존을 어떻게 개선할 것인가가 된다.

자원의존이론은 특히 저소득층에게 서비스를 제공하는 민간비영리 사회복지조직이 정부에 과도하게 의존하고 있는 특성과 네트워크가 강조되는 것을 잘 설명하여 준다. 또한 1980년대 미국의 비영리조직이 정부 보조금 축소와 같은 외부 환경의 변화로 자원 조달이 어려운 상황이 되자 새로운 자원을 찾는 과정에서 대안으로 '사회적 기업'을 논의하게 된 것도 설명이 가능하다. 즉 비영리조직이 지속가능성을 확보하는 차원에서 사회적 기업으로 전환하였다고 보는 것이다(Foster and Bradach, 2005). 이 이론은 우리나라의 사회적 기업 초기 성장에 대해서도 적용이 가능하다. 우리의 경우에도 인증 사회적 기업의 많은 부분을 차지한 조직은 자활사업단이나 장애인 근로작업장과 같은 사회복지조직들이었다.[44]

5) Z이론

일본식 관리 방법에 미국이 관심을 가지게 되면서 등장한 이론이 Z이론이다. Z이론은 오우치가 1973년부터 일본 기업의 경영관리를 연구하면서 시작되었다. 그는 일본의 조직들이 종신고용, 능력평가, 승진이 완만하고, 전문화되지 않은 직업 경로, 집합적 의사결정 스타일, 집합적 책임성, 그리고 일과 사회생활을 통합하고 있는 특성을 발견하였다. 이러한 일본식 경영관리형을 미국식 경영관리형과 비교 검토하여 두 유형을 배합하여 생산성을 높이고 미국 기업에서도 성공적으로 운영될 수 있는 Z이론을 도출하였다.

Z형은 종신고용, 순환근무제, 집단일치의 의사결정이 강조되며 상사와 부하라는 상하관계보다 모두가 동일한 사원의 입장에서 서로를 대하는 전인(全人)적 성향, 평등주의, 팀워크를 통한 작업 등을 특성으로 한다.[45] Z이론의 관리체계는 인간자원 개발에 초점을 두고, 책임과 노사관계의 통합적 결합이 높은 조직효과성을 기대할 수 있게 한다. 물론 종신고용은 1990년대의 세계 경제위기 속에서 더 이상 절대다수를 위한 것이 아니라는 판단으로 줄어들게 되었지만 나머지 원칙들은 이후에도 상당히 발전하였다. 오늘날에는 Z이론이란 용어가 별로 사용되고 있지 않다. 그렇지만 이 이론의 가장 가치 있는 원칙들은 미국의 많은 조직들에서 다른 방식으로 통합되어 사용되고 있다.

일본의 관리원칙을 연구하였던 키(Keys)는 일본의 관리원칙들을 사회복지조직에도 사용할 수 있도록 정리하였다.[46] 그 내용은 유연한 직무기술서, 공식적인 의사결정 이전에 합의에 이를 수 있게 하는 비공식적 의사결정 과정, 가치 공유, 합의 및 높은 도덕성을 육성하기 위한 훈련과 팀빌딩, 직원들이 다른 부서나 기관에서 임시적으로 업무를 담당하도록 하는 작업 재배치와 순환근무, 협업의 육성, 총체적인 품질관리 등이다.[47]

6) 일본식 관리와 TQM(Total Quality Management)

일본의 관리원칙들과 관리 중 가장 주목받은 것이 총체적인 품질관리(total quality management)이다. 총체적 품질관리이론(TQM)은 1960년대 일본의 기업들이 제품의 질을 향상시키고 불량률을 낮추기 위하여 품질향상조(quality circles)를 구성하여 통계적인 기법을 바탕으로 총체적으로 시행하던 품질향상 운동에 기초를 두고 있다. 이 당시 이사가와, 데밍(Deming), 주란(Juran) 등의 전문가들이 일본 기업에서 TQM활동을 지원하면서 TQM이 기업내 품질향상 운동으로 자리를 잡게 되었다. TQM활동의 결과 일본 기업의 제품들이 점차 세계 시장에서 품질을 인정받게 되었고, 특히 1980년대 들어와 '오일쇼크' 이후 미국 시장에서 경쟁력을 갖게 되었다. 일본 제품들의 도전으로 경쟁력을 잃어가던 미국 기업들이 일본 기업을 벤치마킹(bench marking)하면서 TQM에 관심을 갖게 되었고, 1980년대 Ford를 포함한 미국의 대기업들이 TQM을 본격적으로 도입하면서 널리 퍼지게 되었다.[48] 비록 1990년대 이후 일본 경제에서 발생하고 있는 지속되는 문제로 인하여 일본의 관리 방법의 가치에 대하여 많은 의문이 제기되었지만, 일본의 경제 상태와 상관없이 품질의 원칙(the principles of quality)은 보편화되었다. 1990년대를 거치면서 품질통제, 품질보증, 품질경영을 통합하여 TQM으로 체계화되었고, 2000년대에 TQM은 품질을 넘어서 종합적인 조직 성과를 개선하기 위한 조직 운영의 관리체계로 발전하였다.[49]

TQM은 학자에 따라 다양하게 정의되고 있다. 로스(Ross)는 TQM을 "상품, 서비스 품질의 지속적인 개선을 이루기 위한 조직 내의 모든 기능과 프로세스의 통합"으로 정의하였고,[50] 자블론스키(Jablonski)는 "팀 활동으로 품질과 생산성을 지속적으로 증가시키기 위해 직원들의 지혜와 능력을 결집하여 조직을 운영하는 협동 형태"로,[51] 오클랜드(Oakland)는 "경영의 효율성과 탄력성을 향상시키기 위한 접근방법으로서 모든 부서·활동을 조직화하고 참여하도록 하는 방법"이라 정의하

였다.[52]

TQM 정의가 학자에 따라 다양하듯이 구성요소도 다양하게 주장되고 있다. 로드니와 더프너(Rodney & Duffner)는 리더십, 전직원의 참여, 고객중심, 품질관리기술을 구성요소로 언급하였고,[53] 미국의 연방품질연구소(Federal Quality Institute)는 고객중심, 장기적 기획, 리더십, 구성원의 참여, 직원훈련, 커뮤니케이션, 기준과 측정방법, 보상과 인정률 등을 제시하였다.[54] 데밍은 품질과 서비스 향상을 위한 장기적인 목표, 리더십, 수량에 의거한 검사, 공급자와의 장기적인 신뢰 관계 형성, 기획, 업무 및 생산성의 지속적 향상과 비용 절감, 직원훈련, 조직구성원을 보조하는 관리 감독의 역할 권장, 모든 조직원의 효율적 업무수행, 부서간 장애물 제거, 슬로건이나 훈계 사용의 자제, 할당량에 근거한 작업기준과 목표관리 없애기, 직원들의 자부심을 방해하는 요소 제거, 교육과 자아 향상을 위한 다양한 프로그램, 순환배치 등 14가지를 제안하였다.[55]

이와 같은 TQM의 정의와 구성요소들에 대한 학자들의 다양한 의견에서 공통적으로 가장 많이 지적되는 점을 중심으로 TQM의 특징을 정리하면 다음과 같다.

① 고객의 요구에 부응하는 상품이나 서비스를 제공하고 서비스 질과 고객 만족을 위해 최선을 다하는 고객중심

② 생산의 모든 분야와 조직 내 모든 계층의 활동에서 공정결과와 고객의 기대수준 사이의 차이를 줄여나가는 노력을 하여 지속적으로 상품이나 서비스의 개선을 추구하는 것

③ 지속적으로 재화와 서비스의 질을 개선할 수 있도록 조직의 전 구성원을 참여시키고 이들에게 권한을 부여하는 것

④ 품질관리의 중요성을 조직의 상층부에서 시작하여 조직 전반으로 확산하는 top-down 전략을 실행할 수 있는 강력한 리더십

⑤ 재화나 서비스 가치의 극대화에 구성원들이 자발적으로 참여하고 노력할 수

있도록 직원들에 대한 적극적이고 지속적인 교육훈련

⑥ 직원들이 고객의 욕구를 파악하고, 업무과정의 문제점과 해결방안을 모색하는 과정에서 서로 간에 공감대를 형성 할 수 있도록 분석적인 기술과 자료의 활용. 예를들면 업무흐름도(flow chart), 인과관계도(fish bone diagram), 런차트(run chart), 막대그래프(histogram), 파레토도표(pareto chart), 관리도(control chart)와 산포도(scattered diagram) 등의 활용

생산성 증대를 위하여 기업에 적용되던 TQM은 현재 사회복지서비스조직 운영, 병원 운영, 정부 기관 운영 등 다방면의 조직에 적용되고 있다.

최근 복지서비스를 전달하는 비영리조직들의 양적 확대, 이에 더하여 영리 기관들의 참여 등으로 사회복지영역에 시장주의가 적용되면서 사회복지조직의 경영환경은 급격한 변화를 경험하고 있다. 대부분의 사회복지 조직들은 한정된 자원과 정부를 포함한 외부 지원의 악화를 경험하고, 기관 간의 자원에 대한 경쟁이 심해짐에 따라 경영 및 서비스 관리에 많은 어려움을 겪고 있다. 이러한 환경 속에서 고객 중심의 사고를 토대로 조직의 성과 향상과 고객 만족을 위해 전 구성원이 참여하여 계속 업무 프로세서를 개선하여 가는 TQM은 사회복지조직들로 하여금 서비스 질을 향상시키면서도 높은 품질의 서비스를 제공할 수 있도록 하여 이용자들로부터 계속 지지를 받을 수 있게 만드는 장점이 있다. 마틴(Martin)은 사회복지 지출의 감소, 복지 욕구의 증대로 인한 공급과 수요 간의 불균형에서 발생하는 운영상의 문제를 TQM을 통해 극복할 수 있다고 주장하였다.[56] 그래서 사회복지조직에 TQM, QC 등 다양한 관리철학 들이 도입되고 있다. 우리나라에서도 2000년대 초부터 지역사회복지관을 위시한 사회복지조직들에서 TQM을 적용하는 사례들이 나타나고 있다.

그러나 또 다른 한편에서는 다음과 같은 이유로 TQM을 사회복지조직에 적용하기에 한계가 있다는고 비판한다. 첫째, 사회복지조직이 산출하는 사회서비스는 이

의 효과성과 질을 객관성 있고 타당하게 측정할 수 있는 척도가 부족하기 때문에 TQM 도입 이후 질적 향상을 가늠하기가 어렵다. 둘째, 성공적인 TQM의 시행은 조직 리더의 의지와 직원의 자발적 참여가 선행되어야 하는데, 한국 사회복지조직의 특성상 이러한 선행요건이 충족되기 어렵다. 셋째, TQM을 시행하기 위한 다양한 관리기법의 활용에 대한 지식과 기술이 부족하다.

7) 신공공관리(New Public Management: NPM)이론

경제성장과 안정을 추구하는 케인지안적 복지국가가 1970년대 두 번의 오일쇼크 이후 극심한 경기침체와 재정적자를 경험하면서 영국, 미국, 캐나다, 뉴질랜드 등의 서구 국가들이 거대정부를 대체할 작고 능률적인 정부 모형을 모색하는 과정에서 신관리주의(new managerialism)가 등장하였다. 정치적인 구호와 행정부의 성격에 상관없이 영국, 미국, 호주, 뉴질랜드 등의 행정개혁은 유사한 방향으로 진행되었다.[57] '행정의 질은 높이고 비용을 줄이자(works better and cost less)'라는 어떻게 보면 이율배반적인 명분을 가장 우선적인 목표로 삼는 행정개혁이었다. 그 과정에서 정부 재창조(reinvention), 재구조화(restructuring), 업무 과정의 조정(re-engineering), 민영화(privatization), 방향 설정(streering) 등의 다양한 정치적 수사가 사용되었지만 각 국은 결국 공통의 목표로 공공부문의 효과성과 효율성의 증대, 공공기관의 대응성 향상, 공공지출의 절감, 책임성의 확보 등을 추진하였다.[58] 기업형(business-like) 정부 또는 정부의 시장화(marketization)를 통하여 행정의 효율성과 대응성을 확보하고자 한 것이다. 이들 개혁은 주로 신자유주의에 기반을 둔 보수 성향의 정부 및 학자들에 의해서 주도되었고, 이와 같은 시대적인 행정개혁 방향을 통칭하여 신공공관리주의라 부른다.[59]

신공공관리는 공공부문의 조직 운영에 기본적으로 시장원리를 적용하는 것이다. 기존에 공공부문이 담당하던 역할을 경쟁적인 원리를 통하여 민간부문에서 제공받고, 아울러 정부 규모와 비용의 축소를 위하여 민간부문에서 사용되고 있는 여러 가지 관리기법들을 적용하고, 특히 조직 외형이나 구조보다는 성과와 고객을 중시하던 탄력적인 관리체제, 정보기술의 적극적 활용 등의 운영기술을 강조한다.[60] 이는 베버의 관료제 모델과는 대조되는 새로운 개념이다. 전통적으로 정부 행정의 효율성을 확보하는 수단이었던 계층제적 통제와 절차 등이 효율성을 오히려 저해하므로 관료제적 절차를 과감히 포기하고 민간기업의 경영기법을 통하여 정부 행정의 효율성을 제고해야 한다는 것이다.[61] 한마디로 민간분야의 업무수행 방법이나 새로운 원리를 공공분야에 도입하려는 일련의 시도이다. 이러한 신공공관리주의를 관료제와 비교하여 그 특징을 살펴보면 〈표 4-3〉과 같다.[62]

〈표 4-3〉 관료제와 신공공관리의 비교

전통적 관료제 모형	신공공관리(NPM)
구체적 업무수행(Rowing)	기본방향설정(Steering)
정부주도의 서비스 제공(Service)	지역사회로 권한부여(Empowering)
비경쟁 독점(Monopoly)	서비스 제공에 경쟁도입(Competition)
규칙, 절차, 법령 중심(Rule-driven)	임무지향(Mission-driven)
투입지향 예산(Budgeting input)	성과연계 예산(Funding outcomes)
관료제, 기관 중심(Bureacracy)	고객 중심(Customer)
소비지출지향(Spending)	수익지향: 기업가적 정부(Earning)
사후적 치료에 치중(Curing)	예방 강조(Preventing)
계층적 위계질서(Hierarchy)	권한의 위임(Decentralization)
정부통제 등 규제(Organization)	시장기제 도입(Market)
사회적 형평, 감응성 강조	절약과 능률
공사 구별론	공사 일원론
사회적 가치, 관료제와 민주주의 갈등 논의	기획, 조직, 통제, 평가 강조

신공공관리론은 변화의 접근방법에 따라 강조점이 상이하지만 대체로 다음과 같은 특성을 갖는다.[63]

첫째, 효율성의 추구(an efficiency drive)이다. 이는 1980년대 초반부터 시작되었는데 이 당시는 비용의 삭감과 효율성의 증진에 역점을 두었다. 이러한 효율성 증진을 위하여 재정통제와 회계감사를 강화하고, 고객(시민)에 대한 대응성을 중시한다.

둘째, 감축과 분권화(downsizing and decentralization)이다. 이러한 신공공관리의 방식은 공공부문과 민간부문에 공통으로 나타나는 현상이다. 조직 형태가 큰 계층적이고 관료제 조직으로부터 분권화되고 융통성 있는 조직으로 바꾸거나, 위탁이나 계약을 통해 조직의 규모를 줄이고 제공하는 서비스의 형태를 다양하게 바꾸는 노력들이 나타난다.

셋째, 우수함을 찾는다(in search of excellence). 이는 질과 학습조직 그리고 조직의 모든 수준에서 기업적인 사고를 하며 규제 완화 및 철폐에 역점을 둔다. 보통 조직원의 발전과 참여를 중시해 가치, 문화, 상징 등 조직문화에 초점을 맞춘다.

넷째, 공공서비스의 지향(a public orientation)이다. 이와 같은 신공공관리의 개혁 방향을 시민과 고객에 역점을 두고 공공서비스의 질적 수준 제고에 중점을 둔다. 이런 견해는 민간분야에서 기업들이 주주들의 이익을 최대화하는 것을 넘어 책임을 가져야 한다고 옹호하는 개념으로 발전하고 있다.

신공공관리론이 시장적 가치를 바탕으로 시장적 원리에 의한 정부의 행정관리를 주장하면서 많은 서구 국가들이 행정개혁에 성공하였지만 비판도 제기되고 있다. 우선 시장주도적(market-led) NPM 개혁이 공적 책임소재 여부를 비롯한 공공성을 취약하게 만든다는 것이다. 공공서비스의 기존 원칙들이 무너지고, 상업적 가치와 기업적 방식 및 시장적 경쟁력이 정부 운영의 실적을 평가하는 지배적인 기준이 되고 있다. 이러한 경우에 평등, 공익, 인간의 존엄성 및 정의 등과 같은 기본적인 공공서비스의 규범보다는 능률성, 효과성, 경쟁력 등이 주요한 이념으로 대치된다. 공공서비스가 능률 중심으로 초점이 바뀌면서, 건강 · 복지프로그램, 실업보험, 연금, 교육 · 주택지원 프로그램 및 사회보장제도 등에 있어 서비스 수혜자의 폭이 줄어들고 서비스의 질이 낮아지는 결과를 초래하기도 한다. 또한 공공서비스의 전달체계에 시장적 마인드인 경쟁을 도입하고 민영화하는 등 민간부문과의 파트너십을 형성하는 것이 정부의 위탁을 받은 민간기관에 대한 간섭은 물론, 통제가 줄거나 불가능하여 공적 책임이 불분명하거나 실종되는 사례가 발생하기도 한다.[64]

신공공관리는 시민의 권리를 약화시킨다. NPM은 시민이라는 단어보다 고객이라는 용어를 선호하여 공공서비스의 전달 관계를 수요와 공급에 기초한 수혜적 교환관계로 만든다. 이러한 고객지향적 공공서비스의 전달은 고객이 평등하게 취급받는 기대와 권리에 반하여 서비스에 대한 고객의 지불 능력에 따른 차등적 처우를 전제한다. 실업자를 포함한 저소득층 시민들은 공공서비스의 민영화로 인하여 수수료를 받는 공공서비스에 대하여 지불능력이 없는 경우들이 많다. 이로 인하여 공공서비스를 필요로 하지만 사용하지 못하게 되는 일이 발생한다.[65]

결국 신공공관리는 경쟁을 통하여 신속한 유연성(fast-moving flexibility)을 확보하고 즉각적인 만족을 창출하는 반면 관료제 고유의 덕목인 공공성, 전문성, 계속성 및 안정성을 소홀히 하고 정부 행정의 민주성을 도외시하는 경향이 있다.[66]

1 Clegg, S., & Dunkerley, D. (1980). *Organizations, class, and control*. London: Routledge & Kegan Paul.

2 행정학용어 표준화 연구회 (2019). **이해하기 쉽게 쓴 행정학 용어사전**. 새정보미디어.

3 영리조직이나 공공조직 등을 주로 연구하였던 사이먼과 마치(March & Simon)는 전통적 이론, 인간관계론, 의사결정론으로, 왈도(Waldo)는 고전적이론, 신고적적 이론, 현대적 이론으로, 애치오니(Etzioni)는 전통적 조직이론, 인간관계론, 구조론으로 구분하였다. 또한 이들과 달리 스캇(Scott)은 ① 조직환경의 포함 여부, ② 인간이나 조직을 합리적(rational) 존재로 보는지 혹은 자연적(national) 존재로 보는지 등의 기준으로 폐쇄-합리적 조직이론, 폐쇄-자연적 조직이론, 개방-합리적 조직이론, 개방-자연적 조직이론 등 네 가지로 분류하였다.

4 Daft, R. L. (2007). *Understanding the theory and design of organizations*. Mason, OH: South-Western Cengage Learning. p. 25.

5 그는 과학적인 관리를 통해 동서부 횡단 철로 건설이 가능하였다고 설명하였다.

6 시간연구는 표준기본시간을 측정하고 여유시간의 가산에 의한 표준작업시간을 설정히는 것이다.

7 동작연구는 기본동작의 분석, 불필요한 동작의 배제, 기본동작의 표준화, 기본동작의 결합에 의한 표준작업을 설정하는 것이다.

8 March, J. G., & Simon, H. A. (1958). *Organizations*. New York: John Wiley and Sons. Lawrence. p. 22.

9 그의 책 『Administration Industrielle et Générale』를 불어로 1916년에 출간하였으나 이 책의 마지막 시리즈를 완간하지 못하였다. 1949년에야 영어로 번역되어 비로소 미국에 보급되었다. Fayol, H. (1949). *General and industrial management*. London: Sir Isaac Pitman and Sons.

10 Gulick, L., & Urwick, L. (1937). *Papers on the Science of Administration*. New York: Institute of Public Administration.

11 이영균 (2019). **조직론**. 박영사. p. 80.

12 Cooper, P. J., Brady, L. P., Hidalgo-Hardeman, O., Hyde, A., Naff, K. C., Ott, J. S., & White, H. (1998). *Public administration for the twenty-first century*. Orlando, FL:

Harcourt Brace College Publishers. pp. 201-202.

13 임창희 (2015). **조직론 이해**(2판). 학현사. p. 60.

14 Mayo, E. (1933). *The human problems of an industrial civilization*. Harvard College.

15 이영균 (2019). **조직론**. 박영사. p. 98.

16 상게서, pp. 77-78.

17 Argyris, C. (1975). Theories of action that inhibit individual learning. *American Psychologist*, *31*(9), 638-654.

18 상게서, p. 40.

19 Hersey, P., & Blanchard, K. (1982). *Management of organizational behavior*. Englewood Cliffs, N.J.: Prentice-Hall. p. 48.

20 Lewis, J. A., Packard, T., & Lewis, M. D. (2007), *Management of human service programs*. Thomson Brroks/Coles. p. 76.

21 Likert, R. (1967). *The human organization: its management and values*. McGraw-Hill.

22 Lewis et al., op. cit., p. 70.

23 Hardy, J. (1981). *Values in social policy: Nine contradictions*. London: Routledge and Kegan Paul.

24 Mintzberg, H. (1983). *Structure in fives: Designing effective organizations*. N.J.: Prentice-Hall, Inc. p. 5.

25 Bolman, L. G., & Terrence E. D. (2008). *Reframing organizations: Artistry, choice, and leadership*. San Francisco, CA: Jossey-Bass.

26 진종순 (2017). **공공조직론**. 법문사. p. 222 재인용.

27 진종순 (2019). **공공조직론**. 법문사. p. 141.

28 오세덕 외 (2019). **조직론**. p. 93.

29 Kast, F. E., & Rosenzweig, J. E. (1972). General systems theory applications for organization and management. *Academy of Management Journal*, 113-115.

30 시스템의 유형은 환경과 상호작용하지 않는 폐쇄시스템(closed system)과 환경과 끊임없이 상호작용하는 개방시스템(open system)으로 구분된다. 폐쇄시스템 사고는 물리학에 기원을 두고 있으며, 시스템 자체가 필요한 모든 에너지를 갖고 외적 자원 소비 없이 기능하는 완비된 것으로 본다. 이에 비해 개방시스템은 내부 과정이 환경에 대해 보다 개방적이고 환경 변화에 보다 잘 적응한다. 개방시스템은 생존하기 위해 환경과 상호작용해야 하고, 외부로부터 에너지, 정보, 자원에 의존한다.

31 Harmon, M. M., & Mayer, R. T. (1986). *Organization theory for public administration*, Little:Brown and Company.

32 Hodge, B. J., & Anthony, W. P. (1979). *Organization theory: An environmental approach*, Boston: Allyn and Bacon, Inc. p. 61.

33 Lawrence, P. R., & Lorsch, J. W. (1967). Organization and environment: managing differentiation and integration. Harvard Business Review Press.

34 Daft, R. L. (2010). *Understanding the theory and design of organizations*. India: South Western/Cengage Learning.

35 Scott, W. R. (1981). *Organization: Rational, natural, and open systems*. Englewood Cliffs, NJ: Prentice-Hall.

36 이영균, 전게서, p. 141.

37 Kast, F. E., & Rosenzweig, J. E. (1972). General systems theory applications for organization and management. *Academy of Management Journal*.

38 Pfeffer, J., & Salancik, G. (1978). *The external control of organizations: A resource dependence perspective*. New York: Harper & Row; 최세경, 한선해 (2011). 제도적 동형화와 조직 정당성:자원의존이론과 제도론 결합. **대한경영학회지**, 24(2), 1031 재인용.

39 민윤경 (2016). 이중멤버십 사회적 기업가의 지원체계에 대한 경험연구: 자원의존이론의 관점으로, **한국사회복지행정학**, 18(1), 61.

40 Pfeffer, J. (1982). *Organizations and organization theory*. Marshfield, Massachusetts: Pitman.

41 Emerson, R. M. (1962). Power dependence relations. American Sociological Review, 27, 31-41; Blau, P. M. (1964). *Exchange and power in social Life*. New York: Wiley.

42 Boyd, B. (1990). Corporate linkages and organizational environment: A test of the resourcedependence model. *Strategid Management Journal*, *11*, 419–430; Campling, J., & Michelson, G. (1998). A strategic choice-resource dependence analysis of union mergers in the British and Australian broadcasting and film industries. *Journal of Management Studies*, *35*, 579–600; Hillman, A. Jr., Cannella, A., & Paetzold, R. (2000). The resource dependence role of corporate directors: Strategic adaptation of board composition in response to environmental change. *Journal of Management Studies*, *37*, 235–255.

43 재정적 · 물질적인 것뿐만 아니라 기술적 자본, 인적자본, 정보, 평판, 전문성, 창의성, 엘리트나 경쟁자들과의 연줄, 정치적 지원, 정책결정과정에의 접근성, 정당성(legitimacy) 등과 같은 무형(intangible)자원을 포함하는 매우 광범위한 개념이다(Hall & Tolbert, 1994; Pike et al., 2005).

44 오단이 (2013). 한국 사회적기업의 형성 및 성장과정 연구: 사회복지영역에서 전환한 사회적기업을 중심으로, 성균관대학교 사회복지학과 박사학위논문. p. 2.

45 김두선, 이재은 (2012). 주민자치센터와 소방서의 조직문화와 조직역량 비교 분석: 인본주의적 관점에서 Ouchi의 Z이론을 중심으로. **한국위기관리논집,** 8(2), 218–219.

46 Keys, P. (1995a). Japanese quality management techniques in L. Ginsberg & P. Keys (Eds.), *New management in human services*(2nd ed), 162–170. Washington, D.C.: NASW Press.

47 Lewis et al., op. cit., p. 83.

48 조우현 (2000). TQM의 개념과 접근. **보건과학연구논집,** 9(1), 2.

49 라준영 (2013). 사회서비스 제공형 사회적 기업의 품질경영(TQM). **서비스 경영학회지,** 14(4), 31.

50 Ross, J. E. (1994) *Total quality management: Text, cases and readings*(2nd ed.). London: Kogan Pages.

51 Jablonski, J. R. (1992). *Implementing TQM: competing in the nineties through total quality management*(2nd ed.). Albuquerque, N. M.: Technical Management Consortium, Inc.

52 Oakland, J. S. (1989). *Total quality management*. Butterworth-Heinemann, Oxford.

53 Rodney, M., & Anne-Marie, D. (1996). Implementation of total productive maintenance in support of an established total quality programme. *Total Quality Management*, *7*(6).

54 Federal Quality Institute (1990). A time decision: Total quality management.

55 Deming, W. E. (1986). *Out of crisis*. Cambridge: MIT Center for Advanced Engineering Study.

56 Martin, L. L. (1993). *Total quality management in human service organization*. Ca: SAGE.

57 각국의 NPM의 사례들은 미국 정부의 재창조(reinventing)를 내세운 클린턴 행정부의 NPR팀이 주도하여 정부경영에 경쟁과 인센티브를 도입하여 정부의 시장화 혹은 기업화를 추진한 것, 영국 대처정부의 정부 시장화 실험으로써 CCT(Compulsory Competition Tendering)란 경쟁력 주입 정책을 제도화, 이후 1990년대 규제정책의 완화, 공공서비스의 분권화, 시민헌장(Citizen's Charter), 행정업무의 민간위탁 등이다. 또한 캐나다의 PS2000(Public Service 2000 Initiative), 뉴질랜드 정부조직의 기업화, 상업화, 회사화, 행정혁명, 호주 정부의 CTC(Competitive Tendering and Contracting) 개혁과 HRM(Human Resources Management)개혁의 예로서 워크프레이스 협약(workplace bargaining) 등이다.

58 Boston, et al. (1996). *Public management: The new zealand model*. Auckland: Oxford University Press.

59 OECD (1995). Government in transition: Public management reforms in OECD countries.

60 Ingraham, P. W. (1997). Play it again, Sam; It's still not Right: Search for the right notes in administrative reform. *Public Administration Review*, *57*(4); 총무처분석기획단 (1997). **신정부개혁론: OECD를 중심으로**. 동명사.

61 이명석 (2001). 신공공관리론, 신거버넌스론, 그리고 김대중 정부의 행정개혁, 한국행정학회 2001년 춘계학술대회발표논문집.

62 Frederickson, H. G. (1996). *Comparing the Reinventing Government Movement with*

the New Public Administration; 유훈 (1992). 정책수단에 관한 소고, **행정논총**, 30(2)에서 재구성.

63 Politt, C. (1993). *Official leadership in the city, patterns of conflict and cooperation*, New York: Oxford University Press; Ferlie, E, Ashburner, L.. Fitzgerald, L., & Pettigrew, A. (1996). *The new public management in action*. Oxfored Scholarship Online.

64 김번웅 (2003). 신공공관리론과 기업형 거버넌스의 한계. **사회과학연구**, 9, 7-8.

65 상게서, p. 7.

66 Felts, A. A. (2000). Time and space: The origins and implications of new public. *Administration Theory & Praxis*, *22*(3), 519-533.

CHAPTER 05

리더십

사회과학적 접근의 조직적인 리더십(leadership) 연구는 1930년대부터 시작되었으며, 시대적 변화를 반영하여 리더십 관련 연구주제와 리더십 유형이 다양해지고 있다. 사회복지조직 내에서도 이러한 리더십은 매우 주요한 요소이다. 최근 디지털 기술의 발달로 시작된 4차 산업혁명, 코로나19 팬데믹(pandemic: 세계적 대유행)과 복지전달체계의 다원화 등 사회복지조직을 둘러싼 외부환경의 급속한 변화와 그에 따른 사회복지조직의 책임성과 전문성, 조직혁신 그리고 지속가능경영이 강조되고 있으며, 이러한 가운데 최고관리자의 리더십은 사회복지조직의 성과와 현재 그리고 미래 발전에 영향을 미치는 주요한 요소이기 때문이다. 이에 사회복지조직 내의 리더십에 관심을 가지고 리더십의 정의와 시대별 강조점, 리더십 연구의 접근방법을 전통과 최근으로 구분하여 리더십 관련 연구주제와 유형의 변화를 살펴보고자 한다.

1 리더십의 정의와 시대별 강조점

리더십은 지휘 · 지도 · 인도 등의 의미를 함께 지니고 있으며 일정한 상황 속에서 목표성취를 위해 개인이나 집단의 활동에 영향을 미치는 과정이라 정의할 수 있다. 리더십의 정의는 학자별 그리고 시대별로 강조점이 변화하고 있으며, 리더십을 연구한 학자들의 정의에 따르면 리더십이란 리더(leader) 개인부터 팔로워(follower), 조직, 상황과 같이 개인적, 사회적, 조직적 측면 등을 포함하는 다면적 개념이라 할 수 있다.[1]

구체적으로 Fleishman은 "리더십은 어떤 목표나 목표들의 달성을 지향하도록 의사소통과정을 통해서 개인 간에 영향력을 행사하려는 시도"라 하였으며, Jago[2]는 "리더십은 과정인 동시에 특질이며, 집단구성원의 행동이 집단목표 성취에 지향되도록 지휘하고 조정하기 위해 비강압적인 영향력을 행사하는 과정"이라 정의하였다. 또한 "특질로서 리더십은 그러한 영향력을 성공적으로 구사하는 사람에 결부된 자격 또는 성격"이라고 하였다. Slocum과 Hellriegel[3]은 "리더십은 아이디어와 비전을 개발하고, 개발된 아이디어와 비전에 충실하게 살고, 다른 사람들이 이를 수용하도록 영향을 미치고, 사람과 기타의 자원에 관한 힘든 의사결정을 하는 과정"이라고 정의하고 있다.

국내 조직이론에서 오석홍[4]은 "리더십은 리더와 팔로워, 그리고 상황적 요인이 교호작용하는 과정"이라 정의하며 리더십의 정의에 내포된 영향의 과정, 팔로워와의 관계, 기능적 · 상황적 연관성, 목표지향성에 대해 아래와 같이 제시하고 있다.

① **영향의 과정:** 리더십은 개인이나 집단의 활동에 '영향을 미치는' 과정으로 영향력과 권한이 불균등하게 배분되어 있는 사람들 사이에게 일어나는 과정이라고 할 수 있다.

② **팔로워와의 관계:** 리더가 존재하기 위해서는 팔로워가 존재해야 한다. 리더는 고립하여 있는 것이 아니라 팔로워와의 관계 속에서만 존재할 수 있다.

③ **기능적 · 상황적 연관성:** 리더의 기능은 리더와 팔로워가 속해 있는 집단 및 조직의 분화된 여러 기능 중 하나이기 때문에 다른 기능들과 복잡한 연관을 맺고 있으며, 이러한 기능적 연관성뿐만 아니라 기타의 상황적 변수들도 리더십에 영향을 미친다.

④ **목표지향성:** 리더십은 목표지향적인 것이다. 즉, 특정한 목표의 달성을 위한 과정이다.

⑤ **공식적 · 비공식적 리더십:** 리더십에는 공식적 · 비공식적 리더십이 있다.

또한, 최우재와 그의 동료들[5]은 새로운 시대에 필요한 리더십을 재정의하기 위해서 리더십 관련 기존연구를 통해 확인할 수 있는 시대별 리더십 정의에서의 강조점을 〈표 5-1〉과 같이 제시하고 있다.

〈표 5-1〉 리더십 정의의 시대별 강조점

연대	강조점
1900~1920년	통제, 권력행사, 복종, 충성
1930년대	성격, 개인특성, 전인(Great man)
1940년대	집단, 설득, 자발성
1950년대	관계, 행동, 효과성
1960년대	공동목표, 행동패턴, 구조화
1970년대	의사결정 스타일, 상호영향, 귀인
1980년대	카리스마, 변화주도, 조직목표성취
1990년대	혁신, 자아, 추종자
2000년대	신뢰, 가치, 시스템
최근	가치, 윤리

이와 같이 학자들마다 리더십에 대해 다양하게 정의하고 있으며, 1900년대 통제, 권력행사, 복종, 충성에서 1990년대 혁신, 자아, 추종자, 2000년대 신뢰, 가치, 시스템, 최근의 가치와 윤리 등 리더십 정의에서 시대별 강조점도 변화되어 왔다는 점을 알 수 있다. 이에 사회복지조직 최고관리자는 이러한 리더십의 정의와 시대별 강조점을 인식하고 급변하고 있는 사회복지환경에 적절하게 대응하면서 사회복지조직의 효과적인 운영을 위한 전문적인 조직관리 능력과 다양한 리더십 유형과 관련 내용을 숙지하고 리더십 개발을 위해 노력해야 한다.

2 전통적 리더십 연구의 접근방법: 속성이론, 행위이론, 상황이론

리더십 이론의 접근 방법은 각 연구자들에 따라 리더십에 대한 개념과 방법의 선택 등에 의하여 서로 다른 접근 방법을 사용하고 있다. 최근까지의 주요 리더십 이론의 발전과정을 살펴보면 [그림 5-1]과 같다. 일반적으로 전통적 리더십 이론의 접근방법은 속성(trait)이론, 행위(behavioral)이론, 상황(situational contingency)이론으로 분류될 수 있다.[6] 이러한 리더십 이론은 1930년대 리더 개인의 특성에 관한 연구인 속성이론에서 시작되어, 1950년대 오하이오주립대 연구와 미시간주립대 연구로 대표되는 행위이론이 등장되었으며, 1970년대 조직의 크기, 과업, 환경 등의 요인이 강조되는 상황이론으로 발전하게 되었다.[7] 1980년 이후 최근 리더십 이론의 접근방법에는 거래적 리더십(transactional leadership), 변혁적 리더십(transformaional leadership), 서번트 리더십(servant leadership)이 있으며 관련내용은 3절 최근 리더십 연구의 접근방법에서 구체적으로 살펴보고자 한다.

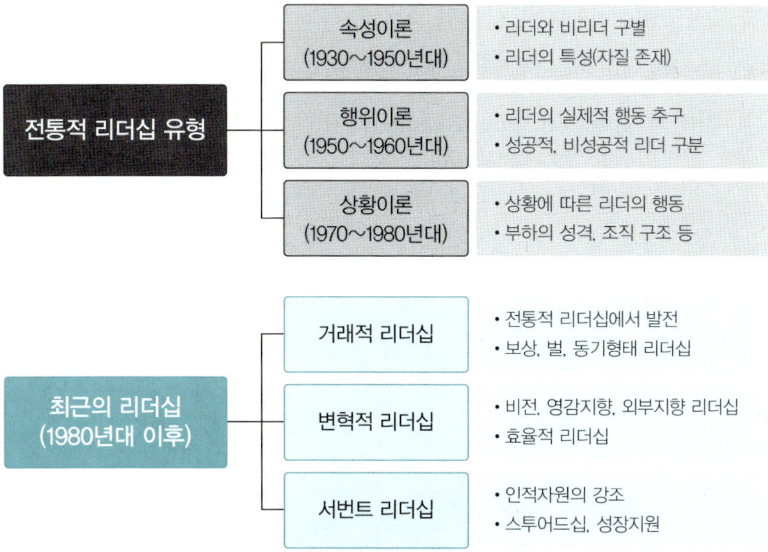

[그림 5-1] 리더십 이론의 발전과정[8]

1) 속성이론

속성이론은 성공적인 리더십에 결부된 리더의 육체적 · 정신적 특성을 탐구하는 것으로 리더에게는 다른 사람들에게서 찾아볼 수 없는 독특한 속성이 있다는 것을 전제로 한다. 전통적인 속성이론가들은 리더십의 성패를 가르는 핵심적인 요소는 리더의 개인적 속성이며, 리더가 되는 데 필요한 속성을 가진 사람은 상황의 변화에 상관없이 성공적인 리더가 될 수 있는 것을 의미한다.

연구자들이 조사한 리더의 속성에는 지성, 지배성향, 공격성, 언어구사력, 통찰력, 판단력, 결단력, 사교성, 사명감, 정서적 안정성, 육체적 특성 등 많은 것들이 포함되어 있다. 그러나 여러 연구의 결론들 사이에 일관성이 있는 것은 아니었다.[9] 대표적으로 Stogdill은 리더십의 개인적 특성을 〈표 5-2〉와 같이 제시하였다.

이러한 속성이론에서 파생된 이론은 성취동기(achievement motivation)이론, 사회적 영향동기(social influence motivation)이론, 리더의 동기척도(leader motive profile: LMP)이론, 리더의 융통성(learder flexibility)이론, 카리스마틱 리더십(charismatic leadership)이론 등이 있다.

〈표 5-2〉 Stogdill의 리더십의 특정 요소[10]

특성	내용
육체적 특성	활동성, 정력, 연령, 무게, 키, 외모
성격(인격)	상응, 공격성 · 자기주장, 지배성, 정서의 안정, 통제력, 독창성 · 비동조성, 독립성 · 창조성, 자신감
사회적 배경	교육 정도, 사회적 지위, 기동성
과업 관련 특성	성취욕구, 책임욕구, 과업지향, 안전욕구
지능	지능, 지식 학습, 판단력
사회적 특성	관리능력, 사회성 · 대인관계기술, 권력욕구

2) 행위이론

행위이론은 속성이론의 한계점을 극복하기 위하여 눈에 보이지 않는 속성보다 리더들이 실제 어떤 행동을 하는지에 중점을 두고 관찰 가능한 리더의 행위, 행동, 형태를 탐구하는 접근방법이다. 즉, 행위이론에 근거한 연구자들은 보편적으로 효율적인 리더의 행위를 발견하려고 하였다. 전형적인 예는 1950년대 미시간 그룹에 의한 연구, 오하이오 그룹에 의한 연구, Blake와 Mouton의 관리유형도 연구가 있다.[11]

(1) 미시간 그룹에 의한 연구

미국 미시간 대학교(survey research center, University of Michigan) 소속 연구자들은 리더십 유형론에 입각한 행위론적 연구를 진행하였다. 이들은 리더십 유형을 직원중심형(employee-centered)과 직무중심형(job-centered)으로 구분하고 이 두 가지 유형의 특성과 효율성의 지표가 어떻게 연관되어 있는가를 살펴보고자 하였다. 연구결과, 직원중심형 리더십 유형이 직무중심형 리더십 유형보다 생산성을 높이는 데 있어서 우월하다는 것을 밝혔다. 즉, 높은 생산기록을 보인 리더들은 직원중심적이었으며, 리더십기능의 인간관계적 측면을 중요시하는 사람들이었다. 반면 낮은 생산기록을 보인 리더들은 직무중심적이었으며 서류처리 등의 공식적 직무수행에 더 많은 노력과 관심을 기울이는 사람들이었다.

(2) 오하이오 그룹에 의한 연구

미국 오하이오 주립대학교(Bureau of Business Research, Ohio State University) 연구자들도 비슷한 시기에 리더십 유형론에 입각한 행위론적 연구를 진행하였다. 이들은 구조설정(initiating structure)과 배려(consideration)라는 두 가지 국면을 기준으로 리더십 유형을 네 가지로 분류하였다. 여기에서 구조설정은 직무중심적인 행위를 대변하는 것으로 리더와 팔로우의 관계 및 조직의 구조와 과정을 엄격하게 형성하려는 리더십 행위이고, 배려는 직원중심적인 행위를 대변하는 것으로 리더와 직원 사이에 우정, 상호신뢰, 존경심 등을 조성하려는 리더십 형태를 의미한다.

구조설정의 수준과 배려의 수준이 어느 정도로 배합되어 있느냐에 따라 [그림 5-2]와 같이 ① 배려의 수준이 높고 구조설정의 수준이 낮은 유형, ② 구조설정의 수준이 높고 배려의 수준이 낮은 유형, ③ 구조설정의 수준도 높고 배려의 수준도 높은 유형, ④ 구조설정의 수준도 낮고 배려의 수준도 낮은 유형 등 네 가지로 분류하였다. 이들은 구조설정과 배려 수준이 높은 리더가 낮은 리더보다 직원들의 과업성과와 만족을 높일 수 있는 가장 이상적인 리더십으로 규정하고 있다.

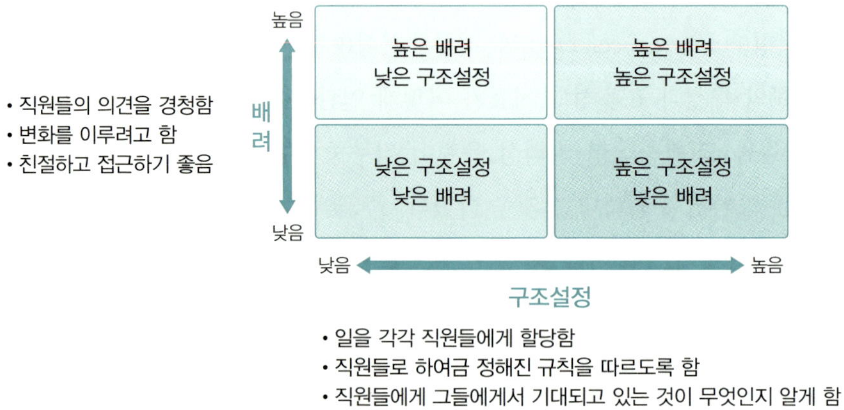

[그림 5-2] 구조설정과 배려를 기준으로 한 리더십유형 분류

(3) 관리유형도(managerial grid): Blake와 Mouton의 연구

Blake와 Mouton은 미시간 그룹의 연구와 오하이오 그룹의 연구를 토대로 조직발전 또는 관리발전에 활용할 목적으로 관리유형도라는 개념적 도구를 개발하였다. 관리유형도는 과업성취(생산에 대한 관심)와 인간관계 개선(인간에 대한 관심)이라는 두 가지 기준에 의하여 리더십 유형을 [그림 5-3]과 같이 다섯 가지로 분류하고 있으며, 이들은 관리유형도의 용도를 설명하면서 단합형이 가장 이상적인 리더십유형(관리유형)임을 시사하였다.

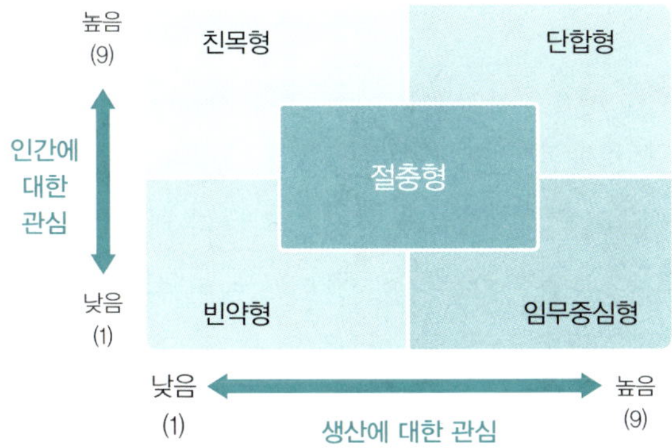

[그림 5-3] 관리유형도의 리더십 유형

① 단합형(team): 조직에서 부여한 임무를 수행하는 공동운동체라는 점을 강조하여 조직 내에서 직원들이 서로 신뢰하고 존경하는 관계를 형성하도록 하고 임무 수행을 위해 헌신하도록 하는 리더십 유형으로 인간에 대한 관심과 생산에 대한 관심이 가장 높은 유형

② 친목형(country club): 인간 욕구에 대한 배려와 만족스러운 인간관계를 형성하여 조직 내의 다정한 분위기를 조성하는 리더십 유형으로 인간에 대한 관심이 높은 유형

③ 절충형(middle-the-road): 인간 욕구에 대한 배려를 통해 만족할 만한 수준으로 유지해야 한다는 점과 임무를 수행해야 한다는 필요를 적절하게 균형 있게 만드는 리더십 유형으로 인간과 생산에 절반씩의 관심을 갖는 유형

④ 과업중심형(task): 인간적인 요인의 개입을 최소화할 수 있도록 업무수행조건을 설정함으로써 조직활동의 능률을 높이는 리더십 유형으로 인간에 대한 관심보다는 생산에 관심이 높은 유형

⑤ 빈약형(impoverished): 리더의 관심과 활동이 최소의 수준에 있으며, 인간에 대한 관심과 생산에 대한 관심이 모두 낮은 유형

3) 상황이론

상황이론은 리더의 개인적 속성이나 행위가 아니라 상황이 리더를 만든다는 것을 전제로 리더십의 효율성을 결정하는 것은 리더의 개인적 속성과 행위뿐 아니라 상황적 요인의 작용이 중요하다는 점을 강조하는 이론이다. 대표적으로 Fiedler의 상황적응적 모형(leadership contingency model)과 Hersey와 Blanchard의 복합상황론 모형(tri-dimensional leader effiectiveness model)이 있으며, 그 외에 통로-목표이론, 생애주기이론, 인식자원이론, 의사결정모형, 다원적 영향모형, 대체이론 등이 있다. 이 중 대표적인 Fiedler의 상황적응적 모형과 Hersey와 Blanchard의 복합상황론 모형에 관한 내용을 살펴보고자 한다.

(1) Fiedler의 상황적응적 모형

Fiedler는 1953년부터 일리노이 대학에서 여러 리더를 대상으로 실증연구를 거듭하여 1964년에 상황이론을 제시했고, 1967년에 상황적이라는 어휘를 상황적응적이라는 용어로 대체해서 사용하기 시작하였다. Fiedler는 오랜 연구를 토대로 세 가지의 연관조건(contingent conditions)을 리더십 유형과 결부시켜 상황적응적 모형을 만들었다. 이 모형은 리더십 유형을 인간관계 중심적 유형과 과업 중심적 유형으로 구분하였으며, 전자는 관대하고 소극적이며 배려적인 유형이라면 후자는 면밀한 감독을 하고 능동적이며 직무관계의 명확한 규정에 힘을 기울이는 유형이다. 또한 Fiedler는 리더가 인간관계 중심형인지 과업지향형인지를 구분하기 위하여 '가장 좋아하지 않는 동료(least-preferred co-worker: LPC)'를 평가하게 하는 설문지를 개발하여 사용하였다. 자기가 가장 좋아하지 않는 동료를 비교적 호의적으로 평가한 사람은 LPC 평점이 높은 사람이며 인간관계 중심형 리더십행위를 보이는 사람이라고 하였고, 반면 자기가 가장 좋아하지 않는 동료를 불리하게 평가한

사람은 LPC 평점이 낮은 사람이며 과업중심형 리더십 행위를 보이는 사람이라고 하였다.[12]

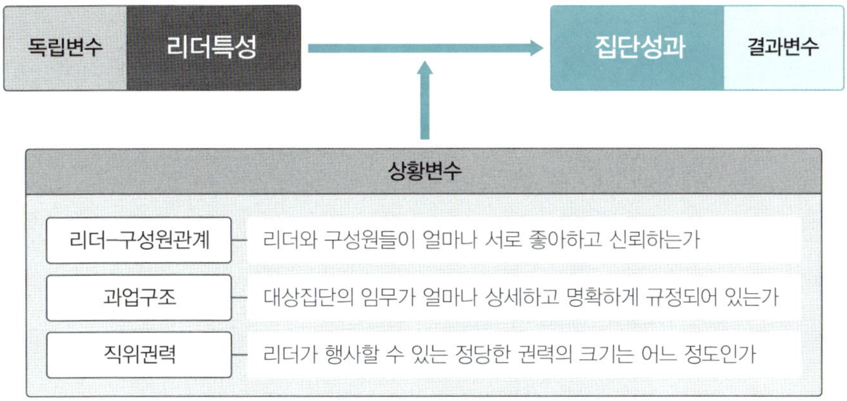

[그림 5-4] Fiedler의 상황적응적 모형

Fiedler의 상황적응적 이론의 모형은 [그림 5-4]와 같다.[13] 이 모형은 근본적으로 리더가 처한 상황이 유리할수록 리더십이 촉진된다는 맥락에서 시작되었다. 이러한 리더십의 유효성은 리더의 행동으로 나타나는 리더십이 조직에 얼마나 효과적인 영향력과 통제력을 행사할 수 있는가 하는 것이다. 즉, 리더가 구성원들에게 더 많은 영향력과 통제력을 행사할 수 있을 때 리더에게는 더욱 유리한 상황이 주어지고 리더십의 유효성은 배가 될 수 있다는 것이다. 리더십에 대한 상황의 유리성은 리더와 구성원의 관계(leader-member relations), 과업구조(task structure), 직위에 부여된 권력(position power)에 의해 결정된다.

① 리더와 구성원의 관계에서 구성원들이 리더에 대해 가지고 있는 신뢰, 믿음, 존경 등으로 리더를 지지하는 정도로 리더와 구성원의 관계가 좋을 때 리더에게 유리한 상황이 된다.

② 과업의 구조화 정도로서 과업을 달성하기 위한 표준적인 운영절차, 완성된 제품과 서비스에 대한 기술, 과업 수행에 따른 객관적 기준 등으로 과업의 구조화 정도가 높을 경우 리더는 과업에 대한 영향력을 행사하기가 쉬워 리더에게 유리하다.

③ 리더의 권한 정도는 리더가 구성원들에게 가지는 직무수행에 따른 보상과 처벌에 대해 영향력을 행사할 수 있는 것을 의미하며, 구성원이 리더의 통제 및 정책에 순응하도록 할 때 리더에게 유리하다.

(2) Hersey와 Blanchard의 삼차원적 모형

Hersey와 Blanchard의 삼차원적 모형은 상황적응적인 접근방법에 입각한 것으로 가장 이상적인 하나의 리더십 유형을 제시하려고 하지 않고 상황에 적합한 리더십 유형은 달라질 수 있다는 점을 분명하게 하고자 했던 모형이다. 이들은 리더십유형의 분류기준인 인간관계 중심적 형태와 과업지향형 형태를 동일선상이 아니라 별개의 축으로 나타내야 할 두 가지의 차원이라고 규정하였다. 그 다음 거기에 효율성이라는 하나의 차원을 추가하여 리더십유형 연구의 삼차원적(입체적) 모형을 정립하였다.

리더십유형이 주어진 상황에 적합하면 효율적이고 적합하지 않으면 비효율적인 것으로 리더십유형의 효율성은 상황에 달려있다는 점을 강조한다. 이들의 삼차원적 모형은 인간관계 중심적 형태와 과업지향형 형태를 기준으로 ① 인간관계 중심적인 경향이 강하고 과업중심적인 경향이 약한 형태, ② 과업중심적인 경향이 강하고 인간관계중심적인 경향이 약한 형태, ③ 과업중심적인 경향과 인간관계 중심적인 경향이 다 같이 강한 형태, ④ 과업중심적인 경향과 인관관계 중심적인 경향이 다 같이 약한 형태로 네 가지의 기본적인 리더십 유형을 구분한다.

3 최근 리더십 연구의 접근방법: 거래적 리더십, 변혁적 리더십, 서번트 리더십

1980년대 이후 세계 경제환경 및 조직 환경, 산업구조의 급속한 변화와 국제화로 인한 무한경쟁, 그리고 계속되는 경기 침체 속에서 기업들의 안정적인 성장과 발전을 위한 변화와 혁신 지향적인 상사와 조직구성원들의 마인드는 필수적 전제조건이 되었다. 이러한 변화 속에서 조직이 끝까지 생존하기 위해서는 좀 더 새로운 리더십이 요구되었다.[14] 즉, 새로운 리더십 패러다임을 제시하기 위한 연구들이 진행되었으며, 전통적인 리더십 이론의 연구 영역을 넘어서는 대안적 리더십의 출현이 가속화되었다. 거래적 리더십(transactional leadership), 변혁적 리더십(transformaional leadership), 서번트 리더십(servant leadership) 등이 그것이다.

1) 거래적 리더십

거래적 리더십은 리더가 직원과 무엇인가 가치 있는 것을 교환함으로써 영향력을 행사하는 리더십이다. 따라서 거래적 리더는 직원들과 심리적으로 일체가 되어 통합적인 관계를 설정하려 하기보다 합리적 · 타산적 교환관계를 설정하려 한다.[15] 이는 1964년 Vroom의 기대이론에 기초한 영향력과정에 기인한다. Vroom에 의하면 기대되는 결과를 산출하도록 구성원에게 동기를 부여하기 위해서는 첫째, 열심히 노력하면 원하는 결과를 얻을 수 있다는 믿음인 기대감, 둘째, 특정의 결과를 산출하면 보상을 받을 수 있다는 믿음인 수단성, 셋째, 결과를 통해 얻을 보상이 의미가 있으리라는 보상에 대한 가치인식인 유의성 등의 세 가지 요소를 고려해야 한다. 1978년 Burns는 직원이 가치가 있다고 인식하는 것을 교환하기 위하여 다른 직원과 계약을 체결하고 이를 실행하기 위한 접촉을 시작할 때 발생하는 것이라고 정의하였고, 1985년 Bass는 일련의 교환이란 협상에 바탕을 둔 리더와 직원 간의 관계에서 기대되는 결과 달성을 위해 동기를 부여하는 리더십이라고 개념 정의하였다.[16]

1990년 Bass는 자신이 개발한 MLQ(multifactor leadership questionnaire)를 토대로 거래적 리더십의 하위 요소는 조건적 보상(contingent reward)과 예외에 의한 관리(management by exception)로 구성되어 있음을 실증적으로 검증하였다.[17]

① 조건적 보상: 보상에 조건이 주어진 경우로 직원들에게 어떤 목표달성이 요구될 때 그 목표달성을 이룸으로써 어떤 보상을 받을 수 있는지를 명확하게 해주는 것으로 직원들에게 달성해야 할 과업을 명확히 할당하고, 만족스러운 과업수행에 대하여 그것과 교환으로 보상을 약속하거나 실제로 보상을 하는 것

② 예외에 의한 관리: 적극적과 소극적 형태가 있으며, 직원들이 과업을 수행할 때 일탈, 실수, 오류들을 발견하기 위한 기준들을 설정하고 그 기준을 벗어나는 실수가 발생했을 때 적절한 수정조치나 교정조치를 실행할 때는 적극적인 예외관리에 해당되며, 직원의 일탈, 오류, 실수 등이 발생하기 전 까지는 소극적이고 수동적인 태도를 보이다가 문제가 발생하면 그때 비로소 교정조치를 취하는 소극적인 예외관리에 해당

BOX 5.1 거래적 리더십 척도[18]

전혀 그렇지 않다	그렇지 않다	보통이다	그렇다	매우 그렇다
1	2	3	4	5

구분	항목	점수
조건적 보상	나의 기관장은 업무성과에 따른 보상을 받기 위한 방법을 알려준다.	
	나의 기관장은 업무목표에 도달했을 때, 인정해 주고 상응하는 보상을 제공한다.	
	나의 기관장은 업무목표에 도달했을 때, 받을 수 있는 보상에 관심을 가진다.	
예외적 관리	나의 기관장은 직원들이 동의하는 업무수준을 충족시켰을 때 만족한다.	
	나의 기관장은 직원들이 일을 수행하기 위해 알아야 할 원칙들을 말해 준다.	

2) 변혁적 리더십

1973년 Downton에 의해 변혁적 리더십이라는 용어가 처음 사용되었으며, 1978년 Burns로부터 이론적 체계를 구축하고 1985년 Bass에 의해서 더욱 발전되었다. Burns는 리더를 직원의 목표와 리더의 목표라는 두 가지 목표에 보다 더 효과적으로 도달하도록 직원의 동기를 자극하는 사람이라고 언급하면서 목표를 통해 리더와 직원의 역할을 연결시키려고 시도하였다. 이때 Burns에게는 부하들의 신념, 가치, 욕구의 변화를 모색하는 것이 변혁적 리더의 주된 관심사였다. 그 후에 Bass는 구성원에 대한 리더의 영향력이 변혁적 리더십이라고 하면서 직원들이 기대 이상의 업무성과를 올리도록 세 가지 행동을 장려하였는데 세 가지는 다음과 같다.[19]

① 성과가 얼마나 가치 있고 중요한지, 이러한 성과에 어떻게 도달하는지에 대해 구성원들의 인식을 고양시키는 것
② 조직의 집단목표를 위해서 구성원 개인의 이익을 넘어서도록 구성원들에게 확신을 준다는 것
③ 구성원들의 욕구가 하위의 욕구단계에서 상위의 욕구단계로 향하도록 변화시킨다는 것

아울러, Bass는 변혁적 리더십의 하위 요소로 이상적 영향력 또는 카리스마(charisma), 영감적 동기부여(inspirational motivation), 지적 자극(intellectual-stimulation), 개별적 배려(individualized consideration)를 제시하였다.[20]

① **이상적 영향력**: 직원들의 본보기가 되도록 행동하여 직원들로부터 존경과 신뢰를 받는 것
② **영감적 동기부여**: 직원들이 일에 대한 의미를 깨닫고 자신의 일에 도전적으로 임하도록 동기를 부여하는 것
③ **지적 자극**: 기존의 관행적인 문제해결 방식에 문제를 제기하고, 혁신적이고 창의적인 새로운 방식으로 문제를 해결하도록 자극하는 것으로 기존과는 다른 방식의 행동을 유발할 수 있게 되는 것
④ **개별적 배려**: 직원 개개인이 가지고 있는 자신의 발전과 성장욕구에 관심을 기울이고 배려하는 것으로 직원 개인의 특성과 직원 간의 개인차에 대한 인식과 이해를 전제로 임파워먼트를 통해 직원들이 자율적이고 창조적으로 일할 수 있도록 조직 환경을 구축하는 것

이와 같이 변혁적 리더십은 조직의 노선과 문화를 변동시키려고 노력하는 변동추구적이고 개혁적인 리더십이다. 따라서 변혁적 리더십의 초점은 조직의 변동추

구에 있다. 이것은 조직을 위해 새로운 비전(vision)을 창출하고, 그러한 비전이 새로운 현실이 되도록 적절한 지지를 확보함으로써 조직의 문화를 개조할 수 있는 리더십이며, 변혁적 리더십이 추구하는 변화는 급진적인 것이다.[21] 이러한 변혁적 리더십은 상징적 리더 행동, 비전을 제시하고 영감을 가져다주는 메시지, 무언의 교감을 통한 커뮤니케이션, 관념적 가치관에 호소하는 행동, 직원 등에게 지적 자극 제공, 리더 자신과 직원들에게 확신적 태도의 제시, 직원들의 희생정신과 직무 욕구를 넘어서는 성과 창출에 대한 리더의 기대 등의 내용을 강조한다.[22]

BOX 5.2 변혁적 리더십 척도[23]

전혀 그렇지 않다	그렇지 않다	보통이다	그렇다	매우 그렇다
1	2	3	4	5

하위개념	문항	점수
이상화된 영향력 (카리스마)	나의 기관장은 자신이 중요시 여기는 가치와 신념에 대하여 이야기 한다.	
	나의 기관장은 목표의식의 중요성을 강조한다.	
	나의 기관장은 의사결정 시 도덕적, 윤리적, 결과들을 염두에 둔다.	
영감적 동기부여	나의 기관장은 미래를 밝게 보고 낙관적으로 전망한다.	
	나의 기관장은 성취해야 할 사항들에 대해 열정적으로 이야기 한다.	
	나의 기관장은 미래에 대한 강력한 비전을 제시한다.	
지적자극	나의 기관장은 직원들에게 낡은 전통과 관습에 얽매이지 말 것을 강조한다.	
	나의 기관장은 새로운 시각을 가지고 시도하도록 독려한다.	
	나의 기관장은 다양한 관점에서 문제들을 접근하도록 유도해 준다.	
개별적 배려	나의 기관장은 팀원들을 코칭 하는데 많은 시간을 할애해 준다.	
	나의 기관장은 팀원들의 개인적 감정에 긍정적인 관심을 갖고 있다.	
	나의 기관장은 나의 장점들을 파악하고 있으며 이를 적극적으로 개발할 수 있도록 도와준다.	

3) 거래적 리더십과 변혁적 리더십의 관계

거래적 리더십과 변혁적 리더십의 개념이 리더의 구체적인 행동을 중심으로 구분됨에도 불구하고, 조직 내에서 리더는 조직목표달성과 과업수행에 대한 직원의 노력과 열심을 유도하기 위하여 거래적 리더십과 변혁적 리더십을 다양한 조합으로 구성하여 행사하고 있으며, 많은 경우 변혁적 리더십이 거래적 리더십보다 경쟁우위를 가지나 각각의 고유한 기능을 수행하는 상호보완적인 관계를 맺고 있다.

변혁적 리더십은 전통적이고 안정적인 조직 환경에서 경쟁력을 가지는 거래적 리더십의 효과를 증원하거나 변화하는 조직 환경에서 경쟁력을 상실한 거래적 리더십을 대체할 수 있다. 즉, 거래적 리더십과 변혁적 리더십은 조직구성원에게 직무 및 조직에 긍정적으로 몰입하여 노력하도록 하는 영향력을 상호 공유하며, 그 결과 두 개념 간에는 적정에서 높은 수준의 상관성이 존재 한다.[24] 이를 도식화하면 [그림 5-5]와 같다.

[그림 5-5] 거래적 리더십과 변혁적 리더십의 상호보완적 관계

① 거래적 리더: 역할과 과업의 조건을 명확하게 제시하고, 성과기준을 달성하고자 하는 노력과 결과에 상응하는 보상을 제공함으로 함께 일하는 직원들은 예측가능한 성과 대비 보상의 경험을 통해 적극적인 감정 상태와 직무태도 유지

② 변혁적 리더: 직원의 창의성과 혁신을 자극하여 직원이 조직관행의 뒤쳐짐과 역기능을 해소하는 긍정적인 경험의 기회를 제공하여 조직에 대한 만족과 과업에 대한 몰입 증대

4) 서번트 리더십

1977년 '리더로서의 서번트'라는 Greenleaf의 저서를 통하여 서번트 리더십이라는 용어가 처음 소개되었다. 그는 서번트 리더십에서 '자기이익을 넘어서는 것'을 핵심특성으로 꼽았다. 이후 서번트 리더십은 여러 학자들에 의해 다양하게 정의되었다.

1995년 Spears는 "모든 사람의 존엄성과 가치에 대한 믿음, 리더의 권력은 구성원으로부터 기인한다는 민주적인 원칙에 입각한 리더십"이라 하였으며, 1997년 Sims는 "직원의 가치와 존엄성을 존중하며, 창조적인 역량을 일깨워 주는 리더십이며, 공유비전 증진, 부하의 돌봄을 위한 권력 사용, 정직한 의사소통, 직원을 고무시키는 사람, 리더 개인의 욕구보다 조직의 목표에 우선하여, 직원의 욕구, 요구사항, 능력개발에 관심을 가지며, 권한위임을 강조하는 리더십"으로 2000년 Bass는 "조직 구성원들의 지식, 성장, 그리고 자율성을 고무하게 하는 미래의 리더십"이라 하였다.

이러한 서번트 리더십은 명령과 지시가 아닌, 리더의 지혜, 비전, 통찰력 등을 바탕으로 구성원들이 자신의 역량을 충분히 발휘하는 기회를 제공하여 그들의 성장에 도움이 되고자 하는 특성을 가지고 있으며, 구성원의 성장 발전의 지지자로의 조직문화 형성의 역할을 수행하는 리더십[25]을 의미한다.

Greenleaf는 인간 존중, 섬김, 정의, 정직성, 공동체적 윤리성 등의 다섯 가지를 리더가 가져야 할 기본적인 원칙으로 강조하였다. 그리고 이를 바탕으로 경청과 구성원과의 공감대를 형성하고, 문제에 대한 개선과 깨달음을 위한 노력, 구성원 설득, 자기 능력 개발과 자아실현, 선견지명을 통한 청지기 직분을 감당하며, 구성원들의 성장과 발전에 몰입하고, 공동체 의식을 구축할 수 있도록 노력해야 한다고 주장했다. 이후 여러 명의 학자들이 Greenleaf의 개념을 기반으로 모델을 정교화하는 연구를 진행하였다. 그중 대표적으로 2011년 van Dierendonck는 [그림 5-6]과 같이 서번트 리더십의 여섯 가지 핵심특성을 개념적 다원성에 따라 구분한

서번트 리더십의 개념적 모델을 만들었다.[26]

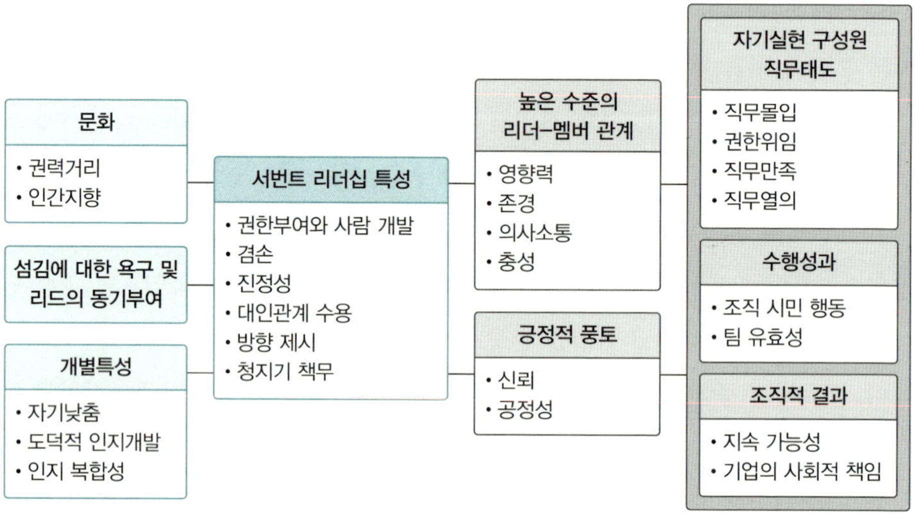

[그림 5-6] 서번트 리더십의 개념적 모델[27]

아울러 van Dierendonck는 권한부여, 겸손, 진정성, 대인관계 수용, 방향제시, 청지기 등 6가지로 범주화된 서번트 리더십의 개념적 모델을 기반으로 8가지 측면이 포함된 하위요소 권한부여(empowerment), 책임성(accountability), 후원(standing back), 겸손(humility), 진정성(authenticity), 용기(courage), 용서(forgiveness), 청지기 책무(stewardship)를 구성했다. 하위요소별 구체적인 설명은 다음과 같다.[28]

① **권한부여**: 조직구성원들의 능력을 활성화하고 개인의 개발을 장려하는 것에 중점을 둔 동기부여 개념으로 권한부여는 조직구성원들 사이에 능동적이고 자긍심 있는 태도를 조성하고 개인적인 힘을 부여하는 것

② **책임성**: 서번트 리더는 조직구성원들의 직무수행에 대한 책임을 지는 것으로 직무수행의 결과가 조직구성원 자신과 조직 모두에게 유익이 있고 기대되는

것으로 알도록 하는 것

③ **후원:** 리더가 다른 사람의 욕구를 우선하고 필요한 지원과 신뢰를 제공하는 범위에 관한 것으로 뒤로 물러나는 것은 과업이 성공적으로 완료되었을 때 배경으로 후퇴하는 것

④ **겸손:** 자기 자신의 성취와 재능을 적절한 관점에서 표현할 수 있는 능력으로 서번트 리더는 자신의 한계를 인정하고 그러한 한계를 극복하기 위해 다른 사람들이 우선하도록 적극적으로 추구한다는 것

⑤ **진정성:** 내면의 사고와 감정을 그대로 드러내는 방식으로 자신을 표현하면서 '참 자아'를 표현하는 것과 밀접한 관련이 있으며, 진정성은 사적이나 공적으로 마음의 상태, 의도 및 몰입을 사실 그대로 정확하게 표현하고 자신에 대한 진실과 관련된 것

⑥ **용기:** 위험을 무릅쓰고 낡은 문제에 대한 새로운 접근을 시도하는 것으로 용기는 서번트 리더를 다른 리더와 구별하는 중요한 특징으로 조직적 맥락에서 용기는 전통적인 행동 양식 모델에 도전 하는 것

⑦ **용서:** 다른 사람들의 감정을 경험하고 이해하는 능력으로 사람들의 본성을 이해하고 자기에 대한 다른 사람의 잘못된 행동을 용서하고 다른 상황에 원한을 품지 않는 능력

⑧ **청지기 책무:** 조직의 사회적 책임감을 갖고 통제와 자기 이익보다 다른 사람을 섬기겠다는 의지로 리더는 다른 사람을 돕는 역할을 해야 할 뿐만 아니라 역할 모델로도 행동해야 한다는 것. 올바른 모범을 보임으로써 리더는 다른 사람들을 공통관심사에 행동하도록 자극할 수 있다는 것

BOX 5.3 서번트 리더십 척도: Servant Learship Survey(SLS)[29]

전혀 그렇지 않다	그렇지 않다	대체로 그렇지 않다	대체로 그렇다	그렇다	매우 그렇다
1	2	3	4	5	6

번호	문항	점수
1	나의 상사는 내가 일을 잘하도록 필요한 정보를 제공한다.	
2	나의 상사는 내가 재능을 발휘하도록 격려하고 배려한다.	
3	나의 상사는 내가 더욱 발전하는데 도움이 된다.	
4	나의 상사는 직원들에게 새로운 아이디어 제안을 장려한다.	
5	나의 상사는 나서기보다는 다른 사람에게 공을 돌린다.	
6	나의 상사는 내가 수행한 일에 책임을 진다.	
7	나의 상사는 직원들이 일에 대해 실수하면 이를 비난한다.*(역점수)	
8	나의 상사는 회사의 지원이 확실하지 않은 경우에도 위험을 감수하고 일을 추진한다.	
9	나의 상사는 자신의 한계와 약점을 개선하려고 노력한다.	
10	나의 상사는 다른 사람의 비판을 통해 배우려고 한다.	
11	나의 상사는 조직 전체의 이익에 중점을 두는 것이 중요하다고 강조한다.	
12	나의 상사는 내가 더 쉽게 일할 수 있도록 결정권을 준다.	
13	나의 상사는 다른 사람들을 위해 일을 한 후에도 인정이나 보상을 바라지 않는다.	
14	나의 상사는 자신이 수행한 일에 대해서 책임을 진다.	
15	나의 상사는 일을 하면서 감정을 상하면 강력히 대응한다.	
16	나의 상사는 자신이 옳다고 여기는 일은 위험을 감수하고 과감히 수행한다.	
17	나의 상사는 주변에서 일어나는 일에 종종 감동한다.	
18	나의 상사는 상사에게 책망을 받으면 불평 보다 배우려고 한다.	
19	나의 상사는 장기적인 비전을 가지고 있다.	
20	나의 상사는 직원 스스로 문제를 해결할 수 있도록 지지한다.	
21	나의 상사는 동료의 성공을 진심으로 기뻐한다.	

22	나의 상사는 직원들이 일하는 방법에 대해서 책임을 진다.	
23	나의 상사는 과거의 잘못을 잊어버리기 어렵다고 생각한다.	
24	나의 상사는 바람직하지 않은 결과에 감정을 분명히 한다.	
25	나의 상사는 상급자에게 자신의 실수를 스스로 인정한다.	
26	나의 상사는 우리의 일에 대해 사회적 책임을 강조한다.	
27	나의 상사는 직원들의 새로운 학습 기회를 충분히 제공한다.	
28	나의 상사는 직원들에게 진정한 감정을 나타낸다.	
29	나의 상사는 다른 사람의 견해와 의견을 통해 배우려고 한다.	
30	나의 상사는 자신을 비판하는 사람에게서 배우려고 한다.	

1 박지영 (2022). 창의적 리더십 발달 프로그램 개발 및 효과성 분석. 숭실대학교 박사학위논문.

2 Jago, G. (1982). Leadership Perspectives in Theory and Research, *Management Science*, *28*(3), 315-336.

3 Slocum, Jr. J. W., & Hellriegel D. (2010). *Principles of Organizational Behavior*(12th ed.).

4 오석홍 (2009). **조직이론**. 서울: 박영사. p. 544.

5 최우재, 신제구, 백기복 (2018). 제4차 산업혁명 시대가 요구하는 리더십은 무엇인가? Korea Business Review, 22(3), 175-195.

6 김용진 (2009). 변혁적 · 거래적 리더십과 팀 · 경력몰입의 관계에 팀특성이 미치는 조절효과에 관한 연구. 단국대학교 박사학위논문.

7 황성철 (2002). 사회복지기관 리더십 유형이 조직효과성에 미치는 영향. **한국사회복지행정학**, 8, 3.

8 남석훈 (2007). 사회복지조직에서 변혁적 리더십이 조직시민행동에 미치는 영향. 숭실대학교 박사학위논문.

9 오석홍, 전게서, p. 550.

10 한국복지행정학회 (2014). **사회복지행정론**. 파주: 양서원. p. 124에서 재인용.

11 오석홍, 전게서, pp. 553-559.

12 상게서, pp. 560-561.

13 황옥화 (2013). 노인의료복지시설 요양보호사가 인지하는 관리자의 리더십, 직무만족, 서비스 질의 관계구조 연구: 상황적합 이론을 중심으로. 호남대학교 박사학위논문. pp. 23-26.

14 오금주 (2016). 정신건강증진센터의 종사자가 인식하는 리더십 유형이 사례관리수행에 미치는 영향: 사회적 자본의 매개효과 중심으로. 경기대학교 박사학위논문. p. 20.

15 오석홍, 전게서, pp. 589-590.

16 윤모린 (2022). 한국 사회적경제 중간지원조직 종사자의 사회적경제 인식이 직무성과에 미치는 영향: 변혁적 · 거래적 리더십, 네트워크의 조절효과를 중심으로. 이화여자대학교

박사학위논문. p. 38.

17 Avolio, B. J., & Bass, B. M. (1990). Developing trans-formational leadership: 1992 and beyond. *Journal of European Industrial Training*, *14*, p.21-27; 유경환 (2020). 노인요양시설 종사자의 근무환경이 이직의도에 미치는 영향에 관한 연구: 영적안녕과 시설장 리더십 유형의 조절효과 중심으로. 백석대학교 박사학위논문. pp. 61-62에서 재인용.

18 Bass & Avolio(1990)의 다면적 리더십 척도를 국내에서 적용한 신장선과 차윤석(2014)의 리더십 척도를 활용한 윤모린 (2022). 한국 사회적경제 중간지원조직 종사자의 사회적경제 인식이 직무성과에 미치는 영향: 변혁적 · 거래적 리더십, 네트워크의 조절효과를 중심으로. 이화여자대학교 박사학위논문에서 발췌함.

19 김용진 (2009). 변혁적 · 거래적 리더십과 팀 · 경력몰입의 관계에 팀특성이 미치는 조절효과에 관한 연구. 단국대학교 박사학위논문. p. 54.

20 박동필 (2019). 조직효과성에 대한 리더십의 효과 메타분석. 한양대학교 박사학위논문. p. 13.

21 오석홍, 전게서, p. 574.

22 김용진, 전게논문, p. 7.

23 윤모린, 전게논문.

24 박종수, 최하영 (2022). 거래적 · 변혁적 리더십과 관료적 · 탈관료적 조직문화가 성과에 미치는 영향: 조직문화의 매개효과를 중심으로. **한국행정학보, 56**(2), 297-330.

25 최창국 (2022). 서번트 리더십이 혁신행동에 미치는 영향에 관한 연구. 건국대학교 박사학위논문. pp. 17-18.

26 김희경 (2018). 서번트 리더십이 직무열의에 미치는 영향: 조직정체성 강도의 조절효과와 조직동일시, 긍정심리자본의 매개효과. 숭실대학교 박사학위논문. pp. 11-12.

27 상게논문, p. 13.

28 전게서, pp. 16-17 내용을 토대로 재구성.

29 van Dierendonck, D. & Nuijten, I. (2011). The servant leadership survey: Development and validation of multidimensional measure. *Journal of Business and Psychology*, *26*(3) .pp.119-131; 김희경, 전게논문에서 재인용.

CHAPTER 06

사회복지전달체계

Social Welfare Administration

우리나라는 1960년 사회복지(social welfare, 社會福祉)라는 용어가 사용되기 시작한 이후로 그 중요성은 점점 강화되어 왔다. 고용 및 소득 불안정, 양극화 확대, 저출산 · 고령화 등으로 국가의 사회복지지출이 매년 크게 성장하면서 복지서비스 제공을 제외한 행정서비스를 상상하기 어려울 정도로 사회복지의 규모와 중요성이 커지고 있다. 이에 따라 사회복지서비스를 전달하는 전달체계의 중요성이 매우 높아졌다. 왜냐하면 전달체계를 통하여 사회복지서비스 제공의 효과를 극대화할 수 있기 때문이다.

우리가 일상생활 속 뉴스에서 접하는 복지 사각지대의 발생, 유사 서비스의 중복지원, 의도치 않았던 대상자에게 재화나 서비스의 지급, 재화나 서비스가 많거나 적게 지급되는 등과 같은 문제들이 모두 사회복지전달체계와 관련이 있다. 본 장에서 바로 이 사회복지전달체계에 대하여 살펴본다.

1 사회복지전달체계

1) 사회복지전달체계의 개념

사회복지전달체계의 개념 정의는 국내외 학자들에 따라서 다양하게 정의되고 있다. 프리드랜드와 앱트(Friedlander & Apte), 길버트와 테렐(Gilbert & Terrell) 등은 사회복지전달체계를 '지역사회 체계 속에서 사회복지서비스의 공급자와 소비자를 연결시키기 위한 조직적 장치'라고 정의하였다.[1] 알콕(Alcock)은 사회복지전달체계를 서비스의 사용이나 접근과 관련하여 복지공급의 구조나 재원에 관한 흐름으로 이해하였고,[2] 하지와 앤서니(Hodge & Anthony)는 '국가가 제공하는 복지서비스를 수혜자에게 가장 효율적으로 전달할 수 있는 조직구조'라 하였다.[3] 또한 성규탁은 사회복지전달체계를 서비스를 제공하는 기관에 대한 투입으로 시작해서 수혜자인 클라이언트에게 각종 서비스를 전달하는 전환과정을 거쳐 산출에 이르는 협동체계'라고 정의하였다.[4] 김영종은 사회복지에 관한 정책적 내용물이 전달되는 과정에 존재하는 조직과 인력들의 연계 체계로 보았다.[5] 강혜규는 사회복지수요자(이용자 · 수급자)가 필요로 하는 재화(급여 · 서비스)를 이용 · 제공받기까지, 설계 · 기획된 제도, 기준, 규율에 의하여 작동되는 조직-인력의 구조, 기능, 절차, 관계 등을 의미한다고 보았다.[6]

결국 사회복지전달체계는 추상적인 사회복지정책을 구체적인 사회복지 급여 및 서비스로 전환하여 이를 필요로 하는 사람에게 전달하는 과정에 관한 활동으로 이 활동에 관여하는 모든 배치된 조직과 그 조직 내에서 일을 하고 있는 인력을 의미한다. 그러므로 사회복지전달체계는 기본적으로 정부의 복지 관련 부서에서부터 민간복지기관, 공공기관, 사회복지관, 사회복지시설, 병원 등이 될 수 있고, 또한 이들 조직에서 일하는 전문가 집단, 자조 집단 등이 될 수도 있다.

2) 사회복지전달체계 구분

사회복지전달체계의 유형은 분류 기준에 따라 다양하게 구분이 가능하나 대표적으로 구조 · 기능에 의한 분류, 운영 주체별 성격에 따른 분류, 서비스별 네트워크로 분류된다.[7]

① 구조 · 기능에 따른 분류

사회복지전달체계는 여러 학자들의 개념 정의에서 확인할 수 있듯이 정책이 기획되어 사회복지 재화 및 서비스를 필요로 하는 수혜자에게 전달되기까지 관여되는 모든 조직과 인력의 총체이다. 그 과정 속에는 많은 조직과 프로그램들이 유기적으로 상호 관련되어 있다. 이들을 구조 · 기능상으로 분류하여 보자면, 재화 및 서비스를 기획, 지휘, 지원 관리하는 기능을 담당하고 있는 '행정체계'와 수급자(클라이언트)와 직접적인 대인 접촉을 통해 복지 재화 및 서비스를 제공하는 '집행체계'로 구분이 가능하다. 우리나라의 경우 [그림 6-1]에서 보듯이 행정체계는 보건복지부, 광역시 · 도, 시 · 군 · 구에 이르는 체계에 해당하며, 집행체계는 읍 · 면 · 동이나 민간의 사회복지기관 및 시설들이다.

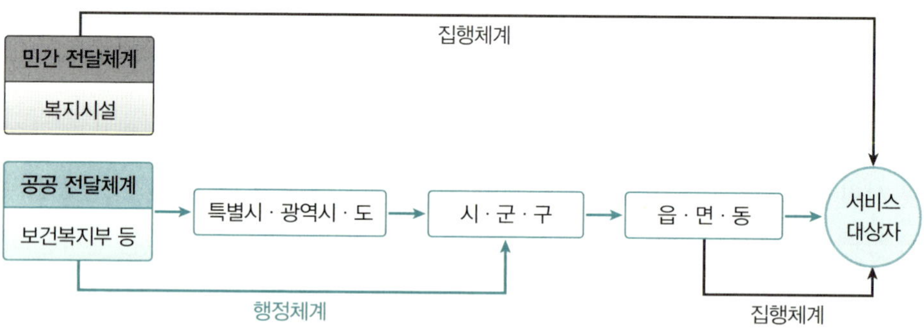

[그림 6-1] 구조 · 기능에 따른 사회복지전달체계

② 운영주체에 따른 분류

운영 주체에 따라 사회복지전달체계를 구분하면 공공전달체계, 민간전달체계, 공공과 민간의 혼합 전달체계로 분류된다. 공공 전달체계는 보건복지부 등 중앙정부, 광역시 · 도, 기초자치단체(시 · 군 · 구), 읍 · 면 · 동 등의 일련의 정부 복지행정체계와 공단 등을 말한다. 민간 전달체계는 사회복지관 및 시설, 기업이 운영하는 복지재단, 자원봉사단체, 사회복지협의회, 개인 등을 지칭한다. 혼합 전달체계는 정부와 민간부문의 혼합체계를 말한다. 정부와 민간의 혼합 전달체계는 세부적 형태는 다양하지만 공통적으로 정부가 민간부문에 재원을 지원하고, 민간부문에서 사회복지 프로그램을 운영하거나 클라이언트에게 서비스를 직접 제공하는 형태이다. 이러한 공공과 민간의 혼합 전달체계는 양자의 장 · 단점을 고려한 역할 분담을 통한 필요성에서 기인한다. 공공 전달체계의 경우 비교적 고정적인 자원들이 일반적인 위계나 관료제적 조직구조를 통해 전달되므로 안정성 확보에 유리하지만 서비스 제공에 있어 경직성을 초래하여 급변하는 사회복지서비스 환경에 빠르게 대응하는 것이 어렵다.[8] 반면에 민간 전달체계의 경우 대부분이 자발적으로 관리 · 운영되고 있는 관계로 재정 부족으로 인해 안정적이고 일관된 서비스의 공급에 어려움이 있을 수 있으나, 사회환경의 변화에 민감하고 유연하게 대응해 갈 수 있다는 장점이 있다.[9]

③ 사회복지서비스별 네트워크에 따른 분류

사회복지서비스 종류별 네트워크 분류는 복지서비스 수급자의 관점을 직접적으로 반영한 방법으로, 지역사회 내에서 이루어지는 서비스의 운영 주체들과 서비스 수급자간의 네트워크를 가상하여 분류하는 방법이다.[10] 즉, 노인복지서비스 네트워크, 아동복지서비스 네트워크, 정신보건서비스 네트워크, 국민기초생활보장서비스 네트워크, 지역복지서비스 네트워크 등이다. 예시로 노인복지서비스 네트워크의 구성을 보면 사회복지공무원, 시 · 군 · 구, 주간보호센터, 양로원, 요양원,

치매치료센터, 종합사회복지관, 노인복지관, 노령연금 프로그램, 국민기초생활보장 프로그램, 무료급식 프로그램 등이 포함된다.[11]

3) 사회복지전달체계 구축의 주요 원칙

사회복지전달체계의 궁극적인 목적은 재화나 서비스를 대상자에게 효과적이고 효율적으로 전달하는 것이다. 즉 클라이언트의 욕구와 문제 해결에 도움이 되는 적합한 전달체계를 효율적으로 마련하는 것이다. 전달체계는 시대적 상황이나 사회적 여건에 따라 다양하고 복합한 구조로 나타날 수 있어 절대적인 원칙은 존재할 수 없다. 그렇지만 사회복지전달체계가 가진 목적을 달성하기 위하여 구조를 효과적으로 구축할 필요는 있다.

사회복지전달체계 구축의 주요 원칙은 학자들에 따라 조금은 상이하다. 길버트와 스펙트는 이상적인 사회복지 전달체계의 기준으로 통합성, 접근성, 책임성, 적시성, 지속성을 강조하였다.[12] 게이트(Gates)는 사회복지전달체계의 구성원칙을 통합성, 적절성, 책임성, 전문성, 포괄성, 접근용이성, 형평성, 지속성 등 8가지를 주장하였다.[13] 프리드랜드와 앱트는 포괄성, 접근성, 지속성, 공평성, 적절성을 제시하였다.[14]

국내 학자로 성규탁은 접근가능성, 지속성, 적합성, 포괄성, 통합성, 공평성, 비용의 적절성을 전달체계 구축의 원칙으로 제시하였고,[15] 최성재 · 남기민은 포괄성, 전문성, 적절성, 지속성, 접근성, 통합성, 책임성, 평등성을 주장하였다.[16] 심재호는 접근성, 통합성, 지속성, 효율성을 주장했고,[17] 서재호는 통합성, 접근용이성, 적절성, 전문성을 전달체계의 평가 기준으로 사용하였다.[18] 박영숙은 사회복지서비스 전달체계 구축의 원칙으로 조직에 있어서는 통합성, 지속성, 접근용이성을, 인력에 있어서는 전문성, 책임성, 평등성을, 서비스 전달에 있어서는 적절성, 포괄

성을 강조하였다.[19]

이상에서 논의된 여러 학자의 사회복지전달체계 구축의 원칙 중 공통적으로 제시되고 있는 원칙은 통합성, 지속성, 접근성, 전문성, 책임성, 평등성, 적절성, 포괄성 등이다.

① 통합성

복지대상자의 욕구는 많은 경우 복합적이고 상호 연관되어 있어 이를 해결하기 위해 제공되는 서비스도 상호 간에 유기적으로 연결되어 제공되어야 한다는 것이 통합성의 원칙이다. 즉 다양한 욕구를 가진 복지수혜자의 특성 때문에 이들의 문제 해결을 위해서는 다양한 서비스를 통합하여 관리할 수 있도록 복지기관들 간의 상호 연계 및 협조 · 조정이 원활히 이루어지도록 해야 한다는 것이다.

서비스가 통합적으로 제공되기 위해서는 한 행정 책임자 아래 서비스들이 제공되고 서비스 제공 장소들이 지리적으로 상호 근접되어 있거나, 서비스 프로그램 또는 서비스 조직 간에 상호 유기적인 연계와 협조 아래 필요 서비스가 제공되어야 한다. 예를 들어 노인복지서비스 전달체계를 통합적으로 구축한다는 것은 이를 담당하는 부서 또는 민간 및 공공의 서비스 전달체계를 단일화하여 이 서비스를 필요로 하는 노인이 한 곳에서 원하는 다양한 서비스를 제공 받을 수 있도록 전달체계를 배치하는 것을 의미한다. 우리나라의 주민생활지원서비스 개편 당시 사회복지대상자에 대한 원스톱서비스(one-stop service)제공, 사례관리 기능 강화, 인테이크의 단일화 등이 서비스의 통합성을 강조한 것이다.

② 지속성

이는 복지대상자에게 필요한 서비스가 지역사회에서 계속적으로 제공받도록 서비스가 연계되어야 한다는 원칙이다. 한 개인의 문제나 욕구를 해결하는 과정에서 요구되는 서비스는 종류와 질이 다른 서비스들이다. 이렇게 한 개인이 필요로 하는 상이한 종류의 서비스와 질적으로 서로 다른 서비스를 지역사회 내에서 끊어짐 없이 받을 수 있도록 전달체계를 배치하는 것이다. 필요 서비스가 지속적으로 제공되기 위해서는 복지 조직 간 상호협력이 잘 이루어져야 하고, 지역의 서비스 조직 간 연계기능이 유기적으로 이루어져야 한다.

③ 접근성

사회복지서비스는 그것을 필요로 하는 사람들이면 누구나 쉽게 받을 수 있도록 접근이 용이해야 한다는 원칙이다. 복지대상자가 서비스에 대한 필요성을 느낄 때 무엇보다 쉽게 접근할 수 있어야 한다. 그리고 서비스 제공자는 그러한 접근에 장애가 되는 요인들을 제거하여야 한다.

사회복지서비스의 접근성에 장애를 가져오는 요인들은, 첫째, 원거리 또는 교통의 불편으로 인한 거리적 장애, 둘째, 서비스에 대한 정보 부족, 셋째, 자신의 문제 노출에 대한 두려움이나 수치심 등의 심리적 장애, 넷째, 자산조사의 엄격한 적용이나 시간이 오래 걸리는 등의 선정 절차의 까다로움, 다섯째, 문제 해결을 위해 필요한 인력 자원의 부족 등이다. 따라서 사회복지 조직의 서비스 전달은 이러한 장애 요인들을 제거하여 복지대상자가 서비스에 쉽게 접근할 수 있도록 만들어야 한다.

④ 전문성

사회복지서비스 제공과 관련한 업무는 특성에 따라 전문가가 하지 않아도 되는 것이 상당하지만 핵심 업무는 반드시 전문가가 담당해야 한다는 것이 전문성의 원칙이다. 전문가란 단순히 경험이 많은 사람을 말하는 것이 아니라 자격이 객관적으로 인정되는 사람으로 자신의 전문적 업무에 대한 권위와 자율적 결정권 및 책임성을 지닌 사람이다. 객관적이란 국가 또는 전문 직업집단에서 시험 또는 기타 자격심사에 의하여 자격증을 부여받은 것을 의미한다.

사회복지에 종사하고 있는 사람들을 전문성의 정도에 따라 분류하면 전문가,

준전문가, 비전문가로 분류할 수 있다. 사회복지분야에는 사회복지사외에도 의사, 간호사, 보육사, 물리치료사, 작업치료사, 영양사 등의 전문가들이 참여하고 있다.[20] 이들 중 사회복지의 가장 보편적 전문가가 사회복지사이다.

⑤ 책임성

사회복지 전달체계인 사회복지조직은 복지국가가 시민의 권리로 인정한 사회복지서비스를 전달하도록 위임받은 기관이어서 이러한 서비스 전달에 책임성을 지니고 있어야 한다. 이는 전달체계가 복지수혜자들의 불편을 해소할 수 있도록 일련의 과정을 유지하고, 거기에 대한 책임을 지고 있음을 보여주어야 한다는 것을 의미한다. 즉 서비스 대상자에게 사회복지조직들이 주어진 역할을 수행한 것에 대하여 평가를 받고, 평가에 따라 서비스 제공자인 조직들이 긍정적 보상 또는 부정적 처벌을 받게 될 수 있음을 의미한다.

사회복지조직이 책임성을 갖게 되는 대상은 서비스 수혜자, 상급관리기구, 입법가, 정부 등이다. 책임을 지는 내용은 서비스가 수혜자의 욕구에 적절히 대응하는가, 서비스 전달의 절차가 적합한가, 서비스가 효과적이고 효율적인가, 서비스 전달과정에서 불평과 불만의 수렴 장치가 있는가, 그리고 수렴 장치나 방법이 적합한가 등이다.

⑥ 평등성

평등성은 사회복지서비스가 욕구 충족 및 문제 해결을 원하는 사람들에게 차별없이 제공되어야 한다는 원칙이다. 즉, 나이, 연령, 성별, 교육 수준, 언어, 종교, 지위, 지역에 관계없이 필요한 사람들에게는 제공되어야 한다는 원칙이다.

특히 사회복지 수혜 계층은 자력으로 생계를 유지하기가 곤란한 계층으로 사회의 부담적 존재로 간주되기 쉽다. 그러나 이들 수혜 대상자의 존엄성과 가치를 인정하고 이들이 가지고 있는 잠재력이 발휘될 수 있도록 필요 서비스들이 제공되어야 한다.

⑦ 적절성

적절성은 복지대상자에게 제공되는 서비스의 양과 질, 제공되는 기간이 수혜자들의 욕구 충족 또는 문제 해결이 되도록, 그리고 서비스를 공급하는 기관의 측면에서는 서비스 제공 목표 달성에 충분해야 한다는 원칙이다. 여기서 어느 정도의 서비스가 필요하고 적당한가를 판정하는 것은 어려운 작업이다. 필요한 서비스의 양과 질에 대한 최종 결정은 전문가의 권한이지만 복지대상자의 입장에서 서비스 제공이 욕구 충족이나 문제 해결에 충분한 것인가를 염두에 두어야 한다.

다른 한편에서 적절성의 수준은 재정 수준의 영향을 받는다. 재정 여건에 따라 적절성의 원칙을 지키기 어려운 경우가 많고, 그 수준에 대해서도 논란이 있을 수 있다. 한정된 자원으로 서비스의 질을 강조하면 서비스의 양이 낮은 수준에 머물고, 서비스 양을 강조하면 서비스 질의 적정선 유지가 어려워진다.

⑧ 포괄성

오늘날 인간에게 발생하는 문제의 특징은 하나의 문제가 하나의 원인으로만 생겨나는 것이 아니라 다른 여러 가지의 문제들이 상호 관계되어 발생하는 경우들이 대부분이다. 즉 복지대상자의 욕구나 문제 해결을 위해서는 다양한 서비스가 필요하고 이들이 동시에 혹은 순차적으로 제공되어야 한다는 것이 적절성의 원칙이다.

서비스의 포괄성을 달성하기 위해서는 한 사람의 전문가가 여러 문제를 다루는 일반화 접근방법이나 각각 다른 전문가가 한 사람의 문제를 다루는 전문화 접근방법 또는 여러 분야의 전문가들이 한 팀을 이루어 문제를 해결하는 집단접근 방법 등이 있다. 일반화 접근방법은 전문성이 약해질 우려가 있고, 전문화 접근방법은 문제 진단과 서비스 간의 통합 조정이 어려워질 우려가 있고, 집단접근 방법은 전문가들 간의 갈등이 있을 수 있는 문제점이 있다.[21]

여기서 살펴본 여덟 가지 전달체계 구축 원칙들은 현실 사회에서 서로 상충하는 성격을 부분적으로 가지고 있다. 예를 들면 서비스의 지속성을 위해서 타 기관에 적극적으로 의뢰를 하여 서비스를 제공하는 것은 책임성을 하락시키는 문제를 일으킬 수 있다. 그러므로 이러한 여덟 가지 원칙들을 완벽하게 충실히 지켜서 효율적이고 효과적인 전달체계를 구축하는 것은 현실에서는 매우 어려운 일이다.

2 우리나라 지역사회복지전달체계

우리나라 사회복지제도의 전달체계는 사회복지제도 혹은 복지 분야에 따라 공공전달체계로만 구성되어 있거나 혹은 공공과 민간이 혼합된 형태이다. 세부적으로 중앙정부 및 지방정부로 구성된 '공공부문 행정체계'와 연금 · 건강 · 고용 · 산재 · 노인장기요양 등 사회보험은 각 제도별로 정부로부터 독립적으로 분리된 운영기구[22]인 '준 · 공공전달체계', 그리고 다양한 복지서비스 이용시설 및 수용시설을 중심으로 하는 '민간부문 전달체계'가 참여하고 있다. 이들 전달체계를 공공부조, 사회보험, 사회복지서비스 영역 등으로 구분하여 살펴보면 다음과 같다.

1) 공공부조 전달체계

공공부조의 핵심 제도는 국민기초생활보장제도이며, 이외에도 자활지원, 긴급복지지원 등이 있다. 공공부조의 전달에 있어 중앙 부처가 책임을 지고, 지방자치단체와 특별지방행정기관이 집행을 담당하는 구조이다([그림 6-2] 참조). 국민기초생활보장제도에서 대상자의 대부분은 중앙정부를 통하여 지방자치단체(읍 · 면 · 동)을 통하여 직접 수급자에게 급여를 제공한다. 단 법률이 규정하는 사회보장시설에 있는 수급자들의 경우는 민간기관을 통하여 지원이 제공되고 있다. 자활 지원은 대부분 지방자치단체가 민간기관을 이용하여 대상자들에게 제공하고 있으며, 일부는 특별행정기관인 지방노동청이 담당하고 있다.

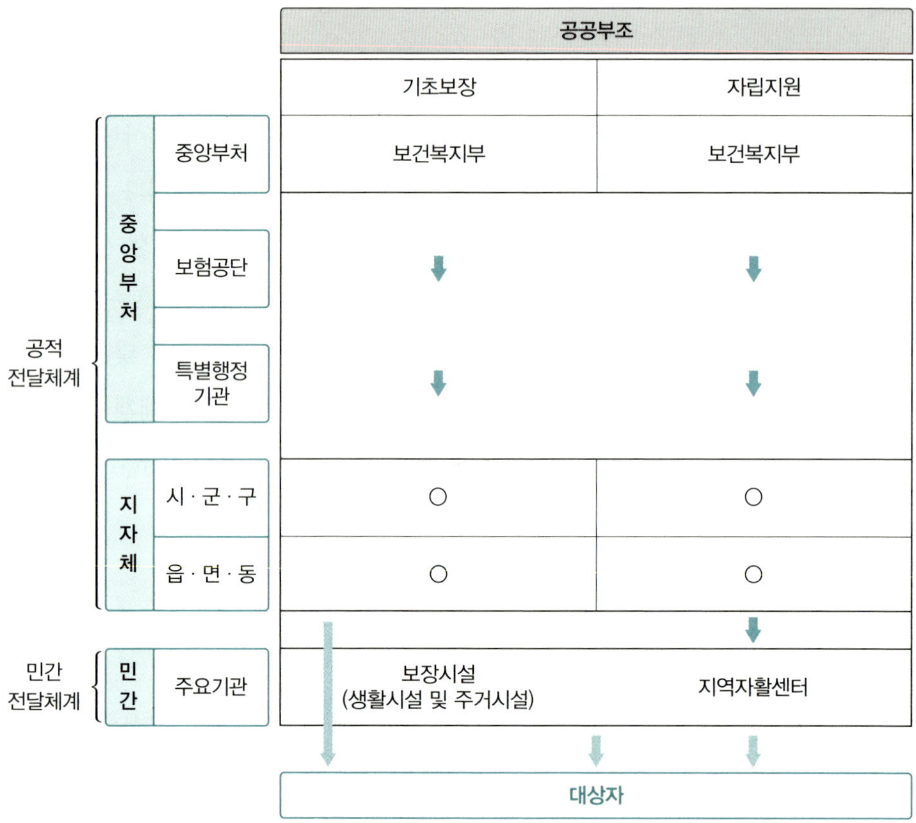

[그림 6-2] 우리나라 공공부조(국민기초생활보장제도) 전달체계

2) 사회보험제도 전달체계

사회보험제도는 중앙행정기관인 5개 부처가 책임을 지고 있다. 우리나라의 사회보험은 공적연금, 건강보험, 고용보험, 산업재해보상보험, 장기요양보험으로 구성되어 있다. 특히 이들 중 공적연금은 직역에 따라 국민연금과 공무원연금, 군인연금, 사립학교교직원연금으로 구분되어 있다. [그림 6-3]에서 보듯이 국민연금과 건강보험, 장기요양보험은 보건복지부가, 고용보험과 산재보험은 고용노동부, 군

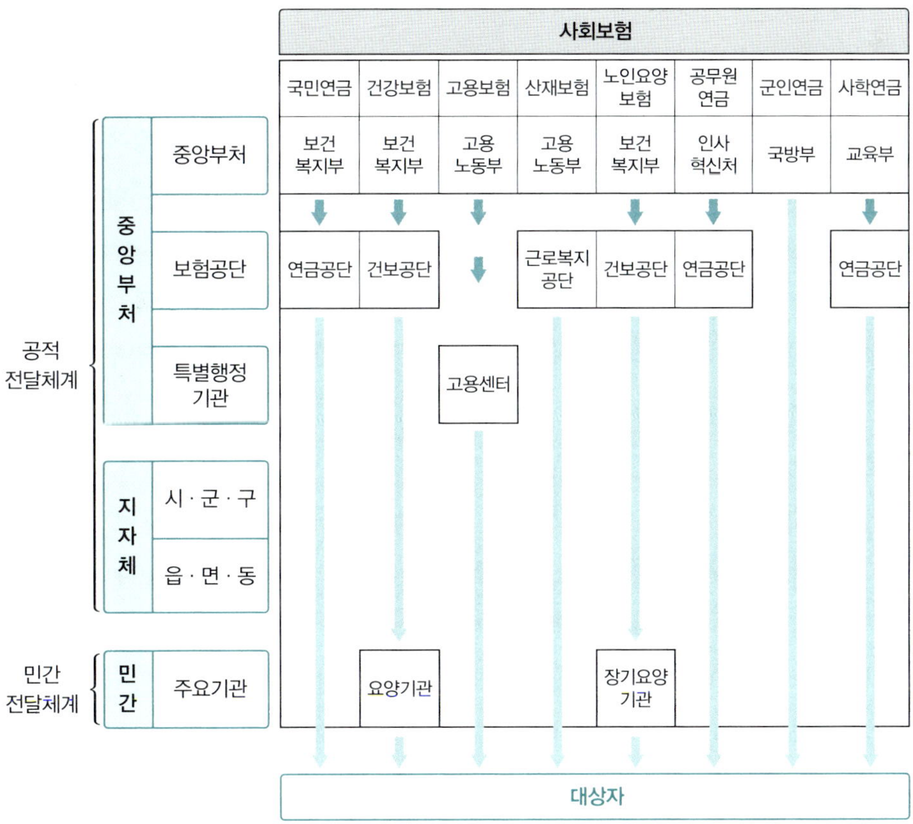

[그림 6-3] 우리나라 사회보험 전달체계

인연금은 국방부가 책임을 지고 있으며, 사립학교 교직원연금은 교육부가, 공무원연금은 인사혁신처가 책임을 지고 있다. 집행은 대부분 중앙의 각 정부 부처로부터 감독과 관리를 받지만 정부 기구는 아닌 공단이 담당하고 있다. 단 군인연금만 중앙행정기관 국방부가 직접 담당하며, 고용보험과 산재보험의 일부 사업은 특별행정기관인 지방노동청이 담당하고 있다.

3) 사회복지서비스 및 고용, 교육, 주거, 보건 등의 사회정책부문 전달체계

사회복지서비스 분야가 대체적으로 공공과 민간의 혼합 전달체계로 구성되어 있다. 보건의료 · 노인 · 장애인 · 아동 영역의 복지서비스의 경우 정책결정은 보건복지부가, 정책집행은 지방자치단체가 담당하며, 서비스를 직접 대상자에게 제공하는 것은 민간 영역의 사회복지기관 및 시설들이 담당하고 있다. 즉, 사회복지관, 노인복지관, 장애인복지관, 지역아동센터 등과 같은 민간의 기관들이 일선에서 서비스를 제공하고 있는 것이다. 이들 민간의 사회복지기관들은 정부의 재원을 지원받아 서비스를 제공하는 기관이 대부분이고, 공공영역으로부터 관리 · 감독을 받는다.

주거지원은 중앙정부 국토해양부가 정책을 결정하고 산하기관 LH공사가 담당하고 민간 건설회사로 연결되는 전달체계에 의해서 서비스가 제공된다. 고용영역의 일부 서비스는 보건복지부와 여성가족부가 담당하고, 집행기능은 지방자치단체가 수행하고 있다. 교육지원과 고용영역의 일부 서비스는 교육부와 고용노동부가 담당하고, 집행기능은 특별지방행정기관인 지방교육청과 지방노동청이 수행하고 있다([그림 6-4] 참조).

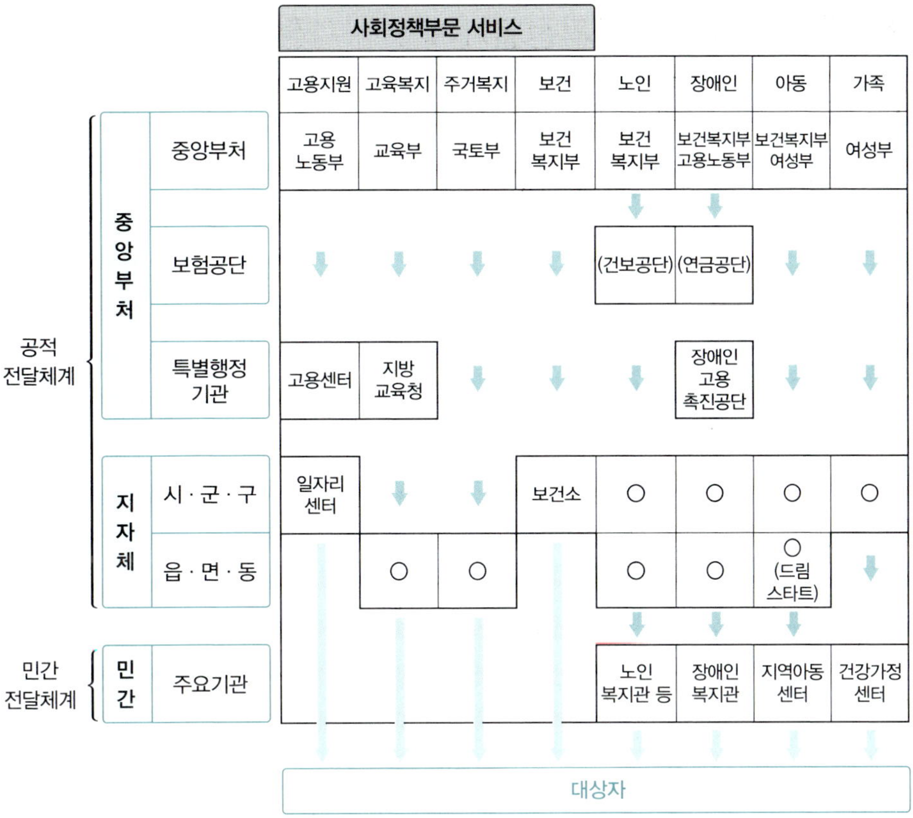

[그림 6-4] 사회복지서비스 및 고용 · 교육 · 주거 · 보건 등의 사회정책영역 전달체계

이상에서 살펴본 것처럼 우리나라 사회복지전달체계는 상당히 많은 제도와 정책에서 서비스나 급여의 최종 전달자로 민간기관을 활용하고 있다. 사회복지 급여의 전달은 공적 전달체계 위주로 발전되어 왔지만 사회복지서비스의 전달에 있어서는 정부가 민간의 시설이나 기관의 운영을 위탁하거나 프로그램 운영을 민간에 위탁하는 혼합 전달체계가 발달하여 왔다.

3 우리나라 사회복지전달체계 발전과정

1) 공공 사회복지 전달체계의 변화과정

우리나라 공공 사회복지 전달체계의 변화과정의 구분은 이현주와 유진영(2015)의 분류를 따라 1980년대 이전, 1980년대, 1990년대, 2000년대 이후로 나누어서 살펴본다.[23] 이들의 시대구분을 따른 이유는 우리나라 공공 사회복지 전달체계의 변화과정을 살펴본 연구들이 거의 없는 가운데 이들이 유일한데다, 각종 백서와 정부 발표, 기타 통계자료를 참고하여 충분히 의미 있는 구분이라고 생각되었기 때문이다.

(1) 1980년대 이전

제1공화국에서 제4공화국까지의 기간이다. 이 시기는 공공복지 전달체계에 대한 사회적 관심이 별로 없던 시기였다. 1970년대까지 합리적인 공공복지 전달체계에 대한 사회적 요구는 부재하였다. 사회복지제도는 사회보험, 공공부조, 사회서비스와 사회수당으로 분류되는대, 이 당시 우리나라에서 수당은 논의된 바가 없고, 사회보험의 일부와 공공부조 제도인 생활보호법이 입법되었다. 그렇지만 선언적 수준에 그치고 있었다. 당시 복지는 외원기관에 의존한 민간 사회복지시설을 중심으로 응급구호가 주(主)였다. 1960년대까지 생활보호대상자의 선정에서조차 외원기관의 역할을 전제로 하여 수급 적격자 대비 매우 적은 수의 대상자에게만 급여를 제공하였을 정도로 외원기관의 역할이 컸다.[24] 따라서 이 시기 정부의 전달체계 관련된 정책은 외원기관에 대한 관리 능력을 높이는 것이었다. 1970년 공공의 책임과 역할 규정 없이 거주할 곳이 없어 민간시설에 맡겨진 빈곤한 취약계층들의 보호를 민간의 사회복지법인들이 맡도록 하는 내용으로 사회복지사업법이 제정되었다.

1970년대의 공공 사회복지전달체계는 주로 공공부조제도를 수행하는 것이었다. 생활보호제도는 1969년 11월에 시행령이 제정되어 비로소 효력을 발휘하게 되었지만 이후에도 여전히 시행에 자의성이 강하였고, 전달체계도 생활보호를 위한 물품을 운반 배급하는 역할 중심이었다. 이 당시 생활보호제도의 대상자들은 일선에서 행정인력 또는 지역의 주요 인사들이 임의적으로 추천하고, 이를 기초로 하여 불안정한 정부 예산과 방침에 따라 이들 중 일부가 선정되었고, 현물이나 양곡이 제공되었다. 1960년대와 달라진 점은 공공부조제도에서 자활사업이 강조되면서 일선에서 자활 대상자를 찾고 이들에게 자활하도록 유도하는 사업이 수행되었다는 것이다.

결국 1970년대까지는 중앙정부에 보건사회부가 구성된 것을 제외하고 공공복지전달체계라고 부를 수 있는 것이 거의 없었다.

(2) 1980년대

이전 시기와 비교하여 사회복지정책의 확충이 있었던 시기이다. 1970년대 중반 이후 사회복지서비스에 대한 외원 지원 비중이 축소되면서 이를 정부 보조로 대체할 필요성이 제기되었다.

60년대 생활보호법이 제정된 이후 1982년에 처음으로 개정되어 생활보호의 내용과 방법을 구체적으로 정비하고 자활사업을 명시하였다. 또한 1961년에 제정되었던 아동복리법이 1981년에 아동복지법으로 대체되고, 같은 해 노인복지법과 심신장애자복지법이 새롭게 제정되는 등으로 사회복지서비스 법이 제정되었다. 1970년에 제정된 사회복지사업법이 1983년에 개정되어 국가와 지방자치단체의 사회복지증진에 대한 책임을 명문화하였고, 이제까지의 '사회사업종사자'에 대한 규정을 '사회복지사'로 명칭을 변경하고, 자격요건에 따른 등급제를 규정하여 전문성을 강화하였다.

그렇지만 1980년대 공공복지전달체계는 여전히 생활보호제도를 중심으로 한 전달체계의 변화였고, 변화의 핵심은 전문성 강화였다. 이는 1980년대 자활사업을 포함하여 공공부조가 확충되고 있었지만 이를 수행하는 공적 전달체계는 아직 매우 취약하였다. 대상자 선정에 있어 과학적인 기준 마련은 여전히 부재하였고, 보호 대상자의 일괄 직권조사로 누락자가 발생하는 문제도 생겨났다. 여기에 1980년대 중반 생활보호사업에 상시로 생활보호를 신청할 수 있는 신청보호제도가 도입되고, 거택보호대상자 요건이 완화되었다. 그리하여 모가 50세 미만인 모자세대, 세대 내 정상적인 근로 능력자가 실제로 행방불명되거나 복역 또는 군입대 등으로 인하여 그 가족을 부양할 자가 없는 세대도 거택보호대상자가 될 수 있도록 변경되었다. 또한 자활지원이나 상담과 같은 서비스가 추가되었는데, 이러한 변화로 생활보호대상자 선정의 문제를 과거와 달리 좀 더 공식적으로 만들어야 할 필요성이 증대된 것이다.

그 결과 생활보호제도의 신청 절차상의 불만 소지를 해소하고 내실화를 기하기 위해 1987년 우선 대도시의 저소득층 밀집 지역에 96명의 사회복지전담공무원이 배치되었고, 점차 확대 배치될 것이 계획되었다. 사회복지전담공무원은 읍 · 면 · 동에 배치되어 생활보호대상자의 신청에서부터 책정 · 지급 · 관리에 이르는 제반 생활보호 업무를 담당하였다. 이들은 사회복지 전공자, 사회복지사 자격증 소지자들 가운데 제한 경쟁을 통해 특채로 임용되었으며, 승진과 정년, 이동 등이 보장되지 않은 별정직 공무원 신분으로 근무하게 되었다. 이는 일반 행정조직의 사회복지 전달체계에 사회복지 전문직 공무원의 인력 투입이 시작된 것이어서 공공 사회복지전달체계에서 그 의미가 매우 큰 것이다. 이외의 다른 전달체계 개편은 이 시기 거의 없었다.

(3) 1990년대

1990년대 전반기까지도 사회복지 전달체계 개선은 생활보호 등 빈곤층을 지원하는 사회복지전문요원의 배치로 한정되었다. 이는 지속적으로 제기되는 생활보호제도의 자산조사 정확성 부족에 대한 문제 제기를 바로잡고 생활보호 행정체계를 확립하기 위한 것이었다. 사회복지전담공무원은 1990년 228명에서 1992년 481명으로 증가하였고, 1995년에 519명으로 확대되었다.[25] 사회복지전문요원의 확대배치에 더하여 생활보호 행정체계의 개선을 위하여 사회복지사무소의 신설이 계획되어 공공복지 전달체계의 확립이 논의되었다.

그러나 이러한 논의와 달리 갑작스럽게 1995년에 전국 5개 지역에서, 시 · 군 · 구를 대상으로 '보건복지사무소' 설치를 위한 시범사업이 진행되었다. 사회복지대상 계층인 생활보호대상자 · 노인 · 장애인 등 사회취약계층 대다수는 사회복지 욕구와 보건의료 욕구를 동시에 가지고 있고, 보건소 이용계층 대다수도 저소득계층인 점을 고려할 때 이들에 대한 종합적이고 효율적인 서비스 제공이 필요하다는 것이 시범사업 추진의 배경이었다. 또한 1995년부터 실시되는 지방자치제에 따라 지역 차원의 복지서비스 구심체 역할을 수행하는 기관이 필요할 뿐 아니라 지역실정에 맞는 각종 서비스 프로그램을 개발 · 적용하기 위하여 새로운 형태의 공공복지 전달체계의 모색이 요구된다는 것이 배경이었다.[26] 이에 보건소 내에 복지담당부서 혹은 복지사업계를 설치하는 사업이 시범화되었다. 보건복지사무소 시범사업은 1995년 7월부터 1997년 6월까지 2년간 운영되는 것으로 계획이 발표되었지만 당초 계획과는 달리 5년 시범으로 전환되어 진행되었다.

보건복지사무소 시범사업은 보건복지의 통합성과 대상 선정의 형평성 향상, 민간자원의 활용 증대, 사회복지전문요원의 복지업무 전념 등의 긍정적 효과와 보건복지 통합프로그램의 개발 부진, 종전보다 지역주민의 접근성 저하, 본청의 사회과 · 가정복지과와 보건복지사무소로 복지사업이 이원화됨으로써 부서 간의 업무협조 미흡 등이 문제점으로 지적되었다. 당시만 하여도 시범사업 이후 결과 평가에 따라 보완방안을 마련하여 2000년대부터 확대해 나갈 계획이었다. 보건복지사무소의 설치는 1990년대 후반의 공공복지전달체계의 핵심적 내용으로 유지되었다.

그러나 1997년 국제통화기금(IMF)체제를 계기로 정부의 구조조정이 시작되었고, 이에 따라 보건복지 행정조직도 예외가 아닌 정비대상이었다. 1998년 정부 조직 관련 법령들이 제 · 개정되어 보건복지부와 그 소속기관에 대해서도 대폭적인 조직개편과 정원감축이 단행되었다.[27]

다른 한편에서 국민연금, 의료보험, 산업재해보상보험, 고용보험의 시행과 더불어 이를 집행할 국민연금공단, 직장 및 지역 의료보험 조합, 근로복지공단 등의 공적인 성격의 독립적 기구들이 구축되었다.

1990년대를 요약하면 공공 사회복지전달체계 확립을 위하여 독립적인 일선 기관을 설치하려는 노력과 실험이 지속된 시기였다. 그리고 사회보험, 사회복지서비스의 발전과 함께 전달체계가 생활보호로부터 독립되어 마련되었고, 인력의 확충이 이루어졌다.

(4) 2000년대 이후

1990년대까지 우리나라는 선진 복지국가들과 달리 복지제도의 확충에 우선적으로 관심을 기울였기에 사회복지 전달체계의 정비에 소극적이었다. 그러나 2000년대 중반에 들어서면서부터 사회복지전달체계의 개선정책이 본격적으로 추진되었다.[28]

지금까지 진행된 2000년대 공공부문 사회복지전달체계 개편의 내용을 정리하면 〈표 6-1〉과 같다.

〈표 6-1〉 공공부문 사회복지전달체계 개편 주요 내용(2000년대)

연도	복지전달체계 개편	행정부
2004년	• 사회복지사무소 시범사업(2004~2006) - 통합조사 · 서비스 연계 전문화 실험 - 시 · 군 · 구에 사회복지전담기구로 사회복지사무소 설치: 복지업무를 보다 효율화, 전문화하고, 기초생활보장 및 노인, 장애인, 아동 등에 대한 복지서비스를 보다 내실있게 제공할 수 있도록 함.	노무현 정부
2006년	• 시 · 군 · 구 중심 복지운영기반 마련(사회복지사업법 시행) - 지역사회복지계획수립 - 지역사회복지협의체 운영: 시 · 군 · 구내 공공과 민간의 복지공급자, 수요자간의 연계, 협력기구로 복지사업 이양 등 지방화 본격 추진(분권교부세 제도 운영) • 지자체 사회복지직 증원결정(1,830명)	
2006년 ~2007년	• 지자체 주민생활지원기능 강화 개편(2006~2007): 시 · 군 · 구 복지기능(주민생활지원) 강화를 위하여 통합조사관리, 서비스 연계 전담조직 운영 - 본청 복지유관부서 통합과 함께 읍 · 면 · 동에 주민생활지원팀 신설로 복지업무 수행여건 마련 - 통합조사업무의 본청담당으로 읍 · 면 · 동의 과노한 업무집중 개선 • '09 행복e음 구축 준비: 자산조사 및 자격관리 일원화, 시 · 군 · 구 통합조사관리팀에서 기반 마련	
2009년	• 시군구 '희망복지129' 모형개발 • 지자체 '민생안전추진단' 설치 - 계약직 민생안전요원 900명 배치 • 시군구 사례관리 시범사업 실시 • 분권교부세제도 연장결정(2014년까지)	이명박 정부
2009년 ~2011년	• 복지사업의 통합 · 조정 - 사회복지전달체계 개선대책을 통해 복지사업을 정비: 9개부처 249개 복지사업을 159개로 조정 - 사회복지통합관리망(행복e음)구축 (2009년~2011년) - 소득 · 재산 · 조사방법의 표준화, 유사 · 중복 서식 통합, 선정기준(41개)을 표준화 - 한국보건복지정보개발원 설치 • 시군구 '위기가구 사례관리 사업' 실시	

2011년	• 지자체 복지인력 7천 명 증원 결정(~14년까지) - 사각지대 발굴과 맞춤형 서비스 제공을 위해 - '12~'14년 사회복지직 신규채용(70%)과 행정직의 복지업무 배치(30%) 병행 - 시 · 군 · 구 통합사례관리 활성화 촉진기능 • 4대보험 통합징수시작(건강보험공단으로 일원화/자격관리, 부과, 급여 업무는 각 공단이 실행) • 국민연금공단의 장애활동지원제도 관리 시작 • 국민연금공단의 장애인등록(등급) 심사 시작 • 한국보건복지정보개발원과 사회서비스관리원 통합	
2012년 ~	• 시군구 '희망복지지원단' 운영 - 통합사례관리사업 실시: 다양한 문제를 가진 주민에게 필요한 서비스를 통합 · 연계 제공 - 1,800여 명의 신규 복지공무원을 읍 · 면 · 동에 집중배치, 상담 · 정보안내 등 복지상담 역할강화(복합적 욕구를 지닌 가구에 대한 맞춤형 서비스 제공) • 사회보장정보시스템 구축: 범부처 복지정보연계사업 본격추진(복지부로 업무 이관) • 복지부 '복지행정지원국' 설처	
2013년	• 사회보장정보시스템 개통 - 부처별 복지사업 정보를 연계, 개인별 · 가구별 복지서비스 이력관리, 중복 · 부정 수급 방지, 복지사업 정보제공, 업무 처리 지원 - 16개 부처 296개 사업의 '자격 · 수급이력 통합 DB'를 구축, 맞춤형 복지서비스 제공기반 확대 - 각종 사회복지 급여 및 서비스 지원 대상자의 자격과 이력에 관한 정보를 통합관리하고, 지자체의 복지업무 처리를 지원하기 위해 기존 시 · 군 · 구별 새올행정시스템의 31개 업무 지원시스템 중 복지 분야를 분리하여 개인별 가구별 DB로 중앙에 통합 구축한 정보시스템	박근혜 정부
2016	• 읍면동 복지허브화(2016~2018): 동주민센터 복지기능 강화 - 2016년부터 2018년까지 전국 3502개 읍면동에 단계적으로 확산 - 읍면동의 복지 공무원이 신청 · 접수 받던 업무에서 벗어나 도움이 필요한 주민을 직접 찾아가서 상담하고 다양한 민간기관과 협업해 맞춤형 서비스를 제공하는 방식 - 읍면동에서 통합사례관리 제공 - 사회복지통합관리망(사통망, 행복e음) 활용으로 사회복지급여 관련 정보의 통합관리	

2018	• 사회서비스원 시범사업(~2019년까지) • 찾아가는 보건복지서비스 추진: 공공성의 강화 - 읍면동 복지허브화 확대강화: 전국 3,509개 읍면동을 복지허브화하여 노인, 장애인 등 도움이 필요한 이웃들을 찾아가 상담하고 급여 제공과 서비스를 연계 - 전국 읍면동에 찾아가는 보건복지팀인프라를 확대하여 종합상담, 위기가정발굴, 찾아가는 보건복지상담, 통합사례관리를 수행하고, 시군구 공공서비스 연계 · 협력 지역화	
2019	• 지역사회통합돌봄(커뮤니티 케어) 선도사업 16개 시 · 군 · 구 추진 - 노인, 장애인 등이 평소 살던 곳에서 살아갈 수 있도록 주거 · 보건의료 · 요양 · 돌봄, 독립생활 등을 통합적으로 제공 - 주거지원인프라확충, 방문건강 및 방문의료, 재가돌봄 및 장기요양, 서비스 연계를 위한 지역 자율형 전달체계구축(읍면동 케어안내창구 신설, 시군구 지역케어회의 등 지역사회 민 · 관 서비스 연계 · 협력	문재인 정부
2020	• 전국 17개 시 · 도 사회서비스 단계적 확충: 공공성의 강화(~22년까지) - 국공립 제공기관 직접운영, 재가서비스 직접제공, 민간제공기관 사회서비스 품질관리지원, 지자체 사회서비스 체계적 관리지원 - 2020년 사회서비스원 시범사업 진행	

〈표 6-1〉에서 보듯이 2000년대는 공공사회복지전달체계가 빈번하게 변화되었다. 공공사회복지전달체계의 개편은 '사회복지' 부문의 전문성을 고려하여 사회복지 전문인력을 보강하고, 지방자치단체의 일반 행정체계에 사회복지 전문성을 강화하는 재구조화 작업이었다. 특히 서비스 욕구에 대하여 지방자치단체가 대응하는 체계로의 변화는 국민의 일상생활에서 가장 근접해 있는 행정조직을 활용하여 복지환경의 변화와 다양화된 복지 수요에 통합적으로 대응하여 복지 수급의 체감도를 높이고자 하는 것이다. 또한 사회복지의 사각지대를 해소하고, 지역사회 내 민 · 관의 협력과 연계를 강화하여 복지자원을 확대하는 방향으로 변화하고 있다. 더하여 사회보장정보시스템의 구축 운영을 통하여 그동안 복지수혜 이력이 사업별 칸막이 체제로 관리되어 발생하는 부정 · 중복 수급의 문제를 해결하고, 재정 절감 효과를 가져오고, 사업별로 다른 선정기준, 자산조사 등으로 인한 행정 부담

을 자료 연계로 해소하여 복지담당 공무원이 상담, 사각지대 발굴 등 본연의 업무에 충실할 수 있는 여건을 조성하였다.

가장 최근 문재인 정부에서는 사회서비스 부문에서 공공성의 강화가 두드러진다. 각 시도에 사회서비스원을 설치 및 운영하여 지역 내 어린이집과 요양보호사 등을 직접 고용해 서비스 질을 높이고 종사자의 처우도 개선하겠다는 취지로 사회서비스원 시범사업이 진행되고 있다. 또한 지역사회 통합돌봄(커뮤니티 케어), 읍면동의 보건복지 플래폼 기능을 강화한 찾아가는 보건복지서비스가 추진되고 있다. 즉 사회서비스를 전달하는 데 있어 국가와 지방자치단체의 책임성을 강화하고, 주민생활지원에 가장 효과적으로 개입할 수 있는 지방정부가 사회서비스의 명확한 책임 사무를 통해서 의사결정과 절차를 마련하고 주민 욕구에 보다 민감하게 반응하도록 전달체계 변화가 추진되고 있다.

2) 민간 전달체계의 변화과정

우리나라 사회복지 민간전달체계는 복지서비스를 제공하는 시설의 변화와 이를 운영하는 법인의 변화 발생에 따라 시대를 구분하였다.

(1) 1950년대~1970년대

우리나라 민간사회복지조직은 그 역사성과 직접 제공자로서의 위치 양 측면에 있어 사회복지전달체계에서 차지하는 중요성은 매우 높다.

사회복지 공급에 있어 1980년대가 되기 전까지 실질적인 공공부조와 사회복지서비스를 직접 제공하는 역할은 민간기관들이 담당하였다. 이 시기 우리나라 사회복지서비스 전달체계는 거의 민간 전달체계가 주를 이루었다.

해방 후 독립, 6.25로 이어지는 50년대 말까지 한국 사회는 문자 그대로 절대적 빈곤 사회였다. 식민경험과 한국전쟁의 경험은 국내의 물리적 자원이 고갈되고 파괴되었었던 것에 반하여 전쟁 난민과 귀순 동포들의 증가로 응급 구호를 필요로 하는 복지 수요는 매우 큰 모순적인 상황이었다. 그렇지만 1948년에 수립된 정부는 이러한 규모의 응급구호와 임시구호의 요구에 대처할 능력이 없었다. 그렇다고 해서 증대된 응급구호와 임시구호의 필요성에 한국 사회가 전혀 대응을 하지 못하였던 것은 아니고 수용시설 중심으로 민간시설들이 증가하였다. 해방 당시 33개이던 아동복지시설수가 특히 한국전쟁으로 인한 전쟁고아의 증가로 1959년에는 645개소로 증가하였는데, 그중 65개만이 국공립시설이었고, 598개가 민간이 운영하던 시설이었다.[29] 이러한 민간시설의 증가는 한국전쟁 이후 전쟁 난민을 돕기 위하여 미국을 위시한 10여 개 국의 외국 민간단체가 종교, 문화, 구호, 의료 등의 목적 사업을 가지고 우리나라에 들어와 구호에 관심을 쏟았기 때문에 이들 외원단체의 재정적 지원이 민간기관들에 대한 지원금의 주축이 되었기에 가능하였다. 당시의 이러한 상황은 선명회의 보고에서 엿볼 수 있다. 선명회가 연도별로 외원 액수를 보사부 예산과 비교해 본 바에 의하면 1958년 보사부 예산의 36.2%에 해당하던 외원 지원이 1960년에는 61.6%로 급격히 증가하였고, 1961년에는 보사부 예산을 초과하였던 것으로 밝히고 있다.[30]

한국의 근대화가 진행되었던 1960년대와 1970년대에는 군사 정부하에서 모든 인간의 인간다운 생활을 할 권리를 보장하기 위한 사회보장 관련 법률들이 제정되었다. 하지만 이 시기 경제성장을 통한 실질적인 빈곤 해소 전략을 추진하였기에 제정된 사회복지법률들은 선언적인 것에 불과하였다. 빈곤이나 요구호에 대한 정부의 역할은 방기되고 생계 보호와 같은 공공부조 제도의 기본적인 기능조차도 민간이 운영하는 각종 수용시설을 중심으로 이루어졌다. 그리고 이러한 민간 사회복지시설들은 1970년대 중반 외원단체들이 철수하게 될 때까지 재원을 그들에게 의존하였다.

다른 한편 한국전쟁 직후 구호사업의 수요가 팽창하고 동시에 민간 구호시설의 수도 급증하면서 각종 사회복지시설을 합리적으로 지도 감독할 행정적인 필요성은 증대하였다. 이에 정부는 우선적으로 1951년 11월에 기부금품 모집 금지법을 제정하였다. 당시 사회적 궁핍과 혼란 속에 무질서하게 난립하였던 기부금품의 강요로부터 국민의 재산권을 보호하고 생활 안정에 기여하려는 취지로 내무부가 맡아서 집행하였다. 이 법은 이후에 수차례 개정되었지만, 초기 제정 당시의 민간 복지기관들의 복지모금에 대한 불신은 엷어지지 않았고, 현재에도 「기부금품의 모집 및 사용에 관한 법률」로 민간 사회복지기관의 기부금품(寄附金品)의 모집 절차 및 사용 방법 등에 관하여 규제하고 있다.

1952년 10월 사회부는 '후생시설운영 요령'을 장관 훈령으로 일선 행정기관에 시달하여 정부가 복지시설에 대한 감독과 육성의 책임이 있음을 분명하게 하였다. 이 훈령에서는 구호시설이 수용보호자의 복지를 위한 것임을 명시하고, 후생시설을 아동보호시설(영아원, 육아원, 감회원 등)과 아동과 성인의 특수보호시설(모자원, 정신치료 교화원, 불구자 수용원, 맹아원, 직업보도원), 노인보호시설(양로원 등)로 분류하고, 정부와 지방자치단체 이외의 자가 후생시설을 설치할 경우 재단법인 설립을 필한 후 특별시장, 또는 도지사의 인가를 받는 것을 요건으로 규정하였다. 또한 후생시설장은 시·읍·면장이 발행하는 요구호자 수용 보호 의뢰자에 의하여 수용하는 것을 원칙으로 하였다. 이 훈령으로 정부는 민간복지시설에 대한 통제와 지도 감독의 실질적인 효과를 증대하였다.[31]

이렇게 민간기관은 재원을 거의 외원에 의존하면서도 감독과 지도는 정부로부터 강하게 받는 구조가 성립되었다. 그후 공공부조 및 복지서비스를 필요로 하는 국민들의 요구에 대응하여 1970년 최초의 「사회복지사업법」이 제정되는 때에도 민간기관에 대한 정부의 규제와 감독의 기조는 그대로 이어졌다. 사회복지사업법은 현재 우리가 보고 있는 사회복지서비스의 기본 골격을 형성하고 있는 법인데 국민의 복지증진을 위한 국가 책임을 규정하는 조항 없이 사회복지법인 제도와 복지 조치를 규정하였다.

우리나라의 사회복지법인제도는 사회복지사업을 수행하는 민간기관이 국가가 보호해야 할 요보호자를 국가 대신 보호하는 것이어서 국가의 지원이 당연하게 이루어지도록 제도화한 것이다. 사회복지사업을 행할 목적으로 설치되는 사회복지시설을 운영할 수 있는 주체는 정부로부터 허가를 받은 사회복지법인이어야 가능하고, 허가 조건에는 사회복지시설을 운영할 수 있는 기본재산을 가지고 있는 것을 규정하고 있다. 그리고 복지 조치는 행정행위로서 보건사회부 장관이나 지방자치단체장이 보호가 필요하다고 인정하는 경우 민간 사회복지법인에게 조치를 위탁할 수 있게 하고, 사회복지법인의 장은 정당한 사유 없이 이를 거부할 수 없도록 규정하였다. 따라서 국가는 공공부조의 대상자에 해당하는 사람들을 사회복지법인에 조치위탁의 형태로 후생시설에서 보호하는 구조가 형성되었다. 사회복지 수용시설을 운영하는 사회복지법인은 공법상의 의무로서 수탁의무를 지게 되고, 그 대가로 정부로부터 조치비를 받는다. 이렇게 국가와 지방자치단체가 법률에 따라 자신에 맡겨진 책임과 의무를 조치위탁, 경영위탁, 사업위탁이라는 이름으로 공적 책임에 속하는 사업을 민간에 위탁하는 체제가 굳혀지게 되었다.[32]

1976년을 기점으로 그동안 후생복지시설의 주 재원이 되었던 외원단체들이 한국에서 철수하게 되었다. 그러자 후생복지시설 프로그램들이 큰 타격을 받게 되었다. 이후 국가는 공적부조와 사회복지서비스 지출을 조금씩 늘려가기 시작하여 민간복지시설(후생시설)을 지원하게 되었다. 1970년대까지 민간복지시설은 수용시설을 중심으로 발전하였다.

(2) 1980년대~1990년대

1983년에 사회복지사업법이 개정되어 사회복지수용시설 중심의 사회복지사업에 이용시설이 등장하게 된다. 이 법률 개정에서 국민의 복지증진을 위한 국가 책임을 명문화하고, 사회복지사업의 범위에 심신장애자복지법과 노인복지법을 추가하면서 사회복지관 사업을 포함시켰다. 그 이전까지 사회복지사업의 주류는 법정 영세민과 결손가정에 의한 요보호자를 수용하는 사회복지수용시설이었다.[33] 그런데 사회복지관은 이용시설로 지역사회에 거주하는 사회복지서비스 대상자들이 필요한 특정 서비스를 일정 기간 통원하면서 이용하는 사회복지시설이다.

사회복지관의 근대적 형태의 시작은 유니테리언 서비스 캐나다(USC)가 1963년에 설립한 목포사회복지관(Social Service Center)으로 알려져 있다.[34] 사회복지관은 주로 외원기관들이 운영해 오다가, 외원이 중단되면서 재정난을 겪다가 1983년 사회복지사업법의 개정과 1989년 보건사회부 훈령으로 '사회복지관 설치 운영 규정'이 제정되면서 적극적으로 설립이 추진되었다. 특히 제6공화국 출범 이후 이용시설인 사회복지관 사업이 급속도로 확대되면서 가장 급속도로 팽창된 이용시설의 하나라고 볼 수 있다. 사회복지관은 단종의 형태인 노인복지관과 장애인 복지관이 있으며 종합형으로 지역사회복지관이 있다. 종합형 사회복지관은 1986년에 전국적으로 27개소에 불과하였으나 1997년말에 329개소로 늘어났다.[35] 사회복지관 외에도 재가센터, 보육시설, 입양시설, 자립재활시설, 각종 상담소, 낮 병원 형태로 운영되는 정신장애인의 사회복귀시설, 지역자활센터, 자원봉사센터 등으로 다양한 이용시설들이 1990년대 이후 급격히 증가하였다. 이로써 우리나라 민간사회복지기관들에서 수용시설보다 이용시설이 지배적인 시설의 형태로 발전하게 된다. 그러나 여전히 이러한 사회복지시설의 운영은 공익법인으로 한정되었다.[36] 물론 공익법인 중에서도 사회복지법인이 가장 많은 민간복지시설의 운영 주체를 차지하였다.

1997년 사회복지사업법이 개정되면서 그 동안 오랫동안 유지해오던 민간 사회복지시설의 운영 주체를 사회복지법인, 학교법인, 종교유지재단 등과 같은 공익법인에서 영리기업이나 영리를 목적으로 하는 개인사업자, 시민단체나 조직 등의 참여를 허용하는 것으로 변화되었다. 우리나라 사회복지서비스 제공 시장에 상업화가 진행되기 시작하였다.

(3) 2000년대

2008년 장기요양보험제도 도입은 민간영리기관뿐 아니라 영리조직의 사회복지 서비스 전달을 급격하게 확대시켰다. 노인요양시설의 증가와 장기요양방문기관의 증가, 기타 소규모 센터형 복지기관이 급격하게 증가하여 영리적인 사회복지사업체가 급격히 증가하였다. 최재성의 연구에 따르면 통계청의 전국사업체조사-산업별 조직형태별 사업체수 통계자료에서 2017년 기준 '사회복지서비스업' 분야 총 사업체는 71,561개소였고, 이 가운데 개인사업체가 44,551개소로 62.3%를 차지한다고 밝히고 있다.[37] 이는 주로 사회복지서비스를 전달하는 시장에서 민간비영리보다 민간 영리사업자가 더 많은 활동을 하고 있음을 의미한다.

또 다른 최근 10여 년간 민간사회복지전달체계의 변화는 사회적기업과 사회적 협동조합의 등장이다. 2007년 「사회적기업육성법」이 제정되어 취약계층에게 사회서비스 또는 일자리를 제공하거나 지역사회에 공헌함으로써 지역주민의 삶의 질을 높이는 등의 사회적 목적을 추구하면서 재화 및 서비스의 생산 · 판매 등 영업활동을 하는 기업을 정부가 사회적 기업으로 인정하여 육성하게 되었다. 그리고 2012년에 「협동조합 기본법」이 제정되어 협동조합 중 지역주민들의 권익 · 복리 증진과 관련된 사업을 수행하거나 취약계층에게 사회서비스 또는 일자리를 제공하는 등의 협동조합을 사회적 협동조합으로 규정하였다. 이들 사회적 기업과 사회적 협동조합은 전통적인 사회복지기관들이 대응하지 못하던 특히 취약계층의 일자리 제공과 필요 서비스를 제공하는 형태로 사회복지 공급시장에 참여하고 있으며, 그 규모가 점차 확대되고 있다. 2007년 55개였던 사회적 기업들은 2017년 1,877개로, 2020년 9월 총 3,064개소로 성장하였다.[38] 2012년에 시작된 사회적 협동조합은 2021년 기준 3,293개가 설립되어 있고 이들 중 1,257개가 보건복지부에

등록되어 있다.[39]

현재 사회복지시설의 민간 운영 주체들은 매우 다양화되고 있다. 전통적인 운영 주체들이었던 사회복지법인, 비영리재단법인, 사단법인, 종교유지재단, 특수법인, 학교법인에서 개인사업자, 시민단체나 조직, 사회적 협동조합, 사회적 기업, 주식회사 등으로 범위가 넓어지고 있다.

4 정부와 민간의 파트너십 관계

1) 정부와 민간의 파트너십 개념과 등장 배경

정부와 민간의 파트너십에서 사용하고 있는 파트너십은 사용하는 사람에 따라서 연결망(networking), 조정(coordination), 협조(cooperation), 제휴(coalition-building), 제3자 정부(third party government), 협력(collaboration) 등 다양한 의미로 사용되기도 한다. 정부와 민간의 파트너십은 민・관협력(Public Private Partnership)으로 불리기도 하는데, 그 의미는 정부가 담당하였던 공적 서비스 업무를 민간영역의 참여자와 서로 역할 분담을 통하여 파트너십의 형태로 공적 서비스를 제공하는 방식을 의미한다.[40]

사회복지 전달에 있어 민관협력은 효율적인 복지공급을 위해 공공영역과 민간영역이 상호협력하는 체제와 제반 활동을 포괄한다.[41] 민관협력에서 민간의 영역은 기업을 포함한 민간조직뿐만 아니라 의료보건단체, 복지단체, 시민단체, 종교단체, 사회복지법인 등과 같은 사적 이윤을 추구하지 않는 비영리조직을 포함한다. 그리고 공공영역은 정부조직으로 중앙정부와 지방자치단체, 복지 관련 공공기관 등을 모두 포함한다. 따라서 민관협력은 이들 다양한 영역의 참여 주체들이 협력하여 지역주민들이 요구하는 복지서비스를 생산하고 전달 공급하는 것을 말한다.

정부와 민간의 파트너십이 사회복지에 등장한 기원은 일반적으로 1942년 영국의 베버리지 보고서라고 이야기된다.[42] 이 보고서가 포괄적이고 보편적인 사회보장 급여체계를 위한 국가의 복지 확대를 제안하고 있지만 민간 복지와 공공복지 간의 협력관계를 토대로 제도적 틀을 제시하고 있다. 그러다 1970년대 후반부터 서구의 복지 국가들이 경제적인 어려움에 직면하면서 재정적 어려움을 탈피하기 위한 대안 모색 과정에서 자연스럽게 민관협력에 관심을 가지게 되었다. 그동안 복지국가의 발전과정에서 정부가 주로 정책을 결정하면서 복지서비스의 공급자로서 역할을 정부가 수행하였지만 정부의 재정적자가 커지고 복지 욕구도 점차 증대하면서 정부가 모든 역할을 하기에는 한계가 있었다. 정부 서비스에 대한 요구수준이 높아지고 다양화되면서 소비자의 만족도와 서비스의 성과가 강조되었고 서비스 전달체계가 공급자 중심에서 소비자 중심으로 전환될 수밖에 없었다. 정부의 서비스 전달체계에서 민간영역이 더 많은 전문성과 자원을 가진 경우에는 협력이 불가피하였다. 정부를 포함한 공공영역이 수행하기 어려운 부분을 지원하고 보완하는 역할을 민간영역이 하였고 때로는 정부를 대신하여 서비스를 제공하기에 이르렀다.[43] 이러한 과정에서 공공영역인 정부와 민간영역의 협력이 발달하게 된 것이다.

우리나라 복지서비스 공급에 있어 정부와 민간의 파트너십 관계는 앞의 공·사 전달체계의 변천 과정에서 살펴보았듯이 사회복지서비스 제공 초기부터 공공재원의 부족으로 실용적인 측면에서 민간부문의 참여가 높게 유지되어 왔다.

2) 정부와 민간의 파트너십 모형

정부와 민간의 파트너십 모델은 정부와 민간의 역할 분담 논의가 이루어지면서 유형화되었다. 학자들에 따라서 여러 가지 기준을 가지고 정부와 민간의 역할 분담 모형을 국가 단위로 유형화하거나 한 국가 내에서 정부와 민간 조직간의 관계를 중심으로 유형화하는 등으로 구분은 다양하다.[44]

우선 기드론 등(Gidron et al.)은 사회복지에 있어 정부와 민간 부문 간의 협력관계를 서비스를 누가 제공하는가(provision)와 재원을 누가 부담하는가(finance)라는 두 기준을 가지고 상호협조모형(collaborative model)을 주장하였다(〈표 6-2〉 참고).[45] 이 유형은 주로 정부가 재정을 부담하고 민간부문이 서비스의 전달을 담당하는 형식으로 민간의 자율성의 정도에 따라 다시 대행자(vendor)형과 동반자(partner)형으로 구분된다. 대행자형은 정부와 민간의 협력관계에서 민간부문이 재량권이나 협상 능력을 가지지 못하여 단순히 정부가 제공해야 하는 서비스를 정부 대신 대행하는 것이다. 동반자형은 민간부문이 프로그램 관리나 개발에 있어 상당한 정도의 재량권을 갖고 정부의 대등한 파트너로 활동하는 모형이다.[46]

〈표 6-2〉 정부와 민간의 상호협조유형

	대행자(vondor)	동반자(parnter)
재정부담	정부	
공급주체	민간	
민간자율성의 정도	낮음	정부와 대등한 관계를 맺을 정도록 높음

쿤레와 셀레(S. Kuhnle & P. Selle)는 정부와 민간비영리부문의 의사소통, 접촉(contact)의 용이성과 재정적 의존성을 기준으로 [그림 6-5]와 같은 네 가지 유형으로 구분하였다.[47]

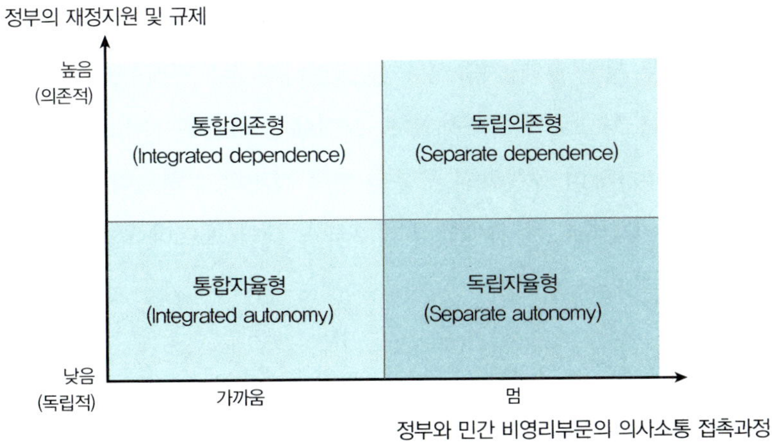

[그림 6-5] 정부와 민간의 협력 모형[48]

통합의존형(integrated dependence)은 사회서비스를 전달하는 민간비영리조직의 운영자금과 복지대상자에게 사용하는 모든 재원을 정부가 제공하고, 이에 대한 반대급부로 민간 비영리조직은 조직의 자율성에 별로 집착하지 않는 유형이다. 따라서 민간 비영리조직과 정부의 의사소통이 긴밀하게 이루어지며 정부가 제시하는 기준의 범위내에서 민간의 서비스가 전달되고 정부의 규제도 강하다. 반면에 통합자율형(integrated autonomy)은 민간 비영리조직이 정부와 긴밀하게 의사소통하고 있으며 정부 정책에 통합되어 있지만 민간의 자율성이 보장되는 형태로 다원주의 이상이 가장 잘 실현되는 유형이다. 독립의존형(separate dependence)은 재정적으로 정부에 의존하고 있지만 민간부문이 정부 정책에 통합되어 있는 것은 아니어서 정부가 제시하는 사업을 하거나 하지는 않는 유형이다. 독립자율형(separate autonomy)은 민 · 관의 협력이 매우 낮고, 저조한 유형으로 민간이 정부의 간섭이나 재정 의존 없이 독립적으로 서비스를 제공한다.

우리나라의 사회복지서비스 전달은 앞에서 잠깐 언급하였듯이 정부와 민간의 협력으로 이루어진 혼합적 체계로 발전해왔다. 이에 우리나라 사회복지서비스에 있어 정부와 민간의 파트너십 유형을 문순영(2000, 2001)은 민 · 관의 상호작용의 정도, 책임성, 정부 지원 형태, 자율성 등을 고려하여 정부지배형, 정부 · 비영리동반자형, 비영리주도형으로 유형화하였다. 여기에 노희연은 서비스 내용, 평가 등의 기준 항목을 추가하여 유형화의 구분을 더욱 선명하게 하였다. 이들이 제시한 우리나라 사회복지서비스 전달에 있어 정부와 민간의 파트너십 유형은 정리하면 〈표 6-3〉과 같다.[49]

〈표 6-3〉 우리나라 사회복지서비스영역의 정부와 민간의 파트너십 유형

	정부지배형	정부 · 비영리동반자형	비영리주도형
민간부문의 서비스 공급기능	정부의 대체 기능	정부가 담당하는 서비스의 기능을 보완	선도적, 일차적으로 민간이 서비스를 먼저 공급
서비스 내용	사회복지서비스의 종류와 내용이 정부에 의해 제한됨	정부가 제공하지 못하는 사업에 대한 관심증가	민간부문이 서비스의 내용, 종류, 종사자들을 독자적으로 결정하여 서비스 제공
재원	민간의 정부 재정의존도 높음	민간부문의 재원체계가 다양한 구조	재정부담을 민간이 일차적으로 담당하여 다양한 서비스 제공
정부 보조금 형식	보조금(grant)의 형태가 주를 이룸	정부와 민간의 동등한 재정부담과 민간기관의 자율성이 보장된 포괄보조금의 비율이 상대적으로 높음	포괄적 보조금 형태로 지원, 보조금에 대한 민간의 자율성이 크게 보장되어 있음
상호작용	정부와 민간비영리부문의 상호작용이 긴밀히 일어나지 않음(정부의 일방적 지도, 감독)	정부와 민간비영리 부문의 서비스 공급을 위하여 상호작용과 연계가 발생	민간 비영리부문의 자율성이 인정되고 정부와 민간의 상호작용이 긴밀함
책임	서비스 공급에대한 일차적인 책임은 정부가 담당	민간 이사회와 정부의 책임성이 동등하게 존재	정부는 사회복지정책을 위한 책임성을 갖고 있으며, 민간 비영리기관은 서비스의 수행과 전달의 책임성

평가	서비스에 대한 책임성을 평가하는 공식적이고, 법적 매커니즘이 발달. 정부의 영향력이 강함	이사회와 정부가 함께 서비스 수행 의사결정을 하고, 책임을 지게 되며, 때로는 양자간의 사이에서 갈등이 발생할 수도 있음	구체적인 서비스의 공급과 평가에 대한 궁극적인 책임성을 민간의 이사회가 가지고 있음
자율성	정부에 의하여 자율성이 제한	민간비영리의 고유한 기능을 살리면서 정부에 대한 민간의 상대적 자율성이 인정되는 형태	민간의 자율성이 가장 유지 혹은 강화되는 방향으로 협조관계가 형성

3) 정부와 민간의 파트너십 도구

(1) 보조금(grant)

보조금은 공공사업을 촉진시키기 위해 정부가 기업, 가계 또는 지방 정부에게 제공하는 직접 또는 간접 지원금이나 경제적 이권 및 특혜를 의미한다.[50] 사회복지의 전달에 있어 보조금은 일반적으로 사회서비스를 생산하는 생산자 지원과 사회서비스를 소비하는 소비자 지원으로 나누어진다.

생산자 지원은 중앙정부가 지방 정부에게 보조금을 지원하여 복지서비스 생산을 위임하는 경우, 지방자치단체가 민간생산자에게 복지서비스 생산비용을 지원하는 경우이다.

소비자 지원은 정부의 보조금이 소비자(즉 일반국민)에게 직접 제공되는 경우이다. 우리나라에서 아동이 있는 가정에 지급되는 현금보조인 아동수당과 바우처를 통한 지원금이다.

우리나라의 보조금은 지출목적이나 보조 대상 경비의 성질을 기준으로 '부담금', '교부금', '협의의 보조금' 등으로 구분하여 사용되고 있지만,[51] 실제 이들간에 명확하고 뚜렷한 기준은 없다.

부담금은 '지방자치단체 또는 그 기관의 법령에 의하여 처리하여야 할 사무로 국가와 지방자치단체 상호 간에 이해관계가 있는 경우에 그 원활한 사무 처리를 위해 국가가 일부 또는 전부를 부담한다(지방재정법 제21조 제1항)'고 규정되어 있으며, 주요 지출대상은 생계급여, 의료급여, 전염병 예방, 직업안정, 재해복구사업 등으로 사회복지사업들이 부담금 대상이 되고 있다.[52]

교부금은 '국가가 스스로 행하여야 할 사무를 지방자치단체 등에 위임하여 수행하는 경우에 그 소요경비를 국가가 당해 지방자치단체에게 교부한다(지방재정지원법 제21조 제2항)'고 규정되어 있으며, 지출대상은 국민투표, 대통령 또는 국회의원 선거, 외국인 등록, 징병 사업 등이다. 또한 지방분권화를 국정목표의 하나로 추진하였던 노무현 정부에서 사회복지사업을 대거 지방으로 이양하고 교부금으로 지원한 경험이 있다.

협의의 보조금은 '국가가 시책 상 필요하다고 인정되는 때 또한 지방자치단체의 재정 사정 상 특히 필요하다고 인정되는 때에는 예산의 범위 안에서 보조할 수 있다(지방재정법 제23조 제1항)'로 규정되어 있는데, 이를 다시 국가가 특정한 행정사무의 집행을 장려·조장하거나(장려적 보조금), 지방재정의 어려움을 지원하기 위해 교부하는 경비(지원적 보조금 또는 재정보조금)로 구분하기도 한다. 지하철 건설, 경지정리사업 등 자치사무의 경우에 보조된다.

(2) 계약(contracting out)

계약은 정부에서 필요로 하는 공공서비스의 제공과정에 시장의 원리를 적용하는 민영화(privatization)의 한 형태로 지방기관 및 법정 기구가 자선단체나 다른 조직으로부터의 서비스를 구매하는 것이다. 민간 계약은 1970년대 도시정부가 재정 압박이 심해지자 이를 해결하기 위한 정책 수단으로 사용하면서 널리 활용되었다. 그 이전의 재정위기 상황에서 지방정부가 선택하여온 일반적인 정책 수단은 조세를 통한 재정확충이었는데, 세금을 내야 할 주민들이 이에 반발하면서 기존의 재정확충 방법을 사용할 수 없게 되면서 민간 계약이 등장하였다. 실제 미국에서 캘리포니아 주민들의 조세 저항(tax revolt)인 California Proposion 13이 발의 · 통과되면서 조세 인상이 더 이상 정책수단으로 효과적이지 않다는 점이 인식되자 민간기관과의 계약이 확대되었다.

계약방식에는 지방정부가 운영 · 관리의 전반적인 책임을 지고 구체적이고 한정된 서비스만 외부에서 조달하는 '서비스 계약방식(service contact)', 정부는 재정적인 책임을 지고 수탁자는 정해진 위탁관리비로 시설 운영 및 관리업무를 담당하는 '관리운영계약(management contract)', 민간 임대업자가 정부에 임대료를 지불하고 일정 기간 시설을 임대하여 운영하는 '임대차계약(lease contact)', 그리고 민간부문이 시설의 운영 · 보수 · 유지관리뿐 아니라 전반적인 서비스 공급에 대해 책임을 지는 '양여권 계약(concession)' 등이 있다. 이 중에서 우리나라 사회복지시설에 대한 계약방식은 '민간위탁'으로 불리는데 공공에서 건립한 복지시설의 관리 및 서비스 생산을 위탁하는 관리운영 계약의 형태와[53] 서비스 계약방식이 이루어지고 있다.

정부가 계약을 통해 얻는 편익은 시장경쟁으로 인한 비용 절감, 효율성 획득, 서비스의 질적 수준 유지 또는 향상 등이다.[54]

(3) 위탁

위탁은 계약의 한 종류로 우리나라 현실의 행정용어이다. 민간 위탁이 가장 많이 쓰이고 있다.

행정자치부(행정안정부의 옛명칭) '민간위탁실무편람'에 따르면 민간 위탁의 개념은 광의와 협의로 구분된다.[55] 광의의 민간 위탁은 정부가 행정기관을 통해 직접 제공하던 공공서비스를 해당 사무나 서비스의 관할 책임은 정부가 계속 가지고 있으면서 민간기업 등 외부기관을 선정하여 정부를 대신하여 공공서비스를 제공하도록 하고 그에 대한 대가를 지불하는 방식이다. 협의의 민간 위탁은 정부가 직접 생산하여 제공하던 공공서비스를 민간기업과의 계약을 통해 민간에게 제공토록 하는 방식이다. '행정권한의 위임 및 위탁에 관한 규정'(대통령령 제20351호)에 따르면 '민간 위탁'은 각종 법률에 규정된 행정기관의 사무 중 일부를 공무원이 직접 처리하지 않고, 지방자치단체가 아닌 법인 · 단체 또는 개인에게 맡겨 그의 명의와 책임하에 행사하도록 하여 공공의 목적을 달성하는 것으로 서술하고 있다. 이러한 개념 정의를 통해 볼 때 민간 위탁은 계약을 통하여 민간에게 공공서비스 생산 · 공급사무를 위탁하여 정부 기능의 효율성과 경쟁력을 증진시키는 데 그 의의가 있다.

우리나라에서 사회복지시설의 운영을 민간에 위탁하는 근거는 정부조직법(제6조 3항)과 지방자치법(제95조 3항)에서 비롯되고, 사회복지시설 민간위탁과 관련한 보다 직접적인 규정은 사회복지사업법에 '국가나 지방자치단체가 설치한 시설은 필요한 경우 사회복지법인이나 비영리법인에 위탁하여 운영할 수 있다'(제34조 3항)와 '위탁운영의 기준 · 기간 및 방법 등에 관하여 필요한 사항은 보건복지부령으로 한다'(제34조 5항)이다.

우리나라의 '민간위탁'은 사회복지 전달체계 발달의 역사 초기부터 지배적 형태이었다. 생활시설 위주로 사회복지사업이 발전하던 1980년대 중반 이전까지는 서비스 조치위탁을 통하여 시설에 대상자를 조치 위탁하는 형태로 정부가 민간의 기관들에게 사회복지서비스를 제공하도록 하였고, 이용시설이 발전하던 시기부터는 사회복지 시설 및 프로그램 위탁을 통하여 제공하여 왔다. 김영종의 연구에 따르면 사회복지시설의 시 · 군 · 구 직접운영은 6.2%, 공단 운영은 0.9%에 불과하여 그 나머지 대부분이 민간위탁으로 운영되고 있으며, 사회복지시설 민간 위탁에서 시설과 프로그램 위탁이 71.4%를, 프로그램 위탁이 21.5%를 차지하는 것으로 밝히고 있다(김영종, 2017).[56]

1 Friedlander, W., & Apte, R. (1980). *Introduction to social welfare*, NJ: Prentice-Hall, Gilbert, N., & Terrell, P. (2002). *Dimensions of social welfare policy*, Boston: Allyn and Bacon. Prentice-Hall.

2 Alcock, P. (2003). *Social Policy in Britain*(2nd ed.). Palgrave MacMillan Ltd.

3 이진 (2009). 한국 사회복지전달체계 개선방안에 관한 연구. 국민대학교 박사학위논문 재인용.

4 성규탁 (1993). 사회복지 프로그램 서비스 전달체계의 산출. **동광, 90**, 한국복지재단.

5 김영종 (2017). 우리나라 사회복지서비스 위탁제도. 한국사회복지행정학회 학술대회자료집, 3-21.

6 강혜규 (2005). 사회복지 전달체계의 현안과 전망. **보건복지포럼, 109**, 40-50.

7 서상목, 최일섭, 김상균 (1988). **사회복지전달체계의 개선과 전문인력 활용방안**. 한국개발연구원. pp. 20-21; 최성재, 남기민 (1993). **사회복지행정론**. 나남. p. 74; 김형식 · 이영철 · 신준섭 (2002). **사회복지행정론**. 동인, pp. 64-66; 김영종 (2005). **사회복지행정론**. 학지사. pp. 370-372; 김형식, 이영철, 신준섭 (2009). **사회복지행정론**. 양서원. pp. 50-51.

8 김이배 (2014). 사회복지전담공무원 직렬통합 논의의 쟁점과 과제. **한국사회복지행정학, 16**(3), 147-179.

9 윤권종 (2014). 함께하는 행복한 복지사회. **사회복지행정론**. 박영사.

10 상게서.

11 상게서.

12 Gilbert, N., & Specht, H. (1974). *Dimensions of social welfare policy*. New Jersey: Prentice-Hall.

13 Gates, B. (1980). *Social program administration: The implementation of social policy*. Englewood Cliffs, NJ: Prentice-Hall.

14 Friedlander, W., & Apte, R. (1980). *Introduction to social welfare*. NJ: Prentice-Hall.

15 성규탁, 전게논문.

16 최성재, 남기민 (2005). **사회복지행정론**. 나남출판.

17 심재호 (2003). 지역보건복지 전달체계에 관한 연구. 비판과 대안을 위한 사회복지학회

춘계학술대회발표집.

18 서재호 (2008). 기초자치단체의 사회복지서비스 전달체계 개편에 대한 평가: 사회복지전달체계의 구성원칙을 중심으로. **한국거버넌스학회보**, 15(1), 139-164.

19 박영숙 (2009). 사회복지서비스 전달체계의 현황과 과제. **교정복지연구**, 15, 47-63.

20 장동일 (2006). **사회복지행정론**. 학문사.

21 박영숙, 전게논문, p. 54.

22 건강보험과 노인장기요양보험은 동일한 관리운영기구이다.

23 이현주, 유진영 (2015). 공공 사회복지 전달체계의 변화와 정책적 함의. 한국보건사회연구원.

24 상게서, p. 56.

25 강혜규 (1997). 사회복지전문요원제도의 현황과 개선방안. **보건복지포럼**, 9, 68.

26 이현주, 유진영 (2015). 공공 사회복지 전달체계의 변화와 정책적 함의. 한국보건사회연구원. pp. 81-82.

27 상게서, p. 91.

28 강혜규 (2012). 사회복지전달체계 개편의 성과와 발전방향, **보건복지포럼**, 7.

29 이혜경 (1998). 민간사회복지부문의 역사와 구조적 특성, **동서연구**, 10(2), 52.

30 한국선명회 (1993). **사회복지법인: 한국선명회 40년 발자취**.

31 이혜경, 전게논문, pp. 53-55.

32 상게논문, p. 61.

33 사회복지수용시설은 현재 거주시설이나 생활시설로 명명되고 있다.

34 김영종 (2017). 우리나라 '사회복지'전달체계와 담론적 작용: 역사적 형성과 경로, 쟁점. **한국사회복지학**, 69(1), 185.

35 문순영 (2000). 한국 민간사회복지부문의 구조적 특성에 관한 연구: 정부와의 관계를 중심으로. 연세대학교 박사학위논문. p. 57.

36 공익법인은 비영리법인으로 사회의 공익을 목적으로 운영되는 법인이다. 「공익법인의 설립 · 운영」에 관한 법률에 의하면 재단법인이나 사단법인으로서의 사회 일반의 이익에 이

바지하기 위하여 학자금, 장학금 또는 연구비의 보조나 지급, 학술, 자선에 관한 사업을 목적으로 하는 법인을 말한다. 예를 들면, 사회복지법인, 학교법인, 종교유지재단, 의료법인 등이다.

37 최재성 (2019. 04. 12~13). 사회복지서비스 공급자의 다양화 과정과 비영리민간사회복지조직의 정체성: 1990년대 후반이후 사회복지조직 환경의 변화를 중심으로, 한국사회복지행정학회 춘계학술대회 자료집.

38 사회적 기업리스트 목록. https://www.socialenterprise.or.kr/social/ente/company.do?m_cd=D003에서 2021년 10월 4일 인출.

39 COOP협동조합. https://www.coop.go.kr/COOP/state/majorStatistics3.do에서 2021년 10월 4일 인출.

40 강문수 (2011). **민관협력(PPP, Public Private Partnership) 활성화를 위한 법제개선연구**. 한국법제연구원.

41 함영진 (2017). 복지부문 민관협력의 추진 여건과 과제. **보건복지포럼**, 253, 42-55.

42 이인희 (2012). 지역사회복지의 민관협력체계 연구. **공공행정연구**, 13(2), 63-82.

43 이영글 (2018). 지역복지 강화를 위한 민관협력의 현황과 개선과제. 국회입법조사처. p. 10.

44 국가별 유형화한 학자는 Salamon & Anheier와 Coston 등이며, 한 국가 내에서 정부와 민간 간의 관계 중심으로 유형화한 학자는 Gidron 등이다; Salamon, L. M. & Anheier, H. K. (1996). *Social origins of civil society*, working paper, Institute for Policy Studies. The Johns Hopkins University; Coston, J. M. (1998). A model and typology of government—NGO relationship. *Nonprofit and Voluntary Sector Quarterly*, *27*, 358-382; Gidron, B., Kramer, R., & Salamon, L. M. (1992). *Government and the third sector: Emerging relationship in welfare states*. Jossey bass nonprofit & Public Management series 1st ed.

45 Gidron, B., Kramer, R., & Salamon, L. M. (1992). *Government and the third sector: Emerging relationship in welfare states*. Jossey bass nonprofit & Public Management series 1st ed, 표는 p. 18 재구성.

46 문순영 (2001). 민간비영리 사회복지부문 연구를 위한 이론적 고찰: 정부와 민간 사회 복

지부분의 협조관계 유형 모색. **연세사회복지연구**, 7, 33-78.

47 Gidron, B., Kramer, R., & Salamon, L. M. (1992). *Government and the third sector: Emerging relationship in welfare states*. Jossey bass nonprofit & Public Management series 1st ed.

48 문순영 (2000). 한국민간사회복지부문의 구조적 특성에 관한 연구: 정부와의 관계를 중심으로, 연세대학교 박사학위논문, p. 35 재인용.

49 상게서; 노희연 (2007). 동반자모형 구축을 위한 공공-민간 전달체계의 민 · 관파트너십. **한국사회복지교육**, 11(3), 1-28.

50 김준기 (2007. 10. 12). 정부기능의 변화: 정책수단을 중심으로. 한국행정학회 추계학술발표논문집.

51 손희준, 강인재, 장노순, 최근열 (2011). **지방재정론**. 대영문화사. p. 205; 안전행정부 (2013). **지방자치단체 통합재정개요**; 김종순 (2001). **지방재정학**. 삼영사.

52 손희준 (2013). 사회복지보조금의 중앙지방간 분담체계에 관한 연구. **한국지방자치학회보**, 25(3), 10.

53 최항순 (2003). 사회복지시설 민간위탁제도의 개선방안: 성남시 사회복지관을 중심으로. **중앙행정논집**, 17(2), 200.

54 Frederickson, H. G. (2007) Filling up the hollow state: The state of agents project. *PA Times*, *11*; 강창현 (2019). **복지공급론: 보건복지의 수단과 체제**. 집문당.

55 행정자치부 (2003). (지방자치단체 사무의) 민간위탁실무편람.

56 김영종 (2017). 우리나라 '사회복지'전달체계와 담론적 작용: 역사적 형성과 경로, 쟁점. **한국사회복지학**, 69(1), 175-197.

제 3 부

기획 및 평가

03

CHAPTER 07

사회복지기획

1 사회복지조직의 전략적 기획

끊임없이 변화하는 환경 속에서 조직은 항상 사명과 비전, 목표와 전략을 새롭게 규정하고 관리하는 과업을 지니고 있다. 환경변화에 적절하게 대응하기 위하여 조직은 조직구조의 변화를 시도하거나, 자원배분의 상황을 호전시키기 위해, 또는 기존 프로그램이나 사업들의 효과성을 제고할 목적으로 기획을 추진한다.

1) 개념 및 정의

기획 기획(planning)이란 조직의 목표를 설정하고 이를 달성하기 위한 구체적인 과업들을 수행하기 위한 체계적이고 통합된 일련의 활동을 짜는 과정이며 그 방법을 의미한다. 또한 조직관점에서의 기획은 조직의 목표를 세우고, 이를 달성하기

위한 미래의 행동계획을 합리적으로 결정해 나가는 과정을 의미하기도 한다.[1]

전략적 기획　전략적 기획(strategic planning)이란 하나의 조직이 자신을 둘러싸고 있는 거대 생태체계로서의 환경 내에서 전략적 포지셔닝(positioning)을 어떻게 할 것인가에 관하여 의사결정하는 데 필요한 계획이다.[2] 원래 전략적 기획은 전략·전술과 같은 군사학 차원에서 빌려온 용어로서 영리기업의 전략적 경영에 관련된 지식에도 크게 기반하고 있다. 그러므로 사회복지조직에서도 새로운 사업을 성공적으로 기획하여 시행하기 위한 전략적(strategic) 목표는 이를 재정적으로 잘 뒷받침할 수 있도록 펼치는 전술적(tactical) 목표가 수반되어야 함을 요청하고 있다.[3]

사회복지조직의 전략적 기획　사회복지조직에서의 전략적 기획은 휴먼서비스에 관한 것으로서 사회복지실천을 위하여 사회복지조직이 미션과 비전에 따라 내·외부 환경을 분석하고 핵심과제 및 실천방안을 도출하여 이를 구체적으로 달성할 실행계획을 세우는 것을 말한다.[4] Lewis와 그의 동료들[5]은 전략적 기획을 사회복지조직들이 변화되는 환경 속에서 조직의 장단점이 무엇인지를 진단하고, 지역사회의 문제를 해결하기 위하여 조직이 기획하는 사업들의 우선적인 순위(priority)를 정하는 과정으로 정의 내리고 있다.

사회복지기획의 차원분류　사회복지행정에서 기획은 일반적으로 조직차원에서의 전략적 기획이란 용어로 포괄되고 있으나, 조직의 업무활동 및 과업행위의 합리성과 책임성을 제고하기 위한 전략적 기획의 하위적인 영역으로 사회복지 프로그램 및 서비스의 기획, 그리고 시장기제와 영리적 서비스를 기반으로 하는 사회복지 마케팅기획도 중요하게 다루고 있다.[6] 사회복지 조직의 마케팅과 홍보는 본서의 12장에서 다루고 있으므로 본 장에서는 사회복지조직 차원의 기획과 프로그램 및 서비스의 기획차원 이 두 가지 차원을 중심으로 서술하기로 한다.

2) 기획의 중요요소 및 단계

사회복지조직에서의 전략적 기획에서 중요한 요소들은 대체로 다음과 같이 제시될 수 있다. 또한 이러한 요소들은 전략적 기획을 위한 단계들로서 적절한 과정적인 순서로서도 이해되고 있다.

- 조직의 미션과 가치, 비전 등에 대한 검토 및 개발
- 조직 외부환경과 내부 역량 및 서비스에 대한 분석
- 전략적 기획의 대상이 되는 영역 및 요소들의 검토
- 전략적 기획의 개발(장기전략방향, 중장기 사업기획, 연 단위사업 및 예산기획 등)
- 기획된 내용이 집행될 때 기대효과 및 미래상(visioning) 예측

(1) 미션과 비전의 설정

미션과 비전 개인들이 모두 살아가는 이유가 있듯이 조직이 존재하는 이유가 반드시 있어야 한다. 조직의 미션(mission)은 조직이 장기적으로 달성해야할 설립목적 및 사명, 그리고 조직의 존재이유라고 할 수 있다. 또한 비전(vision)은 조직이 추구하는 미래의 상(image)이다. 이러한 미션과 비전을 조직의 목표, 전략 등과 연결하여 개념과 비유적 이해를 살펴보면 〈표 7-1〉과 같이 제시될 수 있다.

사회복지조직에서의 미션과 비전 이러한 미션과 비전의 설정은 오래전부터 기업 등 영리조직에서 경영전략의 기획과정에서 활발하게 추진되어 왔다. 비영리조직으로서의 사회복지조직의 미션은 '이사회, 직원을 포함한 이해관계자들에게 동기부여를 하고 하나로 결집하는 지렛대이자 자원'이며, 특히 '조직구성원과 자원봉사자에게 대의를 각인시키는 역할'[7]을 수행한다.

사회복지조직에서의 미션과 비전은 기업 등 영리조직과 비교해 볼 때, 영리를 추구하지 않아 존재이유인 미션추구를 기반으로 조직을 관리하고 운영하기 때문에 더 강력하고 높은 수준의 미션인식이 필요하다고 보여진다. 그러나 실제적으로 사회복지조직에서 기업보다 미션과 비전에 대한 개념인식이 약하거나 이러한 미션과 비전설정의 방법이나 절차를 제대로 하지 못하는 경우도 많다. 이러한 상황은 사회복지조직이 대체로 규모가 기업 등 영리조직보다는 상대적으로 작고 또한 한편으로 전략적 경영에 대한 의식이 약하기 때문인 것으로 지적된다.[8]

BOX 7.1 사회복지조직에서의 미션의 역할[9]

- 조직의 활동방향과 의사결정시 지침을 제시하는 방향타
- 조직구성원과 자원봉사자에게 대의를 각인
- 사기진작과 동기부여를 촉발하는 자원이자 지렛대
- 잠재적인 기부자, 후원자등 이해관계자에게 조직에 대한 기본정보와 철학을 전달

〈표 7-1〉 미션, 비전, 목표, 전략의 비유적 이해[10]

	개념	비유적 이해	구체적 예 (사회복지공동모금회)
미션(mission)	• 조직이 왜 생성되고 존재하는지에 관련됨 • 궁극적으로 추구할 목적과 방향성	• 실제 도달해야 하는 개념은 아님 • 비유적 개념(북극성)	• 나눔으로 하나 되는 행복한 대한민국
비전(vision)	• 조직이 꿈꾸는 미래의 모습 혹은 상(images)	• 힘들고 어렵지만 결국은 가야 할 장소 • 비유적 개념(에베레스트 정상)	• 빈곤, 질병, 소외가 없는 사회를 만드는 최고의 모금기관
목표(objectives)	• 비전을 향해서 단기적으로 달성해야 할 것	• 비유적 개념(베이스캠프)	• 생략

전략(strategies) 및 핵심가치(values)	• 조직이 제공하는 산출물이나 서비스에 관련됨 • 비전과 목표를 향해 올라갈 구체적 방법 • 비전과 목표에 관련된 조직의 가치관 및 규범	• 비유: 베이스캠프의 위치설정, 정상을 향해 올라갈 루트의 설정	• (핵심가치) 인간존중, 윤리성, 헌신, 도전정신

그러나 앞서 언급했듯이 사회복지조직은 사회구성원들로부터 사회적 자원을 지원받고, 사회적 가치를 달성하라는 책임적 역할을 위임받았기 때문에 다른 어떤 조직 유형보다 미션을 명확하게 수립하고 조직 구성원들이 잘 공유하게 해야 할 것이 강조된다. 또한 비전(vision)은 조직이 지향해야 할 미래의 모습을 구체적으로 그리는 것이기 때문에 미션과 함께 조직 구성원들이 한 방향으로 함께 나아가는데 강한 동기요인으로 작용해야 한다.[11]

미션의 진술 및 설정 사회복지조직에서 미션을 진술하기 위한 단계는 다음 두 가지로 나누어진다.[12] 첫째, 조직의 전직원들의 참여를 통해 조직의 존재이유에 대한 질문을 하고 이에 대한 답을 도출하고 공유하는 과정이다. 여기에서는 다음과 같은 질문들을 제시하고 의견을 수렴해 가는 것이 필요하다.

- 우리 조직의 설립이유는 무엇인가?
- 우리 조직의 고객들에게 대한 약속은 무엇인가?
- 우리 조직은 세상의 무엇을 변화시키기를 원하는가?
- 우리 조직은 세상을 어떻게 변화시키기를 원하는가?
- 우리는 우리 조직이 세상에 어떻게 알려지기를 원하는가?

둘째, 위의 질문들에 대하여 도출된 답들을 적절한 기준들에 의해서 평가하여야 한다.

- 미션진술은 우리의 신념을 반영하고 있는가?
- 미션진술은 우리 조직의 다양한 이해관계자의 노력과 시각을 반영하고 있는가?
- 미션진술이 단순하면서도 명확한가?
- 미션진술은 유사한 목적과 활동내용을 가지는 다른 조직과의 차별성, 그리고 우리 조직의 특성 및 개성을 반영하는가?

미션과 비전 기반의 조직관리[13] 사회복지조직에서 이와 같은 단계를 거쳐 개발되고 설정된 미션과 비전은 장식품으로 전시되어서는 안 될 것이다. 미션기반의 조직관리가 필요하다. 미션과 비전이 조직의 내부관리와 외부적 서비스 집행에 있어서 핵심적 기반과 중심으로 반영, 활용되도록 해야 한다. 그리고 한 번 설정된 미션과 비전은 시간의 흐름과 따라 필요에 의하여 수정, 보완되도록 해야 한다. 무엇보다도 미션과 비전은 조직 내부의 구성원들이 공유하고 장기기획을 위한 조직 공통의 기반이 되어야 하며, 외부로는 다양한 이해당사자들(정부, 기업, 민간, 지역사회, 개인후원자, 클라이언트 등)과의 의사소통에서 조직을 명확하게 각인시키는 매개체로 삼아야 할 것이다.

(2) 조직의 내 · 외부환경의 분석

① 사회복지조직의 환경

조직을 폐쇄체계로 이해하고 조직의 내적 구성요소에 중점을 두던 과거에 비해 최근 개방체계로의 인식이 넓어지면서 조직의 내외부 환경에 대한 이해가 심화되고 있다.[14] 대부분의 사회복지행정 이론서에서 사회복지조직의 환경을 크게 일반환경(general environment)과 과업환경(task environment)으로 대별하고 있는데[15] 이러한 분류는 이미 영리기업의 경영관리차원에서 제시된 것을 원용하고 있는 것으로 보인다. 일반환경은 거시 사회적 외부조건으로 경제적, 사회인구학적, 문화적, 정치 및 법적, 사회의 기술적 상황을 말한다. 과업환경은 사회복지조직이 직접적으로 상호작용하는 이해관계당사자(stake-holders)로서의 외부기관이나 집단들과의 관계적 상황을 의미한다.

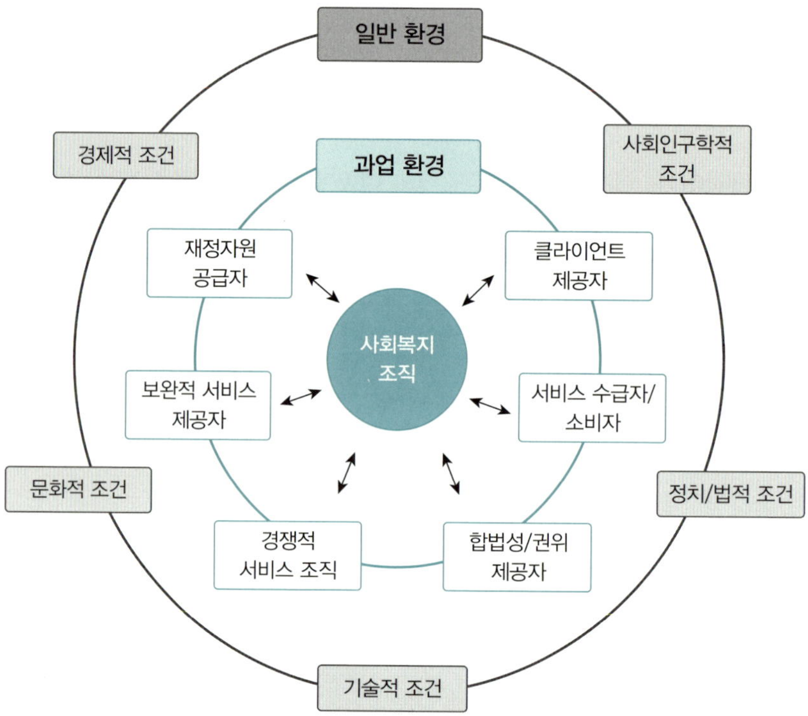

[그림 7-1] 사회복지조직의 환경의 도식화

〈표 7-2〉 사회복지조직의 일반환경과 과업환경[16]

대분류	소분류	설명 및 사례
일반환경 (거시환경)	인구사회학적 환경	• 인구구조 및 변동상황, 사회적 문제의 파급효과 및 영향, 사회변동관련 상황 - 예: 저출산, 고령화, 다문화사회화 경향, 가족구조의 변동, 1인가족 추세, 지역소멸 위기 등
	정치-법적 환경	• 정책과 법의 결정과 제정은 사회복지조직에 영향미침 - 예: 수급자자격, 급여유형, 전달체계, 재정조달방식, 예산지원방식, 서비스이용방식, 사회복지서비스 지방이양정책, 사회복지서비스의 영리화 등 사회복지관련 정책제도 및 법적 요소들의 변화
	경제적 환경	• 사회의 전체 및 거시경제적 상황(경기불황, 호황, 금융위기 등)은 조직의 전반적인 재정상황에 영향을 미침
	문화적환경	• 사회적 가치, 규범, 문화(culture), 라이프스타일(life style) 등
	기술적 환경	• 사회 내의 지식과 기술의 수준(예: 과학기술, 정보통신기술의 발달 등) • 사회복지지식과 기술의 발달 및 변화
과업환경 (미시환경)	재정자원 제공자	• 사회복지조직에 재정자원을 제공해 주는 외부 주체들 • 정부, 지자체, 공동모금회, 기업, 민간단체, 법인, 개인 후원자, 서비스이용자(소비자로서 이용요금 지불) 등 최근 점차 다원화 추세
	합법성 및 권위의 제공자	• 사회복지조직이 합법적으로 인정받고 정당하게 활동할 수 있는 권위기반을 제공하는 외부 요소들 • 정부나 지자체가 법률, 조례 등의 법규를 기반으로 시설설치 허가 혹은 평가나 인증을 하는 것 등
	클라이언트 공급자	• 예를 들이, 아동복지기관: 아동의 부모, 지자세 딤당자, 타 민간기관의 대상아동을 위한 의뢰자 등 • 예를 들어, 노인복지기관: 클라이언트당사자, 가족, 민간기관 담당자, 지역사회 주민 등
	보완적 서비스의 제공자	• 사회복지조직에서는 모든 서비스를 제공할 수 없다는 점에서, 다른 기관에 일부의 서비스를 의뢰할 수밖에 없음 • 예를 들어, 알코올치료센터는 병원의 의료서비스활동과 연계될 필요가 있음 • 지역아동센터는 사회복지관의 다문화청소년 서비스가 보완적으로 요청되기도 함
	서비스 이용자/ 소비자	• 서비스의 이용 및 소비로 인하여 직접적, 간접적으로 혜택을 입는 클라이언트 당사자 및 관련 주체들(가족, 지역사회, 국가 등)

경쟁조직들	• 조직의 자원(인적, 물적, 재정적 자원)들과 클라이언트에 관하여 경쟁관계에 있는 외부 다른 조직들 • 예를 들어, 사회복지관에서 참여자들을 홍보 유치하기 위하여 경쟁하는 동종 서비스 조직들 • 한국의 경우, 정부보조금 위주의 재정구성시기에 비하여 최근 이용자선택이 강화되는 추세에서 더욱 중요해짐

② 조직의 환경 분석기법: SWOT분석

사회복지조직의 내외부 환경분석을 위하여 종종 SWOT분석이 활용되고 있다. 이 기법은 조직의 내부 역량을 분석하여 강점(strengths)과 약점(weaknesses)을 발견하고, 외부 환경을 분석하여 기회(opportunities)와 위협(threats)을 찾아내는 것이다. SWOT분석은 일반적으로 기업의 환경 분석을 통해 경영 전략을 수립하는 기법으로 활용되었으나, 최근 비영리 조직 및 사회복지조직에서도 광범위하게 활용하고 있다.

〈표 7-3〉 SWOT 분석의 구조 및 내용[17]

내부 환경 분석	외부 환경 분석
내부 강점 S	외부 기회 O
조직의 유연성, 내부 자원의 풍부함, 브랜드 파워, 강력한 조직망, 우수한 정보력 등 조직 내부의 강점	현재 및 미래의 경제적 여건, 정치 및 사회적 변화의 기회
내부 약점 W	외부 위협 T
조직원의 불만, 관료제적 절차, 기획력의 부족, 필요 인력의 부족, 복잡한 관리 체계 등 조직 내부의 약점	외부 자원 부족, 경쟁력 등 외부적 위기의 위협

〈표 7-4〉 SWOT 분석의 사례: A종합사회복지관

	강점(Strengths)	약점(Weaknesses)
내부 환경 요인	• 전문가 활용을 통한 지역사회 문제 해결 • 유관기관(민간/공공)과의 유기적 협력관계 유지 • 법인 내 사회복지전공 전문인력 다수 보유 • 후원자, 봉사자와의 높은 신뢰도 • 사업의 추진력 및 전문성 확보 • 사업 운영의 유연성 확보 • 기관 리모델링, 사업 확장을 통한 공간 개선 • 유관기관(민간/공공)과의 협력관계 유지	• 경사로 등 고지대에 위치한 지리적 특성으로 인한 일부 계층(노인)의 서비스 접근성이 낮음 • 복지관 이용자를 위한 셔틀버스 부재 • 이용자의 초 고령화 • 복지관 활동 자원봉사자의 고령화 • 개인/단체 등의 후원 조직, 외부자원의 부족
	기회(Opportunities)	위협(Threats)
외부 환경 요인	• 지역사회에 대한 지속적인 교육사업 및 사회공헌활동 진행으로 대내·외적 긍정적인 이미지 보유 • 구청의 복지정책에 대한 사업 추진의지가 매우 강함(커뮤니티케어 선도사업, 사회보장특별지원구역사업 등) • 지역사회 커뮤니티케어 인프라 강화 • 지역사회 내 잠재적 민간자원(인적, 물적) 존재 • 고령화 추세에 따른 노인 관련 복지 수요 증가	• 인근 지역 내 다수의 복지관 운영으로 인한 서비스 대상자 및 복지사업의 중복 • 도시기반시설 부족과 열악한 주거환경으로 인한 지속적 인구 감소 • 주거 공간 협소, 주차장, 공원, 문화관광시설 등 복지기반시설 열악 • 복지정책에 대한 지역주민의 인식부족 • 지역사회 내 경기 침체로 인한 민간재원 확보의 어려움 • 청년인구의 감소/청년취업

(3) 조직의 중장기 전략 수립

사회복지조직의 미션과 비전에 기반하여 조직의 중장기 전략을 수립한다. 비전이 조직의 미래 모습이라면 전략은 이를 실현해 가는 3~5년 정도의 실현방법을 모색하고 수립하는 것이다. 여기서는 선행된 SWOT분석결과를 전략수립에 활용할 수 있다. 또한 중장기 전략은 연도별로 전략목표 및 과제를 나누어 이를 단계적으로 실현해 가는 구조를 갖출 필요가 있다.

SWOT분석의 활용 SWOT분석은 조직의 내부 및 외부 환경에 관련되어 있는 조직의 강점, 약점, 기회, 위협 이 네 가지의 분석결과를 제시하는 것만으로도 유용하지만 조직의 기획과정에서 의사결정을 위한 기법으로도 활용성이 높다. 즉, SWOT은 조직의 전략적 기획의 과정에서 현재의 문제 상황, 향후의 개선과제, 새로운 사업의 기획 등을 놓고 논의할 때 하나의 체계화된 틀을 제시함으로서 참여 구성원들의 의사소통과 합리적 의사결정에 효과적으로 활용될 수 있다.[18] 조직의 강점(S)과 약점(W)이 파악되면 외부환경으로부터의 기회(O)와 위협요소(T)들을 연결시켜 향후 조직의 전략들을 구상하는 데 활용한다.

〈표 7-5〉 SWOT분석을 통한 전략적 기획구조와 적용사례

외부 \ 내부	강점(S)	약점(W)
기회(O)	SO 전략	WO 전략
	조직의 강점을 기반으로 외부환경의 기회를 최대한 활용하는 전략	외부환경의 기회를 활용해 조직의 약점을 극복해 나가는 전략
위협(T)	ST 전략	WT 전략
	조직의 강점을 기반으로 외부의 위협에 적극적으로 대처하는 전략	외부의 위협을 피하면서 조직 내부의 약점을 극복해 나가는 전략

SO(강점-기회 전략)	WO(약점-기회) 전략
• 민 · 관 네트워크를 활용한 복지사업 전개 - 민 · 관 협력 지역사회복지계획 수립, 진행 - 민 · 관 협력 사례관리 강화 - 민관협력 프로그램 개발 및 진행 • 민간자원개발을 위한 네트워크 강화 - 지역 내 봉사, 후원단체의 결속력 강화 네트워크 운영 - 법인산하시설연합 나눔 사업 진행 • 지역사회 네트워크 활용 전략 수립 - 유관기관과의 공동사업, 연합사업 진행 - 자원개발을 통한 공식적 지지체계 형성	• 다양한 인적 · 물적 자원 확보 - 법인의 신뢰성을 바탕으로 후원자 개발 - 지역자원연계 및 민간공모사업 차량공모 - 인근 신도시 등 신규 자원봉사자 모집 • 초고령화에 따른 지역사회 아젠다 형성 - 주민 공청회를 통한 마을문제 이슈화 - 주민 주도 마을 계획사업 추진

ST(강점-위협)전략	WT(약점-위협) 전략
• 지속적인 외부 민간 지원단체 사업 공모 - 차별화된 복지사업 실시 • 전문 인력을 활용한 지역사회 문제해결 - 전문화된 수퍼비전 - 법인산하기관을 활용한 ONE-STOP 통합네트워크 구축 - 지역문제 해결은 위한 지역 공청회	• 고객감동 서비스 전략 수립 -이용자 대표 모니터링단 구성 -이용자 대표 운영위원 확대 • 홍보사업 다양화를 통한 복지관의 대내 · 외적 이미지 제고 - 생애주기별에 따른 맞춤형 홍보전략 - 지역주민의 사회참여 독려 및 복지관 인식 향상 • 접근성 보완을 위한 서비스 제공 - 차량 운영 - 찾아가는 복지상담 실시

수립된 중장기 전략들은 중장기 기간 동안의 단계적 추진과제, 연도별 실행과제, 그리고 특정연도의 연중사업 및 프로그램 기획을 수립하는 데 중요한 기반이 되거나 영향을 미치게 된다. 또한 이러한 전략 및 추진과제를 실행해 가는 데 필요한 조직의 구조를 설계하거나 변경하는 데 기반이 되기도 한다.

복지관 중점추진과제 및 전략 지역주민 맞춤형 복지서비스 개발 및 보급			
단계	도약기(2020~2021년)	성상기(2022~2023년)	성숙기(2024년)
목표	서비스 개발 및 보급을 위한 기반마련	서비스의 질적 수준 제고	서비스의 보급화(일반화)
과제	객관적 자료에 근거한 서비스개발에의 접근	서비스의 체계화 및 내실화	대외적 서비스의 우수성 인정 (선진기관으로서의 위상강화)
전략	• 지역 · 환경적 특성 및 이용자 욕구파악 • 프로그램 운영매뉴얼 구축 • 조직차원의 서비스개발을 위한 기획회의 • 선진기관 벤치마킹 • 기존과 차별화된 프로그램(서비스) 운영	• 특성화 프로그램(서비스)의 선택과 집중 • 특성화 프로그램 운영의 체계화	• 특성화 프로그램(서비스)으로의 자리매김

[그림 7-2] 단계적 전략의 도출사례

(4) 연간사업계획의 작성

연간사업계획은 조직의 중장기계획 및 추진전략을 1년 단위로 짜는 실행계획(action plan)을 의미하는 것으로서, 사업방침, 사업목표, 단위사업, 예산 등을 포함한다.[19] 사회복지기관 및 현장의 기획에서는 일반적으로 조직차원의 연간사업계획과 개별프로그램 차원의 사업계획이 있는데, 후자인 개별 사업계획은 프로그램 차원의 기획으로서 본 장의 후반부('2. 사회복지 프로그램의 기획')에서 서술하기로 한다.

연간 사업계획서에는 사업방침, 사업목표, 단위사업, 그리고 예산 등이 포함된다.

〈표 7-6〉 연간사업계획의 구성요소

구성 요소	내용
사업방침	조직의 전략방향 및 전략과제를 토대로 연간사업의 방향과 추진방안을 제시
사업목표	조직전체 및 각 부서별 사업방향성, 성과목표 등을 제시
단위사업	1년 동안 시행할 세부 사업 및 프로그램의 목적 및 목표, 투입, 실행방안, 성과 및 효과평가 방법 등을 제시
예산	단위사업들에 소요되는 예산편성 및 제시

〈표 7-7〉 연간사업계획서의 사례관리사업 예시: A사회복지관사례

사업 기능	사업	산출목표	성과목표	사업 내용	계획	
					목표(명)	예산(천 원)
사례관리기능	사례관리	1. 연중 상시 사례관리 실시 2. 연 36회 사례회의 실시 3. 분기별 1회 수퍼비전 실시	1. 가족구성원 간 또는 가족과 사회 간의 역기능적 관계개선 2. 대상자와 가족의 자원연계 및 동원 역량 향상을 통한 공식적/비공식적 사회적지지체계 향상	〈사례발굴〉		
				• 대상자발굴	856	400
				〈사례개입〉		
				• 일반관리	5,480	600
				• 집중관리	800	1,400
				〈서비스연계〉		
				• 통합사례관리	180	200
				• 네트워크	144	400
				• 민관협력체계	233	500
				• 서비스연계	624	20,500

(5) 예산편성

사회복지조직의 연간 사업 계획에는 예산이 포함되어 있기 때문에 현장 실무에서는 일반적으로 연간 사업 계획과 예산편성이 동시에 함께 진행된다. 예산은 일정기간 동안 특정 목표를 성취하는 데 수반되는 수입과 지출에 관한 예정액을 말한다. 일반적으로 사회복지조직의 예산편성은 「사회복지법인 및 사회복지시설 재무·회계 규칙」(이하 '규칙'으로 줄임)이 정하는 바에 따라 일정한 규칙과 형식에 의해서 편성하고 이사회 또는 예산에 대한 심의·의결기구의 심의·의결을 거쳐 확정된 회계연도 기간 동안의 재정계획을 말한다.[20] 예산의 유형은 상기 '규칙'에 근거하여 본예산, 수정예산, 추가경정예산(추경), 준예산 등으로 나눌 수 있다. 세부적인 예산편성의 절차와 방법은 보건복지부의 「사회복지관 운영관련업무처리안내」를 기반으로 이루어지고 있는데 여기에 관해서는 '10장 재정관리'에서 다루고 있으므로 본 장에서는 생략하기로 한다.

〈표 7-8〉 예산의 유형

예산의 유형	개념 및 내용
본예산	• 회계연도 개시 30일 전에 법인 이사회의 의결을 거쳐 법인 예산을 확정하고, 대표이사는 시설 장에게 시설 예산편성을 통지 • 이후 시설장은 회계연도 개시 20일 전까지 시설 예산을 편성 확정해 법인의 대표이사에게 제출 • 대표이사는 회계연도 개시 10일 전까지 이사회의 의결을 거쳐 본 예산 확정
수정예산	• 제출된 본 예산의 일부가 수정이 필요한 경우 수립한 예산 • 국가나 지방자치단체의 보조금은 그 다음 회계연도 기간 동안에 주어지기 때문에 불가피하게 예산을 수정하는 것이 필요한 경우가 있음
추가경정예산	• 추경예산으로 약칭 • 이미 성립된 시설 예산을 변경하고자 할 때 기관 및 시설장은 법인 이사회에 추가로 예산을 편성하여 제출
준예산	• 회계연도 개시 전까지 법인의 예산이 성립되지 않은 경우, 법인의 대표이사가 그 사유를 시장, 군수, 구청장에게 보고해 예산 성립 전까지 임직원의 보수, 시설 운영에 필수적인 경비, 법령상 지급 의무가 있는 경비를 전년도 예산에 준하여 집행하게 되는 경우

2 사회복지 프로그램의 기획

사회복지조직 차원의 기획은 미시적 관점에서 볼 때, 서비스제공과 관련된 프로그램 작성의 연속과정이라 볼 수 있다. 즉 사회복지조직에서 미션과 비전에 기반한 3~5년 정도의 중장기 전략적 기획을 마련한 뒤, 그 기획의 실행을 위한 연간 사업계획을 수립할 때 연간 사업계획 내 포함되는 세부적인 서비스들을 프로그램화하는 것이다. 2절에서는 이러한 프로그램을 제작하는 과정을 주로 서술하기로 한다. 물론 기획(planning)은 단순히 사업계획서(프로그램 프로포절)을 작성하는 것만을 의미하는 것은 아니다. 계획서 완성을 넘어서, 사업의 집행을 포함하는 진행형의 개념으로서 실행과 집행후의 평가를 통한 조정과 피드백을 거치는 과정의 지속적 개념으로 이해되고 있다.[21]

1) 프로그램 기획의 개념

사회복지 프로그램의 기획은 사회복지조직에서의 서비스 실천방안을 구체화하는 중요한 행정과정이다. 일반적으로 프로그램은 특정목적을 달성하기 위해 설계된 조직화된 활동들의 체계라고 정의된다. 그러므로 사회복지프로그램은 사회복지의 목적 달성을 위해 설계된 조직화된 활동들의 집합이라 할 수 있을 것이다.

사회복지학계와 실천현장에서는 프로그램이란 용어 외에 비슷한 용어들이 사용된다. 사회복지실천(practice)이라는 보다 넓은 의미의 용어가 있고, 사회복지 서비스(services), 사회복지 개입(intervention)이라는 용어가 있다. 또한 사회복지 현장에서는 사회복지사업 혹은 단위사업이라는 용어가 존재한다. 본 서에서의 사회복지 프로그램 기획은 사회복지 시설 및 기관에서 제공되는 휴먼서비스를 개발,

제작하는 것을 의미한다.

2) 사회복지행정에서의 프로그램 기획의 의미

사회복지행정에서 프로그램의 기획은 사회복지조직 휴먼서비스의 기획과 관리 체계에서 핵심적인 위치를 점한다. 먼저 프로그램기획은 사회복지조직의 외적효과성(external effectiveness)의 기제이자 기반이다. 사회복지조직은 내적효과성과 외적효과성을 추구하고 있는데, 전자는 조직 내부의 관리적 차원에서의 효과성과 효능성을 발휘하는 것이고, 후자는 사회복지 대상 및 지역사회를 위한 서비스프로그램 기획과 제공, 관리에서의 합리적인 활동을 추구함을 의미한다.

한편으로 사회복지조직은 항시 사회로부터 서비스의 책무성(accountability)을 담보해야 함을 요청받고 있다. 사회복지서비스의 책무성이란 조직의 서비스관련 행정활동이 합리적이고 타당한 것이어야 함을 이해관계자에게 설명할 수 있는 능력에 관한 것이다. 그러므로 책무성은 사회복지서비스를 통한 개입효과가 과학적인 근거에 기반하여 타당한 것으로 증명된 것임을 담보해야 한다는 말이다. 프로그램기획은 이러한 책무성의 이행에 근간이 되는 것이며, 제공된 서비스가 이용자의 문제해결과 복지 향상에 기여하고, 한편으로 외부 재원 확보의 경쟁적 환경에서 사회복지조직이 생존할 수 있도록 하는 중요한 도구이자 방법이다.

결론적으로 우수한 프로그램의 기획에 조직의 향후 성장과 생존이 크게 영향을 받게 된다. 프로그램기획은 거시적으로 사회복지의 가치, 기술, 지식에 대한 포괄적 기반을 실천현장에서 축적하고 확충하는 데 기여하며, 사회복지사들을 포함한 현장인력의 전문성을 제고하는 자극으로서 역할을 할 수 있다.

BOX 7.2 사회복지 프로그램기획의 학문적 기반 및 연계성[22]

- **프로그램기획 및 설계**
  - 사회복지행정, 정책결정관련 이론의 모델과 기법 등
  - 프로그램의 기획과 개발을 위한 의사결정방법 및 모형 관련 이론, 개념적 기반: 합리모형, 점증모형, 혼합모형, 만족모형, 최적모형, 쓰레기통 모형 등
- **프로그램 실행**
  - 인간행동과 사회환경, 사회복지실천론, 사회복지실천기술론, 사회복지실천 분야론 등
- **프로그램 평가**
  - 사회복지조사, 자료분석 등

3) 사회복지 프로그램 기획의 요소

사회복지 프로그램을 기획하는 요소 및 활동은 대체로 5단계로 나누어진다. 표적이 되는 사회문제 혹은 클라이언트의 문제에 대하여 분석하고 정의내리는 것, 문제와 관련된 클라이언트의 욕구조사, 프로그램의 목적과 목표의 설정, 프로그램에 참여할 최종 대상자의 선정, 그리고 프로그램의 내용을 세부적으로 설계하는 과정이다. 프로그램의 설계에는 평가를 위한 방법 및 과정까지도 포함된다.

BOX 7.3 사회복지 프로그램 기획의 요소

1. 문제분석과 정의(defining)

➡ 2. 욕구조사

➡ 3. 참여자 선정

➡ 4. 목적과 목표 설정

➡ 5. 프로그램 설계 (평가관련 설계포함)

(1) 문제분석과 정의

표적체계(개인, 가족, 집단, 조직, 지역사회 등)가 가지고 있는 문제의 본질, 심각성, 부정적 결과를 분석한다. 또한 표적체계를 둘러싸고 있는 환경에 대한 분석도 아울러 수행된다. 마치 사회복지조직의 중장기 전략을 기획할 때 조직 내외부의 환경을 분석하듯이 하나의 프로그램을 기획할 때 '문제분석틀'을 가지고 클라이언트의 문제를 분석한다. 문제분석틀은 프로그램의 표적하는 문제의 본질과 정의, 발생규모의 심각성, 만연성, 분포상황, 문제가 발생하는 표적인구의 특성, 문제의 원인적 차원의 분석, 문제가 개인, 가족, 지역사회에 미치는 영향의 분석 등을 포함한다. 예를 들어, 노인치매, 성인의 알콜의존 및 중독, 가정폭력 및 아동학대 등의 문제에 대하여 문제분석틀에서 분석의 항목들을 대입하여 그 답을 찾아보는 과정이 프로그램 기획의 우선적 순서이다.

(2) 욕구조사 및 사정(assessment)

신규사업 및 프로그램의 기획을 위해서는 잠재적인 클라이언트인구집단, 지역사회주민, 혹은 사업대상자를 상대로 욕구조사를 시행하는 것이 그 다음 순서이다. 욕구(needs)란 개인, 가족, 집단, 조직, 지역사회, 국가 등의 잠재적 클라이언트가 어떤 조건이나 필요에 대하여 결핍된 상황으로서 이로 인하여 불만족 하거나 문제를 경험하게 되는 경우를 말한다.[23] 사회문제(social problem)와 욕구(needs)는 동전의 양면처럼 다른 차원이지만 연결되어 있는 개념이다. 어떤 특정한 욕구수준을 만족시키지 못하는 현실적 상태가 사회문제적인 현상으로 이해될 수 있는 것이다. 사실상 프로그램의 목적과 목표, 그리고 핵심적 서비스의 내용설계는 바로 표적되어지는 사회문제 및 욕구에 기반하게 되는 것이다.

욕구조사는 다양한 유형으로 시행될 수 있는데, 일반적으로 사회복지학계와 실천현장에서는 고전적으로 브래드쇼(J. Bradshaw)의 사회적 욕구유형이론[24]에 의한 욕구조사 및 사정방안을 제시하고 있다. 브래드쇼는 사람들이 지니는 사회적 욕구(social needs)를 규범적(normative) 욕구, 인지적(felt) 욕구, 표출적(expressed) 욕구, 비교적(comparative) 욕구 등으로 구분하고 이러한 욕구들을 파악할 수 있는 다양한 조사방법들을 〈표 7-9〉와 같이 제시하고 있다. 브래드쇼의 욕구유형은 매슬로우(Abraham H. Maslow)의 욕구위계이론(hierarchy of needs)[25]처럼 인간이 가진 특정한 본질적 욕구(생리적 욕구, 안전욕구, 소속과 사랑의 욕구, 자존감욕구 자아실현의 욕구 등)를 분류한 것이 아니라, 그러한 욕구가 어떻게 파악되고 분석되는가에 따른 유형으로 나눈 것이다.

〈표 7-9〉 Bradshaw의 욕구유형에 따른 욕구조사 방법

욕구유형	개념 및 내용	욕구조사방법
규범적 욕구	전문가에 의한 진단 및 규정으로 파악된 욕구	• 전문가/주요정보제공자 조사 • 델파이기법(전문가대상)조사 • 선행된 기존 연구 등
인지적 욕구	클라이언트의 인식과 인지를 조사하여 파악된 욕구	• 역사회공청회/포럼 개최 • 표적집단 서베이조사 • 초점집단면접 등
표출적 욕구	잠재적 클라이언트가 언급(토로)하거나 서비스를 요청한 기록등을 조사하여 파악된 욕구	• 서비스의 기록 및 웨이팅리스트 • 서비스기관의 자원목록 조사 등
비교적 욕구	표적집단과 유사한 환경이나 사회경제적 조건에 처한 사람들은 비슷한 욕구를 가졌을 거라고 보고 이를 조사하여 파악된 욕구	• 기존의 욕구관련 통계자료(지역별 비교) • 서비스 자원목록 조사 등

(3) 프로그램 참여자선정

최근 사회복지현장에서는 '대상자'라는 표현보다 '참여자'로 표기하는 것이 바람직하다는 인식이 제고되고 있다. 이러한 맥락에서 2018년 사회복지공동모금회 사

업신청서 작성매뉴얼에 핵심참여자와 주변참여자로 용어를 변경하였다. 둘 다 모두 [그림 7-3]에 제시된 클라이언트인구에 해당하지만, 전자는 프로그램을 통하여 성과에 관련된 변화(정서, 태도, 인지, 행동, 지위, 조건, 환경 등)가 기대되어지는 핵심 클라이언트를 말하고 후자는 이러한 변화에 밀접하게 관여되는 중요한 관련참여자들을 말한다. 예를 들어, 장애청소년 사회통합력 증대 프로그램에 함께 참여하는 비장애청소년들은 주변참여자의 위치를 점하게 된다.

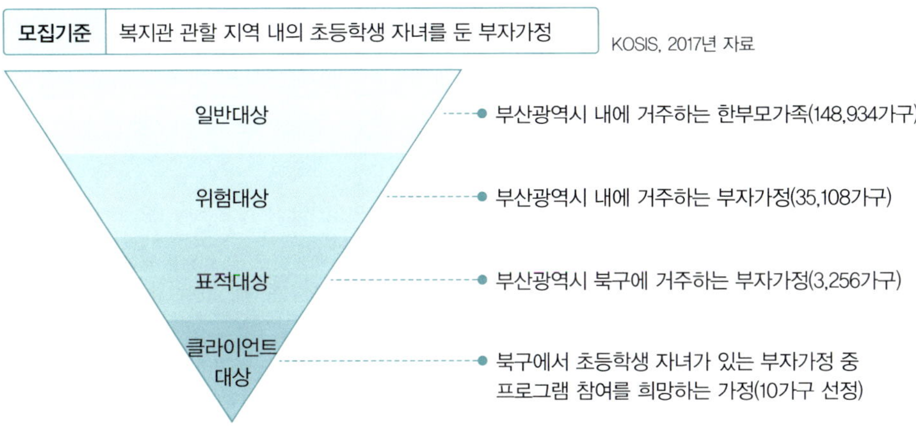

[그림 7-3] 프로그램 참여자 선정을 위한 도식화 사례: 부자가정의 가족관계 및 사회성 향상 원예치료 프로그램

[그림 7-3]에서 클라이언트인구(client population)은 최종적으로 프로그램에 참여하여 서비스를 받게 되는 참여자들을 말한다. 해당 프로그램의 대상이 되는 인구는 표적인구(target population)이지만 모든 표적인구를 참여시킬 수는 없는 것이다. 표적인구는 프로그램의 표적하는 문제를 현재 가지고 있는 인구 혹은 클라이언트이다. 표적집단의 인구 가운데서 프로그램 시행 기관의 현실적 수용력(제공인력, 공간, 비용, 시간적 할애 등), 표적인구 당사자들의 참여여건(시간적, 지리적 접근성, 비용적 수용성, 프로그램이 요구하는 지적, 인지적 능력 등)을 만족하는 경우에 최종

핵심 참여자	• 부산 지역 내 사각지대에 놓인 정신장애인 20case
주변참여자	• 사각지대 정신장애인 발굴 및 연계 민 · 관 사례관리 담당자 40명
	• 정신건강사회복지 현장 전문가 5명
	• 맞춤형 컨설팅 자문단 4명

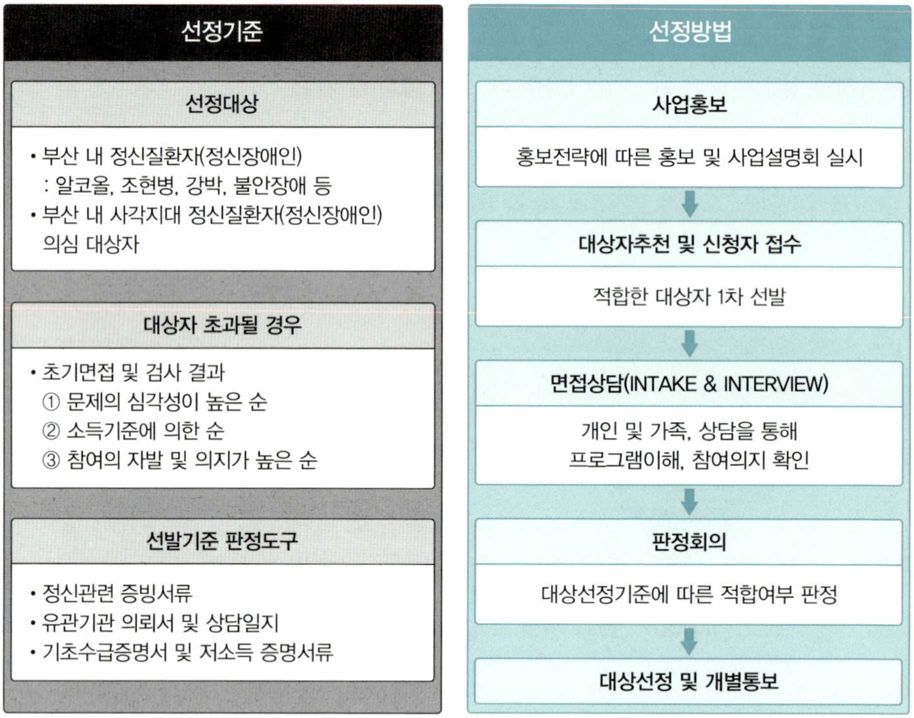

[그림 7-4] 프로그램 참여자 선정을 위한 도식화: 정신장애인 사례관리 프로그램

적으로 참여자가 될 수 있을 것이다. 물론, 개인적 능력차원을 우선적으로 기준시 하는 것은 아닐 수 있다. 한편, 최종적인 프로그램 참여자로 선정되는 데에는 클라이언트 당사자들의 자발적이고 고지된 동의(informed consent)가 전제되어야 하고, 이를 위한 프로그램내용에 대한 충분한 설명이 제공되어야 한다. [그림 7-4]에서는 최종적인 프로그램 참여자의 선정과정에 대한 세부적인 절차를 보여주고 있다. 이후 이루어지는 자발적 선택에 기반한 계약체결은 본서의 8장 '사회복지 프로그램 관리와 평가'에서 프로그램 참여희망자의 선정가 계약체결에서 좀 더 세부적으

로 서술되고 있다.

위험인구(at-risk population)는 프로그램이 표적하는 문제상황이 발생하지 않았지만 그러한 문제가 발생하거나 노출될 위험이 높은 인구집단을 말한다. 일반인구(general population)는 해당 문제나 욕구에 관련된 가장 포괄적인 인구집단을 말하는데, 프로그램의 주제에 따라서 매우 다양하게 설정될 수 있다.

(4) 목적 및 목표설정

프로그램의 기획에서 목적과 목표의 설정은 하나의 체계적 관계구조에서 이루어진다. 프로그램의 목적(goal)은 상위적으로는 사회복지조직의 미션 및 설립이념과 연결되어 있으며, 하위적으로는 성과/결과목표(objective)와 산출/과정목표들과 연결되어 있다.

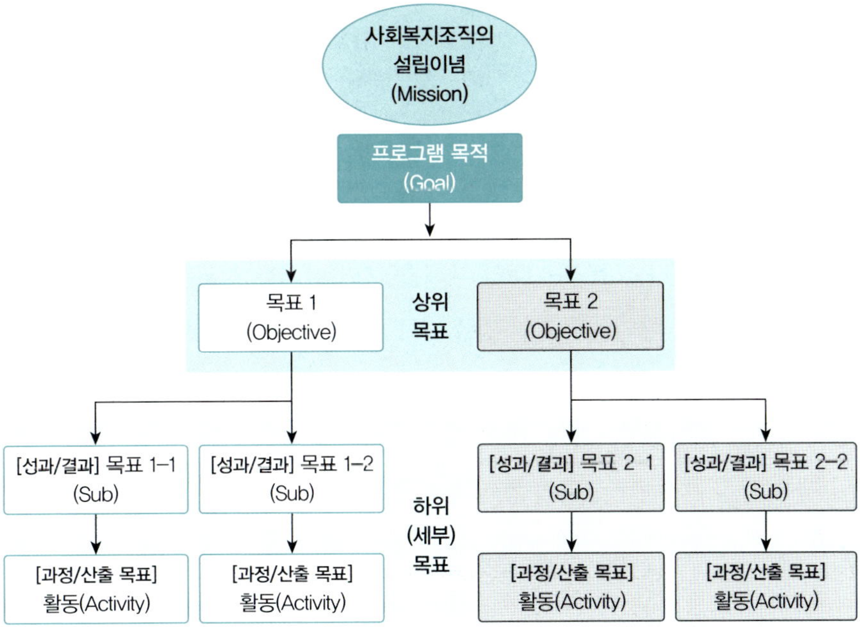

[그림 7-5] 프로그램 목적 및 목표의 체계: 목적-상위목표-하위목표(성과목표, 산출목표)

〈표 7-10〉 프로그램 목적, 성과목표, 산출목표 사례

프로그램 목적	지역사회 내 정신건강 사례관리 실무자 역량강화 교육을 통한 정신장애인 발굴 및 원스탑 지원 체계 구축, 맞춤형 사례관리(심리적안정, 자립) 지원		
년도 구분	2021년	2022년	2023년
성과목표	정신보건 전문가 양성 및 맞춤형 컨설팅 지원을 통해 원스탑 지원체계 구축	전문가집단 교육 매뉴얼 발간 및 성과보고회를 통한 체계적 정신장애인 전문가 모델링 제시	지역사회 현장전문가 양성 및 매뉴얼 발간을 통한 지역사회 내 정신건강 사례관리 모델링 제시
2021년 산출목표	목표 1. 정신전문사례관리 원스탑 지원 체계(컨소시엄 연계)구축을 통한 활성화 도모 하위목표 1. 컨소시엄 협약 체계의 활성화 도모(간담회 및 월1회 이상 연계) 하위목표 2. 정신건강네트워크 체계 활성화 도모(위원 간담회, 리더 워크숍, 소집단 워크샵) 연 1회 이상 실시)		
	목표 2. 정신건강 사례관리 실무자 역량강화 교육을 통한 전문가 양성 하위목표 1. 사례관리 실무자 역량강화를 위한 전문교육 30시간 이상 실시 하위목표 2. 교육 참여자 75명 중 80% 이상 수료		
	목표 3. 전문자문체계(솔루션팀) 구축을 통한 맞춤형 정신건강 사례관리 실시 하위목표 1. 자문집단(1집단 : 1솔루션위원) 매칭을 통해 통합사례회의 및 솔루션회의 3회 이상 실시 하위목표 2. Q&A 및 맞춤형 컨설팅을 통한 사례집, Q&A집 1회 이상 발간 하위목표 3. 연 1회 성과보고회(성과 및 영역별 사례발표)를 통한 맞춤형 사례 관리 성과 발표		

목적(goal)은 프로그램의 종국적으로 달성하기 위한 결과 및 지향점을 추상적으로 서술한 문장이다. 〈표 7-11〉의 사례를 보면 이러한 성과목표(objectives)로서 '아동학대 행위자의 학대위험요인 감소', '아동학대 행위자의 부모양육태도 향상', '아동학대 피해가정 가족기능 강화' 세 가지를 제시하고 있는데, 이러한 성과목표가 궁극적으로 지향할 수 있는 프로그램 목적은 학대아동발생가족 구성원의 '복지 및 행복 향상', '가족구성원의 통합과 아동의 건강한 성장' 등으로 제시될 수 있겠다.

〈표 7-11〉 성과목표와 산출목표의 예시[26]

성과목표	평가 도구 및 방법	측정시기
아동학대 행위자의 학대 위험요인 감소	• 성과지표: 학대위험 20% 감소 • 평가도구: 학대위험도 평가척도 • 평가방법: 학대행위자 20가정 대상 사전 사후 설문조사	사전(2월), 사후(12월)
아동학대 행위자의 부모양육태도 향상	• 성과지표: 부모양육태도 20% 향상 • 평가도구: 부모양육태도검사(PAT) 척도 • 평가방법: 부모, 가족구성원 사전 사후 설문조사	사전(4월), 사후(12월)
아동학대 피해가정 가족기능 강화	• 평가주체: 본 기관 담당자 • 평가방법: 참여자 20가정 대상 구조화된 질문지로 인터뷰 실시	사업종료 후 (12월)

세부사업명	산출목표	모니터링 방법
맞춤형 서비스 지원	20가정 일반상담 5회, 총 100회 실시	방문일자별 상담기록 작성
	20가정 심리치료 1회, 총 120회 실시	검사 결과/치료 일지 확인
	서비스 통합사례회의 5회 실시	사례회의록 작성
	일상생활 지원 가정별 1회, 총 20회 실시	자원연계 내역 기록
양육교육 프로그램	전문가 상담 및 교육 가정별 2회, 총 20회 진행	교육 일지 및 상담기록 작성

목표는 성과목표(outcome objectives)와 산출목표(output objectives)로 나누어져서 '목적-목표(성과)-목표(산출)'로 위계화된다. 성과목표는 프로그램의 결과로서 참여자에게 기대되어지는 변화에 관련된 것을 서술하는 것으로 보통 SMART기법으로 서술하는 것이 요청되고 있다. 목표설정의 다섯 가지 서술 원칙으로서 구체적(specific), 측정할 수 있도록 서술되어야 하며(measurable), 성취할 수준으로 적절하게 설정되며(achievable), 결과 지향적이어야 하고(result-oriented), 마지막으로 달성할 시간적 한계가 표시되어야 한다(time-bounded).

산출목표는 과정목표라고 인식되기도 하는데 성과를 달성하기 위하여 제공되는 서비스내용과 활동에 대한 것을 목표로 설정하는 것이다. 예를 들어, 아동학대 발생 20가정에 대하여 맞춤형 서비스를 지원하기 위하여 각 가정별로 일반상담

5회, 심리치료 1회, 서비스통합사례회의 1회, 일상생활지원 1회를 제공하는 것으로 서술하는 것을 말한다.

프로그램의 기획과정에서 성과목표와 산출목표(과정목표)는 반드시 분리해서 두 개 모두 서술되어야 하며, 성과목표에 따르는 산출목표는 알맞게 짝지어져서 제시되도록 하는 것이 바람직하다.

(5) 프로그램 설계

① 프로그램 가설

프로그램 설계는 이전 단계까지 이루어진 프로그램 기획에서의 뼈대를 중심으로 구체적이고 세부적인 서비스관련 활동 및 콘텐츠, 개입(intervention)방법, 예산계획의 수립 등 나머지 부분을 완성, 조직화 해가는 작업을 말한다. 프로그램의 세부적 활동들을 조직화하는 과정에서는 '프로그램가설'은 중요한 기반이 되어야 한다. 일반적으로 프로그램 가설은 'if A(프로그램, 서비스, 세부활동 등), then B(성과)'의 형식으로 서술된다. 즉, 목적 및 목표로 설정된 성과를 만들어내기 위한 세부적인 서비스, 개입방법, 활동들은 무엇이 될 것인가를 탐색하고 찾아내어 프로그램에 반영하는 것이다. 그러므로 이러한 서비스(개입활동)-성과 사이의 인과적 관계를 이론적으로 강력하게 뒷받침할 수 있는 사회복지실천에 관련된 이론을 탐색하고 선정하는 것이 매우 중요한 작업이다. 예를 들어, 가정폭력 가해자 분노조절을 하는 것이 프로그램의 목표(성과)라면, 이러한 '분노조절'이라는 종속변수에 영향을 미치는 '독립변수'(예를 들어, '인지적 변화')들에 관하여 연구된 이론적 접근을 학습하고, 그러한 '인지적 변화'를 해당 프로그램에 어떻게 반영하여 서비스 및 개입활동으로 만들 것인가를 고민하는 것이다.

② 타당하고 실행가능한 대안모색

프로그램 설계에서는 결국 목표하는 결과를 달성하는데 긍정적 영향을 미치는 원인적 요소를 프로그램에 어떻게 합리적으로, 그리고 현실적 여건을 고려하여 실질적 방법으로 실천화할 것인가가 관건이 된다. 이러한 측면에서 프로그램 설계는 실천개입을 위한 다양한 대안(원인변수)를 찾아보고 이 가운데 가장 적합한 대안들을 선정하는 의사결정의 과정이다. 다양한 대안들 가운데 실제 프로그램으로 설계되어 서비스 및 개입활동으로 실행되는 대안(들)은 이론적 구조에 비추어진 '타당성'(클라이언트의 문제를 해결하고 표적하는 변화를 일으키는데 주효한 대안인가?)과 현실적 '실행가능성'(선정될 대안이 경제적으로, 기술적으로, 정치적으로 수행될 가능성이 높은 대안인가?)을 만족시키는 대안이라고 할 수 있다.

③ 사회복지 개입(intervention)전략지식

프로그램 설계는 결국 구체적인 사회복지개입방법을 형성하는 것을 의미한다고 보면, 실제 프로그램의 기획을 완성하기 위해서는 기획자들의 사회복지실천관련 지식과 경험이 풍부해야 한다. 이 기획의 과정은 결코 일반 행정기획 및 평가전문가들에 의해서 수립되기는 어렵다. 사회복지실천에 기반이 되는 주요한 이론, 예를 들어 생태체계적관점, 클라이언트강점관점, 임파워먼트 및 역량강화를 위한 접근 등에 관한 지식을 활용할 수 있어야 하고, 프로그램을 통하여 제공되는 서비스 및 개입이 클라이언트 개인수준에서 이루어지는지, 집단이나 지역사회차원에서 이루어지는 것이 좋은지를 판단할 수 있어야 한다. 또한 개입전략의 맥락이 인지적차원으로 접근(예, 학습, 정보제공, 관련주제 교육 등)하는 것이 좋은지, 정서적차원(스트레스해소, 정서 및 감정의 조절, 변화 등), 행동적 차원(예, 반사회적 행동 및 일탈행위의 조절 등)으로 접근하는 것이 좋은지를 판단할 수 있는 지식이 필요하다.

④ 프로그램 세부활동들의 조직화

프로그램 설계에서는 성과를 불러일으킬 원인적 개입방안 및 서비스들을 선정하는 것도 중요하지만, 선정된 개입활동들을 조직화(organizing)하는 것도 중요한 작업이다. 일반적으로 하나의 성과(클라이언트에게 기대되어지는 변화)를 이루는 데 있어서 한 가지의 서비스, 한가지의 개입방법 및 활동들이 제공되기보다는 다중의 서비스들이 연결되고 통합되어 시행된다. 이러한 다중의 활동들을 체계적으로 배치할 때 보통 중요한 기준으로 연속성, 계열성, 통합성, 다양성 등을 고려해야 한다.[27]

연속성의 원리는 중요한 서비스 및 개입활동은 1회에 끝내지 않고 반복하여 연속적으로 제공한다는 것이다. 연속적 개입은 클라이언트에게 강화의 효과를 미칠 수 있다. 대개 교육 및 훈련된 인지적 접근의 개입활동을 조직할 때 활용된다. 계열성의 원리는 세부 활동들이 일정한 순서에 따라 조직, 배치, 시행되도록 해야 함을 의미한다. 통합성의 원리는 세부 활동들을 조직할 때, 서로 분리되어 독립적으로 시행되는 것이 아니라 특정 성과목표를 위하여 상호 연결되어 제공되도록 조직화해야 한다는 것이다. 예를 들어, 시설아동의 자립지원서비스 프로그램에서는 자립생활의 체험, 인지적 성장을 위한 교육훈련, 정서적지지 서비스 등이 통합적으로 제공되도록 조직한다. 다양성원리는 단어 의미 그대로 참여자들의 특성과 욕구, 관심을 반영할 수 있도록 다양한 모습을 갖추도록 설계되어야 한다는 것이다.

4) 로직모형(logic model) 기반 프로그램 기획

로직모형은 사회복지조직의 활동이 클라이언트 집단 및 사회에 미치는 결과를 논리적 인과관계의 흐름으로 표현한 것이다.[28] 로직모형은 체계이론의 투입, 과정, 산출, 성과의 기본틀을 사용하여 프로그램의 전체내용을 도식화하고 투입자원 –

프로그램의 활동들 - 목표로 설정된 변화 및 결과 사이의 관계를 쉽게 이해하도록 제시하는 모형이다.[29] 이 모형은 오랫동안 공공 및 민간영리/비영리 기관들에 의해 프로그램의 기획과 성과관리 및 평가모형으로 널리 활용되어 왔고, 한국의 사회복지교육과 실천현장에서는 사회복지프로그램의 기획과 관리, 평가 작업에 빈번히 제시, 활용되고 있다.

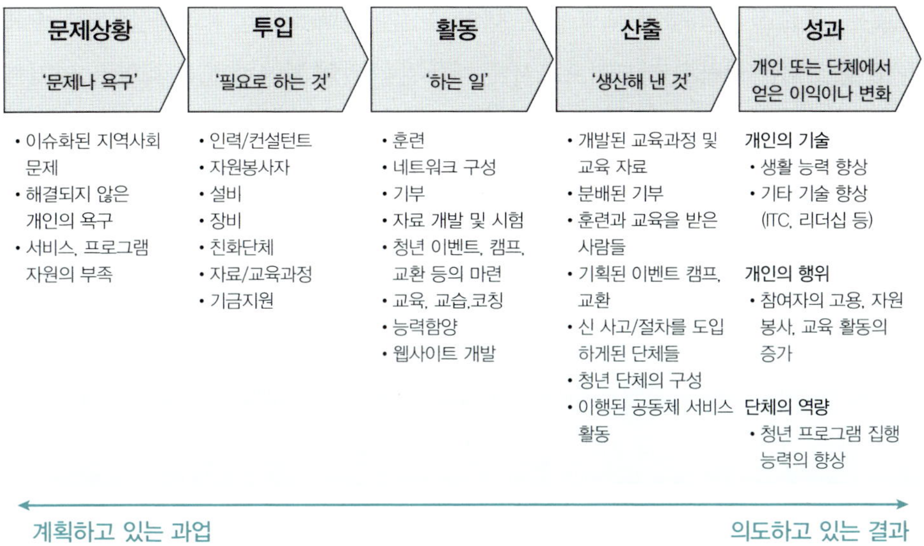

[그림 7-6] 논리모형의 도식화 및 세부내용

3 사회복지기획을 위한 의사결정

사회복지기획은 새로운 대안들을 책정하고 선택해가는 하나의 중요한 의사결정과정이다. 사회복지조직 차원의 장기적 기획이든, 매년 이루어지는 단기적 사업 또는 프로그램의 차원의 기획이든 기획은 조직 내의 의사결정과정을 기반으로 이루어진다.

① 의사결정의 이론적 모형

정책결정과정에서의 의사결정방식은 문제해결을 위한 대안선택 과정에서의 합리성과 현실성 사이에서 추구되는 세 가지 모형이 이론적으로 주로 제시된다.

첫째, 포괄적 합리주의 모형이다. 대안제시와 선택에서의 합리성을 가장 중요한 요소로 보는 의사결정 모형으로서 문제해결을 위한 가능한 모든 대안을 열거하고 대안들의 장점과 단점, 비용적 효율성 등을 모두 점검하고 따져서 가장 최선의 대안을 선택하는 것이다. 매우 합리적인 접근이나, 가능한 대안을 모두 열거하고 검토할 수 있다는 다소 비현실적인 가정을 기반하고 있어서 현실적으로 활용되기는 쉽지 않을 수 있다.

둘째, 점증주의(incrementalism) 모형이다. 가능한 대안을 모두 열거하기보다는 이전에 선행된 대안들을 검토하여 문제점을 보완하고 수정하고 점점 더 보다 향상된 대안을 가질 수 있도록 하는 접근이다. 말 그대로 '점점 더 향상된다'는 의미의 'incremental'의 목적을 가진다.

셋째, 제한적 합리주의 모형이다. 점증주의가 현실적 접근에 가깝지만, 반대로 포괄적 합리주의가 지니는 합리성과 혁신성이 부족한 것이 지적된다. 이 두 가지 모형을 혼합하고 절충한 것이 제한적 합리주의 모형이다. 필요한 대안을 열거하고 검토함에 있어서 현실적으로 가능한 대안들을 제한적으로 선정하여 그 범위 안에서 대안들의 검토에 합리성을 추구하는 것이다.

BOX 7.4 사회복지 프로그램 기획의 이론과 현실

사회복지 프로그램기획의 이론적 모형에도 불구하고 기획의 과정과 방법에 있어서 현실적인 한계와 현상이 존재한다. 이론적 차원에서 합리주의 모형으로 접근하면 새로운 프로그램의 개발은 '무'에서

'유'를 창조하는 것이다. 그러나 이것은 사회복지실천현장에서 쉽게 이루어지기 어려운 활동 혹은 기획의 과정이다. 특정기관에서 선경험이 없는 새로운 분야 혹은 영역에서의 프로그램기획은 일반적으로 국내외의 관련 동종 서비스기관에서의 선 경험을 참조하게 되는 것이 일반적이다. 표적대상인구가 다소 새로운 집단이라면 기존의 일반적인 빈곤취약계층 인구집단에 시행되었던 프로그램을 일부 수정하여 적용하기도 한다. 예를 들어, 한국사회의 1990년대 말경에는 다문화가정 및 북한이탈주민을 대상으로 하는 사회복지관의 사회적응 및 사회통합 서비스는 과거 사례들이 거의 없었기 때문에 기존의 빈곤가정대상을 대상으로 하는 프로그램을 활용하여 수행한 다음, 새로운 대상인구의 특성들(예를 들어, 문화적 인식차이, 한국어소통 문제, 복지서비스자체에 대한 낯설음 등)을 경험한 후 점차적으로 수정, 보완하여 프로그램을 완성해 가는 상황이 일반적이라고 할 수 있었다.

② 대안들의 선정기준 및 방법

문제를 해결하고 서비스를 마련하고자 하는 목적에서 다양한 대안들이 제시될 때 적절한 대안을 선정하거나 우선순위(priority)를 가리고자 할 때 어떤 기준으로 할 것인가를 고려하는 것이 필요하다. 일반적으로 이러한 기준 가운데 대안의 효과성(얼마나 문제해결에 영향을 미치는가?), 효율성(비용적으로 상대적 우위를 점할 수 있는가?), 실행가능성(실제로 대안이 실행되고 집행될 수 있는가? 실행되는데 방해요소나 문제점이 상대적으로 적은가?) 등이 중요하게 고려될 수 있다.

③ 의사결정의 기법

사회복지기획은 의사결정의 연속이다. 이러한 의사결정을 위한 대표적인 기법들은 다음과 같이 열거될 수 있다.[30] 의사결정과정에서 집단 구성원들의 참여성에 기반하여 가능한 자유로운 의견개진과 민주적 결정과정을 통하여 이루어가는 방법으로 구조화된 브레인스토밍, 명목집단기법 등이 있고, 전문연구자의 전문적인 접근으로 최적의 대안을 결정해 가는 기법으로 FGI, Delphi 기법 등이 존재한다.

〈표 7-12〉 의사결정기법의 유형과 세부방법[31]

대분류	하위분류	세부방법
참여적 집단의사결정 (참여성 중요시)	구조화된 브레인스토밍	• 조직구성원들의 다양하고 좋은 의견개진을 위한 최대한 자유로운 분위기 조성 및 유도 • 자유롭지만 산만하지 않고, 진행 및 의사결정과정을 논제의 테두리를 벗어나지 않도록 구조화함 • 의견들의 구조화 및 시각적 정리: storming web, tree diagrams, flow diagrams, Hollinger의 brain writing, SWOT분석기법을 활용한 브레인스토밍 등
	명목집단기법 (Nominal Group)	• 의사결정과정 참여자의 평등한 권한을 보장 • 구성원간의 집단적 상호작용의 역학(지위, 권력 등이 반영된 집단의 힘) 개입 억제 • 민주적 의사결정 방식으로 진행될 것을 강조 • round robin(일정시간내 한 사람씩 돌아가면서 말하기) 방식 활용 • 최종결정은 1인 1표 방식 선호
전문적 집단의사결정 (전문성 중요시)	초점집단면접 FGI (Focused Group Interview)	• 집단면접을 통한 의사결정과정 • 집단적 상호작용의 의도적 활성화 유도: 논의 주제를 대면적 상호작용의 관계 속에 던져놓고 그들 간에 의견들이 어떻게 교환, 생성, 진전되어가는 지 기록, 분석하여 의사결정의 답을 얻음
	델파이기법 (Delphi technique)	• 의사결정 참여자들이 익명적 패널(anonymous panel)로 구성되어 주제 관련된 설문조사를 수차례 되풀이하여 응답 및 의견을 제시 • 델파이 운용자(주로 전문연구자)가 반복 수집된 그 응답 및 의견을 수집, 요약, 정리하여 패널들의 의견을 좁히고 수렴하여 대안을 탐색함

이 밖에도 집단적 의사결정의 기법으로 컨센트 칼렌더(consent calendar, 동의달력)기법, 개인적 의사결정의 기법으로 의사결정나무분석, 대안선택흐름도표 등도 의사결정기법으로 활용되고 있다. 컨센트 칼렌더기법은 집단의 구성원들에게 모든 사람들의 제안이 적혀있는 응답지를 돌리고, 그 제안사항 밑에 '동의/반대/논의'의 세 가지 의견개진 항목을 설정해서 그 중에 하나를 표시하도록 요청하는 방법으로 일정기준의 '동의'수준, 예를 들어 60% 혹은 75% 등을 제안의 최소승인 수준으로 정하여 의사결정을 하는 방법을 말한다.[32]

1 김영종 (2011). **사회복지행정**. 서울: 학지사.

2 Lohmann, R. A., & Lohhmann, N. (2002). *Social Administration*. New York: Columbia University Press.

3 상게서.

4 NCS. **사회복지행정**. 학습모듈-01 '사회복지기기획' 참고.

5 Lewis, J. A., Packard, T., & Lewis, M. D. (2007). *Management of Human Service Programs* (4Ed.). Thomson Higher Education.

6 김영종, 전게서, pp. 275-281.

7 최상미, 김아래미 (2020). **사회복지행정론**. 학지사. p. 105.

8 NCS. 사회복지행정. 학습모듈-01 '사회복지기기획'. p.7.

9 최상미 외, 전게서. p. 105.

10 최상미 외, 전게서, p. 107; 유튜브 '더 밸류즈 TV' 자료의 내용(https://www. youtube. com/watch?v=3lUGVXSZE5Q&t=387s)을 인용하여 편집, 서술하였음.

11 NCS, 사회복지행정. 학습모듈-01 '사회복지기획' 참조.

12 최상미 외, 전게서, pp. 111-112.

13 최상미 외, 전게서, pp. 115-116.

14 황성철, 정무성, 강철희, 최재성 (2020). **사회복지행정론**(4판). 정민사. p. 217.

15 Hall, R. (1977). Organization: Structure and Process (2nd ed.). Englewood Cliffs, NJ: Prentice Hall; 김영종 (2017)에서 재인용.

16 황성철 외, 전게서, pp. 221-222; 신복기, 박경일, 이명현, 윤기혁, 권진아 (2020). **사회복지행정론**. 공동체. pp. 122-124; 김영종, 전게서, pp. 129-132를 참고하여 정리하였음.

17 NCS, 사회복지행정, 학습모듈-01 사회복지사업기획. p. 6.

18 상게자료, pp. 22-23.

19 상게자료, p. 35.

20 황성철, 정무성, 강철희, 최재성, (2009). **사회복지행정론**. 공동체.

21 황성철 외, 전게서, p. 375.

22 이민홍, 정병오 (2012). **사회복지 프로그램 개발과 평가**. 나눔의 집. pp. 48-49.

23 이민홍, 정병오 (2020). **사회복지 프로그램 개발과 평가**. 양서원. p. 83.

24 Bradshaw, J. (1972). A taxonomy of social need In Mclachlan, G. editor. *Problems and progress in medical care: essays on current research*(7th series). Oxford, Nuffield Provincial Hospital Trust.

25 Maslow, A. H. (1943). A theory of human motivation. Psychological Review, 50(4), 370-396.

26 김나리, 박재영, 임종린(2021). **사례로 배우는 사회복지행정실무**. 어가. pp. 147-148.

27 정무성 (2014). **사회복지프로그램 개발과 평가**. 정민사; 우수명 (2018). **사회복지 프로그램 개발과 평가**. 지식공동체.

28 이민홍, 정병오 (2020). p. 271.

29 로직모형에 대하여 Funnell & Rogers(2011), Joy A. Frechtling(2015)는 그 원류적 논의시기를 1950년대까지로 거슬러 올라간다고 보고 있고, Patricia J. Rogers(2005)는 Edward A. Suchman의 평가조사에 관련된 저서(1968)에서 그 원류를 찾고 있다. 자세한 소개는 위키피디아 자료 https://en.wikipedia.org/wiki/Logic_model#cite_note-13를 참조하기 바람; Suchman, E. (1968). *Evaluative Research: Principles and Practice in Public Service and Social Action Progr*. New York: Russell Sage Foundation.

30 김영종 (2017). **사회복지행정**. 학지사. p. 267, pp. 281-287.

31 상게서, pp. 282-287 내용을 기반으로 자료를 보완하여 정리, 서술하였음.

32 '동의칼렌타(consent calendar)' 기법에 대한 보다 자세한 설명은 다음 책을 참조하기 바람. 김경희 (2007). **사회복지행정론**. 청목출판사. pp. 89-90; 남일재, 문영주, 오주 (2015). **사회복지행정론**. 정민사. p. 129.

CHAPTER 08

프로그램 실행관리와 평가

프로그램 실행관리란 기획한 사회복지사업 및 프로그램을 기획한대로 적절하게 수행하고 목표한 성과를 달성하기 위하여 사업이나 프로그램이 시작된 후부터 종료까지 이행과정과 내용을 점검하고 관리하는 활동을 말한다. 또한 프로그램의 평가란 집행한 프로그램이 제대로 수행되고 목표한 성과를 달성했는지를 검토하고 분석하는 활동이다.

1 사회복지프로그램 실행관리

기획된 사회복지 프로그램이 집행되기 시작하면서 프로그램 담당자가 수행해야 하는 전체적인 실행 과정을 세부적으로 열거하면 〈Box 8.1〉과 같다[1]. 여기에는 프로그램 홍보 및 참여희망자 접수, 참여자선정 및 계약, 프로그램의 세부적 집행활동으로서 예산집행, 일정계획확인 및 관리, 과정기록 및 문서작성 등이 포함된다.

BOX 8.1 사회복지프로그램 실행의 세부과정

1. 프로그램의 홍보 및 참여희망자 접수

- 잠재적인 표적집단(클라이언트)를 대상으로 홍보 및 모집광고
- 잠재적 표적집단에게 제공할 프로그램 설명서 작성: 프로그램 내용 및 목적 설명, 이용자 권리 및 역할, 교통 및 접근방법, 담당자 연락처 등을 포함([그림 8-1] 참조)
- 각종 홍보물의 제작(인쇄물, 전단지, 소식지, 현수막 등 제작 및 광고)
- 우편, 전화, 신문 및 방송, 온라인 sns 등의 매체를 활용하여 광고・홍보
- 프로그램 참여희망자의 신청접수 및 면담(전화, 내방, 온라인, 아웃리치 등의 경로로 접수)

2. 프로그램 참여자의 선정 및 참여계약

- 프로그램 기획시 표적인구 및 클라이언트인구 집단의 조건을 만족시키는 대상자 중에서 선정회의를 거쳐 선정
- 선정시 참여희망자 가운데 취약계층을 위한 선정기준을 감안(우선대상자 선정 및 참여기준, 비용감면 등 고려. 〈표 8-1〉 참조)
- 클라이언트와의 참여계약에 포함될 내용(〈표 8-2〉 참조)

3. 프로그램 집행과 관리

- 예산의 최종 확정 및 집행, 정산 및 보고
- 프로그램 일정계획과 관리: Gantt Chart, PERT도표, 흐름도 작성 등
- 프로그램 과정 기록 및 문서 작성

2013년 [illegible] & [illegible]
지역사회 자립네트워크를 통한 장애인 리더양성 및 자립역량강화사업

설명회 자료

2013. 3

VII 사업 진행에 따른 협의 및 지원사항

이 사업은 [illegible]에서 [illegible]의 지원과 [illegible]의 관리를 받아 진행되는 사업입니다. 이에 사업실적보고 및 지원비 사용의 투명성과 절차를 준수해야 하는바 아래와 같이 몇 가지 사항을 안내드립니다.

1. 분기별로 사업에 대한 예산집행 및 추진내용을 제출해야 하는 바 사업진행에 따른 경과 및 서류(영수증)를 요청할 수 있습니다.

2. 각 권역별 사업관련 현수막을 제작시 사업명과 아울러 주최는 [illegible]로, 후원은 생명보험사회공헌위원회, [illegible]으로 꼭 명시해 주셔야 합니다. 그리고 각 기관들은 주관기관으로 기입하기면 됩니다.

3. 장애인의 개인정보 보호를 위해 사진촬영시 동의를 구해주시고, 정보에 대해서는 주민번호를 기입하는 것은 최소화 해주시기 바랍니다.

4. 각 권역별 사업 수행을 위해 참여기관별 사업 진행비를 입금할 수 있습니다.
입금의 원칙은 계좌이체이며, 사업 수행 전 계좌번호를 알려주시기 바라며, 사업진행시 영수증은 사본을 제출하여 주시기 바랍니다. (원본대조필하여)

5. 예산처리는 사회복지재무회계규칙을 준용하며, 사업금액의 잔여액이 발생시에는 협의하여 처리하여 주시기 바랍니다.

VIII 사업 진행관련 문의사항

- 7 -

[그림 8-1] 사회복지기관의 프로그램 설명서 사례

1) 프로그램홍보

(1) 홍보 및 마케팅

사회복지프로그램의 기획되어 실제로 수행되기 위한 구체적인 과정들에 대한 관리적 기제가 중요한 단계이다. 이러한 실행 및 관리의 첫 단계로서 프로그램에 참여할 잠재적 클라이언트의 확보와 예산의 확보를 위한 홍보활동이 매우 중요하다. 이 홍보 활동은 종종 프로그램을 위한 사회복지마케팅과 연결되어 인식되고 있는데 이기에 관해서는 본서의 '12장 사회복지소식의 마케팅과 홍보'에서 보다 세부적으로 서술되고 있으므로 이를 참고하기 바란다.

(2) 홍보의 표적효율성

프로그램의 홍보에서 중요한 것은 홍보의 효율성을 가지도록 하는 것인데, 즉 프로그램이 표적하는 문제를 가진 표적인구의 범위를 설정하고 이 인구집단을 위주로 홍보하는 것이라 할 수 있다. 프로그램 홍보의 방법 및 수단으로서는 인쇄물을 제작하여 물리적으로 배포하는 방법, 전화홍보 및 온라인 홍보를 활용하는 방법, 신문이나 TV 광고를 이용하는 홍보방법, 기관의 게시판을 활용하는 방법 등이 존재한다.

BOX 8.2 사회복지조직에서의 다양한 홍보 매체

(1) 온라인 홍보: 홈페이지(모바일 호환용 포함), 소셜네트워크(블로그, 카페, 페이스북, 카카오 스토리 등)
(2) 내・외부 사인물 홍보: 입간판, 내부 게시판, 차량 래핑, 현수막(배너 포함), 도로 안내판 등
(3) 인쇄물을 통한 홍보: 소식지, 정보지, 전단지, 포스터 등
(4) 언론 홍보: 중앙지, 지방지, 방송(TV, 라디오), 지역 신문 등에 보도 자료 발송, 인터뷰, 기자회견, 드라마 제작 협찬 등
(5) 각종 기념품을 통한 홍보: 시즌별, 주제별, 대상별, 행사별 제작
(6) 특별 행사: 전시회, 기념행사, 후원행사 등

(3) 프로그램 홍보내용

프로그램에 관한 홍보 내용으로서는 프로그램의 세부 콘텐츠(구체적 서비스 대상, 표적하는 문제 및 현상, 시행장소 및 기관, 횟수, 구체적 서비스 내용, 클라이언트 준비사항, 필요한 경우 클라이언트 자기부담금, 프로그램 접근방법, 담당자 이름과 연락처 등)에 대하여 자세히 설명하는 것이 필요하다. 이와 함께 프로그램을 통한 클라이언트의 권리와 의무를 명시할 필요가 있고 자발적 동의에 의거한 참여관련 고지를 할 필요가 있다.

2) 프로그램 참여희망자 접수와 선정

(1) 접수 및 선정기반

프로그램의 참여를 희망하는 클라이언트를 대상으로 신청접수는 온라인과 오프라인으로 다양하게 접수할 수 있다. 클라이언트의 프로그램 신청 접수시 필요한 경우 신청을 위한 면담을 할 수 있다. 신청자를 대상으로 한 최종 대상자 선정은 프로그램 기획시 설정된 대상자 선정기준(일반인구-위험인구-표적인구-클라이언트 인구 식의 피라미드 구조상의 분류)에 입각하여 선정하되 이러한 집단구분의 수준에서 가장 중요한 수준으로서 '표적인구(target population)' 개념을 선정에 활용하여야 한다. 왜냐하면 표적인구은 바로 프로그램이 제공하는 서비스가 주어져야할 문제를 가지거나 욕구를 가지고 있는 사람들이기 때문이다.

(2) 최종참여자의 선정

최종참여자('클라이언트 인구')의 선정은 이러한 표적인구 가운데에서 참여의 현실적인 요건들(기관차원에서의 수용가능인원, 클라이언트 측면에서의 시간 및 공간적 서비스접근도, 프로그램이 요청하는 이해도 및 인지력, 자발적 참여의사와 동의, 필요시 비용지불능력 등)이 만족되는지 그 여부를 검토하여 이루어지게 된다. 서비스 및 프로그램 이용의 비용측면에서는 〈표 8-1〉과 같이 지역내 취약 및 저소득계층에 대한 감면과 같은 지원이 가능할 수 있음을 고려하는 것도 중요하다.

이러한 선정기준 및 여건 등을 감안하여 프로그램 관리자는 최종적으로 참여자 선정회의를 통하여 선정한다. 신청자 중에서 미선정된 대상자들에 대하여 추후 서비스 제공가능성과 예비참여자 순번(waiting list)을 고지할 수도 있다.

〈표 8-1〉 지역사회 취약계층 프로그램참여 감면지원(가상적 사례, A사회복지관)

1. 기준

구분	대상	적용율(%)	적용횟수	비고
면제	국민기초생활수급권자	100%	연 8회	기존유지
할인	국가유공자 및 등록장애인	50%	연 8회	추가적용

1) 「국민기초생활보장법」에 의한 수급자
2) 「국가유공자 등 예우 및 지원에 관한 법률」에 의한 국가유공자(본인 해당, 가족 비해당)
3) 「장애인복지법」에 따른 등록 장애인
※ 유의사항: 프로그램 이용료에 해당되며 필요한 경우 '재료비 및 교재비'는 별도 부담

2. 구비서류

1) (공통) 프로그램 이용료 면제 · 감면 신청서(※ 신청서양식 다운로드)
2) (공통) 구비서류 제출 시 신분증 지참(본인 확인용)
3) (공통) 환불계좌 통장사본(신청자 본인명의 통장)
4) (해당자) 수급자 증명서, 국가유공자 확인서, 장애인등록증
※ 모든 서류는 3개월 이내 발급된 것이어야 하며 해당 년도에만 적용 가능
※ 기존 프로그램 이용료 감면대상(국민기초생활수급권자)으로 해당 서류를 제출하신 경우, 증빙서류 1)에 해당하는 신청서만 추가 제출

3) 계약체결

사회복지실천현장에서 클라이언트와의 계약은 '프로그램 대상자로 확정된 이후 클라이언트와 기관의 의무와 과업, 구체적 실천활동을 상호 약속하는 것'[2]을 의미한다.

BOX 8.3 프로그램 참여계약에 포함될 내용

(가) 구조적 요인: 프로그램명, 대상자, 날짜 시간, 장소
(나) 문제: 클라이언트가 규정한 문제, 사회복지사가 규정한 문제, 개입활동을 위한 합의된 문제개요, 최종목표
(다) 최종목표: 명확하고도 구체적으로, 목표달성 정도가 측정될 수 있도록 기술
(라) 계획: 접근방법, 클라이언트 과제, 사회복지사의 과제, 세션 내의 과제, 평가계획(목표와 과정에 대한 평가)
(마) 비용: 합의된 목표를 달성하기 위하여 사용될 비용
(바) 서명날인: 클라이언트 서명날인, 사회복지사 서명날인

프로그램실행을 위한 사회복지기관(담당자)과 클라이언트와의 계약은 무엇보다 프로그램의 목적과 내용을 분명히 설정하고 또한 양자사이의 역할과 책임을 합의적으로 명시함으로써 갈등을 예방할 수 있다. 그러므로 계약을 통하여 클라이언트가 자신의 역할과 기능을 잘 인식하고 프로그램제공자(담당자)와 자신이 대등한 인격체로서 인정받는다는 느낌을 주어 보다 프로그램참여에 적극성을 지니게 할 수 있다. 이러한 계약의 장점들은 프로그램 실행의 결과로서 성과를 높이는데 기여할 수 있게 된다.

4) 예산의 집행 및 관리

여기서는 프로그램 기획을 위해 작성된 프로그램 예산서를 기반으로 예산집행이 실제로 이루어지는 내용을 말한다. 그러나 프로그램을 담당하는 실무자들은 예산 및 회계관련 지식이 높지 않으므로 예산집행이나 회계관리가 쉬운 과업이라고 할 수 없다. 사회복지사 보수교육을 통하여 종종 회계 및 예산업무지식을 교육하고 있지만 현실적으로 충분하게 교육되고 있지 못한 것이 현실이라, 향후 강화될

필요가 있다. 예산의 유형이나 기본적인 사항에 대해서는 본서의 7장 '사회복지기획'과 10장 '재정관리'에서 소개하고 있으므로 참고하기 바란다.

여기에서는 예산집행에 관한 절차에 대해서 간략히 서술하기로 한다.[3] 우선 프로그램 담당자는 예산집행 및 관리를 위하여 다양한 서류 및 자료들을 갖추어 점검하고 참조할 필요가 있는데, 다음과 같은 서류 및 자료들이 열거될 수 있다. 즉, 프로그램 계획서, 프로그램지원기관 예산사용 안내서, 재무회계규칙, 「국가 또는 지방자치단체를 당사자로 하는 계약에 관한 법률」, 내부기안서, 지출결의서, 프로그램전용 체크카드, 예금통장, 현금출납부, 무통장입금증, 보안카드, 각종세법에 관한 자료 등이 그것들이다.[4] 예산 집행을 위한 절차들은 다음과 같이 제시된다.[5]

BOX 8.4 사회복지조직에서의 예산집행의 절차

1. 예산기획서의 내용 검토 및 확정
2. 예산집행과정에서 매 집행 시 집행근거를 위한 기안서, 품의서, 집행결의서 작성
3. 지출규정(재무회계규칙, 지원기관의 지출처리 수행안내 등)에 근거하여 지출하고, 증빙서류의 보관
4. 정산보고서의 작성: 회기 내 월, 분기, 반기별로 지출내역에 대해 증빙서류 정리와 정산작업을 하고 보고서를 작성한다. 아울러, 기관의 회계시스템에 정리될 수 있도록 한다.

5) 프로그램 실행관리 요소 및 기법

기획된 프로그램을 시행하기 위하여 필요한 절차와 진행요소들이 존재하는데 여기에는 프로그램 모니터링, 일정계획 및 관리기법, 기록 관리 등이 중요하게 포함될 수 있다. 프로그램 모니터링은 본 장의 후반부 '2. 프로그램의 평가'절에서 형성평가의 한 기법으로 좀 더 세부적으로 설명하고 있으므로 이를 참고하기 바란다.

(1) 프로그램 모니터링

프로그램 모니터링은 기획된 프로그램이 기획된 내용과 과정대로 제대로 진행되고 있는지를 살피고 확인하는 활동 및 과업이다. 프로그램 모니터링은 프로그램의 진행과정에서 다음과 같은 사항들은 질문할 수 있다.[6]

- 프로그램이 원래 의도한 기획 및 설계대로 실행되는가?
- 프로그램이 지역사회 욕구를 어느 정도 충족시키는가?
- 프로그램을 통해 적합한 대상 집단의 클라이언트에게 서비스가 제공되는가?
- 제공되는 서비스의 양과 질은 적절한가?
- 프로그램 재원제공기관이 제시한 기준에 프로그램이 부합되고 있는가? 등

(2) 실행과정의 체크리스트

프로그램 실행과정에서의 체크리스트에는 5W1H 체크리스트, 4M체크리스트, 그리고 경영학 등에서 활용하는 비용(cost), 전달(delivery), 안전(safety), 방법(methods) 체크리스트 등이 있다.[7]

〈표 8-2〉 프로그램 실행과정의 점검 및 문제확인을 위한 5W1H 체크리스트

5W1H	실행계획수립의 주요요소	실행과정에서의 문제확인요소
Who (누가)	• 누가 프로그램을 실행하는가? 1) 프로그램의 주최자와 주관자는 누구인가 2) 프로그램 실행을 준비하는 사람은 누구인가 3) 프로그램 담당자, 외부전문가, 자원봉사자는 누구인가	• 실행주체와 관련된 문제 1) 현재 실행하는 사람은 누구인가 2) 그 밖에 실행할 수 있는 사람은 누구인가 3) 반드시 실행에 참여해야 할 사람은 누구인가 4) 일관성 없이 무리하게 참여하는 사람은 없는가

2. When (언제)	• 언제 프로그램을 실행하는가 1) 프로그램 실행의 예정일시 2) 프로그램 실행의 기간	• 실행시기와 기관과 관련된 문제 1) 언제 실행하는 것이 바람직한가 2) 정해진 시기와 기간 외에 할 수는 없는가 3) 실행시기가 무리하게 정해지지는 않았는가
3. Where (어디서)	• 어디서 프로그램을 실행하는가 1) 가장 적합한 장소 2) 차선으로 간주되는 장소	• 실행장소 및 주변여건과 관련된 문제 1) 여기서 실행하는 것이 좋은가 2) 그 밖에 다른 장소는 없는가 3) 실행장소가 무리하게 정해지지는 않았는가
4. What (무엇을)	• 무슨 프로그램을 실행하는가 1) 프로그램 형태와 제목 2) 프로그램의 핵심적 요소	• 실행활동과 관련된 문제 1) 어떤 활동이 실행되고 있는가 2) 다른 활동으로 필요한 것은 없는가 3) 무관하게 이루어지는 활동은 없는가
5. Why (왜)	• 왜 어떤 목적으로 이 프로그램을 실행하는가 1) 프로그램 목적은 무엇인가 2) 프로그램 주제는 무엇인가 3) 프로그램에서 강조점을 무엇인가	• 실행목적달성과 관련된 문제 1) 왜 그 사람이 그 활동을 하는가 2) 왜 그 시간과 장소에서 하는가 3) 왜 그 방법으로 활동을 하는가 4) 목적달성에서 무리, 무관성, 무일관성은 없는가
6. How (어떻게)	• 어떻게 프로그램이 실행되는가 1) 프로그램의 구조와 절차 2) 예산과 인력의 준비 3) 홍보와 프로그램 수단	• 실행방법과 관련된 문제 1) 어떤 방법으로 실행되고 있는가 2) 다른 방법은 없는가 3) 방법상의 일관성은 유지되는가

이 가운데 사회복지 프로그램의 과정관리를 위한 체크리스트로서 빈번히 활용되는 것은 5W1H 체크리스트인데 이에 관한 세부요소와 관련 질문은 〈표 8-2〉에서 제시되고 있다. 이 기법에서는 프로그램의 수행인력(Who), 수행목적(Why), 수행시기 및 기간(When), 수행장소 및 여건(Where), 수행방법(How) 등 여섯 가지 관점에서 문제점 및 미비점을 발견하거나 예방하려는 노력을 경주하고 있다.

(3) 프로그램 진행과정의 관리기법

프로그램을 실행하기 위하여 다양하게 구성된 활동들의 순서를 계획하고 이를 집행, 관리하는 방법들이 필요한데, 대표적으로 갠트차트, PERT, 월별진행카드, 플로우차트, PCDA 사이클 관리법 등이 있다.

① 갠트차트(Gantt Chart)

시간별 활동계획도표의 고전적인 기법으로 알려져 있는 갠트차트는 1919년 미국의 사업가 Henry L. Gantt에 의해서 개발된 것이다.[8] 갠트차트는 한 축에 시간의 흐름을 표시하고 다른 한 축에 프로그램에서 요구되는 과업들을 표시, 전체 프로그램 과정상의 일정계획을 수립할 수 있고 핵심과업이나 지체작업을 손쉽게 파악할 수 있게 하였다.

공동체활동 「SNS홍보단」홍보사업 연간진행일정

프로그램 내용	월별진행표											
	1월	2월	3월	4월	5월	6월	7월	8월	9월	10월	11월	12월
홍보단 모집 및 홍보	▶	▶										
홍보단 발대식		▶										
홍보단 정기 간담회			▶									
중간평가회							▶					
홍보물품 제작 및 홍보			▶	▶	▶	▶	▶	▶	▶	▶	▶	▶
홍보단 활동실시			▶	▶	▶	▶	▶	▶	▶	▶	▶	▶
지역주민 이벤트					▶						▶	
최종평가회												▶

[그림 8-2] 갠트차트의 사례

② PERT(Program Evaluation and Review Technique)/CPM(Critical Path Method)

프로그램의 집행일정을 관리하는 유용한 도구로서 PERT(프로그램평가 및 검토기술)는 프로그램의 중요한 과업들이나 요소들을 적절하게 열거 및 배치하고, 상호관계를 네트워크로 표시하는 기법이다. PERT는 프로그램을 완료하기에 필요한 과업들의 순서와 시간(시간, 일, 주, 개월 수 등)을 계획하고 관리하는 데 유용한 것으로 1958년에 미해군과 록히드사와 공동으로 개발한 것으로 알려져 있다. PERT와 연계되어 활용되는 기법으로 CPM(임계경로기법)이 있는데 이는 프로그램의 완성에 필요한 과업들을 나열하고 이러한 과업들에 필요한 소요기간을 예측하는 데 사용하는 방법이다. 이는 1959년 듀퐁사와 유니백(UNIVC)사가 공동개발한 것으로 알려져 있다.[9]

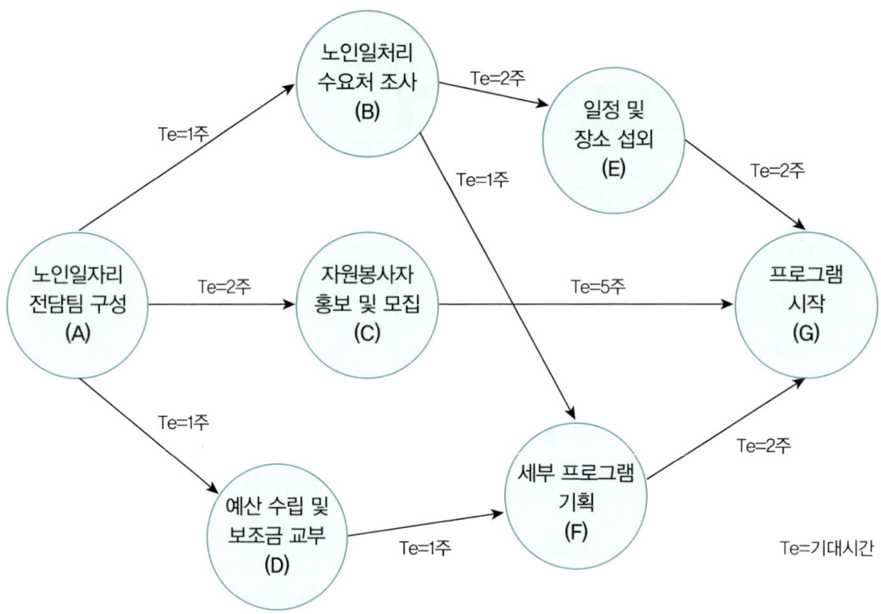

[그림 8-3] PERT 사례

PERT 구성: 노드/간선	• Program Evaluation and Review Technique, 프로그램 평가 및 검토 기술 • 프로젝트에 필요한 전체 작업의 상호 관계를 표시하는 네트워크 • 원 노드에는 작업을 간선에는 낙관치, 기대치, 비관치를 표시함 • PERT 공식을 이용하여 작업 예측치를 계산함
CPM 구성: 노드/간선	• Critical Path Method, 임계 경로 기법 • 프로젝트 완성에 필요한 작업을 나열하고 작업에 필요한 소요 기간을 예측하는데 사용하는 기법 • 노드는 작업을, 간선은 작업 사이의 전후 의존 관계를 나타냄 • 원형 노드: 작업을 의미, 각 작업 이름과 소요 기간 표시 • 박스 노드: 이정표를 의미, 박스 노드 위에 예상 완료 시간 표시 • 한 이정표에서 다른 이정표에 도달하기 전 작업이 완료 되어야 다음 작업을 진행할 수 있음 • CPM을 이용한 일정 계획 순서: 프로젝트의 규모 추정 - 각 단계에서 필요한 작업들을 분할 • 각 작업의 상호 의존 관계를 CPM 네트워크로 나타냄 - 일정 계획을 간트 차트로 나타냄

[그림 8-4] PERT와 CPM 기법의 비교

③ 플로우차트(Flow Chart)

플로우차트는 프로그램의 활동들의 진행 흐름을 시각적으로 표현하여 한 눈에 볼 수 있도록 나타내는 차트를 말한다. 프로그램을 시작하는 단계부터 시작하여 프로그램을 종결하고 평가하는 단계까지 포함되어 나타내 보인다.

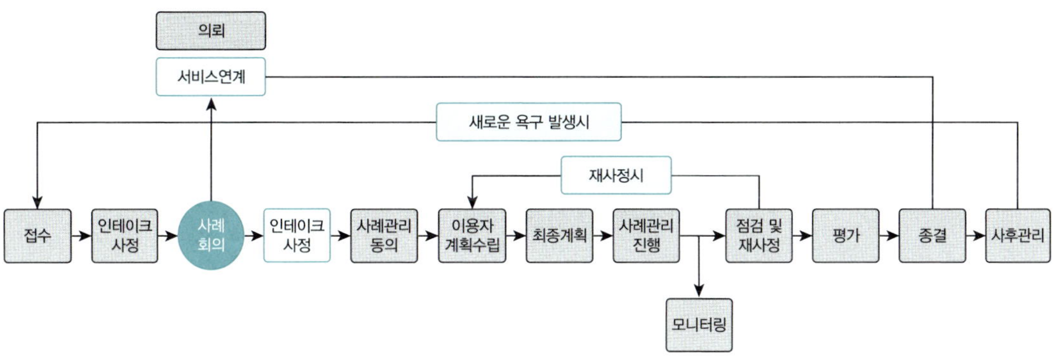

[그림 8-5] 프로그램의 플로우차트의 사례

④ 방침관리기법(Breakthrough Plan)

방침관리기법은 PDCA(Plan-Do-Check-Act) 관리사이클에 따라 프로그램을 관리하는 기법으로 변화를 제안하고 실행하여 그 결과를 측정하고 이를 반영하여 향상을 위한 조정을 거치는 과정을 지속한다. 이 사이클을 데밍사이클(Deming Cycle)이라고도 부르는데, 월터 슈하트(Walter A. Shewhart)에 의해 도입되었으며, 에드워즈 데밍(Edwards Deming)에 의해 지속적인 개선을 위한 방법으로서 대중화되었다.[10] 이 방침관리기법의 수행절차는 프로그램 계획이 수립되면(plan), 계획을 실행(Do)하는 단계에서 발생할 수 있는 문제들을 점검(Check)하고 원 계획의 내용을 기반하여 문제점을 해결하거나 수정, 보완하여 나가는(Act) 절차를 순서대로 행하게 되는데 이를 순환하여 지속하게 된다.[11]

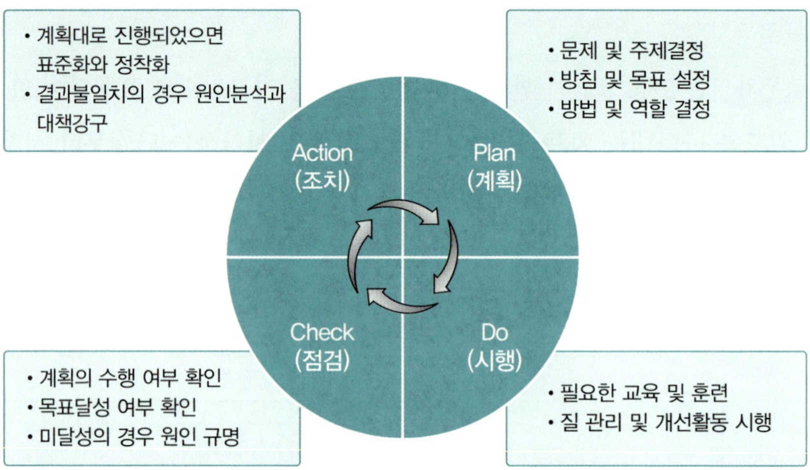

[그림 8-6] PCDA 사이클에 기반한 방침관리기법[12]

6) 프로그램 기록 및 문서 관리

프로그램의 기록은 담당자가 프로그램을 수행한 흔적을 문서적으로 처리 보관함으로써 담당자 및 기관이 제공한 서비스에 대한 책임성(클라이언트 및 사회적지지에 대한 책임성)을 표출하는 기반이 되며, 추후 프로그램 종료 후에 수행될 평가의 기반자료로서 필수적인 요소가 된다. 아울러, 프로그램 진행상 발생하는 다양한 사건 및 상황들에 대한 즉각적이고 효과적인 대응을 위한 프로그램 모니터링의 기반으로서의 의미도 매우 중요하다. 또한 프로그램 진행관리를 위한 조직 내부 구성원들의 의사소통 및 수퍼비전을 위한 자료로서의 기초가 된다.

이러한 의미를 가지는 프로그램에 관한 기록들의 유형은 대체로 다음과 같은 것들이 열거될 수 있다. 프로그램 일지, 프로그램 과정기록지(이용자선정과정기록, 슈퍼비전기록, 진행내용기록, 회의록 등), 결과보고서(중간보고서, 최종보고서 등), 프로그램참가자 개인 성과기록지(프로그램참여자의 성과달성기록, 사전 및 사후 측정결과, 주관적 만족내용기록 등) 등이 포함된다.

프로그램의 실제 집행과정은 '문서에서 시작하여 문서로 끝난다'는 표현이 있을 정도로 문서작업이 대부분이라고 볼 수 있다. 물론 문서는 종이뿐 아니라 컴퓨터 파일 등 다른 유형의 매체로 기록된 내용이 포함되고 최근으로 올수록 다 매체기반의 기록이 증가하는 추세이다. 이러한 문서는 〈표 8-3〉에서 제시되듯이 다양한 기준으로 분류된다.[13]

〈표 8-3〉 문서의 분류기준과 유형

문서분류기준	문서의 유형
작성주체에 의한 분류	공문서, 사문서
공유대상에 의한 분류	대내문서, 대외문서, 전자문서
결재처리단계에 의한 분류	접수문서, 배포문서, 기안문서, 합의문서 시행문서, 보존문서, 폐기문서

프로그램 집행상 분류	시설이용자 관계 문서(이용자 및 종결자 명부, 개별상담기록부 등), 프로그램 관리 관계 서류(프로그램일지 및 평가관계서류 등), 재무 회계에 관한 서류(프로그램 예산서 및 결산서, 충계정원장 및 수입 · 지출보조부, 금전출납부 및 그 증빙서류, 비품수불대장, 비품대장 등)
보관기간에 의한 분류	10년보존, 5년보존, 3년보존, 1년보존 문서 등

마지막으로, 프로그램의 내용을 기록하고 문서화하여 관리하는 과정에서 윤리적인 이슈에 대하여 민감성을 가지는 것이 강조되어야 한다. 대부분 이러한 윤리적 이슈는 사회복지조직의 서비스 대상이자 프로그램참여자인 클라이언트의 정보를 기록하고 다루는데 관여된다고 할 수 있다. 그러므로 기록상 정확성, 사실성, 구체성, 객관성을 위해 노력해야 하고 무엇보다 클라이언트의 사적권리와 개인정보를 보호하는 의무를 지키도록 노력해야 한다.

2 사회복지프로그램의 평가

1) 프로그램평가의 배경과 책무성

(1) 책무성

사회복지에서의 책무성(accountability)이란 사회복지 개입으로 인하여 목표한 클라이언트의 변화가 성취되었음을 설명할 수 있음을 의미한다. 사회로부터 지원된 물적자원, 인적자원, 공간 등을 기반으로 제공한 사회복지서비스가 제대로 생산되고 전달되었음을 말해주는 것이고 그럼으로써 대(對) 사회적 책임을 하고 있음을 의미하는 것이다. 이러한 책무성은 제공된 서비스와 클라이언트의 변화사이의 인과적 관련성을 증명하는 것으로 이루어질 수 있으며 이러한 증명은 사회복지 프로그램 평가와 같은 작업으로 도출될 수 있다.

(2) 증거기반실천

세계적인 추세로서 사회복지전문직의 발달과정에서 증거기반실천(evidence-based practice)은 사회복지 프로그램 평가와 매우 밀접한 관계를 가진다. 즉 인과적 관계의 증명이 사회복지프로그램의 개발, 시행 및 평가의 과정에 그대로 적용되어야 하기 때문이다. 사회복지 학계와 실천현장에서는 다양한 개입모형(예를 들어, 심리사회적 모델, 문제해결모델, 과업중심모델, 인지행동모델 등)을 개발하여 왔는데, 이러한 개입모형의 실증적 효과를 검증하고 확신을 강화하기 위하여 21세기로 들어오면서 증거기반실천모델이 많은 관심을 받고 있다. 증거기반실천은 실천에 활용할 증거를 필요로 한다. 그러므로 증거를 추적해야 하며 증거를 찾는 방법을 알아야 하며, 발견한 증거의 타당성을 따질 수 있어야 하고 궁극적으로 이러한 증거에 기반한 실천이 목표한 결과를 가져왔는지 평가할 수 있어야 한다.[14]

사회복지의 책임성에 대한 한국의 요청은 어떠했을까? 과거 사회복지서비스는 대상자들에게 시혜의 개념으로 제공되었던 바, 서비스가 제공된다는 것 자체에 대하여 그 의미를 두고 만족해야 했으나 21세기를 넘어서면서 한국의 사회복지는 시민권적 권리의 입장에서 추구되고 있고, 서비스 이용에 대한 소비자로서의 프로그램만족도에 대한 평가를 수행하는 것이 자연스러운 상식으로 받아들여지고 있다. 그러므로 사회복지현장의 사회복지사들은 갈수록 체계적이고 효과성을 담보하는 우수프로그램의 개발에 노력을 기울일 수밖에 없고, 기획된 프로그램을 수행한 후에는 그 프로그램에 의한 클라이언트의 변화를 증명할 수 있는 평가방법에 주력하게 된 것이다.

2) 평가의 유형

사회복지 프로그램의 평가는 그 내용, 목적, 방법에 따라 다양하게 유형화 되는데, 이에 관한 설명은 〈표 8-4〉에 서술되고 있다. 먼저 프로그램평가는 목표한 성과의 달성 및 성공여부를 평가하는 목적을 가지는 총괄평가(summative evaluation)와 프로그램이 기획된 내용을 확인하고 이에 따라 잘 준수되어 실행되고 있는가를 검토할 목적을 가지는 형성평가(formative evaluation)로 유형을 나눌 수 있다.

(1) 형성평가

일반적으로 프로그램 평가라고 하면 총괄평가를 생각할 만큼 대부분 이러한 평가목적을 우선적으로 설정한다고 볼 수 있다. 이에 비하여 형성평가는 기획된 프로그램이 실제로 수행되면서 수정 · 보완되어 제대로 목적달성을 할 수 있게 형성(formation)되도록 하는 평가작업이다. 형성평가는 프로그램이 실행되는 주로 초기과정에 이루어지나 그보다 훨씬 연장되어 프로그램이 수행되는 전 과정에 걸쳐서 이루어 질 수 있다. 그러므로 형성평가는 집행평가(implementation), 과정평가(process)라고도 명명되기도 한다. 집행 및 과정평가 또한 프로그램이 기획된 대로 혹은 의도한대로 진행되는가를 평가하는 것이기 때문이다.

〈표 8-4〉 사회복지 프로그램 평가의 유형

분류기준	평가의 유형	내용
평가시기 및 목적별 분류	총괄(summative) 평가	• 프로그램의 성과와 영향 등을 평가함 • 프로그램이 종료된 이후에 이루어짐(결과평가)
	형성(formative)평가 (집행, 과정평가)	• 기획된 내용대로 잘 준수되어 실행되는가를 평가 • 프로그램이 진행되는 도중에 평가가 이루어짐(과정평가라고도 함) • 집행평가 Executive Evaluation로 불리우기도 함

총괄평가 하위초점별 분류	성과(outcome) 평가	• 목표한 성과가 달성되었는가 혹은 프로그램을 통하여 클라이언트의 목표한 변화가 일어났는가, 또한 어느 정도 일어났는가를 파악
	효과성(effectiveness) 평가	• 이러한 성과(outcome)가 과연 프로그램이라는 원인에 의해 나타났는지를 입증하는 것
	효율성(efficiency) 평가	• 프로그램의 성과와 투입된 비용을 비교 검토하여 단위성과당 비용적 크기를 따짐 • 프로그램이 비용과 편익(benefits)을 비교하는 분석하여 프로그램의 시행적 가치를 따짐
	영향(impact) 평가	• 프로그램으로 인하여 나타난 성과(클라이언트의 변화)가 어떤 장기적 파급효과를 가지는지 분석하는 것 • 더 큰 집단, 더 넓은 지역사회에 대하여 미치는 영향을 분석
평가방법 분류	양적평가	• 프로그램에 관한 수량적 자료 및 지표를 활용하여 검토하는 것. 주로 실증주의에 기반함
	질적평가	• 프로그램에 관한 질적자료(qualitative data: 예, 문헌자료, 비수량적 기록 등)를 활용하여 검토하는 것. 주로 해석주의 혹은 구성주의에 기반함
평가주체 분류	내부평가	• 프로그램을 기획하고 실행한 당사자 및 시행기관이 평가를 하는 것
	외부평가	• 기획 및 실행자 외 혹은 실행기관 외부의 전문가가 평가를 하는 것

이러한 형성평가가 필요한 배경에는 그만큼 프로그램이 기획된 대로 정확히 집행되는 것이 종종 가능하지 않다는 현실이 존재한다.[15]

실제로 프로그램에 대한 최종적인 평가를 완성하기 위해서는 형성평가 혹은 과정평가의 수행이 중요하다. 총괄평가의 결과로 프로그램의 효과와 영향을 제대로 하기 위해서는 프로그램 집행이 계획대로 제대로 이루어졌는지를 확인하는 것이 전제조건이기 때문이다. 예를 들면, 프로그램이 목표한 결과가 나오지 않았다고 가정할 경우, 이러한 결과가 원래의 프로그램 기획 시 기반이 되었던 '프로그램이론(program theory)' 측면에서 문제가 있었던 것인지, 아니면 프로그램의 집행의 차원에서 제대로 기획안을 준수(compliance)하지 않은 것인지를 확인할 필요가 있기 때문이다. 그러므로 형성평가가 이루어지지 않았거나 제대로 시행되지 않았다면 유용한 최종적인 총괄평가를 기대할 수 없게 되는 것이다.[16]

(2) 총괄평가

총괄평가는 그 역점을 어디에 두는 가에 따라 성과평가, 효과성평가, 효율성평가, 영향평가 등으로 나누어질 수 있다. 총괄평가는 성과(outcome), 즉 프로그램이 목표한 결과를 어느 정도 달성했는지에 관련된 평가에 초점을 두는 것으로 사회복지서비스의 제공으로 변화된 클라이언트의 정서, 태도, 인식, 행동, 지위, 환경 등에서의 변화를 평가하는 것이다. 효과성의 평가는 이러한 변화들이 프로그램에 의하여 일어난 것임을 밝히는 인과적 관계에 관련된 평가로 해석된다. 이를 위하여 사전, 사후측정으로 목표와 관련된 지표를 비교하거나, 더 나아가서 프로그램 참가자집단(실험집단)과 프로그램으로부터 통제한 비교군(통제집단)을 구분하여 평가하는 실험적 평가설계를 갖추기도 한다. 효율성 평가는 프로그램의 비용측면을 성과와 연계하여 단위성과당 비용을 따져보거나, 프로그램의 비용측면과 프로그램의 결과가 초래하는 편익측면을 비교하여 비용편익분석(cost-benefit analysis)을 하기도 한다. 영향평가는 프로그램이 달성한 성과가 장기적으로 클라이언트차원을 넘어서 지역사회 및 관련 집단들에게 어떤 파급효과를 가지는지 평가하는 것을 말한다. 그 밖의 평가의 유형으로 양적평가와 질적평가, 그리고 내부평가와 외부평가로 나눌 수 있다.

〈표 8-5〉 형성평가와 총괄평가의 비교

구분	형성평과(과정평가)	총괄평가
목적	프로그램 수정, 보완 및 개발	프로그램 성과와 영향성 결정
이해관계 당사자	기관책임자, 프로그램 관리자, 사회복지사	기관책임자, 정부, 재원공급자, 클라이언트 집단

평가자의 위치	주로 내부 평가자 활용 외부 평가자의 자문	주로 외부 평가자 활용 내부 평가자의 원조와 지원
자료수집의 목적	주로 진달을 위해서	주로 의사결정을 위해서
자료수집의 방법	공식적 때로는 비공식적	공식적, 타당성과 신뢰성 중시
표본의 수	비교적 적음	대체로 많음
조사결과의 용도	프로그램 개발을 위한 피드백 제공	프로그램의 계속, 중단, 확대에 관한 종합적 판단

3) 평가의 방법

본 장에서의 프로그램 평가의 방법은 형성평가 혹은 과정평가로서의 프로그램 모니터링과 총괄평가로서의 성과평가, 효과성평가, 효율성 평가를 중심으로 설명하기로 한다.

(1) 프로그램 모니터링

프로그램 모니터링은 집행 혹은 과정평가의 대표적인 기법으로서 '프로그램의 자원과 활동들에 대한 계속적인 피드백정보를 산출하고 그 정보를 관리를 활용하는 것'으로 정의된다.[17] 모니터링은 프로그램의 어디에 그 초점을 두는가에 따라 다양하게 나누어지는데, 계획된 대상자들에게 프로그램이 제대로 표적하여 제공되는지(프로그램 커버리지), 전달되고 있는 서비스가 의도된 것과 얼마나 일치하는지(프로그램과정), 프로그램의 자금은 적절하게 지출되고 있는지(재무적 책무성), 프로그램 진행상 법적인 문제는 없는지(법적 책무성) 등에 대한 모니터링으로 분류될 수 있다.

일반적으로 프로그램이 목표하는 성과를 얻지 못하고 실패하게 되는 원인들은 매우 다양한데, 프로그램 대상자측면의 불일치(커버리지 문제) 혹은 프로그램기획 내용과 실제과정상의 불일치가 이러한 실패에 주요한 원인으로 작용한다.[18] 프로그램 커버리지를 측정해보면 원래 기획된 표적인구에 비하여 프로그램참여 인구가 정확하게 일치하지 않는 편향(bias)이 발생할 수 있는데, 여기에는 특정 하위집단인구의 자발적 참여 등으로 인한 자연적인 편향발생이 일어날 수 있고, 또한 프로그램 수행인력의 선별성향으로 발생할 수 도 있다. 또한 서비스 제공기관에의 접근성 등으로 인한 커버리지 편향성이 일어나기도 한다.

〈표 8-6〉 프로그램 모니터링의 주요 유형과 점검사항[19]

프로그램 모니터링의 초점	주요 질문	주요 점검 사항
프로그램 커버리지	표적한 대상자가 참여자와 일치하는가?	• 대상자정보(인원수, 나이, 성별, 소득수준, 가족구성 등) • 표적인구 적용범위 및 비율 • 대상자의 서비스이용 경험 • 중도탈락건수, 서비스받지 않아야 될 수혜자 등
프로그램과정	사업전략과 활동이 계획한 대로 제대로 실행되고 있는가?	• 프로그램 담당자의 케이스부담율(case loads), 상담시간, 맡은 서비스유형 • 담당자의 자격유무, 활용치료기법, 업무수행의 질, 전문성, 행정규칙준수 등 • 서비스 대상자의 대기시간, 서비스 제공속도, 제공빈도, 지연된 서비스비율 등
재무적 책무성 측면	자원과 예산은 제대로 지원되고 있으며 효율적으로 활용되고 있는가?	• 예산항목의 지출, 물품사용, 공간 및 시설의 적합성, 서비스 비용
법적인 책무성 측면	프로그램 진행상 법적인 문제와 하자는 없는가?	• 서비스의 공평성 • 비용의 공평분담 • 대상자의 사생활보호 • 안전한 공간 및 서비스 과정 • 법적 절차준수 여부 등

(2) 성과평가의 방법

성과평가는 프로그램 시행 후에 클라이언트의 특정 성과지표에서 변화가 목표한 수준만큼 발생했는가를 측정하여 확인하는 작업이다. 사회복지실천현장에서 가장 빈번하게 수행하는 평가로서 프로그램 결과로서의 성과 수준을 측정하고, 이를 목표한 수준과 양적, 질적으로 비교 평가하는 작업이다. 성과평가를 위한 정보 및 자료로서의 프로그램의 목표, 목표에 관련된 성과지표 및 달성수준 등은 이미 사전적으로 프로그램 기획 시 설정되고 명시되어 있을 것이다. 다만, 프로그램의 진행과정에서 부분적으로 변경, 대체, 보완 될 수 있다.

① 성과의 측정

사회복지실천에서의 프로그램성과는 결국 표적체계의 질적인 변화이다.[20] 여기에는 클라이언트의 정서, 인지, 태도, 행동, 기능, 지위, 환경 측면에서의 변화가 빈번하게 포함되고 이러한 변화의 수준을 양적, 질적으로 확인하고 측정한다. 성과측정의 도구 및 구체적인 측정방법으로 수량집계(numeric counts), 표준화된척도(standardized scales), 기능수준척도(level of functioning scales: LOF), 클라이언트만족도조사, 질적 성과측정방법 등을 제시할 수 있다.[21] 한편 기능수준척도와 비슷한 측정도구로서 목표달성척도(goal attainment scales: GAS)도 존재한다. 만족도조사와 질적 성과측정의 방법도 아울러 활용된다. 이러한 성과의 측정방법들은 여러 개가 함께 사용되어 성과측정의 타당성을 높힐 수 있다.

② 수량집계

프로그램 목표수준에 달성한 클라이언트의 수, 목표에 관련되어서 성과로 책정된 상황(예: 학교 앞 안전사고 발생건수 등)의 사례 수 등을 집계하여 성과를 평가하는 것이다. 수량집계는 해당 사례 및 사람들의 수 혹은 비율 등으로 계산할 수 있다. 예를 들어, 프로그램 참여 전후 대비 사회성이 향상된 정신장애인 클라이언트의 수(전체 참여자 중의 비율), 프로그램 후 3개월 내 재취업에 성공한 은퇴중장년의 수(비율), 6개월간 금연을 실천한 청소년클라이언트의 수(비율), 재범으로 재수감되지 않는 프로그램 참여자수(비율) 등 수량집계는 성과달성여부에 따라 '예', '아니오'로 구분되는 명목적 지표로서 평가하고 그 사례수를 산정한다.

③ 표준화된 측정도구

표준화된 측정도구(standardized scale)란 특정 개념이나 변수를 측정하는 도구가 타당성과 신뢰성이 검증된 것을 말한다. 학계와 활용현장에서 개발되어 오랫동안의 타당화 작업을 통하여 인정받은 척도들이다. 사회복지서비스는 대부분 휴먼서비스로서 프로그램의 목표가 일반적으로 클라이언트의 정서, 인식, 태도, 행동 등에 관련된 것으로 단일 문항으로 그 개념을 파악하기 어려워 복합문항으로 구성된 척도인 경우들이 많이 활용된다. 이러한 척도를 프로그램을 기획, 실행, 평가하는 현장실무자들이 직접 개발하기 본다는 기존의 상용화되고 있는 적절한 표준화된 척도들을 선택하여 성과를 평가하는 경향이 높다. 타당성과 신뢰성이 검증된 우울증척도, 사회성척도, 자존감척도, 이중문화수용성척도, 알콜중독 및 의존성척도 등 다양한 표준화된 척도들이 척도사례집으로 제작되어 제공되고 있으므로 이를 활용하면 된다. 종종 간편사정도구(Rapid Assessment Instrument: RAI)는 이러한 표준화된 척도를 기반으로 문항수를 축소하는 등 축약형 척도로서 활용되기도 한다.[22]

④ 기능수준척도 LOF/GAS

기능수준척도(Level of Functioning Scales)는 프로그램 성과목표에 관계되는 클라이언트의 특정 기능(예: 음식섭취능력, 체중관리능력 등)수준을 사정하는 평가도구로서 표준화된 척도에 비하여 프로그램 실행자들이 직접 제작하여 사용하는 특징이 있다. 기능수준척도는 특정 프로그램의 특정 목적에 부합되도록 제작하는 것이어서 표준화된 척도에 비하여 개별화된 척도라고도 한다. 목적달성척도인 GAS(Goal Attainment Scale)도 기능수준척도의 한 가지 유형에 속한다.

〈표 8-7〉 기능수준척도의 사례

	다음 문항에서 가장 적절한 기능 수준에 체크 하십시오.
1. 음식섭취 기능수준척도	수준: 1 2 3 4 5
	수준 1: 제공된 음식의 30% 이하 섭취
	수준 3: 제공된 음식의 50% 섭취
	수준 5: 제공된 음식의 75% 이상 섭취
2. 체중관리 기능수준척도	수준: 1 2 3 4 5
	수준 1: 나이와 체험에 따른 적정 체중에 비해 지나친 과체중 및 저체중
	수준 3: 과체중 및 저체중의 상태를 변화시키고자 함
	수준 5: 나이와 체형에 부합하는 적정 체중의 유지

⑤ 클라이언트만족도조사

클라이언트만족도 조사는 이용자중심에서 서비스 질(quality)을 평가하는 도구라고 할 수 있다. 시행된 프로그램내용이나 프로그램 수행에 관한 다양한 측면(서비스제공자, 공간적 환경, 프로그램 수행과정 등)에서의 주관적 만족도를 평가하는 방법이다. CSQ4(Client Satisfaction Questionnaire) 혹은 CSQ8과 같은 클라이언트만족도 측정을 위한 표준적인 척도도 개발되어 있다. 그러나 소위 '만족도조사 불패' 담론과 같이 사회복지서비스 현장에서 대부분의 만족도조사결과는 만족도가 높은 것으로 나오고 있어서, 이것만으로는 성과를 측정하기 부족하거나, 그 평가결과를 중요하게 인식하지 못하는 경향이 있다. 이에 대한 보완적 방법으로 만족도 조사의 차원을 다양하게 하는 것, 조사방법의 다양화, 조사시점과 형태의 다원화 등이 제시되고 있다.[23]

- **조사차원의 다양화:** 서비스의 목표달성여부, 이용편의성, 시설접근성, 제공자 직무수행능력, 제공자의 도움된 정도, 전만적 만족수준 등 다양한 사항에 대한 조사필요
- **조사방법 및 도구의 다양화:** 설문조사에 그치지 말고 심층면접, 초점집단 등 질적자료 수집병행. 무기명 의견투고함 설치 등으로 의견을 청취. 표준화된 척도 사용.
- **조사의 시점 다양화:** 프로그램 초기, 중기, 종결후 단계 등 다양하게 조사

〈표 8-8〉 만족도조사의 표준화된 척도: CSQ8[24]

클라이언트 만족도 조사 Client Satisfaction Questionnaire: CSQ			
• 목 적: 프로그램 제공에 대한 클라이언트의 만족도 측정 • 평가시간: 5분 이내 • 평가방법: 4점 척도를 사용하여 클라이언트 스스로 체크			
1. 귀하가 받았던 서비스(프로그램)의 질은 어떠했습니까?			
1) 좋지 않았다	2) 보통이다	3) 좋았다	4) 매우 좋았다
2. 귀하는 귀하가 원했던 서비스(프로그램)를 받았습니까?			
1) 전혀 아니다	2) 아니다	3) 그렇다	4) 매우 그렇다
3. 귀하가 참여한 프로그램은 귀하의 욕구를 어느 정도 충족시켰습니까?			
1) 전혀 충족되지 않았다	2) 약간 충족되었다	3) 대부분 충족되었다	4) 모두 충족되었다
4. 귀하가 받은 서비스에 대해서 귀하는 어느 정도 만족하셨습니까?			
1) 매우 불만족한다	2) 약간 불만족한다	3) 대체로 만족한다	4) 매우 만족한다
5. 만약 귀하가 아는 사람이 유사한 상황에 있을 때 이 프로그램에 참여를 권유하시겠습니까?			
1) 전혀 권유하지 않겠다	2) 권유하지 않겠다	3) 권유하겠다	4) 적극적으로 권유하겠다
6. 귀하가 받은 서비스는 귀하가 가진 문제를 효과적으로 해결하는 데 도움이 되었습니까?			
1) 전혀 도움이 안 된다	2) 도움이 안 된다	3) 약간 도움이 된다	4) 매우 큰 도움이 된다
7. 귀하는 전체적으로 이 프로그램과 서비스에 대해서 어느 정도 만족하십니까?			
1) 매우 불만족한다	2) 불만족한다	3) 만족한다	4) 매우 만족한다
8. 귀하가 차후에 이러한 서비스가 필요하다면 다시 이 프로그램에 참여하겠습니까?			
1) 전혀 그렇지 않다	2) 그렇지 않다	3) 그렇다	4) 매우 그렇다

⑥ 성과평가의 질적 자료 및 도구

프로그램의 성과를 평가하기 위한 양적조사도구외의 질적인 자료 및 도구들이 활용될 수 있다. 질적평가를 위한 자료로서는 프로그램진행 일지 및 기록, 프로그램 진행자의 클라이언트에 대한 직접관찰기록, 심층면접결과 녹취록, 클라이언트 소감문 등이 주로 활용될 수 있는데 대부분 문서기록물들이다. 이러한 질적자료들은 기록과정에서나 기록의 분석과정에서 클라이언트와 프로그램담당자의 주관적 견해들이 포함되어 있으므로 가능한 평가의 타당성을 견지하기 위한 자기성찰(self-reflection)을 높여야 하며, 한 명보다는 다수의 직원들이 함께 분석하는 것이 요청된다. 또한 양적 성과평가의 방법 혹은 도구들과 함께 사용하여 다양한 평가자료와 비교분석하는 노력이 요청된다.

(3) 효과성평가의 방법

프로그램의 효과성(effectiveness)을 평가한다는 것은 전술한 바와 같이 성과로서 파악된 클라이언트의 변화가 수행된 프로그램에 의한 것임을 검증하는 것이다. 그러므로 이러한 검증작업을 위한 평가적 연구설계를 갖추고 이를 수행하는 것이 필요하다. 이미 프로그램을 시행하기 전 기획단계에서 '프로그램이론(program theory)'를 갖추고 이에 기반하여 프로그램을 설계하는 것이 상식적으로 예상되어지므로 결국, 효과성 평가의 방법은 이 프로그램이론을 검증하는 작업이 된다.[25] 프로그램 이론은 하나의 논리적 명제로서 가설적 형식을 띤다. 즉 'If A, Then B'의 형식으로 서술된 문장으로서 A는 원인적 요소이며 프로그램을 의미하게 되고, B는 결과적 요소로서 프로그램의 성과(outcome)을 의미한다. 효과성 평가란 이러한 가설적 명제를 검증하는 작업이다.

효과성평가를 위해서는 프로그램 그 자체와 프로그램으로 인한 성과사이의 인과적관계(causation)을 입증하는 것이 필요하므로 연구설계의 유형으로서 실험설계 혹은 차선책으로 유사실험설계를 필요로 한다. 또한 프로그램 참여자(클라이언트)가 단수(1명, 1집단, 1가족, 1지역사회 등)인 경우에는 단일사례연구설계가 요청될 수 있다.

사회복지실천현장에서는 종종 효과성평가를 성과평가와 유사개념으로 인식하기도 하는데 근본적으로 차이가 있다. 효과성 평가는 단순히 목표한 성과를 달성했는가에 관한 측정의 과업을 넘어서 클라이언트의 문제적 상황을 해소하는데 프로그램이 결정적으로 주효(effective)했는가를 확인하는 작업이다. 그러므로 프로그램 시행이전에 사전적인 성과지표를 측정하고 또한 프로그램참여자 외에 비참여자로서의 통제집단을 구성하는 등 실험설계적인 구조를 갖추는 것이 요청되는 것이다. 실험설계, 유사실험설계, 단일사례설계에 관한 설명은 사회복지조사론 교재를 참고하기 바란다.

(4) 효율성평가의 방법

프로그램 효율성의 평가는 성과와 영향 등을 평가하는 차원과는 달리 프로그램에 투입된 비용차원을 고려하여 평가한다. 비록 성과나 영향측면에서 탁월하다고 하더라도 프로그램을 실행하는 데 필요한 비용이 과하다면 좋은 프로그램이라고 하기는 어렵다. 그만큼 비용차원은 프로그램을 기획하고 실행하는데 현실적인 요소라고 할 수 있고, 사회복지영역이든 타 영역이든 일반적으로 희소한 자원들을 동원하여 서비스를 제공하기 있기 때문에 자원배분에 대한 결정을 내리는데 있어서 프로그램의 효율성은 매우 중요하게 된다.

프로그램의 효율성을 분석하는 두 가지 중요한 평가방법으로 비용효과(cost-effectiveness) 혹은 비용성과분석으로 불리는 방법과 비용편익(cost-benefit)분석으로 나눌 수 있다. 비용편익분석은 주로 투입비용에 대한 성과가 가지는 다양한 편익(benefits)을 화폐가치로 따져보는 것으로서 영리, 비영리, 공공, 민간영역에서 빈번하게 시행되고 있다. 이에 더하여 최근에는 SROI(social return of investment) 분석이 효율성 분석의 방법으로 시행되고 있기도 하다. 어떤 방법이든지 효율성평가에서는 프로그램 및 사업에 투입된 비용을 화폐가치로 타당하게 계산하는 것이 기본적으로 중요하다. 이것을 비용회계(cost accounting)라고 한다.[26]

① 비용효과분석

비용효과분석 혹은 비용성과분석은 프로그램 및 사업에 투입된 총비용을 프로그램의 목표를 달성한 사례수로 나누어 단위 성과당 비용(cost per outcome unit)을 계산하는 것이다. 예를 들어, 1천만 원의 예산을 들여 100명의 알코올중독자들에게 프로그램을 시행하여 20명의 단주사례를 결과했다면 단위성과당 비용은 50만 원(1천만 원÷20명=50만 원)이다. 이와 비슷한 분석으로 단위산출당비용(cost per output unit)을 계산할 수 있는데 이는 1천원만 원의 비용으로 프로그램에 참여한 총 100명의 알코올중독자를 대상으로 서비스를 종료했으므로 1명당 10만 원이 소요된 것으로 계산된다.

② 비용편익분석

비용편익분석은 프로그램에 투입된 비용적 측면과 프로그램의 제공으로 얻어진 편익적 측면을 화폐가치로 환산해서 비교하는 것이다. 비용편익분석에서는 먼저 프로그램 및 사업으로 얻어진 성과를 확인하고, 그 성과로 얻을 수 있는 편익에 해당하는 요소들을 구체적으로 파악하고 열거해야 한다. 두 번째로 이러한 편익을 화폐가치로 변환하는 작업이 필요하다. 일반적으로 사회복지실천영역에서의 프로그램에서 비용측면보다는 편익측면에서의 구체적 요소의 설정과 이를 화폐 가치화하는 작업은 쉽지가 않은 것이 보통이다. 많은 경우 편익측면의 요소들이 클라이언트의 만족도 혹은 정서, 심리, 태도, 행동 등의 변화에 관련된 것이 많기 때문이다.[27]

〈표 8-9〉 A 자치구의 노인일자리사업 비용편익분석의 실제 사례[28] (단위: 연간, 천 원)

	세부항목	비참여자		참여자		사회전체	
		1인당	전체	1인당	전체	1인당	전체
비용	행정비용	54	25,793	0	0	54	25,793
	인건비	2,206	1,045,596	0	0	2,206	1,045,596
	사업비	163	77,208	0	0	163	77,208
	사업참여 관련 소비	0	0	152	72,056	152	72,056
편익	매출액	2,191	1,038,420	0	0	2,191	1,038,420
	인건비	0	0	2,206	1,045,596	2,206	1,045,596
	의료비절감	116	54,718	80	38,025	196	92,743
	조세수입증가	60	28,467	0	0	60	28,467
순편익*		57	-26,992	2,134	1,011,565	2,077	984,573

주) * 비참여자 순편익=(매출액+의료비절감+간접세증액)-(행정비용+인건비+사업비)
* 참여자 순편익=(인건비+의료비절감)+(사업참여 관련 소비)
* 사회전체 순편익=비참여자 순편익+참여자 순편익

위의 노인일자리사업의 사례에서와 같이 비용과 편익영역에서 각각 계량화되지 못하는 요소들이 존재할 수 있는데, 이러한 경우 계량화되지 못하는 비경제적 비용과 편익항목은 제외하고 계량화가 가능한 경제적 항목의 비용-편익분석을 실시하기도 한다. 위의 사례에서 편익영역의 화폐가치화하기 어려운 비경제적 요소들은 노인일자리참여 후 참여노인의 삶의 만족도, 사회생활개선, 인간관계개선, 건강개선 또는 악화 등이 해당한다.

노인일자리사업의 사례에서는 사업참여자(참여노인)와 비참여자(정부 및 납세자)의 비용편익을 각각 따로 분석하고 이를 합산한 전체 사회의 비용편익을 분석하고 있다. 비참여자 입장에서의 비용항목은 사업비, 인건비, 행정비용으로 구성하였고. 편익항목으로로는 매출액, 의료비 절감, 조세수입증가로 구성하였고, 참여자입장에서의 비용항목은 사업참여 관련지출로, 편익항목은 인건비와 의료비 절감액으로 설정하고 있다.

1 NCS. **사회복지프로그램 운영**, 학습모듈 05-사회복지 프로그램실행 참고.

2 상게자료, p. 24.

3 예산기획의 유형(항목별예산, 성과별 예산, 영기준예산 등 대한 서술)은 본서의 10장 '재정관리'에서 참고하기 바람. 다만, 여기서는 예산내역 중 직접비와 간접비에 대한 설명을 부연하기로 한다. "직접비란 해당프로그램을 위해서 새로 편성된 예산항목을 위해 지출되는 비용('A' 프로그램만을 위해 지출되는 새로운 인건비, 도구비, 시설비 등)을 말한다. 간접비란 특정 기관에서 해당 프로그램('A' 프로그램)을 시행하는 들어가는 비용 중 다른 프로그램 ('B', 'C' 프로그램 등)의 집행을 위해서 함께 공유되는 비용을 의미한다. 예를 들어, 건물사용비, 전기,수도세 등 공과금, 차량사용비 등이 포함된다. 이러한 간접비를 프로그램별(A, B, C 등)로 엄밀히 구분하기는 쉽지 않으나 다양한 방법으로 프로그램별로 분할하여 비용을 산출하기도 한다(상기자료에서 인용).

4 상게자료, p. 36.

5 상게자료, pp. 36-38.

6 Kettner, P. M., Moroney, R. M., & Martin, L. L. (2016). *Designing and managing programs: An effectiveness-based approach*. Sage Publications; 이민홍, 정병오 (2020). **사회복지프로그램 개발과 평가**. 양서원. p.157에서 재인용.

7 김영숙, 김욱, 엄기욱, 오만록, 정태신(2002). **사회복지 프로그램 개발과 평가**. 교육과학사.

8 미국의 헨리 갠트(H. L. Gant)가 1919년 창안한 관리 도표로 작업계획과 작업 실적을 비교해 작업진도를 관리 · 통제하는 진척관리에 이용된다(매경시사용어사전).

9 PERT/CPM 관련 설명의 인터넷자료(https://cafe.daum.net/multilearning/Evb2/1?q=pert&re=1) 참고.

10 [네이버 지식백과] PDCA [Plan-Do-Check-Adjust (대한건축학회 건축용어사전)에서 인용.

11 황성철 (2005). **사회복지프로그램 개발과 평가**. 공동체.

12 상게서, p. 266; 이민홍, 정병오 (2012). **사회복지 프로그램개발과 평가-이론과 실제**. p. 175 재인용.

13 NCS. **사회복지프로그램 운영**, 학습모듈 05-사회복지 프로그램실행. pp. 43-44.

14 김기덕, 김용석, 유태균, 이기영, 이선우, 정슬기 (2016). **사회복지조사방법론**. 센게이지러닝. p. 29.

15 노화준 (2015). **정책평가론**(5판). 법문사.

16 상게서.

17 상게서, p. 135.

18 상게서.

19 상게서.

20 이민홍, 정병호 (2012). **사회복지프로그램개발과 평가**. 나눔의 집. p. 254.

21 Kettner & Martin, (1993); Martin & Kettner (1996).

22 이민홍, 정병오 (2020). **사회복지프로그램개발과 평가**. 나눔의 집. p. 224.

23 황성철 (2005). **사회복지프로그램 개발과 평가**. 공동체.

24 Pascoe, G.C. & Attinsson, C.C.(1983). The Evaluation Ranking Scale: A New Methodology for Assessing Satisfaction. Evaluation and Program Planning, 6, 335-347. 황성철(2005)에서 재인용.

25 이민홍 외, 전게서, p. 231; 김영종 (2016). **사회복지프로그램개발과 평가**. 학지사. 10장 내용 참조.

26 김영종 (2017). **사회복지행정**(4판). 학지사. pp. 368-369.

27 고호태 (2012). 비용편익분석을 통한 노인일자리사업의 비용효과성 연구. **노인복지연구**, 58, 61-88. 고호태(2012)의 논문에서는 "공공분야 사업을 통해 발생되는 화폐계량이 불가능한 무형의 산출물은 분명히 존재한다. 따라서 이러한 무형의 산출물에 대한 가치를 공공분야 사업에서의 매출액으로 가정할 수 있고, 이를 화폐계량화를 통해 매출액으로 산출할 필요가 있다. 정영호 외(2006)이나 이상은 외(2010)에서도 사회서비스 부분의 가치 또는 계량화되지 않는 매출액을 화폐계량화 시키기 위한 노력을 시도하였다"(p. 68).

28 상게 논문.

제 4 부

조직관리

04

CHAPTER

09 인적자원관리

Social Welfare Administration

휴먼서비스 분야인 사회복지조직의 활동은 사회복지사들과 클라이언트의 원조관계 속에서 이루어지며 사회복지사들의 전문적인 활동을 통해 클라이언트의 임파워먼트 향상을 도모하는 것에 핵심이 있다. 따라서 클라이언트에게 서비스를 제공하는 과정에서 매개적 역할을 하는 사회복지사의 역량은 사회복지서비스의 질을 향상시키고 사회복지조직의 효과성 결정에 영향을 미치는 매우 중요한 핵심요소이다. 이와 같은 이유로 사회복지조직은 그 어떤 조직보다 인적자원관리에 중점을 두어야 한다. 즉, 제공하는 서비스 내용과 기관특성에 적합한 유능한 인재를 확충하고 이들의 역량을 지속적으로 강화시키고 서비스 제공과정에서 사회복지사들이 능력을 발휘할 수 있는 근무환경을 조성하기 위해 노력해야 한다. 본 장에서는 사회복지조직에서의 개인과 조직의 목표가 성취될 수 있도록 인력의 확보부터 이직까지의 과정을 계획, 조직, 지휘, 조정, 통제하는 관리과정으로서 인적자원관리에 대하여 살펴보고자 한다.

1 사회복지조직에서의 사회복지사 역할

사회복지사는 인간과 환경에 관한 다양한 이론적 이해를 토대로 사회복지실천을 전문적으로 수행하는 사람이다. 사회복지사의 업무는 심리치료사나 상담사의 일과 유사하기도 하고, 자원을 연계하거나 동원할 뿐만 아니라 정책을 분석하고 개선을 요구하며 복지서비스 이용당사자의 권익을 옹호한다. 사회복지사는 다양한 유형의 실천 현장에서 많은 사람들과 함께 광범위한 영역의 활동을 한다.[1]

1) 다양한 유형의 사회복지조직

일반적으로 사회복지사는 클라이언트를 직접 만나고 사회서비스를 제공하고 취약계층에 있는 클라이언트를 옹호하는 등 서비스제공자, 중개자, 조력자, 교육자, 옹호자와 같은 역할을 수행한다. 이러한 역할을 기본으로 사회복지사들은 〈표 9-1〉과 같이 관련법령에 근거하여 세분화되어 설치 · 운영되고 있는 다양한 유형의 사회복지조직에 채용되어 전문적인 역할과 업무를 수행한다. 따라서 사회복지사의 주요역할과 업무는 시설유형별 특성과 클라이언트의 특성에 따라 차이가 있을 수 있다.

사회복지조직은 〈표 9-1〉과 같이 노인, 아동, 장애인, 영유아, 정신질환자, 노숙인, 지역주민, 한부모가족 등 대상자별로 관련법에 근거하여 설치 · 운영되고 있으며, 형태는 대상자들이 거주공간을 제공받으며 사회복지시설에서 생활하면서 복지서비스를 제공받는 생활시설과 대상자들이 지역사회 내 본인들의 거주지에 생활하면서 사회복지시설에 방문하여 필요한 서비스를 제공받는 이용시설로 구분되어 운영되고 있다.[2]

〈표 9-1〉 사회복지조직(시설)의 세부 분류표[3]

<table>
<tr><th>대상자별</th><th>형태</th><th colspan="2">시설종류</th><th>관련법령</th><th>관련
부처</th></tr>
<tr><td rowspan="7">노인</td><td rowspan="3">생활</td><td>• 의료</td><td>- 노인요양시설
- 노인요양공동생활가정</td><td rowspan="7">「노인복지법」</td><td rowspan="15">보건복지부</td></tr>
<tr><td>• 주거</td><td>- 양로시설, 노인공동생활가정
- 노인복지주택</td></tr>
<tr><td colspan="2">• 학대피해노인전용쉼터</td></tr>
<tr><td rowspan="4">이용</td><td>• 재가</td><td>- 재가노인복지시설(방문요양, 주·야간보호, 단기보호, 방문목욕, 방문간호)</td></tr>
<tr><td>• 여가</td><td>- 노인복지관
- 경로당, 노인교실</td></tr>
<tr><td colspan="2">• 노인보호전문기관</td></tr>
<tr><td colspan="2">• 노인일자리지원기관</td></tr>
<tr><td rowspan="6">아동</td><td>생활</td><td colspan="2">• 아동양육시설, 공동생활가정
• 아동일시보호시설
• 아동보호치료시설
• 자립지원시설
• 공동생활가정(학대피해아동쉼터로 지정된 곳에 한함)</td><td rowspan="6">「아동복지법」</td></tr>
<tr><td rowspan="5">이용</td><td colspan="2">• 아동상담소, 아동전용시설</td></tr>
<tr><td colspan="2">• 가정위탁지원센터, 자립지원전담기관</td></tr>
<tr><td colspan="2">• 지역아동센터</td></tr>
<tr><td colspan="2">• 아동보호전문기관</td></tr>
<tr><td colspan="2">• 다함께돌봄센터</td></tr>
<tr><td rowspan="2">장애인</td><td rowspan="2">생활</td><td>• 거주시설</td><td>- 장애유형별 거주시설
- 중증장애인 거주시설
- 장애영유아 거주시설
- 장애인단기 거주시설
- 장애인공동생활가정</td><td rowspan="2">「장애인복지법」</td></tr>
<tr><td>• 쉼터</td><td>- 피해장애인쉼터
- 피해장애아동쉼터</td></tr>
</table>

	이용	• 지역사회재활시설	- 장애인복지관 - 장애인주간보호시설 - 장애인체육시설, 장애인수련시설, 장애인생활이동 지원센터 - 장애인재활치료시설 수어통역센터, 점자도서관, 점서 및 녹음서출판시설		
		• 장애인의료재활시설			
		• 직업재활시설	장애인보호작업장, 장애인근로사업장, 장애인직업적응훈련시설		
		• 장애인생산품판매시설			
영유아	이용	• 어린이집	국공립, 법인, 직장, 가정, 부모협동, 민간	「영유아보육법」	
정신 질환자	생활	• 정신요양시설, 정신재활시설 중 생활시설		「정신건강증진 및 정신질환자 복지서비스 지원에 관한 법률」	
	이용	• 정신재활시설 중 이용시설			
노숙인 등	생활	• 노숙인자활시설 • 노숙인재활시설 • 노숙인요양시설		「노숙인 등의 복지 및 자립지원에 관한 법률」	
	이용	• 노숙인종합지원센터 • 노숙인급식시설 • 쪽방상담소	• 노숙인일시보호시설 • 노숙인진료시설		
지역주민	이용	• 사회복지관		「사회복지사업법」	
기타시설	이용	• 지역자활센터		「국민기초생활 보장법」	
가족	생활	• 한부모가족복지시설: 모자가족복지시설(기본, 공동, 자립), 부자가족복지 시설(기본, 공동, 자립), 미혼모자가족복지시설(기본, 공동), 일시지원복지시설		「한부모가족 지원법」	여성가족부
	이용	• 한부모가족복지상담소			
		• 다문화가족지원센터		「다문화가족 지원법」	
		• 건강가정지원센터		「건강가정기본법」	

<table>
<tr><td rowspan="6">여성</td><td rowspan="3">시설</td><td>• 성매매 피해 지원시설: 일반지원시설, 청소년지원시설, 외국인지원시설, 자립지원공동생활시설</td><td rowspan="6">「성매매방지 및 피해자보호 등에 관한 법률」
「성폭력 방지 및 피해자 보호 등에 관한 법률」
「가정폭력방지 및 피해자보호 등에 관한 법률」</td></tr>
<tr><td>• 성폭력피해자보호시설</td></tr>
<tr><td>• 가정폭력피해자보호시설</td></tr>
<tr><td rowspan="3">이용</td><td>• 성매매 피해 지원시설: 자활지원센터, 성매매피해상담소</td></tr>
<tr><td>• 성폭력피해상담소</td></tr>
<tr><td>• 가정폭력상담소, 긴급전화센터</td></tr>
<tr><td>청소년</td><td>이용</td><td>• 청소년 쉼터
• 청소년자립지원관
• 청소년치료재활센터
• 청소년복지지원시설</td><td>「청소년복지 지원법」</td></tr>
</table>

이와 같이 다양한 유형의 사회복지조직에서 사회복지사들은 많은 사람들과 함께 광범위한 활동을 수행한다. 더욱이 사회복지사는 취약한 계층에 있는 사람을 대상으로 일하고 있기 때문에 다양한 직무스트레스와 위험에 노출될 가능성이 높다. 이들의 업무관련 스트레스는 직무불만족, 소진, 이직으로 연결되기 때문에 특별한 관심을 가지고 살펴야 한다. 특히 사회복지조직은 민간 사회복지 전달체계의 일차기관으로서 다양한 특성과 욕구를 가지고 있는 사람들을 만나고, 사회복지사는 그들의 욕구와 문제를 파악한 후 적합한 사회서비스를 연결함으로 욕구충족과 문제해결을 도모하기 위해 노력한다. 이러한 과정에서 상담, 자원연계, 주거, 노동, 보건 등 매우 광범위한 내용의 서비스를 제공해야 하기 때문에 매우 다양한 역할 수행과 업무를 수행하고 있다.

2) 사회복지사의 역할

사회복지사들에 의해 이루어지는 사회복지실천은 상담, 치료, 재활, 자원동원과 연계, 서비스 조정과 조절, 시설 경영, 옹호와 정책개발 등 광범위한 영역에서 이루어진다. 그래서 사회복지사가 수행하는 사회복지실천에는 다양한 기능이 있다. 각각의 영역에서 사회복지실천은 통합적이며 연계적인 형태로 이루어지며 동시에 문제 상황을 변화시킬 수 있는 가장 효과적인 개입이 사회복지사에 의해 선정되어 진행된다. 이러한 사회복지시설의 기능은 사회복지실천을 감당해야 하는 사회복지사에게도 걸맞는 기능을 요구한다. Sheafor는 사회복지사의 기능에 대해서 다음과 같이 설명하였다.[4]

(1) 자원 개발과 연결 기능

전문가의 위치에 있는 사회복지사는 대체로 복지서비스 이용당사자와 지역사회의 자원연결을 촉진한다. 이렇게 자원 연계를 위해서 사회복지사는 우선적으로 마케팅과 홍보 등과 같은 구체적인 활동을 펼쳐나가면서 활용 가능한 자원을 개발해야 한다. 아울러 자원 연계를 효과적으로 수행하기 위해서 사회복지사는 복지서비스 이용당사자의 욕구를 확인하고, 여러 자원들을 활용할 동기와 능력을 사정하며, 그들이 가장 적합한 자원에 접근할 수 있도록 돕는다.

(2) 주민조직화 기능

사회복지사는 지역사회에서, 지역사회를 대상으로 사회복지실천을 수행할 때 지역에 살고 있는 주민들을 '조직화'한다. Rubin은 주민조직화는 "함께 뭉쳐 대응하도록 격려하면서 주민이 당면하고 있는 문제를 공유하도록 돕는 과정이며, 변화를 위해 행동할 수 있는 능력을 갖추도록 주민과 지역사회를 강화하는 것"이며, Mattessich는 "지역사회개발과 지역사회를 가꾸어 나가기 위한 일종의 전략"으로 정의하였다. 사회복지사는 주민조직화를 통해 살기 좋은 '마을만들기' 사업과 '도시 재생' 사업 등으로 확장시키기도 한다.

(3) 사회적 문제 예방과 사회적 기능 향상을 위한 지식과 기술 준비 기능

사회복지실천의 근본적인 목적은 이용당사자의 역기능적인 행동을 변화시키고 효과적인 유형의 사회적 상호작용을 배우도록 돕는데 있다. 이러한 실천을 위해서는 이용당사자가 사회의 다양한 규칙이나 법 그리고 규범을 지지하고, 그들의 인접환경을 수정하고, 사회기술을 개발하고, 구실에 따른 기능수행을 학습하고, 그들의 행동에 대한 통찰력을 가질 수 있도록 돕는 것이 필요하다. 사회복지사는 복지서비스 이용당사자가 자신의 행동에 책임을 지도록 돕고, 사람들이 처한 사회적 구성의 결함을 해결할 임무를 가진다.

(4) 사례관리 기능

사례관리 기능은 특히 아동이나 심각한 장애가 있거나 취약한 노인과 같이 상처 입기 쉽고 매우 의존적인 사람들에게 필요하다. 효과적인 사례관리 기능은 미리 계획을 세우고, 목적 지향적이며, 실천적이며, 뚜렷한 사명을 갖게 하며 일을 깔끔하게 마무리할 수 있는 전문가로서의 능력이라 할 수 있다.

(5) 업무량 관리 기능

사회복지사는 복지서비스 이용당사자에게 필요한 서비스를 제공하는 동시에 자신을 고용한 사회복지조직의 요구사항인 업무량 관리를 충실히 지켜야 한다. 사회복지사는 그들의 업무량을 사정하고, 중요하고 긴급한 것에 따라 우선순위를 정하며, 가능한 한 가장 효과적이고 효율적인 방법으로 업무를 수행할 계획을 세운다. 또한 사회복지사는 자신이 제공한 서비스의 효과성을 정기적으로 평가하고 동료가 제공한 서비스를 사정하는 데 참여하며 필요한 기록과 서비스 급부, 보고서 작성, 사례기록, 그리고 다양한 지출사항을 구체화하기 위해 자료를 수집해야 한다.

(6) 직원의 전문성 촉진 기능

끊임없이 변화하는 사회 속에서 사회복지실천도 혁신을 요구받는다. 직원의 전문성 촉진 기능은 직원의 업무능력 개발 기능이라 할 수 있다. 이러한 직원개발 기능은 사회복지사의 전문적 실천개입의 효과성을 극대화하는 데 초점을 둔다. 직원개발은 훈련 욕구에 관한 정확한 사정에 기반을 두고 업무 코칭, 슈퍼비전, 자문, 그리고 훈련회의나 워크숍을 실행하거나 참여하는 것과 같은 개별화된 교육의 형태를 취한다.

(7) 정책 점검과 수정이나 지지 기능

사회복지정책은 시민 복지의 초석이 된다. 사회복지사는 사회복지실천에 크게 영향을 미치는 정책의 내용을 철저하게 점검하고 분석해서 수정할 것을 바꾸고, 지속시켜 나가야 할 것은 지지하는 일을 활발하게 감당해야 한다.

(8) 서비스, 프로그램을 계획하고 개발하며 수행하는 기능

사회복지사는 기관의 정책을 수행하고 그 프로그램을 유지할 수 있는 능력을 가져야 한다. 사회복지사는 자신에게 주어진 서비스, 프로그램 등을 실행해야 할 책임이 있다. 조직의 규모와 복잡성에 따라 다소간의 차이는 있지만 일반적으로 행정보직자나 조직 내에서 의사결정을 하는 지위에 있는 사회복지사는 서비스, 프로그램을 계획하고 개발하며 수행하는 기능을 담당하게 된다.

(9) 이익집단 동원과 참여 기능

사회복지사는 복지서비스 이용당사자를 위해 환경과 사회구조를 변화시키기 위해 노력해야 할 경우가 있다. 이때 사회변화를 위해 우선 필요한 것은 문제의 특성을 이해하는 것이다. 경향을 분석하고, 자료를 수집하고 종합해야 하고, 의사결정자가 이해할 수 있는 방식으로 결과를 보고해야 한다. 문제에 관한 개인적인 이해를 사회변화 노력으로 전환시키기 위해서는 관심 있는 개인, 집단, 그리고 조직을 동원하고 활기를 불어넣어야 한다.

2 인적자원관리의 방법과 실제

1) 인적자원관리의 정의와 목표

전통적으로 경영관리의 한 분야로서 인사관리(personnel management)는 개인, 조직의 목표가 성취될 수 있도록 인력의 확보부터 이직까지의 과정을 계획, 조직, 지휘, 조정, 통제하는 관리과정으로 이해되어 왔다. 그러나 오늘날에는 인사관리 대신 인적자원관리(human resources management)의 개념으로 대체되어 가고 있다.

인적자원관리의 개념은 조직의 성장과 유지라는 두 가지 목적을 달성하기 위하여 필요한 자원 중 인적자원에 대한 관리라는 의미가 있다. 즉 '인적자원'과 '관리'라는 두 용어의 합성어로서 인적자원은 사회 · 경제적 가치를 생산 · 분배하는 투입요소를 뜻하고 관리는 하나의 제도나 방식으로 볼 수 있다. 그러므로 인적자원관리의 의미는 조직에 필요한 인적자원(인력)의 수요와 공급을 계획하는 인적자원계획에서부터 충원된 인적자원이 조직 내에서 업무수행을 개선할 수 있도록 지식, 기술, 역량을 증진시키는 인적자원개발(human resource development), 그리고 배치, 이동, 평가관리 등의 인적자원활용(human resource utilization)에 이르기까지의 다양한 측면의 활동이라고 정의할 수 있다.[5]

미국의 루즈벨트(F. Roosevelt) 대통령이 '인적자원의 보존(conservation of human resources)'이라는 말을 쓰면서부터 사용되기 시작한 인적자원이라는 용어는 국가 전체적인 측면에서나 조직의 측면에서 인간에 대한 중요성을 새로이 인식하게 하는 계기가 되었다.[6] 이와 같은 인적자원관리의 목표는 [그림 9-1]과 같이 조직의 지속적 성장과 발전을 도모하는 것이며, 이는 조직과 개인의 목표가 조화를 이룰 때 가능하다. 사회복지조직에서 도움을 필요로 하는 사람들에게 전문적인 서비스를 제공하는 사회복지사들은 사회복지서비스 전달체계에 있어서 매우 중요한 인적사원이다. 따라서 휴먼서비스분야인 사회복지조직은 인적자원관리에 더욱 신중해야 한다.

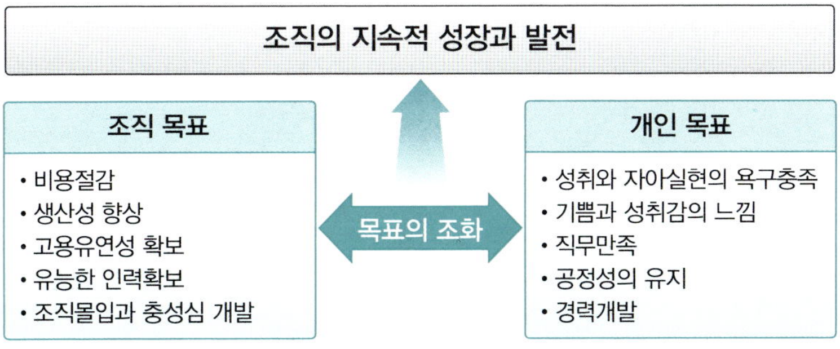

[그림 9-1] 인적자원관리의 목표[7]

2) 인적자원관리의 체계

사회복지조직에서의 인적자원관리의 핵심은 핵심인재의 선발과 함께 조직구성원들의 능력개발과 육성 등 역량강화를 통하여 개인과 조직의 목표를 어떻게 효과적으로 일치시켜 나갈 것인가에 있다. 인적자원관리는 조직유효성의 확보에 기여하는 경영관리기능으로 조직목표 달성을 위해 인적자원을 활용하는 관리과정이라는 점이 중요하다.따라서 사회복지조직 최고관리자는 인적자원관리를 구성하는 주요 체계와 내용을 숙지하고 총체적인 시각을 가져야 하며, 시스템적 사고 하에서 인적자원관리가 이루어질 수 있도록 하는 것이 필요하다. 인적자원관리 프로세스는 [그림 9-2]와 같다.

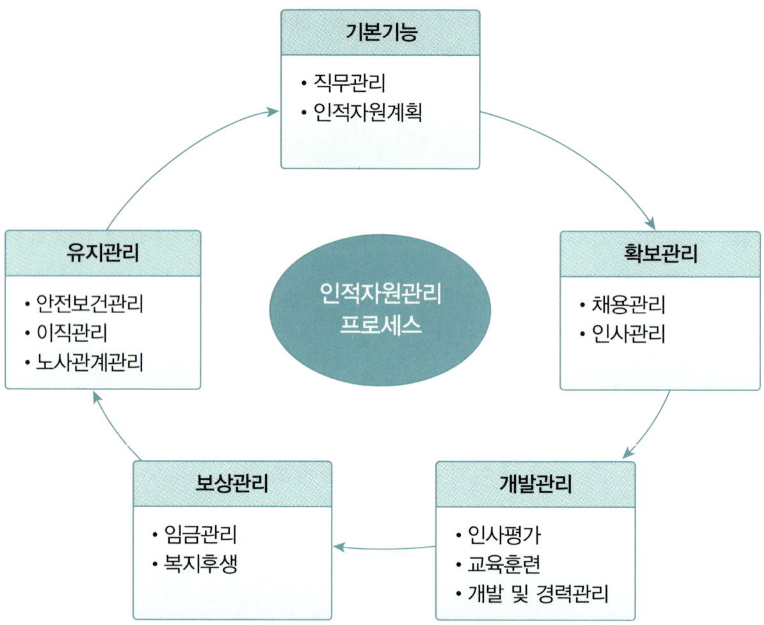

[그림 9-2] 인적자원관리의 체계[8]

(1) 기본기능: 직무관리, 인적자원계획

① 직무관리

사회복지조직이 조직목표를 효과적으로 달성하기 위해서는 다양한 직무들을 체계적으로 설계하고, 분석하고, 평가하여 합리적인 인사관리를 위한 기초 작업으로 직무관리를 해야 한다. 직무관리의 세 가지 핵심 영역은 직무분석, 직무평가, 직무설계가 있으며 세부내용은 다음과 같다.

- **직무분석**: 인사관리의 출발이며 조직구성원들이 담당하는 직무에 대한 정확한 정보를 분석하는 것으로 직무에 대한 정확한 정보를 토대로 직무에 가장 적합한 사람을 선발할 수 있으며, 직무수행능력 향상을 위해 필요한 교육·훈련 제공, 승진과 인사이동을 위한 합리적인 기준으로 활용될 수 있다.
- **직무평가**: 직무기술서와 직무명세서를 기초로 각 직무들 간의 상대적인 가치를 분석·비교하는 과정이다. 평가의 기준으로 숙련도, 노력, 책임, 작업환경 등이 활용되며 임금관리의 공정성을 기할 수 있는 기초자료로 활용될 수 있다.
- **직무설계**: 효율적인 직무수행 및 조직구성원이 직무수행의 주도자로서 스스로 직무만족과 생산성의 향상을 도모할 수 있도록 직무의 내용과 수행방법, 직무 간 관계 등을 설정하는 과정이다. 직무설계의 방법에는 직무전문화, 직무순환, 직무확대, 직무충실화 등이 있다.

② 인적자원계획

사회복지조직이 전략적인 인사관리를 실행하기 위해서 현재 그리고 향후 필요로 하는 특성(자격, 경력 등)을 지닌 인력의 수를 예측하고, 조직 내·외에서 공급 가능한 인력을 고려하여 인력의 수급을 조정하는 활동이다. 좁은 의미의 인적자원

계획은 인력 계획의 의미로 취급되는 것이 일반적이다. 그러나 인적자원계획을 광의의 의미로 정리한다면, 인력계획은 "필요로 하는 인력의 수요 추정과 확보, 그리고 유지 개발에 관한 일련의 계획 과정을 다루는 것"[9]으로 광의의 인적자원계획의 하위분류에 포함되는 요소는 인력 소요 계획, 인력 확보 계획, 인력 적응 계획, 인력 개발 계획, 인력 비용 계획이 있으며 세부적인 내용은 다음과 같다.

- **인력 소요 계획**: 정원 계획, 인력 수요 계획이라고도 하며 경영의 목적을 달성하기 위해 수요의 측면에서 단기 · 중기 및 장기적으로 요청되는 양적 및 질적인 인력을 소용 시기에 따라 계획하는 것이다.
- **인력 확보 계획**: 채용 계획 혹은 모집 선발 계획으로 경영에 필요한 인력을 어떻게 모집 · 선발하는가와 관련된 인적자원의 공급과 관련된 계획이다.
- **인력 적응 계획**: 배치전환 계획으로 경영 활동상 인력을 능력에 따라 어떻게 적재적소에 배치 · 전환하는가와 관련된 계획이다.
- **인력 비용 계획**: 예산 계획을 의미하는 것으로 인력 소요 계획에 따라 미래에 소요되는 임금을 비롯한 경영 활동에 투자될 노동력의 총비용을 파악하는 계획이다.

(2) 인적자원의 확보관리: 채용관리, 인사관리

① 채용관리

인적자원계획을 통해 요구되는 인력의 규모와 요건이 결정되면 필요한 인적자원을 확보하는 과정이 따르게 된다. 채용관리는 기관이 필요로 하는 양질의 인적자원을 조달하여 기관이 필요로 하는 시기에 노동력을 발휘할 수 있도록 모집(recruitment), 선발(selection), 배치(placement)하는 체계적인 활동이다.

- 모집: 인적자원의 확보는 조직외부에서 새롭게 충원될 수도 있고, 조직내부에서 충원될 수도 있다. 두 가지 방법 중 어떠한 것이 유리한가에 대한 명확한 계산법은 없다. 그러나 일반적인 모집의 과정에서는 인력 수급에 문제가 발생하였을 경우 내부의 기존 인력으로부터 충원하되, 적임자가 없을 경우나 새로운 기술이나 아이디어를 필요로 할 때에는 외부로부터 인력을 충원한다. 사회복지조직은 운영규정, 내부 인력의 역량 등을 고려하여 적합한 방법을 선택할 수 있다. 두 가지 방법의 장점과 단점은 다음과 같다.

〈표 9-2〉 인력충원 두 가지 방법의 장 · 단점[10]

구분	장점	단점
사내(내부) 공급	능력이 충분히 검증된 사람의 채용이 가능하며, 재직자의 개발 동기부여 및 장기근속의 유인 제공, 훈련과 사회화 시간의 단축, 신속한 충원과 충원 비용의 절감, 성장 정체기의 내부 충원으로 재직자의 직장 안정 제공 등	조직 내부의 정치성이 반영될 수 있기 때문에 과잉경쟁 발생, 인간관계 긴장감 조성, 탈락한 후보직원의 사기 및 업무실적 저하, 고용평등법을 충족시키지 못할 위험 존재 등
사외(외부) 공급	새로운 아이디어와 견해의 유입이 가능하며, 급성장기의 인력수요 충족, 경력자 채용시 훈련비용 절감 등	시간 비용 및 충원 비용 소요, 선발 점수와 입사 후 성과 간의 불일치 가능성, 재직자의 사기 저하의 위험 등

- 선발: 사회복지조직에서 외부에서 인력을 충원하기로 결정하였다면, 모집과정을 통해 지원자를 확보하고 그 중에서 기관에 적합한 인력을 선발하게 된다. 일반적인 선발과정은 제출서류 검토, 시험실시 및 결과 검토, 면접, 추천자 및 주변관계 확인, 선발결정 과정에 따른다. 선발과정에 있어서 사회복지조직과 일반 기업과의 차이점은 추천자 및 주변 관계 확인과 선발 결정 사이에 「사회복지사업법」에서 제시하고 있는 결격사유 확인 절차가 포함된다는 점이다. 사회복지사업법 제7조 제35조 및 제35조의 2와 관련하여 사회복지시설의 장과 종사자는 「사회복지사업법」 및 개별 법령 등에 명시된 시설장과 종

사자의 결격사유에 해당하지 않아야 하고, 각 시설 유형이 요구하는 자격 기준을 갖추어야 한다. 시설유형별 개별 법령에서 결격사유 등을 별도로 정하는 경우를 제외하고는 「사회복지사업법」을 준수해야 한다. 또한 채용 시 공개채용 및 관련절차를 준수해야 하며, 차별금지와 관련된 법령(「남녀고용평등과 일 · 가정 양립 지원에 관한 법률」, 「장애인 차별금지 및 권리 구제 등에 관한 법률」, 「고용상 연령 차별금지 및 고령자 고용촉진에 관한 법률」 등)에 대한 내용을 숙지해야 한다.

- **배치**: 직원 선발 과정을 통해 최종적인 선발 결정이 이루어지면, 신규 채용된 직원을 적합한 직무에 배치시키는 활동이 이루어진다. 배치 활동은 적정 배치를 원칙으로 하며, 이는 적정 직무(적정)에 적정 자질을 가진 직원(적소)을 배치하여 조직의 성과를 향상시키고자 하는 활동이라 할 수 있다. 적정배치 요건 중 직무의 요건은 직무를 올바르게 수행함에 있어서 조직구성원에게 요구되는 신체적 · 정신적 자질을 의미하는 것으로 직무가 요구하는 능력수준, 인격특성, 직무수행이 구체화된 직장환경, 직무 조직상의 지위 등이 포함된다. 다음으로 사람의 요건은 조직구성원이 맡은 바 직무를 충분히 수행할 수 있는 능력, 신체적 · 인격적 특성, 교육적 · 경제적 배경 등을 파악하는 일이다. 즉, 조직구성원의 성격이 직무요건을 충족시킬 수 있는지에 관한 적합성을 의미한다.[11]

② 인사관리(인사이동)

인사관리(인사이동)는 조직구성원을 선발하여 배치한 후에 조직구성원들이 업무를 수행해 가는 과정에서 나타나는 능력 및 성과 등의 변화를 평가하고 평가결과에 따라 행하는 조직 내에서의 배치전환, 승진, 이직 등을 의미한다. 이는 조직구성원들의 주요 관심사이기도 하며 조직유효성과도 관련되는 문제이기도 하다. 따라서 조직내부에서 이루어지는 인력구조의 변화라는 점에서 사회복지조직의 입장에서는 인사관리(인사이동)가 조직 전체적인 차원에서의 인적자원전략 및 계획과 밀접히 연계되어 이루어질 수 있도록 주의를 기울여야 한다.

- 배치전환: 새로운 직무로의 수평적 이동을 말하는 것으로 급여수준, 지위, 책임 등이 종전의 직무에서와 별다른 변동이 없는 인사이동이다.
- 승진: 더 나은 직무로의 수직적 이동을 말하며, 책임, 위신, 지위, 기능 특히 급여수준의 향상을 동반한다. 대부분의 조직구성원들은 승진을 통해 성장과 발전의 기회를 가지려 하며 자기 존중 내지 자아실현의 욕구를 충족시킨다. 반면에 신분상승 욕구가 충족되지 못할 경우 능률과 사기가 저하되고 좌절감을 느끼기도 한다.
- 이직: 사회복지조직과 조직구성원 간의 근로계약을 종결시키는 인사이동을 의미한다.

(3) 인적자원의 개발관리: 인사평가, 교육훈련, 개발 및 경력관리

사회복지조직의 경쟁력 확보를 위해서는 인적자원개발에 초점을 두어야 한다. 인적자원개발에 꾸준한 지원과 관심을 통해 조직구성원들의 잠재적 능력을 향상시키고, 이를 기반으로 조직의 지속적인 성장과 발전이 이루어질 수 있다. 직장생활을 통해 경제적 욕구와 안전의 욕구와 같은 기본적인 욕구가 충족되는 것을 기본으로 자아개발 및 자아실현 등 보다 고차원적인 욕구가 충족된다면 조직구성원들은 조직성장과 발전을 위해 더욱 열심히 헌신하며 업무를 수행하게 된다. 즉, 자신이 속한 조직에서 계속적으로 발전하고 있다는 느낌, 존중받는 느낌, 소속감, 존중감, 만족감 등은 매우 중요한 요소이다. 인적자원의 개발관리는 인사평가, 교육훈련, 개발 및 경력관리를 토대로 이루어지며 세부적인 내용은 다음과 같다.

① 인사평가

인적자원을 개발하기 위해서는 조직구성원들의 역량과 장 · 단점 그리고 잠재능력을 파악하고 평가하는 것이 선행된다. 인사평가는 조직이 구성원들을 대상으로 평가하는 것을 의미한다. 보다 구체적으로 조직구성원들의 직무수행상의 성과, 능력, 그리고 업무수행 과정에서의 태도 · 성격 등을 측정하는 활동이다. 인사평가 결과는 보상, 승진 · 전환, 선발도구의 타당성 평가자료, 인적자원개발 계획, 인력유지 활동, 인력조정을 위한 선정, 직무 · 제도 재설계 등 인적자원관리의 기초자료로 활용된다.

이와 같은 인사평가의 다양한 활용목적은 [그림 9-3]과 같이 관리목적을 위한 사용과 개발목적을 위한 사용으로 구분된다. 전자는 보상수준, 승진과 강등, 징계대상과 징계수준 및 해고순서 등의 관리적 의사결정을 위한 자료로 활용된다. 이는 조직구성원들의 신상에 해당되는 사항이기 때문에 매우 민감한 반응을 초래할 수 있다. 따라서 공정성이 매우 중요하며, 인사평가 자료는 입증근거로써 대표적인 정보에 해당된다. 반면 후자는 인사평가 결과를 토대로 조직구성원들의 개선과 역량강화에 목적이 있다. 조직차원에서의 역량개발을 위한 지원약속과 조직구성원 차원에서 스스로 자신의 역량과 행동변화를 위해 노력하도록 동기 부여하는 것에 주안점을 둔다.

관리목적	개발목적
보상 승진 징계 해고	강점의 확인 개발분야 확인 개발 계획 모칭과 경력계획

[그림 9-3] 인사평가의 주된 역할[12]

② 교육훈련

사회복지조직에서 조직구성원들을 대상으로 실시하는 교육훈련은 조직과 조직구성원 모두에게 도움이 되는 활동이다. 교육훈련은 조직이 직무수행에 필요한 기술과 지식 함양을 위해 조직구성원들의 의욕을 상승시키고 맡겨진 업무를 보다 잘 수행할 수 있도록 인재를 양성하는 과정이다. 교육훈련의 대상은 신입직원과 재직직원으로 구분되며, 신입직원의 경우 입사 전 형성된 태도와 습관이 조직이 기대하는 태도, 표준, 가치기준, 행동유형 등과 다르기 때문에 조직사회화 과정이 요구되며 이를 오리엔테이션이라 한다. 재직직원의 경우 교육훈련이 조직과 개인 모두에게 도움이 되기 위해서는 보다 체계적으로 이루어져야 한다. 교육훈련체계는 진단과정, 수행과정, 평가과정 및 피드백 과정으로 구성되며 세부적인 내용은 다음과 같다.

- **진단과정**: 교육훈련의 필요성과 교육훈련의 목표를 구체화하는 단계이며 교육방법과 교육범위를 판단하기 위하여 사전 테스트를 실시한다. 교육훈련의 필요성은 조직측면, 과업적 측면, 조직구성원 개인측면에서 분석되어야 한다. 조직측면에서는 미래에 나아가고자 하는 전략을 수행하는데 필요한 지식, 기술, 태도가 무엇인지 파악하여 이를 조직구성원들이 확보하도록 해야 한다. 과업적 측면에서는 직무기술서와 직무명세서를 통해 조직구성원이 수행해야 하는 과업과 현재 조직구성원이 보유하고 있는 능력을 비교하여 교육훈련의 필요성을 확인할 수 있다. 조직구성원 개인측면에서는 구성원 스스로 자신들이 직무를 어떻게 수행하고 있는지에 초점을 맞추는 것이다.
- **수행과정**: 조직, 과업, 개인적 측면에서 진단이 이루어지면 교육훈련방법을 선택하고, 일정을 조정하여 교육훈련을 실행하고 모니터링을 실시한다. 교육훈련은 직장 내 훈련(on the job training: OJT)과 직장 외 훈련(external training)으로 구분된다. 전자는 사회복지조직 내부에서 진행되는 것으로 일반적으로 상

급자에 의해 업무수행 과정에서 진행되는 경우가 많고, 비용절감의 장점이 있다. 후자는 현장을 떠나 교육훈련에 집중할 수 있다는 장점이 있는 반면, 비용부담이 발생한다. 사회복지사들을 대상으로 실시되고 있는 가장 대표적인 직장 외 훈련에는 법정의무교육으로 진행되는 사회복지사 보수교육(년8시간)이 있다. 또한, 사회복지조직 구성원은 각종 관련법령에 따라 긴급복지 신고 의무자교육, 아동학대 신고 의무자교육, 노인학대 신고 의무자교육, 개인정보보호교육, 직장 내 괴롭힘 예방교육, 장애인인식개선 교육, 장애인학대예방 및 신고의무자교육, 퇴직연금교육, 소방안전교육, 인권교육, 안전위생교육 등을 의무적으로 받아야 한다.

- 평가과정: 교육훈련 실시 후 조직관리자, 교육자와 피교육자가 교육훈련 시작 전 설정한 목표가 어느 정도 달성되었는지 확인하는 과정이다. 평가방법은 사전에 설정되어야 하며, 훈련 후 반응평가, 학습평가, 행동평가, 결과평가 등이 있다.

③ 개발 및 경력관리

교육훈련이 조직구성원들이 수행하는 직무수행능력을 향상시키는 것에 중점을 둔 것이라면 개발은 직무수행능력 외에 사회복지조직 내에서 수행하게 될 직위에 필요한 능력을 강화시키는 것을 의미한다. 즉, 장기적인 측면에서 판단력, 책임감, 의사결정능력, 의사소통능력, 갈등해결능력 등과 같은 능력을 향상시키는 행위라고 할 수 있다. 개발의 기대효과는 조직 측면에서는 조직구성원과 관리자의 역량향상에 따른 경쟁 환경에서의 경쟁력 확보, 전략 및 구조 변화에 따른 조직유연성 확보이고, 조직구성원 측면에서는 개발과정에서의 경력 방향성 결정과 해당 분야의 개인역량 향상, 역량 향상에 따른 승진가능성과 직업안정성 확보에 있다.[13]

경력은 직무와 관련된 한 사람의 이력을 의미하며, 이러한 경력관리는 개인적 차원과 조직적 차원에서 이루어진다. 개인적 차원에서는 자기인식 과정을 토대로 자신의 삶의 목표를 설정하고, 자신이 추구하는 것이 무엇인지, 자신은 어떠한 능력을 가지고 있는지 인식하는 것에서 시작된다. 이러한 인식을 토대로 경력계획을 수립하게 된다. 조직적 차원의 경력관리는 미래 조직에서 필요로 하는 인적자원을 확보하기 위해 조직구성원들의 경력을 관리하는 것과 조직구성원들이 자신들의 경력을 관리할 수 있도록 지원하고 돕는 것을 포함한다.

(4) 인적자원의 보상관리: 임금관리, 복지후생

사회복지조직에서 보상은 금전적 보상과 비금전적 보상으로 구분된다. 임금과 복지후생제도가 전자에 해당되는 것이라면, 직무만족감, 조직만족감, 성취감, 보람 등과 같은 내재적 보상이 후자에 해당된다.

① 임금관리

사회복지조직의 경우 임금은 국고보조금 혹은 시비보조금으로 지급되는 경우가 대부분이다. 이러한 임금은 직급과 경력(호봉)에 따라 차이를 보이며, 직능별 그리고 지역별로 차이를 보이기도 한다. 반면 복지후생은 조직구성원들과 그 가족의 생활수준 향상을 위해서 제공되는 간접적인 보상을 의미한나. 광의의 의미에시 기업체가 납부하는 공적연금이나 퇴직연금, 건강보험, 산업재해보상보험, 고용보험 등의 사회보험은 물론이고 퇴직금제도, 유급휴식제도 등 법률로 강제된 급여들도 이에 포함되며, 협의의 의미에서 기업체가 자율적으로 제공하는 그 외의 급여들로 생활지원시설, 금융 및 공제제도, 보건위생시설, 문화 · 체육 · 오락시설, 조직구성원에게 제공되는 각종 상담서비스, 육아 및 노부모보호 서비스 등이 포함된다.

② 복지후생

사회복지조직은 우수한 인재를 확보하고 조직구성원의 조직만족과 사기진작을 위해서 복지후생제도를 효율적으로 운영해야 한다. 이러한 복지후생제도는 사회복지조직 운영주체의 재정능력과 최고관리자의 관심도에 따라 차이를 보이기도 한다. 복지후생은 임금, 노동시간 등의 기본적인 노동조건을 보완하는 파생적 근로조건으로 인식되고 있으며, 노사분쟁의 주요 요인이 되기도 한다. 개별 사회복지조직의 열악한 재정으로 복지후생제도를 자체적으로 운영하는 것에는 한계가 있다. 이에 사회복지조직은 한국사회복지협의회, 한국사회복지사협회, 각 직능별 협의체에서 제공하고 있는 다양한 형태의 복지후생제도를 적극 활용하는 것도 전략이 될 수 있다. 우수 직원 해외연수, 안식년(월) 제도, 장기근속휴가, 문화 및 의료혜택, 표창 및 포상 등이 있다.

(5) 인적자원의 유지관리: 안전보건관리, 이직관리, 노사관계관리

사회복지조직에서 구성원을 채용하고, 배치하고, 교육훈련을 제공하고, 적절한 보상을 제공하는 것과 함께 유지관리는 인적자원관리의 유효성을 결정짓는 중요한 요인이다. 안전보건관리, 이직관리, 노사관계관리 등이 이에 해당된다. 사회복지조직에서 중요하게 살펴보아야 할 안전보건관리와 이직관리에 대해 보다 상세하게 살펴보고자 한다.

① 안전보건관리[14]

사회복지조직에서 소중한 인적자원인 사회복지사를 비롯하여 조직구성원이 안전하고 위생적인 근무환경에서 안전의식을 가지고 근무할 수 있도록 환경을 조성해야 할 책임이 있다. 따라서 조직구성원들을 위해 보호안전체계를 구축하여 실행하는 것은 매우 중요하다. 관련내용을 산업안전관리와 보건위생관리로 구분하여 살펴보고자 한다.

- **산업안전관리:** 산업체 작업현장에서 발생하는 각종 재해로부터 인명을 보호하고 재산상의 안전을 확보하기 위해 산업재해의 원인을 분석하고 제거 · 해결함으로써 각종 사고를 미연에 방지하려는 체계적인 인적자원관리 활동으로 조직구성원의 사기진작과 생산비용 절감에 궁극적인 목적이 있다. 안전하고 위생적인 근무환경을 조성하기 위해서 최고관리자의 안전의식과 이에 대한 적극적인 노력이 필요하다. 안전관리 전담부서 혹은 전담자를 지정하여 권한을 부여하고 안전계획 수립, 안전점검, 안전교육, 사고분석, 안전에 대한 조직 내 홍보 등의 역할을 수행하게 할 수 있다. 이러한 안전관리는 선발, 교육훈련, 인사고과, 이동 등 인적자원관리 활동 전 과정에서 시스템적으로 이루어져야 한다. 구체적으로 채용과정에서 사고성향이 있는 지원자를 가려내고, 교육훈련을 통하여 조직구성원들의 안전의식을 증진시키는 것 등이 해당된다.
- **보건위생관리:** 조직구성원들이 건강하게 직장생활을 할 수 있도록 예방적인 차원에서 작업환경을 통제하고 전반적인 위생을 관리하며 조직구성원 개개인의 건강을 관리하는 것을 의미한다. 유해물질로 인한 직업병과 스트레스 등 건강 및 위생에 대한 문제들을 인식하고 조직구성원의 육체적 · 정신적 건강과 관련하여 발생할 수 있는 인적 · 경제적 손실을 예방하기 위한 대책을 마련하는 것이다. 보건위생에 대한 대책으로는 주기적 건강진단, 건강프로그램 교육, 유해환경 노출 억제, 종합적 건강관리, 정신상담 치유 등이 있다.

이런 의미에서 사회복지사 소진예방과 최근 사회복지현장에서 발생하고 있는 다양한 형태의 언어폭력, 신체적 폭력 등으로부터 사회복지종사자들을 보호하기 위한 「사회복지종사자 보호체계 구축사업」은 인적자원관리 유지관리 측면에서 중요한 의미가 있다.[15]

BOX 9.1

부산시사회복지사협회 사회복지종사자의 안전과 인권을 위한 보호 체계 구축사업[16] 〈사회복지 현장의 안전 강화와 위기 대응을 위한 회복 프로그램 "전화위복"〉

본 사업은 사회복지 현장에서 다양한 위험(이용자의 폭력, 상실 등)에 노출되어 업무의 소진 등 위기 및 외상을 겪을 수 있는 사회복지 종사자가 안전하고 안정적인 환경에서 사회복지서비스를 제공할 수 있도록, 개인적인 변화뿐 아니라 사회복지 현장의 환경 변화를 도모하는 것에 목적이 있다.

- 연차별 사업내용

1차년도(2019. 08. ~ 2020. 05.): 사업착수	
특징	【사회복지사 및 종사자 보호체계 마련을 위한 여건 조성】
핵심 내용	• 사회복지사 및 종사자 안전 및 인권관련 실태조사 • 위기대응 매뉴얼 제작 및 보급(집필진 구성 및 운영) • 위기대응 교육 커리큘럼 개발 및 운영(직능별, 직급별 교육) • 위기 대상자 발굴 및 심리 · 정서지원사업 실시 • 자문위원회 및 영역별 자문단 구축(노무, 법률, 심리 등) • 사회복지 종사자 안전과 인권 감수성 관련 복지컨퍼런스 운영 • 사회복지시설 안전캠페인 추진(인권보드 제작 및 배포 등)
2차년도(2020. 06. ~ 2021. 05.): 사업확대	
특징	【사회복지 종사자의 안전체계의 내실화 및 법률적 근거 마련, 제도화 추진】
핵심 내용	• 사회복지시설 비상벨 설치 지원(시범) ※ 시범운영 및 사례 제시를 통한 부산 전역 설치 및 지원 요구(부산시청 및 구청 등) • 위기대응 교육 심화과정 운영(동료교육, 위기대응담당자 교육 등) • 심리 · 정서지원사업의 다양화(개인, 집단, 자조모임 등) • 사회복지시설 안전캠페인 활성화(인권보드, 안전 영상물 제작 및 배포 등) • 부산시 조례 제정 추진
3차년도(2021. 06. ~ 2022. 12.): 사업성과 입증	
특징	【사회복지 종사자의 보호체계 시스템의 인식 확산 및 지속성 확보】
핵심 내용	• 사회복지 안전캠페인 정례화 • 사회복지 종사자 안전과 인권 감수성 관련 복지컨퍼런스 운영 • 사업성과 보고회(연구보고서 및 사례집 발간) • 사회복지 종사자 심리지원센터 추진

② 이직관리

이직은 근로자와 사용자 사이에 체결된 근로관계의 종료를 의미하며, 긍정적인 효과와 부정적인 효과가 있다. 조직 내에서 적정수준의 이직이 지속적으로 이루어지게 되면 경영자 입장에서는 진부한 기술을 보유하고 있는 고령근로자를 대신하여 최신의 기술과 역량을 겸비한 젊은 사원을 채용함으로써 조직 혁신과 조직 내 생동감을 갖게 된다. 이것이 이직의 긍정적인 효과이다. 반면, 우수한 종사자의 이직은 조직 차원에서는 손실이며, 낮은 이직은 남아있는 종사자들에게 영향을 미쳐 분위기가 어수선해 지거나 결속력을 저하시켜 조직의 경쟁력 유지에 어려움을 초래한다. 이것이 이직의 부정적인 효과이다. 또한 이직은 자발적 이직(voluntary separation)과 비자발적 이직(involuntary separation)으로 구분된다.

- **자발적 이직:** 조직구성원이 자신의 의지에 따라 이직을 결심하고 조직을 떠나는 경우를 의미한다. 보다 나은 기회를 찾아 다른 조직으로 이동하거나 혹은 결혼 · 질병 · 출산 · 육아 · 이사 등 다양한 이유로 조직을 떠나는 경우이다.
- **비자발적 이직:** 조직구성원의 의사와는 상관없이 조직의 입장에서 이직을 강제하는 경우를 의미한다. 정년퇴직, 징계해고, 정리해고, 명예퇴직 등이 이에 해당된다.

이와 같은 이직행동은 개인적인 차원에서 볼 때 다양한 경험과 역량의 축적 및 경력개발과 같이 긍정적으로 작용하는 측면이 있으나 조직의 차원에서는 사업의 효율성과 지속성 및 안정성의 측면에서 부정적으로 작용할 수 있다. 사회복지조직 구성원의 이직 의도는 개인의 성격특성에 영향을 받을 수도 있지만 스스로가 지각하는 조직 속성에 대한 인식, 구체적으로 조직 지원 및 조직공정성 등에 의해 큰 영향을 받을 수 있다.[17] 따라서 최고관리자는 조직 내 이직률을 살펴보고 이직행동의 원인을 조직차원에서 분석하고 체계적으로 관리할 필요가 있다.

3 슈퍼비전

1) 슈퍼비전의 개념과 구성요소

사회복지조직의 슈퍼비전(supervision)은 사회복지의 질적 함양을 목적으로 사전 경험과 지식이 풍부한 중간관리자의 위치에 있는 슈퍼바이저가 일선 실무자인 슈퍼바이지를 교육하고 지도하는 것이다. 이는 슈퍼바이저가 슈퍼바이지를 교육하고 지도할 수 있는 슈퍼비전 체계를 조직 차원에서 구축하여 전문가로 성장할 수 있게 하는 것을 의미한다.[18]

일반적으로 슈퍼비전을 구성하는 요소는 슈퍼바이지(supervisee), 슈퍼바이저(supervisor), 클라이언트(client), 조직 등으로 구분할 수 있다. 먼저 슈퍼바이지는 자신이 수행하는 사회복지사업에 관한 슈퍼비전을 받는 사람으로, 사회복지 프로그램을 기획 · 개발하고 클라이언트에게 직접 서비스를 제공하는 일선의 직원이다. 슈퍼바이저는 슈퍼바이지에게 슈퍼비전을 제공하는 사람으로, 직접적인 지도 · 감독을 제공하는 사람이다. 이때 슈퍼바이저는 관리자(manager), 중재자(mediator), 멘토(mentor)의 역할을 수행하는 리더(leader)와 같다.[19]

슈퍼바이저와 슈퍼바이지의 관계는 라포(rapport), 신뢰(trust), 배려(caring)의 3가지 기본요소로 설명할 수 있다.[20] 라포는 슈퍼바이저와 슈퍼바이지 간 상호관계로서 서로가 개방적이고 친밀하게 지낼 수 있는 능력을 의미한다. 신뢰는 슈퍼바이지가 슈퍼바이저를 신뢰할 수 있는 관계를 의미하고, 배려는 반대로 슈퍼바이저가 슈퍼바이지에 대한 관심을 전달할 수 있는 능력을 의미한다. 그러나 이 둘의 슈퍼비전 관계가 치료관계가 되어서는 안 되므로 슈퍼바이지의 개인적 문제는 다루지 않는 것이 원칙이다.

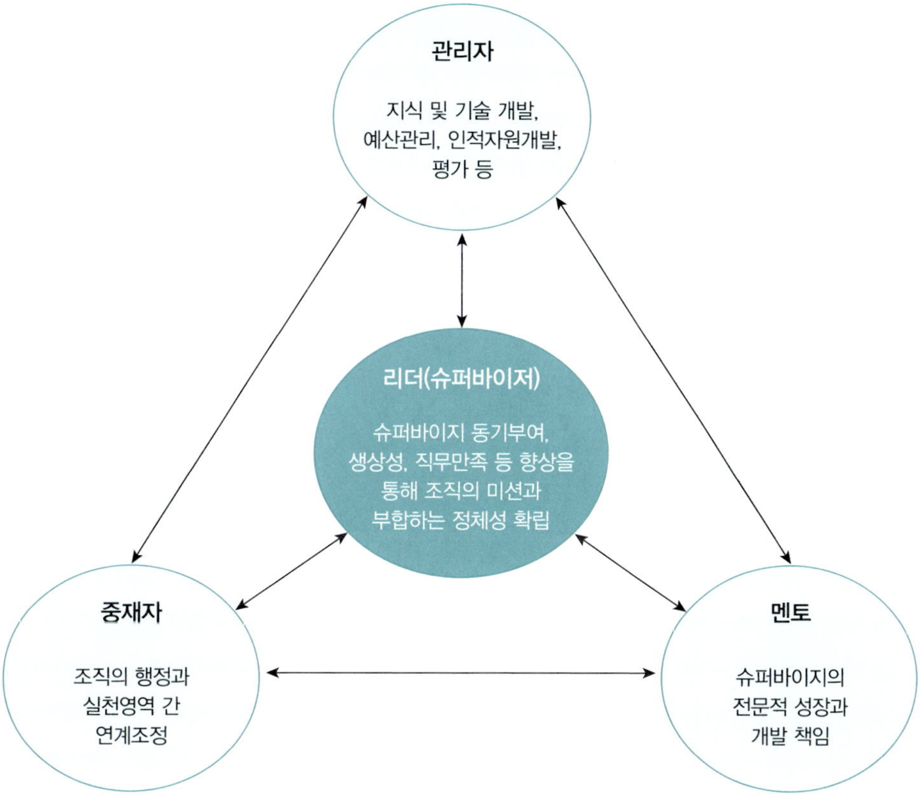

[그림 9-4] 사회복지조직 슈퍼바이저의 역할[21]

다음 클라이언트는 슈퍼비전이 필요한 이유를 설명해 주는 사람으로, 직접서비스조직에서는 서비스 욕구가 있는 사람이고 간접서비스조직에서는 다른 조직, 단체, 정부 등이 포함될 수 있다. 마지막으로 조직은 슈퍼비전이 이뤄지는 기반으로 조직 외부의 자문은 슈퍼비전으로 구분하지 않는다. 따라서 조직은 정책적 차원에서 슈퍼비전 체계를 조직 내부에 구축하고, 조직의 비전, 미션, 목적 등 주요 특성에 따라 슈퍼비전을 제공해야 한다.

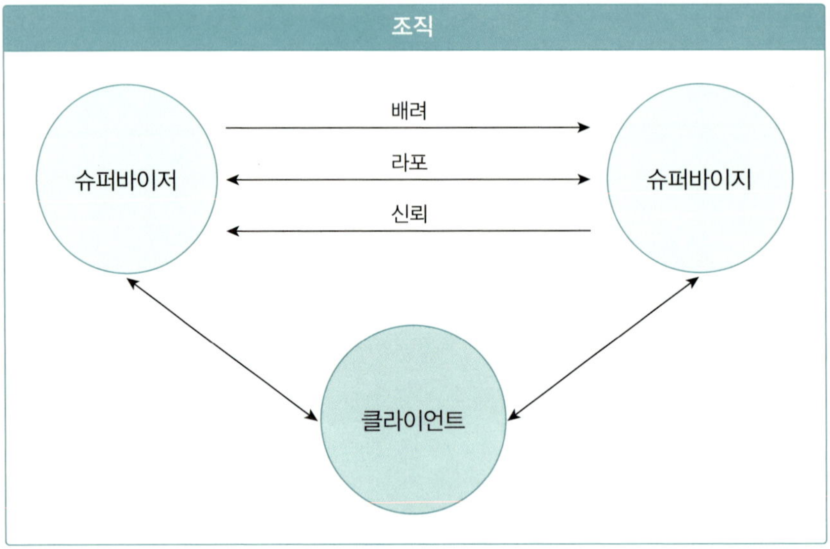

[그림 9-5] 슈퍼비전의 구성요소

2) 슈퍼비전의 기능

슈퍼비전은 기본적으로 행정적 기능, 교육적 기능, 지지적 기능이 있다.[22] 행정적 기능은 슈퍼바이저가 슈퍼바이지가 효율적으로 일할 수 있는 구조와 자원을 제공하는 것을 의미한다. 카두신은 행정적 슈퍼비전을 위한 과제로서, ① 직원모집과 선발, ② 직원배치, ③ 업무계획, ④ 업무할당, ⑤ 업무위임, ⑥ 업무의 모니터링, 검토, 평가, ⑦ 업무조정, ⑧ 의사소통기능, ⑨ 대변인으로서 슈퍼바이저, ⑩ 행정적 완충자로서의 슈퍼바이저, ⑪ 변화매개인과 지역사회연계인으로서의 슈퍼바이저의 11개 활동을 제시하였다.[23]

위 3가지 슈퍼비전 기능 중 슈퍼바이지의 동기부여 강화와 직접적으로 관련이 있는 것은 교육적 기능과 지지적 기능으로 볼 수 있다. 먼저 교육적 기능은 슈

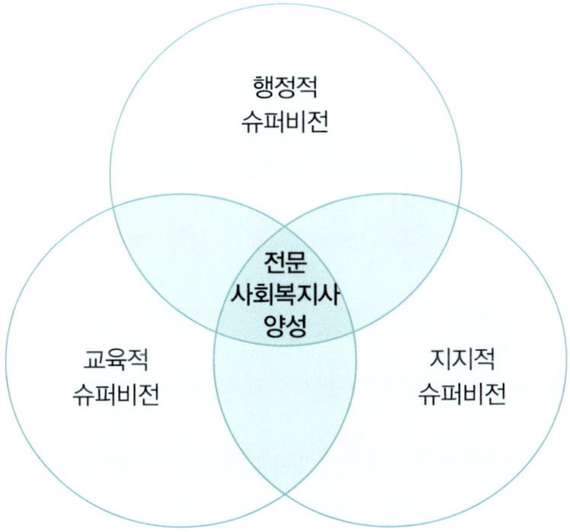

[그림 9-6] 슈퍼비전 기능 간 관계

퍼바이저가 슈퍼바이지의 업무능력 개선에 필요한 지식과 기술을 제공하는 것이다. 이는 슈퍼비이지의 전문성을 향상시키기 위한 활동이다. 구체적으로는 업무수행에 필요한 지식을 가르치고 배우는 학습(learning), 여러 실천경험에 대한 나눔(sharing), 사회복지 전문직 문화의 가치와 규범 공유, 윤리적 실천의 기준 제시, 슈퍼바이지의 업무수행 평가 등이 포함된다. 교육적 기능에서 슈퍼바이저는 훈련전문가 및 인사전문가로서 슈퍼바이지의 성장을 돕는 멘토가 되어야 한다.[24]

마지막 지지적 기능은 슈퍼바이지의 업무를 방해하는 심리적 스트레스를 완화하고 사기를 증진하여 업무성과를 증진시키는 것이다. 슈퍼바이지의 소진 등은 이직 또는 사직 등의 결과를 가져올 수 있다. 따라서 사회복지조직은 지지적 슈퍼비전을 통해 슈퍼바이지의 직무만족을 향상시키기 위해 노력한다. 지지적 슈퍼비전의 내용에는 슈퍼바이지가 스트레스를 통제하고 자존감을 유지할 수 있게 하는 긴장관리, 개별 슈퍼바이지에 대한 신속한 피드백 제공, 슈퍼바이지와의 신뢰 · 배려 · 개방성을 바탕으로 한 상호존중, 슈퍼바이지의 새로운 아이디어를 수용하고 지지하는 등의 사기진작 등이 포함된다.

행정적 · 교육적 · 지지적 슈퍼비전 기능은 각각 독립적이지 않고 상호 연결되어 있다. 가령 행정적 슈퍼비전이 조직의 구조적 효과성, 보상, 권위, 효율성과 관련이 있다면, 교육적 슈퍼비전은 슈퍼바이지의 효과적 업무수행을 위한 전문가로서의 지식과 기술, 능력과 관련이 있다. 마지막 지지적 슈퍼비전은 건강한 심리와 자아를 통한 효과적인 업무수행, 소진을 극복할 수 있는 열정을 가진 사회복지사로 만드는 데 기여할 수 있다.

1 이준우 (2021). **통합과 융합의 사회복지실천**. 서울: 인간과 복지. p. 188

2 보건복지부에서는 매년 〈사회복지시설 관리안내〉를 작성하여 제공하고 있다. 사회복지시설 유형별 사업내용에 관한 보다 상세한 정보를 파악하기 위해서는 보건복지부와 여성가족부에서 제공하고 있는 개별 법령별 사업 안내에서 세부 내용을 파악할 수 있다. 그리고 세부 내용을 시설운영에 적용해야 한다. 개별 법령별 관련 사업 안내는 규정, 운영 지침 등의 명칭으로 사용되고 있으며, 보건복지부와 여성가족부 홈페이지 자료실에서 자료를 다운 받을 수 있다.

3 보건복지부의 2023 사회복지시설 관리안내(p. 6)와 부산광역시의 2022 사회복지법인 · 시설 업무가이드(p. 4)를 토대로 재구성.

4 이준우 (2021). 전게서 pp. 203-208.

5 한국복지행정학회 (2014). **사회복지행정론**. 파주: 양서원. p. 148.

6 박성수, 황호영, 김공수, 이경근 (2007). **디지로그시대의 인적자원관리**. 서울: 삼영사. pp. 8-9.

7 상게서, p. 14.

8 상게서, p. 25.

9 최병우, 이건웅 (2006). **최신 인적자원관리**. 서울: 무역경영사.

10 정종태 (2013). **인사관리 기본과 실제**. 서울: 시그마프레스.

11 박성수 외, 전게서, p. 145.

12 상게서, p. 201 토대로 재구성.

13 상게서, p. 296.

14 상게서, p. 414.

15 〈사회복지종사자 보호체계 구축사업〉은 한국사회복지사협회를 중심으로 각 시도협회에서 집중적으로 추진하고 있으며, 부산사회복지사협회에서는 사회복지 현장의 안전 강화와 위기대응을 위한 회복 프로그램으로 '전화외복'이라는 제목으로 진행되고 있다. 보다 구체적인 내용은 부산사회복지협회 홈페이지(https://basw.or.kr) 참조.

16 부산사회복지사협회 홈페이지(https://basw.or.kr).

17 이지선, 강철희, 최수찬 (2019). 사회복지조직 구성원의 이직의도에 관한 연구: 사회복

지사의 성격 특성과 조직지원 및 조직공정성 인식의 영향력 분석. **한국사회복지행정학**, 21(2), 257-285.

18 양옥경, 이기연, 최소연, 현진희 (2014). **사회복지지도감독론**. 파주: 양서원.

19 Lewis, J. A., Packard, T., & Lewis, M. D. (2007). *Management of Human Service Programs*(4th Ed.). Thomson Higher Education.

20 양옥경, 이기연, 최소연, 현진희 (2014). **사회복지지도감독론**. 파주: 양서원.

21 상게서, pp. 141-142.

22 김경희 (2005). **사회복지기관행정론**. 서울: 서울여자대학교 출판부; 양옥경, 이기연, 최소연, 현진희 (2014). **사회복지지도감독론**. 파주: 양서원을 참고하여 정리함.

23 Kadushin, A. (1992). *Supervision in Social Work*. New York: Columbia University Press.

24 Austin, M. (1981). *Supervisory Management for the Human Services*. Englewood Cliffs, NJ: Prentice-Hall; Lewis, J. A., Packard, T., & Lewis, M. D. (2007). *Management of Human Service Programs*(4th Ed.). Thomson Higher Education을 참고하여 정리함.

CHAPTER 10

재정관리

1 사회복지조직의 재정관리

1) 재정관리의 의미

사회복지조직의 재정관리는 서비스 제공에 필요한 재원을 마련하고 예산을 수립하여 집행하는 과정이다. 사회복지조직에서 재정관리는 다음의 의미가 있다.

첫째, 재정관리는 사회복지조직의 생존을 위해 중요하다. 사회복지조직은 재정자원을 투입하고 서비스를 산출하여 클라이언트의 복지를 증진한다. 그러나 우리나라의 많은 사회복지조직은 자체적으로 재정을 마련하지 못하고 외부의 지원 및 후원에 의존하는 것이 사실이다. 이에 따라 사회복지조직은 제한된 재정자원을 잘 관리해 클라이언트가 체감하는 질 좋은 서비스를 생산하고 제공해야 한다. 특히 오늘날 사회복지환경은 사회복지조직 간 경쟁적 예산 배분의 상황에 놓임에 따라 조직 생존을 위한 재정관리의 중요성은 더욱 커지고 있다.[1]

둘째, 재정관리는 사회복지조직의 책무성 차원에서 중요한 의미가 있다. 사회복지조직의 재원은 정부의 직접보조금이나 계약을 통해 지원되는 보조금, 개인·기업 등의 후원금, 재단·사회복지공동모금회 등 민간 공모사업 등을 통한 보조금, 서비스 이용자의 요금 및 기타 사업수익금, 법인의 자산확보를 통한 전입금 등으로 이뤄진다.[2] 이처럼 다양한 재원을 통해 이뤄지는 사회복지사업은 정해진 재무·회계 규칙을 엄격히 준수해야 할 책임이 따른다. 이는 영리조직과는 구별되는 높은 수준의 도덕성과 윤리의식에 대한 기대이다.

셋째, 사회복지조직의 재정관리는 일선 사회복지 종사자의 전문성 측면에서 의미가 있다. 앞서 설명한 것처럼 공모사업 등 예산 확보를 위한 사회복지조직 간 경쟁 환경은 사회복지 종사자의 외부재원 확보(프로그램 제안서 공모사업) 능력을 요구한다. 사회복지 종사자는 전문적인 재정관리 역량을 바탕으로 조직의 외부재원을 마련하고, 조직의 투명한 재무·회계 운영에 기여할 수 있다.[3]

2) 재정관리의 이해

조직의 재정관리 과정은 다음의 세 가지 단계로 구성할 수 있다.[4] 각 재정관리 과정은 사회복지조직이 사업을 기획하고 실행 및 종결한 이후 평가하는 시점에 따라 구성된다.

- 자원 확보(resource acquisition): 미래에 초점. 기획/예산 수립, 후원금 또는 공모사업의 프로포절 작성, 이용요금 및 후원·기부금 모금 등의 기타 자금 개발 과정 등
- 자원 할당(resource deposition): 현재에 초점. 자원의 통제/예산, 할당 및 투자 등
- 자원 보고(resource reporting): 과거에 초점. 회계, 재무보고 및 평가 등

재정관리를 이해하기 위해서는 예산(budget)의 개념을 이해할 필요가 있다. 예산은 일반적으로 1년 동안의 조직 운영에 대한 계획으로, 이는 조직이 수행하는 다양한 사업 및 활동에 투입되는 비용을 의미한다. 직원 채용 등 인사관리 및 시설 · 물품 등 기타 자원의 활용 방안 등에 대한 프로그램 계획을 개발하면, 이를 실행하기 위한 예산을 마련해야 한다. 따라서 예산수립(budgeting)은 재정관리 과정의 일부분이라 할 수 있다.

일반적으로 예산을 수립하는 방법에는 품목별 예산, 성과 예산(기능 예산), 프로그램 예산, 영기준 예산 등으로 구분할 수 있다.[5]

(1) 품목별 예산(line item budgeting)

가장 기본적이고 단순한 형식의 예산체계로, 조직의 전체 지출 영역과 비용 액수를 목록화한 것이다. 예를 들면, 인건비, 회의비, 시설비, 여비 등의 품목들이 포함된다. 품목별 예산은 조직의 목표를 달성하기 위해 자원을 어떻게 적용할 것인지 결정하는 데 유용하다. 또 전년도 예산 금액과의 비교 시 쉽게 사용할 수 있다는 점에서 여러 사회복지조직에서 광범위하게 사용되고 있다. 그러나 한 조직이 여러 개의 프로그램 및 서비스를 수행할 때 조직 전체의 품목 예산은 실제 수행된 사업에 대한 정보를 제공하지 못하는 한계가 있다.[6] 조직의 프로그램 및 활동별 우선순위 등을 파악할 수 있는 정보가 부재하기 때문이다.

〈표 10-1〉 품목별 예산의 예 (단위: 백만 원)

품목	2018년	2019년	2020년	2021년
1. 인건비	4,001	3,992	4,045	4,620
2. 운영비	1,096	1,314	1,237	1,651
3. 사업비	68,768	73,020	75,380	79,680

4. 회의비	37	38	34	38
5. 기타	7,841	10,952	9,071	9531
총계	81,743	89,316	89,767	95,520

(2) 프로그램 예산(program budgeting)

프로그램 예산은 모든 품목을 프로그램 영역별로 구분하는 것이다. 예를 들면, 인건비, 운영비, 사업비 등의 품목을 상담프로그램, 교육프로그램, 법률자문프로그램 등의 프로그램 중심으로 수립할 수 있다. 이는 궁극적으로 프로그램이 달성한 성과 측면의 효과성, 목표를 달성하는 데 투입된 자원 측면의 효율성에 관심이 있다. 따라서 자원을 제공하는 사람들의 의사결정에 유용한 정보를 제공할 수 있다는 장점이 있다. 반면 사회복지조직의 경우 클라이언트의 변화 등 효과를 측정하기 어렵다는 한계로 인해 현장에서 활용하기에 어려움도 있다. 한편 프로그램 예산에는 조직의 세부적인 활동에 초점을 둔 기능 예산(functional budgeting) 또는 성과주의 예산(performance budgeting)도 포함할 수 있다.[7] 이는 조직의 활동을 기능(서비스) 또는 프로그램으로 나누어 지출을 구분하는 것이다. 특히 성과주의 예산은 세부 프로그램의 단위원가에 업무량을 곱하여 예산액을 편성하여 조직의 활동을 합리적으로 계획할 수 있다. 다만 프로그램의 단위원가를 계산하기 어렵다는 단점이 있다.

〈표 10-2〉 프로그램 예산/성과주의 예산의 예

품목	2020년			2021년		
상담	단위	목표	예산	단위	목표	예산
	10만 원/1명	400명	10만 원 × 400명 = 4,000만 원	10만 원/1명	450명	10만 원 × 450명 = 4,500만 원

(3) 기획 프로그램 예산 시스템(planning-programming-budgeting system: PPBS)

우리나라에서는 계획 예산으로도 부르는 예산체계로, 조직의 목표 달성을 위한 장기적 기획(planning)과 단기적 예산 편성(budgeting)을 통해 프로그램 실행계획을 수립한다. 체계적인 예산 수립과정을 전제로 하므로, 합리성, 객관성 등의 과학적 절차를 강조한다. 따라서 조직과 프로그램 목표를 명확하게 파악하고, 목표 달성의 효과성을 높이기에 유리한 장점이 있다. 반면 목표설정이 어려운 점, 결과를 강조하여 과정의 중요성을 간과할 수 있다는 점, 권력 및 의사결정 구조의 중앙집권화 등이 문제로 지적된다.

(4) 영기준 예산(zero-based budgeting: ZBB)

앞에서 김도한 예산체계는 전통적으로 예산 수립과정에서 전년도를 기준으로 지출을 증가하거나 감소하는 등에 초점을 두고, 전체적인 정책의 효과나 성과보다는 지출을 강조하는 '점증식 예산체계'라고 할 수 있다. 영기준 예산은 이에 대한 대안으로 개발되어, 전년도의 예산 기준을 영으로 두고 접근하는 것이다. 의사결정자는 조직의 목표와 관련성을 갖고 제안된 모든 예산안을 비교하고 대조한다. 이를 통해 의사결정자는 활동별 우선순위를 결정하여 비효율적인 기능에 대한 지출은 줄이고 순위가 높은 프로그램에는 자원을 할당하는 등의 결정을 내릴 수 있다. 매년 조직의 목표달성을 위해 다양한 프로그램을 고려한다는 점에서 이용자에게 유리한 방법이 될 수 있지만, 조직 운영의 심리적·정치적 요인을 고려하지 못하는 점, 장기적 관점의 프로그램 계획이 어려운 점 등이 한계다.

〈표 10-3〉 예산체계별 특성 비교

구분	품목별 예산	프로그램 예산	계획 예산	영기준 예산
의미	• 지출대상이 되는 서비스별 예산 편성	• 활동별 예산 편성	• 목표 달성을 위한 장기적 계획수립을 통한 예산 편성	• 전년도 예산을 고려하지 않고, 프로그램 간 경쟁을 통한 우선순위별 예산 편성
방향성	• 통제기능	• 관리기능	• 계획기능	• 의사결정 기능
장점	• 예산통제에 효과적	• 프로그램의 효율성 확보	• 장기적 프로그램 계획 • 프로그램 효과성 확보	• 프로그램의 혁신 • 합리적 자금 분배 • 프로그램 효율성·효과성 확보
단점	• 프로그램 정보를 알기 어려움 • 목표달성, 성과에 대한 고려 부재	• 예산통제 어려움 • 비용산출의 단위 설정 어려움	• 목표설정의 어려움 • 권력과 의사결정의 중앙집권화	• 정치적·심리적 요인 간과 • 프로그램의 장기적 수행 어려움

2 재정관리의 방법과 실제

1) 사회복지법인 및 사회복지시설 재무·회계 규칙

한국의 사회복지법인과 사회복지시설은 「사회복지사업법」 제23조제4항, 제34조제3항, 제45조제2항, 제51조제2항에 따라 사회복지법인 및 사회복지시설 재무·회계 규칙을 따라야 한다. 이는 사회복지조직의 명확성·공정성·투명성 확보를 통한 조직의 합리적인 운영을 위함이다.[8] 규칙의 적용범위는 소관부처 및 정부보조금 지급 여부와 상관없이 「사회복지사업법」의 적용을 받는 모든 사회복지법인 및 사회복지시설에 해당한다.

BOX 10.1 「사회복지사업법」

- 제23조제4항: 제1항에 따른 재산과 그 회계에 관하여 필요한 사항은 보건복지부령으로 정한다.
- 제34조제3항: 시설을 설치 · 운영하는 자는 보건복지부령으로 정하는 재무 · 회계에 관한 기준에 따라 시설을 투명하게 운영하여야 한다.
- 제45조제2항: 후원금에 관한 영수증 발급, 수입 및 사용결과 보고, 그 밖에 후원금 관리 및 공개 절차 등 구체적인 사항은 보건복지부령으로 정한다.
- 제51조제2항: 시 · 도지사 또는 시장 · 군수 · 구청장은 사회복지법인과 사회복지시설에 대하여 지방의회의 추천을 받아 「공인회계사법」 제7조에 따라 등록한 공인회계사 또는 「주식회사 등의 외부감사에 관한 법률」 제2조제7호에 따른 감사인을 선임하여 회계감사를 실시할 수 있다. 이 경우 공인회계사 또는 감사인의 추천, 회계감사의 대상 및 그 밖에 필요한 사항은 보건복지부령으로 정하는 기준에 따라 지방자치단체의 조례로 정한다.

사회복지법인 및 사회복지시설 재무 · 회계 규칙은 총칙, 예산, 결산, 회계, 물품, 후원금, 감사의 7가지로 구성된다.

(1) 총칙

먼저 총칙에서는 앞서 기술한 본 규칙의 목적과 적용범위를 설명하고, 법인회계와 시설회계를 구분할 것을 명시하고 있다.[9] 법인회계는 사회복지법인 업무 전반에 관한 회계를 의미하고, 시설회계는 사회복지법인이 설치 · 운영하는 사회복지시설에 관한 회계를 의미한다. 특히 사회복지법인 이외의 운영주체, 가령 개인이 운영하는 사회복지시설의 경우에도 시설회계를 반드시 두어야 하고, 시설이 여러 개인 경우에도 각 시설의 회계는 별도로 구분하여 관리하도록 하고 있다. 법인 및 시설의 회계연도는 정부 회계연도와 동일한 기간(1월 1일~12월 31일) 설정된다.

다만 「영유아보육법」 제2조에 따른 어린이집의 회계연도는 매년 3월 1일에 시작하여 다음 연도 2월 말일에 종료한다. 한편 최근 사회복지시설의 정보화에 따라 정보통신매체에 의한 재무 · 회계 처리에 대한 내용도 포함된다. 특히 보조금을 받는 사회복지법인 및 사회복지시설은 한국사회보장정보원이 위탁운영하는 사회복지시설정보시스템을 사용해야 한다. 만일 위 시스템을 사용하지 않는 경우에는 보건복지부 장관이 검증한 표준연계모듈이 적용된 정보시스템을 사용해야 한다.

(2) 예산

다음으로 사회복지법인 및 사회복지시설의 예산 편성 원칙은 '예산총계주의 원칙'을 적용한다. 이는 회계연도의 모든 수입은 세입으로 하고 모든 지출은 세출로 하되, 세입과 세출은 모두 예산에 계산하여 반영해야 한다. 법인의 대표이사 및 시설장은 회계연도가 시작하기 전에 회계별 예산을 편성해야 한다. 이를 운영위원회 보고하고, 이사회로부터 의결하여 예산안을 확정한다. 이후 확정된 예산안을 지자체 시장 · 군수 · 구청장에게 제출하고, 최종 세입 · 세출 명세서를 법인 및 시설의 게시판과 인터넷 홈페이지에 20일 이상 공고해야 한다. 정부는 구체적인 절차를 각 법인 및 시설에 안내하여 일정에 따른 예산편성, 자료 제출 및 공개를 철저하게 지키도록 하고 있다. 예산 편성시 첨부해야 할 서류는 ① 예산총칙, ② 세입 · 세출 명세서, ③ 추정재무상태표, ④ 추정수지계산서, ⑤ 임직원 보수 일람표, ⑥ 예산을 의결한 이사회 회의록 또는 예산을 보고받은 시설운영위원회 회의록 등이다. 예산이 성립된 후 어떠한 사유에 의해 예산을 변경해야 하는 경우 '추가경정 예산'을 편성할 수도 있다. 또 법인회계 및 시설회계의 예산은 세출예산이 정한 목적 외에 사용할 수 없도록 금지하고 있다. 다만 예산항목 중 관항 간, 목 간의 예산을 전용하고자 할 때에는 법인 이사회의 의결 또는 법인 대표이사 및 시설장이 전용할 수 있다. 세부 내용은 [그림 10-1]과 같다.

주요내용	주체	주요내용
시 · 군 · 구에서 법인 또는 시설에 특히 필요하다고 인정하는 사항에 관해 예산편성지침 통보 가능	법인 또는 시설 소재지 관할 시장 · 군수 · 구청장	회계연도 개시 2개월 전까지
법인은 법인과 법인 산하 시설의 예산편성지침을 결정	법인 대표이사	회계연도 개시 1개월 전까지
회계별 예산 (법인회계, 시설회계, 수익사업회계) 편성	법인 대표이사 및 시설의 장	회계연도 개시 전까지
시설회계 예산안에 대한 시설 운영위원회 보고 ※ 법인이 설치 · 운영하는 시설의 경우에도 시설 회계는 법인이사회 의결 전 시설 운영 위원회에 보고 필요 ※ 법인회계 및 수익사업회계에 대해서는 불필요	시설의 장	예산안 편성 완료시
법인의 회계별 예산(법인회계, 시설회계, 수익사업회계)안에 대한 이사회 의결, 예산안 확정 ※ 법인이 설치 · 운영하는 시설의 시설회계도 포함 ※ 법인이 아닌 경우에는 시설 운영위원회 보고로 예산안이 확정됨	법인 이사회	예산안 편성 완료시
확정된 예산안을 시장 · 군수 · 구청장에 제출 ※ 법인은 법인의 회계별 예산(법인회계, 시설회계, 수익사업회계)을 법인 소재지를 관할하는 시장 · 군수 · 구청장에 제출 하고, 시설의 장(법인이 운영하는 시설도 포함)은 해당 시설의 시설회계를 시설 소재지 관할 시장 · 군수 · 구청장에 제출	법인 대표이사 및 시설의 장	회계연도 개시 5일 전까지
법인과 시설의 회계별 세입 · 세출 명세서를 시 · 군 · 구, 법인, 시설의 게시판과 인터넷 홈페이지에 20일 이상 공고 ※ 「사회복지사업법」 제6조의2제2항에 따른 정보시스템에 게재하거나 「영유아보육법」 제49조의2 제2항에 따른 공시로 갈음 가능	시장 · 군수 · 구청장, 법인 대표이사, 시설의 장	예산안 제출 20일 이내

[그림 10-1] 사회복지법인 및 사회복지시설 재무 · 회계 규칙 예산편성절차[10]

(3) 결산

결산은 사회복지법인 및 사회복지시설이 성립한 예산에 따라 1년 동안 예산을 잘 집행하였는지에 대한 세입 · 세출 결산보고서를 작성하여 이사회의 의결 및 시

주요내용	주체	주요내용
법인회계와 시설회계의 세입 · 세출 결산보고서 작성	법인 대표이사 및 시설의 장	출납 완료 시
결산 보고서의 시설 운영위원회 보고 ※ 법인이 설치 · 운영하는 시설의 경우에도 시설회계는 법인이사회 의결 전 시설 운영 위원회에 보고 필요 ※ 법인회계 및 수익사업회계에 대해서는 불필요	시설의 장	결산보고서 작성 후
결산 보고서의 법인 이사회 의결 ※ 법인이 설치 · 운영하는 시설의 시설회계도 포함 ※ 법인이 아닌 경우에는 시설 운영위원회 보고로 결산 보고서 확정	법인 대표이사	결산보고서 작성 후
확정된 결산 보고서를 시장 · 군수 · 구청장에 제출 ※ 법인은 법인회계, 시설회계, 수익사업회계 결산을 법인 소재지를 관할하는 시장 · 군수 · 구청장에 제출하고, 시설의 장(법인이 운영하는 시설도 포함)은 해당 시설의 시설회계 결산을 시설 소재지 관할 시장 · 군수 · 구청장에 제출	법인 대표이사 및 시설의 장	다음연도 3월 31일까지
법인과 시설의 세입 · 세출 결산서를 시 · 군 · 구, 법인, 시설의 게시판과 인터넷 홈페이지에 20일 이상 공고 ※ 「사회복지사업법」 제6조의2제2항에 따른 정보시스템에 게재하거나 「영유아보육법」 제49조의2 제2항에 따른 공시로 갈음 가능	시장 · 군수 · 구청장, 법인 대표이사, 시설의 장	결산보고서 제출 20일 이내

[그림 10-2] 사회복지법인 및 사회복지시설 재무 · 회계 규칙 결산보고절차[11]

설운영위원회에 보고한 후 시장 · 군수 · 구청장에게 제출하는 것이다. 결산보고서에 첨부해야 할 서류에는 세입 · 세출 결산서, 과목전용조서, 재무상태표, 인건비명세서, 사업비명세서, 감사보고서 등이다. [그림 10-2]는 사회복지법인 및 사회복지시설 재무 · 회계 규칙의 결산보고절차이다.

(4) 회계

사회복지법인 및 사회복지시설의 수입 및 지출사무의 관리주체는 법인의 대표이사 및 시설의 장으로, 이들은 해당 사무를 소속 직원에게 위임할 수 있다. 또 법인의 대표이사와 시설장은 수입과 지출의 현금출납업무를 담당하는 수입원과 지출원을 각각 임명하고 면직할 수 있다. 회계 방법은 단식부기로 하되, 법인 · 수익사업회계는 복식부기가 가능하다. 사회복지시설의 수입 재원은 보조금과 자부담으로 구분할 수 있는데, 보조금에는 경상보조금, 기타보조금 등이 포함되고, 자부담에는 사업수입, 후원금, 법인전입금 등이 포함된다.[12] 각 수입금에 대한 금융기관의 거래통장은 회계별(법인회계, 시설회계, 수익사업회계)로 구분될 수 있도록 보관 · 관리해야 한다. 지출은 지출사무를 관리하는 자(대표이사, 시설장) 또는 위임을 받은 지출원이 예산범위 내 지출명령에 따라 수행해야 한다. 특히 일용의 경비 또는 소액의 경비지출을 제외하고는 예금통장에 의하거나 전자거래를 통해 처리해야 한다.

(5) 물품 · 후원금

먼저 물품에는 현금 및 유가증권을 제외한 동산이 해당된다. 물품의 관리주체는 법인 대표이사와 시설장으로 소속직원에게 물품관리에 대한 사항을 위임할 수 있다. 법인 및 시설은 연 1회 정기 재물조사를 의무로 실시해야 하고, 필요시 수시로 재물조사를 실시할 수 있다. 더불어 사용이 불가능한 불용품을 매각하였을 때 대금은 법인 또는 시설의 세입예산으로 편입하면 된다. 후원금은 법인 및 시설이 아무런 대가없이 무상으로 받은 금품이나 그 밖의 자산을 의미한다. 법인의 대표이사와 시설의 장은 후원금의 수입 · 지출 내용을 공개하여야 하고, 후원금에 대한 영수증 발급, 수입 및 사용결과 보고 등을 하지 않은 경우 300만 원 이하의 과태료를 부과할 수 있어 주의가 필요하다(「사회복지사업법」 제45조, 제58조 및 「사회복지사업법 시행령」 제26조). 특히 금융기관 또는 체신관서의 계좌입금을 통해 후원금을 받는 경우에는 법인 명의 또는 시설명칭이 부기된 시설장 명의의 후원금전용계좌를 사용해 투명성을 보장해야 한다. 또 법인 대표이사와 시설장은 관할 시장 · 군수 · 구청장에게 결산보고서를 제출할 때 후원금수입 및 사용결과보고서를 함께 제출하도록 하여 후원금을 후원자가 지정한 용도 외에 사용하는 것을 금지하고 있다. 만일 후원금을 이월하거나 타 회계로 전출할 경우, 그 세입이 후원금이라는 것을 반드시 명시해야 한다.

(6) 감사

사회복지법인과 사회복지시설은 매년 1회 이상 감사를 실시한다. 만일 시설장과 수입원 및 지출원이 사망하거나 경질된 때에는 전임 관장에 속하는 수입, 지출, 재산, 물품 및 현금 등의 관리상황을 감사한다. 감사 후 감사보고서를 작성하여 법인 이사회에 보고하며, 재산상황 또는 업무집행에 관하여 부정 또는 불비한 점이 발견된 때에는 시 · 군 · 구청장에게 보고한다.

2) 보조금

일반적으로 사회복지조직의 재원에는 사업수입, 후원금 수입, 전입금, 이월금 등의 수입이 있는데, 이 중 보조금 수입이 큰 비중을 차지한다. 우리나라 지방자치단체가 일반회계의 전체 세출결산액 중 기초생활보장, 취약계층지원, 보육·가족 및 여성, 노인·청소년, 노동, 보훈, 주택 등 사회복지분야에 지출한 사회복지비 비율을 살펴보면, 2017년 31.91%, 2018년 33.45%, 2019년 34.62%, 2020년 39.37%로 꾸준히 증가해 왔음을 알 수 있다.[13] 구체적으로는 우리나라 사회복지시설의 전체 세입 합계 1,340,557천 원(100.0%) 중 보조금이 902,087천 원(67.3%)으로 가장 큰 비중을 차지하는 것으로 나타났다. 다음으로 사업수입이 188,002천 원(14.0%), 후원금이 59,565천 원(4.4%) 등의 순으로 나타났다. 시설유형별로 살펴보면 생활시설의 경우 세입의 합계 수치는 1,312,072천 원(100.0%)으로 보조금 899,895천 원(68.6%), 사업수입 122,597천 원(9.3%), 입소비용 119,077천 원(9.1%), 후원금 44,774천 원(3.4%)의 순으로 나타났다. 이용시설의 경우 세입의 합계 수치는 1,364,362천 원(100.0%)으로 생활시설과 같이 보조금 수입이 903,919천 원(66.3%)으로 가장 높고, 사업수입 242,662천 원(17.8%), 후원금 71,926천 원(5.3%) 순으로 나타났다(한국사회복지사협회, 2020). 전체적으로 우리나라 사회복지시설의 전체 세입 중 보조금 수입 비율은 약 67%의 수준으로 나타났다.

〈표 10-4〉 2020년 사회복지시설 항목별 세입 규모[14] (단위: 천 원, %)

구분		세입합계	사업수입	보조금	후원금	입소비용	과년도수입	전입금	기타
생활시설	보건복지부	1,592,672 (100.0)	160,703 (10.1)	1,078,284 (67.7)	45,090 (2.8)	156,424 (9.8)	30,840 (1.9)	26,122 (1.6)	95,209 (6.0)
	여성가족부	420,166 (100.0)	1,473 (0.4)	332,872 (79.2)	43,771 (10.4)	370 (0.1)	17,003 (4.0)	3,098 (0.7)	21,579 (5.1)
	소계	1,312,072 (100.0)	122,597 (9.3)	899,895 (68.6)	44,774 (3.4)	119,077 (9.1)	27,528 (2.1)	20,612 (1.6)	77,588 (5.9)

이용시설	보건복지부	1,531,938 (100.0)	266,567 (17.4)	1,006,707 (65.7)	85,484 (5.6)	10,384 (0.7)	87,124 (5.7)	30,769 (2.0)	44,902 (2.9)
	여성가족부	762,733 (100.0)	156,839 (20.6)	534,890 (70.1)	23,248 (3.0)	0 (0.0)	11,303 (1.5)	4,546 (0.6)	31,907 (4.2)
	소계	1,364,362 (100.0)	242,662 (17.8)	903,919 (66.3)	71,926 (5.3)	8,121 (0.6)	70,606 (5.2)	25,056 (1.8)	42,071 (3.1)
합계		1,340,557 (100.0)	188,002 (14.0)	902,087 (67.3)	59,565 (4.4)	58,634 (4.4)	50,995 (3.8)	23,033 (1.7)	58,240 (4.3)

사회복지조직의 보조금 관리는 「보조금 관리에 관한 법률」에 따라 이뤄진다. 이 법률에 따르면 보조금이란 "국가 외의 자가 수행하는 사무 또는 사업에 대하여 국가가 이를 조성하거나 재정상의 원조를 하기 위하여 교부하는 보조금"을 의미한다. 보조금의 범위는 지방자치단체에 교부하는 것과 그 밖에 법인·단체 또는 개인의 시설자금이나 운영자금으로 교부하는 것만 해당한다. 보조금 지급대상은 사회복지법인 및 비영리법인, 사회복지사업을 수행하는 비영리법인, 사회복지시설을 설치·운영하는 개인이다.

사회복지조직을 설치·운영하는 법인 또는 국가나 지방자치단체로부터 보조금을 받는 법인사회복지시설의 경우 업무의 효율화 및 시설회계의 투명성을 위해 온라인 정보시스템과의 연계를 통해 보조금 신청 및 보고 등을 수행한다. 이는 2010년 1월 '행복e음' 구축에 따라 사회복지시설정보시스템을 활용하여 여러 가지 업무를 처리할 수 있다. 다만 여기서 어린이집, 경로당, 노인교실 등은 대상 시설에서 제외된다. 지방자치단체는 사회복지조직이 사회복지시설정보시스템을 사용해 회계, 후원금, 이력관리, 온라인보고 등의 업무를 처리할 수 있도록 적극 지원해야 한다. 보조금 관리에 필요한 보고서 양식은 사회복지시설정보시스템의 표준화된 양식 및 보고문서를 활용해야 한다. 사회복지시설은 지자체 보조사업(생계급여, 운영비, 사업비)에 대해 보조금 교부신청을 온라인으로 시행할 수 있으며, 세부 절차는 다음과 같다. 먼저 지자체에서 관련 사업정보를 등록하고 배정하면 사회복지시설은 보조금 교부신청을 한다. 지자체는 신청 내용을 확인하여 전자결재 후 보조금 교부 여부를 결정한다. 보조금 정산 역시 같은 흐름으로 진행된다. [그림 10-3]은 보조금 신청 및 정산의 절차이다.

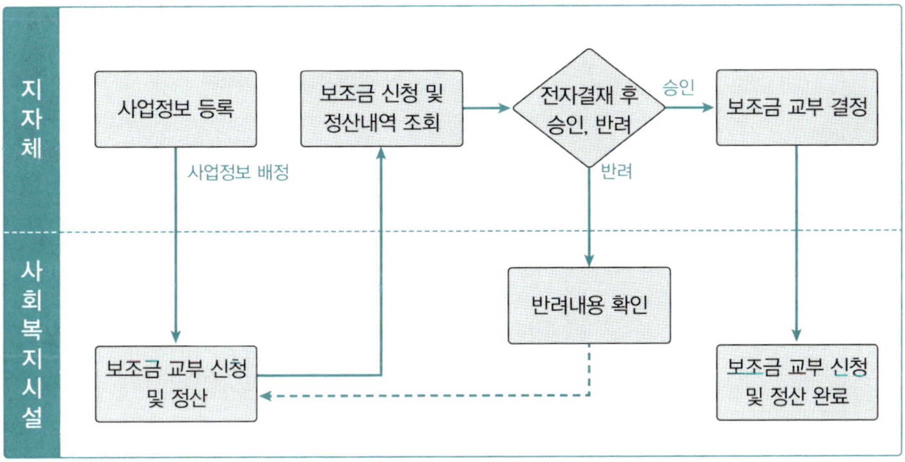

[그림 10-3] 보조금 신청 및 정산 절차[15]

사회복지시설의 온라인보고 절차를 살펴보면, 각 시설은 사회복지정보시스템에서 보고문서(보조금 신청, 종사자 보고, 입소자 보고, 후원금품 보고 등)를 작성하고 행복e음으로 보고문서를 전송한다. 다음 지자체는 행복e음을 통해 보고문서를 접수하고 승인 또는 반려 처리를 하면, 그 결과는 지자체 및 사회복지시설 간 보고문서 처리를 통해 공유된다. 온라인보고 절차는 [그림 10-4]와 같다.

한편 보조금을 받은 사회복지시설은 목적에 맞게 사용해야 하며, 2018년부터 국고보조사업으로 보조금을 지원받는 사회복지시설은 'e나라도움'이라는 국고보조금통합관리시스템을 사용할 수 있다. 다만 국비 매칭 없이 지방비로만 지원되는 보조사업은 'e나라도움' 사용 대상이 아니다. 국고보조금통합관리시스템을 도입한 목표는 ① 보조금 정보 통합관리를 통한 중복 · 부정수급 방지, ② 전자증빙 기반의 실시간 지급 관리, 업무 표준화, 온라인 정산 등을 통한 업무 효율성 제고, ③ 보조금 운영 현황 및 성과공개 서비스 개선, 투명성 제고 등을 통한 대국민 서비스 제고 등으로 정리할 수 있다. 'e나라도움'은 사회보장정보시스템 등과 연계하여 보조사업에 대한 회계처리를 통해 불필요한 추가업무를 최소화할 수 있다.

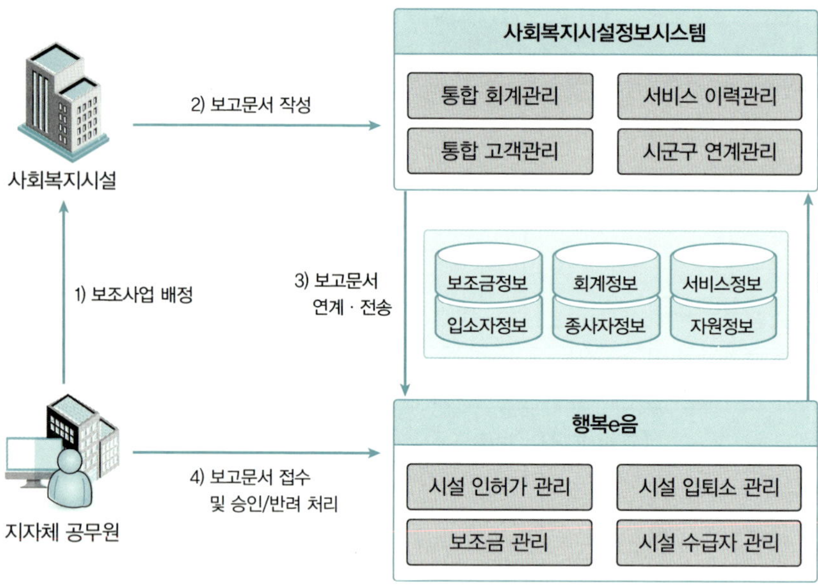

[그림 10-4] 온라인보고 절차[16]

사회복지시설정보시스템은 11개 사회복지시설 유형에 대한 사회복지서비스 이력관리를 제공하는데, 구체적으로 노인생활 · 재가시설, 노인복지관, 아동생활시설, 지역아동센터, 장애인생활시설, 직업재활시설, 사회복지관, 지역자활센터, 한부모가족시설, 노숙인 시설, 정신보건시설 등이다. 사회복지서비스 이력관리 내용에는 생활인 및 이용인 관리, 수혜서비스 관리, 사례 관리, 각종 일지 관리 등이 포함된다. 세부 내용은 〈표 10-5〉와 같다.

〈표 10-5〉 사회복지시설 유형별 사회복지서비스 이력관리 내용[17]

구분	노인생활/재가	노인 복지관	아동 생활	지역 아동	장애인 생활	장애인 직업재활	사회 복지관	지역 자활	한부모 가족	노숙인	정신 보건
대상자 관리	○	○	○	○	○	○	○	○	○	○	○
서비스/프로그램 관리	○	○	○	○	○	○	○	○	×	○	○
상담 및 사례관리	○	○	○	○	○	○	○	○	○	○	○
일지 및 회의관리	○	○	○	○	○	○	○	○	○	○	○
현황 및 통계	○	○	○	○	○	○	○	○	○	○	○
급식관리	○	○	○	○	○	○	○	×	×	○	○

3) 후원금(품) 및 모금관리

후원금은 사회복지법인 및 사회복지시설이 아무런 대가 없이 무상으로 받은 금품이나 그 밖의 자산을 의미한다(사회복지사업법 제45조). 보조금과 같이 후원금 역시 사회복지정보시스템을 이용하여 후원금(품)에 대한 수입 및 사용 내역을 입력하고 결산보고서 제출 시 후원금 수입 및 사용결과 보고서를 행복e음으로 보고해야 한다. 후원금을 받은 후에는 영수증 발급 대장을 별도로 관리·비치해야 한다. 〈표 10-6〉은 후원금 영수증 발급 대장의 예시이다. 대표이사와 시설장은 연 1회 이상 후원금의 수입 및 사용내용을 후원금을 낸 법인·단체 또는 개인에게 통보해야 한다. 통보 방법은 개인이 발행하는 정기간행물 또는 홍보지 등을 이용하여 일괄통보 가능하며 후원자에게 개별 통보도 가능하다.

〈표 10-6〉 후원금 영수증 발급 대장 예시

연번	일시	후원자(법인)	후원금 유형 및 금액		지원후원금 용도	비고
			지정	비지정		
〈예시〉 1	〈예시〉 2021.11.1	〈예시〉 OOO법인	〈예시〉 1,000,000원		〈예시〉 아동급식지원	
2	〈예시〉 2021.11.15	〈예시〉 OOO		〈예시〉 2,000,000원		
3						
4						

앞서 사회복지조직의 재정관리 의미에서도 설명한 것처럼, 최근 사회복지조직은 경쟁적 예산 배분의 상황에 있다. 제한된 자원을 확보하기 위한 조직 간 경쟁의 심화로 사회복지조직의 모금관리 중요성이 점차 커지고 있다. 더불어 사회복지조직의 안정적인 자원 확보는 서비스 이용자에게 양질의 서비스를 제공하는 것과 연결되는 문제이므로 더욱 중요하다. 그러나 우리나라 사회복지 민간모금 현황을 살펴보면, 소수의 대형 모금기관이 전체 모금액을 독점하는 형태로 나타난다. 즉 사회복지법인 사회복지공동모금회 등과 같은 메이저 모금액 규모 상위 1.2%의 기관이 전체 모금액의 77.3%를 모금하고, 하위 64.6%의 기관이 전체 모금액의 1%를 모금하는 격차가 발생하는 모습이다.[18] 모금액 규모 하위 기관들은 모금 관련 전담부서와 전담인력의 부재, 정보력 부족, 기관의 낮은 이미지 등으로 인해 모금의 어려움을 겪는 것으로 나타났다. 이러한 대형 모금기관 중심의 모금액 독점 현상은 지역의 다양한 문제를 해결할 수 있는 복지주체 및 사업의 다양성을 저해할 수 있다는 점에서 문제가 있다. 이에 따라 소규모 사회복지조직의 인력 역시 자생적으로 효과적인 모금활동을 수행할 수 있는 방안이 모색될 필요가 있다. 여기서는 사회복지조직 종사자가 활용할 수 있는 모금 유형에 대해 살펴보고자 한다.

(1) 오프라인 모금

① 우편모금(Direct Mail: DM)

우편모금은 모금방식 중 가장 전통적인 방식으로 조직의 잠재적 후원자에게 기부 관련 편지를 발송하는 것이다. 우편모금은 조직의 회원 또는 관련 이해관계자를 대상으로 한 소식지 발송, 연회비/후원금 납부 안내 등의 내용을 발송하는 형태로 이뤄진다. 그러나 후원 요청을 받는 잠재적 모금자는 지역의 다양한 조직으로부터 우편모금 편지를 받을 수 있다는 점, 반복된 요청으로 인한 피로감을 느낄 수 있다는 점 등의 문제가 있다. 또 우편발송 시 비용과 시간이 소요될 수 있다는 점도 단점으로 지적된다. 특히 최근 온라인을 활용한 업무처리가 일반화된 상황에서 우편모금 형태는 점차 축소되는 상황이다. 따라서 불특정 다수를 대상으로 하기보다는 친밀한 관계가 구축된 잠재적 후원자를 대상으로 활용하는 것이 효과적일 수 있다.

② 대면모금

모금자와 시민 등 잠재적 후원자 사이의 직접적인 소통을 통해 참여를 유도하는 전통적 형태의 모금 방법이다. 예를 들면 거리 또는 지하철역 앞에서 모금단체의 유니폼을 입고 모금 부스를 설치하여 직접 모금 캠페인을 하는 것이 대표적인 방법이다. 모금자는 행인들에게 자신의 모금기관에서 하는 일에 대해 설명하고, 계좌에서 매달 자동 인출되는 방식의 정기 기부를 통한 후원을 요청한다. 권유는 정기 기부만을 위해 이루어지기 때문에, 현금 거래는 이루어지지 않는다. 대면모금은 일회성 기부보다는 정기적인 후원자를 모집한다는 특성이 있다.[19] 또 대면모금 방식은 기부 등 후원의 신규 참여자 모집, 상대적으로 젊은 연령층의 후원자 모집에 유리하다. 다만 거리에서의 모금활동이 일반 시민에게 압박을 줄 수 있다는 점, 후원자의 지속적인 참여 유발 어려움, 대면모금 기관 간의 경쟁 심화 등의 지적도 있다.[20] 따라서 대면모금을 통해 모집된 후원자에 대한 장기적 관점의 관리 방안 등에 대한 모색이 필요하다.

③ 모금행사

모금행사는 모금기관이 자선 바자회, 후원의 밤, 걷기대회, 방송 캠페인 등의 특별 행사를 통해 후원자를 모집하는 방법이다. 모금행사는 유명인을 동원하는 등의 간접적 방식을 통해 조직의 잠재적 후원자를 개발하는 동시에 조직을 외부에 홍보할 수 있다는 점에서 효과가 있다. 그러나 행사 자체를 기획하고 진행하기 위한 별도의 자원이 투입되어야 한다는 점, 행사를 통해 기대했던 모금액을 달성하지 못할 위험, 즉 모금행사에서 '모금'이 빠질 수 있다는 문제 등이 있다.[21]

(2) 온라인 모금

온라인 모금은 IT기술을 기반으로 인터넷이나 모바일을 활용하여 지식, 노동, 재산을 나누는 것으로, 다음의 장점이 있다.[22] 첫째, 오프라인 모금에 비해 적은 자원으로도 전개할 수 있고, 정보 접근성이 높아 비용 절감의 효과가 있다. 둘째, 온라인 모금은 후원자가 언제 어디서나 간편하게 기부행위를 할 수 있도록 하여 후원의 편리함을 제공한다. 셋째, 기존의 일차원적인 의사소통에서 벗어나 모금기관과 후원자 간의 관계 증진을 위한 커뮤니케이션 도구로 활용할 수 있다. 넷째, 모금 내역의 투명성 문제를 해결할 수 있다.

① 소셜미디어(social media)

소셜미디어는 페이스북, 인스타그램, 트위터 등 소셜네트워킹서비스(social networking service: SNS) 가입자들이 자유롭게 정보와 의견을 공유하는 플랫폼을 말한다. 최근 비영리조직들은 조직의 잠재적 고객을 확보하는 도구로서, 젊은 청년세대를 끌어들일 수 있는 수단으로 소셜미디어를 활용하는데, 특히 앞으로 새로운 모금전략의 동원 방법으로 평가된다. 특히 소셜미디어 플랫폼과 함께 유명 연예인과 기업 등의 참여가 동반하면 잠재적 후원자의 신뢰를 보증하여 모금성과를 높일 수 있다.[23]

② 홈페이지 및 이메일

온라인 모금 중 가장 전통적인 방법으로 볼 수 있다. 조직을 소개하고 주요 소식을 안내하는 역할을 하는 홈페이지를 통해 주요 모금사업을 게시할 수 있다. 예를 들어 '장애인의 날(4월 20일)', '세계 여성의 날(3월 8일)', '사회복지의 날(9월 7일)' 등과 같은 기념일을 맞이하여 진행하는 모금활동을 온라인 홈페이지를 통해 진행할 수 있다. 이메일 모금은 전자 메일을 통해 조직의 잠재적 후원자에게 쉽게 접근하는 방법이다. 오프라인 방식의 우편모금(DM)에 비해 훨씬 적은 비용과 시간을 투입해 후원자를 모집할 수 있다는 점에서 유용하다. 다만 이메일을 수신자가 스팸 또는 거부 처리하는 등의 상황도 발생할 수 있으므로, 잠재적 후원자에 대한 조직 차원의 소통 및 관리가 필요하다.

③ 온라인 모금 블랫폼

온라인 모금 플랫폼은 모금과정 및 배분의 투명성, 기부자의 알 권리 보장을 목적으로 개발된 모금 전용 웹사이트이다. 우리나라에서는 대표적으로 네이버 해피빈(https://happybean.naver.com), 카카오 같이가치(https://together.kakao.com), 도너스(https://www.donus.org) 등의 사례가 있다. 이들은 주로 포털사이트 또는 대기업과 함께 다양한 사회문제의 유형을 제시하고 홈페이지 방문자가 원하는 영역을 선택하여 후원할 수 있도록 안내한다. 또 몇 명의 후원자가 얼마를 기부하였는지, 실시간 목표 모금액의 달성률을 어느 정도인지 등을 확인할 수 있다. 최종적으로는 모금결과와 후기를 투명하게 공개한다. 소셜미디어 방식의 온라인 모금과 같이 젊은 청년세대의 참여를 유도하기 유리한 것으로 평가할 수 있다.

④ 크라우드펀딩(crowd funding) 및 매스기빙(mass giving)

크라우드펀딩은 온라인 플랫폼을 활용해 불특정 다수의 대중에게 후원금을 모금하는 방식으로, 최근 문화예술, 교육, 보건복지 등의 분야에서 진행되고 있다. 참여자는 진행 중인 프로젝트 중 자신이 원하는 것을 선택해 기부금을 후원하고, 반대로 자신이 운영하는 프로젝트의 후원이 필요할 때는 사이트에 올려 기부를 받을 수 있다. 영국의 가장 큰 크라우드펀딩 플랫폼인 저스트기빙(justgiving) 등이 대표적인 사례이다. 최근에는 영국의 한 소녀가 경제적으로 어려운 아동을 돕기 위한 모금활동으로 매일 집의 옷과 도구를 활용해 개성 넘치는 분장을 하여 자신의 소셜미디어에 업로드하는 활동이 진행되고 있다. 해당 프로젝트는 지금까지 508명의 후원자로부터 약 8,171파운드의 금액을 모금하였다.[24]

매스기빙은 기부금 후원활동과 대중의 소비활동을 연계한 것으로, 소비자가 물건을 사면 수익금 일부가 기부 후원금으로 연결되는 구조이다. 대표적으로는 '탐스(TOMS)'라는 브랜드를 찾아볼 수 있다. 탐스는 일대일 기부 프로젝트로 소비자가 신발을 한 켤레 구매하면 개발도상국의 신발이 필요한 아동에게 한 켤레가 전달되는 구조이다. 신발 이외에도 커피, 안경, 가방 등의 상품 판매를 통해 깨끗한 물, 안과 진료, 여성의 건강한 출산 등의 후원활동이 연계된다. 크라우드펀딩 및 매스기빙 형태는 향후 사회복지조직 등 비영리조직에서도 젊은 세대를 대상으로 고려할 수 있는 효율적인 모금전략이 될 수 있다.

⑤ 블록체인(blockchain)

블록체인은 데이터 거래 시 중앙 기관 없이 P2P(peer to peer) 네트워크를 통해 분산하여 관리하는 기술이다. 이는 금융 분야를 중심으로 발전해 온 블록체인은 데이터를 기록한 장부(ledge)를 P2P 네트워크에 분산하여 모든 거래 참가자가 공동으로 기록하고 관리하기 때문에 분산장부 기술이라고도 불린다. 블록체인은 데이터에 대한 투명성 확보, 보안성 강화, 비용 절감 효과 등의 장점이 있어, 최근 새로운 모금전략으로도 고려할 수 있다.[25] 후원금과 블록체인을 결합하는 방법은 다음과 같다. 자선단체가 모금 블록을 설정할 때 기부 대상자와 사용처, 목표 금액, 사용 계획서 등을 등록하면 블록체인을 통해 모금 경로를 생성한다. 모금이 이루어진 후원금은 분산에 기록되고 이후 대상자에게 전달되는 과정이 한 번 더 기록으로 남게 된다.

블록체인 구조의 특성상 모든 거래 참여자가 거래 내역을 감시할 수 있어 기부금 운영의 투명성이 확보될 수 있다. 또한 분산장부를 통한 거래는 기부금 수혜자에게 직접 전달될 수 있으며 기존처럼 중개자를 거치지 않아도 돼 불필요한 행정을 줄일 수 있고 송금 수수료도 부과되지 않는다는 장점이 있다.[26] 실제 블록체인 기술을 사용하여 지역 내 자원봉사활동 및 후원금(품) 등의 나눔 활동을 지역화폐와 연결한 서울시 노원구의 노원(NW) 사례(지역화폐 노원 홈페이지) 등을 찾아볼 수 있다.[27]

(3) 계획기부

계획기부(planned giving)는 "개인자산 관리운용 개념을 적용하는 것으로서 기부자가 생전에 유언 등의 법적 계약 때문에 지정된 민간 비영리조직(non-profit organization: NPO) 또는 법적 수혜자에게 평생 혹은 그 사망 시에 자산을 양도하는 것을 의미하는 것"이다. 이는 계획된 기부(planned gift)의 형태로서 그 조달에 관한 개념과 여러 활동을 총칭하여 계획기부(planned giving)라고 부른다. 계획기부 유형에는 유산기부(bequest), 개인재단(private foundation), 기부자조언기금(donor advised fund), 기부연금(charitable gift annuity), 자선신탁(charitable trust) 등으로 구분할 수 있다.[28] 세부 내용은 아래 표와 같이 정리할 수 있다. 우리나라의 계획기부

현황은 아직까지 유산기부, 개인재단을 중심으로 한 수준에 머무르고 있으나, 향후 다양한 형태의 계획기부 수요가 증가할 것으로 예측된다. 따라서 사회복지조직 등 소규모 비영리조직 역시 계획기부의 도입 가능성을 미리 검토하고, 향후 체계적인 운영을 위한 모금인력 양성 및 전문가와의 연계를 모색해야 한다. 잠재적 기부 후원자 분석과 기부혜택 안내 및 관계 유지가 필요하다.

〈표 10-7〉 계획기부 유형 및 내용

구분	내용
유산기부 (bequest)	• 사망 시점 이전의 유언을 통하여 사망 시점에 기부하는 것으로, 전통적이고 가장 간단한 형태의 계획기부 • 생전에는 자기 재산에 대해 관리를 하다가 사망 이후에 재산을 유언을 통해 지정한 단체 등에 재산을 출연하는 방식
개인재단 (private foundation)	• 종교 · 자선 · 과학 · 교육 등 공익에 기여를 목적으로 함 • 기부자가 재산을 출연한 이후에도 재산에 대한 통제권을 행사할 수 있음. 기부자 중 세금감면의 혜택을 받고자 하는 사람들이 가장 선호하는 형태의 기부
기부자조언기금 (donor advised fund)	• 개인재단보다 많은 기부자가 참여할 수 있도록 자선단체나 자선조직 내에 재단의 기능을 수행하는 '기금 혹은 집합투자상품'을 설립하여, 이 기금(fund)을 통해 기부금을 모집하고 기부자들은 펀드를 통해 전체 기부금의 운영 및 배분에 대해 조언을 할 수 있는 권리를 갖도록 하는 유형 • 개인재단과 달리 물리적 실체를 가지지 않으며, 누구나 참여할 수 있으면서 기부자가 원하면 기부에 관한 익명성이 보장된다는 점에서 차이가 있음
기부연금 (charitable gift annuity)	• 기부자가 기부자산을 자선단체 등에게 소유권을 이전한 후 기부를 받은 해당 자선단체 등은 기부자가 지정한 수혜자가 살아있는 동안 수혜자에게 일정 소득을 연금의 형태로 지급하는 방식
자선신탁 (charitable trust)	• 기부자가 기부를 위해 신탁조직을 설립하고 세제상 혜택을 얻게 되면, 수혜자 측에서는 수탁자가 되어 신탁자산을 운영하는 방식

1 이민홍, 정병오 (2019). **사회복지 프로그램 개발과 평가**. 양서원.

2 Hasenfeld, Y. (1992). The Nature of Human Service Organizations. In Y. Hansenfeld (Ed.), *Human Services as Complex Organizations*(pp. 3–23). Newbury Par, CA: Sage.

3 최상미, 김아래미 (2020). **사회복지행정론**. 학지사.

4 Mayers, R. S. (2004). *Financial management for non-profit human service agencies* (2nd ed.). Springfield, IL: Charles C. Thomas. p. 22.

5 Lewis, J. A., Packard, T., & Lewis, M. D. (2007). *Management of Human Service Programs*. (4th ed.). Thomson Higher Education.

6 김영종 (2019). **사회복지행정**. 학지사.

7 최성재, 남기민 (2020). **사회복지행정론**. 나남; 황성철, 정무성, 강철희, 최재성 (2014). **사회복지행정론**. 정민사를 참고하여 정리함.

8 보건복지부 (2021). 2021년 사회복지시설 관리안내.

9 상게자료.

10 상게자료, pp. 146–147.

11 상게자료, pp. 146–147.

12 최상미 외, 전게서.

13 행정안전부. (2021). 지방행정365 지방재정통합공개시스템. https://lofin.mois.go.kr/websquare/websquare.jsp?w2xPath=/ui/portal/gongsi/item/sd002_tg002.xml&ix_code=A011 자료검색일: 2021년 11월 29일.

14 한국사회복지사협회 (2020). 2020년 사회복지사 통계연감. p. 44.

15 보건복지부 (2021). 2021년 사회복지시설 관리안내. p. 115.

16 상게자료, p. 110.

17 상게자료, p. 105.

18 고경환 (2016). 사회복지분야 민간모금기관 간 모금액 격차 현황과 과제. **보건 · 복지 Issue & Focus**, 315, 1–4.

19 최상미 외, 전게서.

20 Jay, E. (2001). The rise and fall? of face to face fundraising in the United Kingdom. *New Directions for Philanthropic Fundraising*, *2001*(33), 83-94.

21 노연희 (2014). 비영리조직 모금활동의 성공과 실패요인 분석: 모금캠페인 사례를 중심으로. **아름다운재단 기부문화연구소**, 7, 65-122.

22 박철, 이상혁 (2012). 경쟁적 이타주의에 근거한 온라인 모금 캠페인의 효과에 관한 연구. 소비문화연구,15, 21-44.

23 박철 (2018). 2018년 기획연구 보고서. 소셜미디어 구전과 모금캠페인 특성이 모금성과에 미치는 영향. pp. 79-105. 아름다운재단 기부문화연구소.

24 저스트기빙 홈페이지 (2021). https://www.justgiving.com/fundraising/pearl-dressing-up(검색일: 2021년 12월 1일).

25 안규황, 서화 (2018). 블록체인 기반 기부 시스템 개발. **한국정보통신학회논문지**, 22(5), 812-817.

26 진재현, 고금지 (2018). 블록체인(Blockchain) 기술 동향 및 보건복지 정보통계 분야 활용 방향. **보건복지포럼**, 4, 96-106.

27 이상우 (2019). 노원(NW) 사례로 본 사회복지와 과학기술에 관한 연구. **서울도시연구**, 20(3), 109-127.

28 서희열, 이창규 (2019). 2019년 기획연구 보고서. 계획기부도입을 위한 소득세제 연구. 아름다운재단 기부문화연구소. pp. 59-98.

CHAPTER 11

사회복지정보관리

정보통신기술의 발달을 기반으로 한 제4차 산업혁명은 개개인의 일상생활은 물론 크고 작은 조직의 업무 방식에도 많은 영향을 미치고 있다. 인터넷을 기반으로 한 정보통신기술의 발달, 빅데이터와 그것의 분석을 가능하게 한 인공지능기술의 발달은 기업과 정부, 비영리부문의 사업과 조직 관리 전 영역에 상당한 영향을 미치고 있다. 인터넷과 소셜네트워크서비스(SNS)를 매개로 한 마케팅과 e-비즈니스의 확대는 이미 기업경영의 수요 관심 분야로 성장하였으며,[1] 정부의 경우에도 전자정부, 디지털거버넌스, 공공빅데이터를 활용한 행정혁신 등 IT기술을 활용한 공공행정의 정보화는 이미 거스를 수 없는 추세가 되고 있다.[2]

사회복지서비스 제공을 맡고 있는 공공과 민간의 사회복지조직에서도 수집된 자료를 보다 체계적이며 효율적인 방식으로 관리하고, 수집된 자료로부터 보다 의미 있는 정보를 도출하는 것에 대한 관심이 높아지고 있다. 서비스의 질을 높이고, 근거기반(evidence-based) 행정과 실천을 위해서는 자료의 수집과 분석을 통한 사정과 성과평가의 과정이 필수적이기 때문이다.

본 장에서는 자료와 정보의 개념 및 정보관리체계의 발달 과정, 정보관리 과정 등 정보관리의 기본 개념과 모형을 살펴본 뒤, 현재 우리나라 사회복지분야의 정보관리 현황을 한국사회보장정보원의 정보시스템을 중심으로 살펴보고자 한다.

1 자료와 정보의 개념

일상생활에서는 자료와 정보의 개념을 엄격히 구분하여 사용하는 것은 아니기 때문에 유사한 의미를 갖는 개념으로 혼용하기도 한다. 하지만, 러셀 에코프(Russell Ackoff)는 자료와 정보, 지식, 지혜를 상호 위계적인 관계를 갖는 개념이라고 설명한다.[3]

1) 자료

자료는 인간에 의해 관찰되고 기록된 사실을 의미한다. 기록한 사람의 의도나 평가가 포함되지 않은 사실(fact) 그 자체를 의미하며, 정보를 생산하는데 필요한 재료이기도 하다.[4] 사회복지조직뿐만 아니라 모든 조직은 목적 달성을 위해 다양한 활동을 벌이며, 그 과정에서 수많은 자료를 수집하고 보관하게 된다. 그렇게 모아진 자료(data)는 그 자체로 유용한 정보를 제공하지는 못하며, 적지 않은 자료가 의미 있는 정보로 활용되지 못한 채 사장되기도 한다. 개별적으로 존재하는 자료는 특정 사실이나 현상을 반영할 뿐 유의미한 정보를 제공하지는 않기 때문이다. 예를 들면, 기상 관측을 통해 측정된 기압과 온도, 습도 등의 측정값은 자료이기는 하지만 그 자체로 특별한 의미를 갖는 정보라고 말하기는 어렵다.

2) 정보

정보는 특정한 상황맥락 속에서 유용한 형태로 가공 또는 평가된 자료를 의미한다. 단순한 사실에 불과한 자료가 지식 또는 경험과 어우러져 유용하고 의미 있는 형태로 변환될 때, 자료는 비로소 상황적인 맥락을 갖는 유용한 '정보'가 되는 것이다.[5] 앞서 기압과 온도, 습도 등의 자료는 그 자체로 특별한 의미를 갖는 정보는 아니라고 했는데, 이들 자료를 활용하여 외출할 때 어떤 옷을 입어야 할지, 우산은 챙겨가는 것이 좋을지 등 판단하고자 하는 상황이 구체화될 때 기압과 온도, 습도 등의 자료는 단순한 자료의 수준을 넘어선 정보로 활용될 수 있는 것이다. 기압과 온도, 습도 자료로부터 적절한 외출 복장을 떠올릴 수 있는 것은 자료와 관련된 맥락이 구체화되었기 때문이다. 똑같은 기압, 온도, 습도라고 하더라도, 그것을 활용하는 사람의 경험이나 전문지식 정도, 활용 목적의 구체성에 따라 단순한 자료에 머물수도 있고, 보다 유용한 정보로 활용될 수도 있는 것이다.

외출 계획이 있고, 날씨에 맞는 적절한 복장을 결정해야 하는 상황 맥락이 없었다면 온도와 습도 같은 자료는 그 이상의 확장된 의미를 갖는 정보로 활용되기 어렵다. 하지만, 특정 온도나 습도와 어울리는 복장에 대한 지식과 경험이 축적되어 있고, 적절한 복장을 선택해야 하는 필요성이 존재하는 상황에서는 이러한 자료가 유용한 정보로 활용될 수 있다. 정리하면, 정보란 상황 맥락 속에서 의미를 갖게 된 자료라고 할 수 있다.

3) 지식

지식은 정보가 의미를 갖는 형태로 변화된 것이다.[6] 정보는 그 자체로 유용성을 갖지만, 체계적이며 안정적이지는 않다. 산재되어 있는 여러 정보가 체계적인 구조를 갖추거나 통합됨으로써 보편적이며 안정적인 정보를 제공할 수 있게 될 때, 정보는 지식으로 발전하게 되는 것이다. 다시 말해, 지식은 정보가 보편적이고 안정적인 의미를 갖는 형태로 변화한 것이다. 예를 들면, 물은 1기압, 섭씨 0도에서 얼음으로 변화하고, 섭씨 100도에서 끓는다는 사실은 시간과 공간이 변한다고 해서 쉽게 달라지지 않는다. 이처럼 쉽게 변하지 않는 보편적이고 안정적인 정보를 지식이라고 한다.

4) 지혜

지혜는 지식에 개인의 통찰력이 더해진 것을 의미한다.[7] 지식을 완전히 이해하기 위해서는 개인의 가치관이나 세계관과 어우러져 내적으로 통합된 체계를 형성할 수 있어야 하는데, 그러한 이해를 바탕으로 지식이 다양한 상황에 맞게 적절하게 응용되고, 생산적으로 활용될 수 있게 된 상태, 그것이 바로 지혜인 것이다.

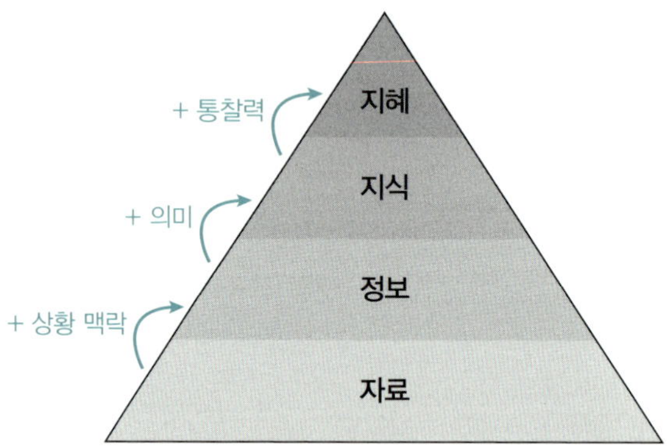

[그림 11-1] 자료와 정보의 위계적 관계

2 정보관리체계의 발달 과정

컴퓨터를 활용한 업무의 비중과 중요성이 커지면서, 기업 경영과 조직 관리에서 정보관리의 역할과 중요성도 확대되었다. 특히 경영학에서는 경영정보시스템이 하나의 학문 분야로 자리를 잡고 발달해 왔는데, 경영정보시스템의 기능과 역할이 변화되어 온 과정은 정보관리체계의 발달 과정과 그 맥을 같이 한다.[8]

세계적으로 기업 경영에 컴퓨터가 활용되기 시작한 것은 대략 1950년대 중반부터이다. 당시의 정보관리 개념은 거래처리나 장부정리와 같이 거래 과정에서 발생하는 자료를 효과적으로 정리 · 저장하고, 단순하고 반복적인 작업을 쉽고 빠르게 처리할 수 있도록 관리하는 것이었다. 하지만, 수집 · 생산되는 자료의 양이 기하급수적으로 증가하고, 이를 처리할 수 있는 기술이 발달하면서 정보관리의 개념도 확장되어 왔다.[9] 정보관리의 영역은 구성원들이 원활하게 의사소통할 수 있도록 지원하는 것에서부터 업무와 관련된 중요한 사항을 결정하는데 필요한 정보를 제공하는 것, 그리고 전반적인 업무 수행과정을 보다 효과적으로 관리할 수 있도록 지원하는 것까지 포함하는 개념으로 확장되고 왔다. 최근에는 인터넷 기반의 e-비즈니스와 전사상거래, 전사적인 자원관리시스템(ERP), 고객관계관리(CRM), 플랫폼 비즈니스까지도 정보관리의 영역에 포함되는 것으로 인식되고 있다.

사회복지조직은 기업보다 늦게 정보관리의 중요성을 인식하였고, 상대적으로 발전 속도도 느린 편이다. 하지만 정보관리체계의 변화 과정과 각 단계의 특징은 조직의 특성과 관계없이 상당히 보편적인 유사성을 보인다. 고든 데이비스(Gorden B. Davis)는 전통적인 정보시스템의 발전과정을 ① 전산자료처리시스템(electronic data processing systems: EDPS), ② 정보시스템관리(management information systems: MIS), ③ 의사결정지원시스템(Decision support systems: DSS), ④ 사무자동화 시스템(office automation systems: OAS), ⑤ 컨설팅시스템(consulting system: CS)의 다섯 단계로 구분하고 있다.[10] 데이비스가 정보시스템 발전의 시기별 특징을 잘 정리하였지만, 80년대 중반 이후의 변화 내용은 반영하지 못했다. 마라카스와 오브라이언(Marakas & O'Brien)은 이를 보완하여 1950년대부터 최근까지 10년 단위로 정보시스템의 변화과정을 정리하였다.[11] 이들의 연구를 기초로 정보관리체계의 기능과 역할이 어떻게 변화되어 왔는지 살펴봄으로써, 사회복지조직의 정보관리체계가 지나온 길과 나아가야 할 방향을 가늠해 보고자 한다.

1) 자료처리(Data Processing)

1950년대~60년대 초반에 도입된 개념으로 정보관리의 가장 초기적인 형태라고 할 수 있다. 이 시기의 주된 관심은 업무 추진 과정에서 반복적으로 발생하는 정보를 수집 · 저장하고, 검색하는 것과 같은 업무를 보다 쉽고 빠르게 처리하는 것이었다.[12] 예를 들면, 직원들에게 매달 지급되는 급여명세서의 세부 항목이 자동으로 작성되도록 만들거나, 이용자와 고객의 정보를 쉽게 검색하고 관리할 수 있도록 만드는 것이 정보관리의 중요한 과업이었다. 다시 말해, 반복되는 일상 업무를 보다 쉽고 빠르게 처리할 수 있도록 효율화하는 것이 자료처리의 중요한 목적이었다. 1950년대의 정보시스템은 대체로 처음에 수집된 원자료 형태를 그대로 유지하면서 필요에 따라 검색하여 활용하였을 뿐, 다양한 원자료를 종합하여 새롭고 의미 있는 정보를 생산하는 단계까지 나아가지는 못했다.

2) 보고서 작성(Information System)

1960년대에 들어서면서 정보관리의 개념은 원자료를 활용 또는 재구성하여 유용한 정보를 생산해내는 단계까지 확장되었다. 단순히 원자료를 수집, 저장, 검색하는 단계를 넘어서 많은 양의 수집된 자료를 종합하여 보다 의미 있는 정보를 생산하는 단계까지 관심이 확장된 것이다. 다시 말해, 좁은 의미의 경영정보시스템(Management Information System: MIS) 또는 정보보고시스템(Information Reporting System: IRS) 개념이 도입된 것이라고 할 수 있는데, 관리자들의 의사결정에 참고가 될 만한 정보를 보고서의 형태로 제공하는 것이 정보관리의 중요한 역할이었다.[13]

예를 들면, 기업의 월별 또는 분기별 매출 실적을 보고서의 형태로 출력할 수 있고, 다양한 사업의 참여자 정보를 개별 사업 단위로 산출할 수 있도록, 혹은 상품 종류별 구매자 정보가 자동적으로 보고서의 형태로 출력될 수 있도록 시스템을 구축하고 관리하는 것이 이 시기 정보관리의 대표적인 사례라고 할 수 있다. 1950년대 까지는 원자료의 행태를 그대로 유지하며 쉽고 빠르게 처리하는 업무가 주된 흐름을 형성하였다면, 1960년대에 들어오면서는 정보관리의 영역이 수집된 원자료를 활용하여 보다 가치있고, 유용한 정보를 만들어 내는 것까지 확장된 것이다.

3) 의사결정지원(Decision Support)

1960년대를 거치며, 수집된 자료를 업무에 필요한 정보로 재구성하는 것이 일반화되었지만, 자료를 새로운 정보로 재구성하는 작업의 범위는 제한적이었다. 기업이나 조직의 관리자들은 중요한 의사결정에 활용할 수 있는 다양한 형태의 정보가 필요한데, 기존의 정보보고시스템으로는 이들의 다양한 요구를 충족시키기 어려웠던 것이다. 이때 새롭게 등장한 개념이 의사결정지원시스템(DSS)이었다.[14] 중요한 의사결정을 내리기 위해서는 관련된 상황과 조건이 다양하게 변화될 경우 그 결과가 어떻게 달라지는지를 예상할 수 있어야 하는데, 의사결정지원시스템이 이를 가능하게 한 것이다. 다시 말해, 1970년대에는 정보관리의 역할이 범용성이 높고 표준화된 형태의 정보관리시스템을 구축하는 것을 넘어서 기업과 조직이 처한 특수한 상황까지도 고려하여 필요한 정보를 제공하는 보다 적극적인 개념으로 변화된 것이다.

4) 정보의 전략적 활용 및 최종 사용자 지원

1980년대에는 개인용 컴퓨터의 보급이 확대되면서 의사결정지원시스템도 전보다 고도화되었다. 개인용 컴퓨터가 보급되기 전에는 기업과 조직의 관리자가 정보시스템이 산출한 정보를 직접 확인할 수 없었기 때문에 해당 부서의 도움을 받아야만 자료확인이 가능했다. 그런데 개인용 컴퓨터가 보급되면서 관리자가 직접 정보시스템에 접속하여 원하는 정보를 활용할 수 있는 환경이 조성된 것이다.

초기의 의사결정지원시스템은 정보 분야의 전문가가 아닌 관리자들이 직접 자료를 검토하고 원하는 자료를 산출하기 어려운 복잡한 구조로 되어 있었다. 시스템을 통해 산출된 정보로부터 의사결정에 참고할 수 있는 중요한 정보를 도출하기까지는 많은 시간과 에너지가 투입되어야 했다. 그렇기 때문에 보다 쉽게 전략적 의사결정을 지원할 수 있는 시스템에 대한 수요가 증가하였는데, 이러한 요구를 반영하여 등장한 것이 최종사용자컴퓨팅(EUC)과 중역정보시스템(EIS), 전략정보시스템(SIS) 같은 것들이다.[15] 이들 시스템은 마치 컨설턴트가 조직의 관리자에게 조언하는 것과 유사한 방식으로 수집된 정보를 활용하여 전략적인 결정에 필요한 방향성을 제시한다.

5) 1990년대 이후의 정보관리

1990년대 들어서면서 인터넷이 비약적으로 발전하였고, 전세계가 하나의 네트워크로 연결되면서 정보관리 분야에도 다양한 개념과 시스템이 등장하기 시작했다. 특히, 기업에서는 인터넷을 기반으로 한 e-비즈니스와 전자상거래가 확대되었으며, 정보시스템의 도움으로 전사적 자원관리(ERP)가 가능해졌다.

전사적 자원관리란 유기적인 연계체계 없이 각 부서별로 산재되어 있는 자원들을 하나의 시스템으로 통합 관리하는 것을 의미한다. 예를 들면, 복수의 생산공장과 유통망을 관리하는 기업이 생산량과 판매량, 재고 상황 등을 하나의 관리시스템 내에서 파악할 수 있도록 하는 것이 자원관리이다.

고객의 특성과 성향, 구매이력 등의 정보를 활용하여 고객 맞춤형 마케팅 전략을 구사하는 고객관계관리(CRM) 역시 정보관리시스템이 담당해야 하는 중요한 기능이 되었다. 최근에는 정보관리의 역할이 클라우드 컴퓨팅과 빅데이터 분석 등으로 확장되며, 다양한 혁신사례의 핵심적인 부분으로 성장하고 있다.[16]

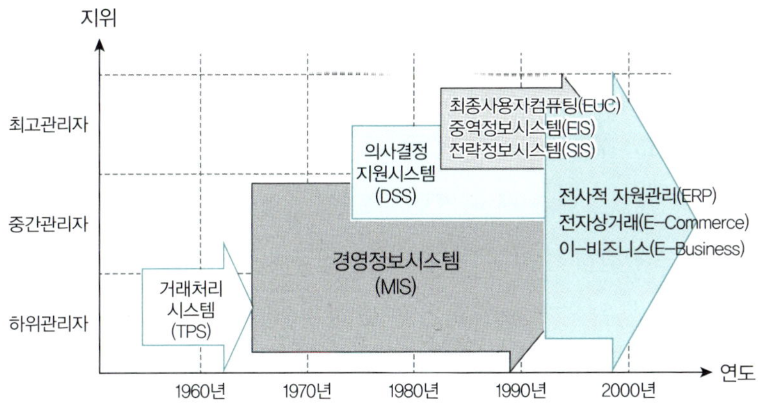

[그림 11-2] 정보관리체계의 발달 과정

3 정보관리 과정

정보관리란 조직의 활동과정에서 자료를 수집 또는 생산하는 것에서부터 시작하여 수집된 자료를 보관하고, 보관된 자료를 분석하여 유용한 정보를 찾아내고, 그러한 정보를 조직 내외의 구성원들과 공유하는 일련의 과정이 효과적으로 이루어질 수 있도록 전반적인 활동과 체계를 관리하는 것을 말한다.

1) 정보관리의 4단계

(1) 자료 수집

정보관리의 첫 번째 단계는 자료를 수집하는 것이다. 사회복지조직을 포함한 모든 조직은 목표를 달성하기 위해 다양한 활동을 전개하며, 이 과정에서 수 많은 자료를 수집 또는 생산한다. 예를 들면, 국민기초생활보장제도의 수급자 선정 업무를 담당하고 있는 지방자치단체 공무원은 개개인의 신청자가 제출하는 가구원 정보와 각 가구원의 소득 정보를 포함한 다양한 개인정보를 수집한다. 복지관을 포함한 민간 복지기관에서도 프로그램 이용자 또는 이용 희망자(신청자)의 성별과 나이, 거주지역, 프로그램에 대한 정보 획득 경로 및 프로그램 참여 이유 등 각 기관이 중요하다고 판단하는 다양한 자료를 수집한다. 이렇게 개개인으로부터 직접 정보를 수집하는 경우 외에도 필요에 따라 지역주민의 특성이나 사회복지서비스 제공기관 현황과 같이 1차적으로 수집된 정보를 가공하여 새로운 정보를 생산하기도 한다. 초기에 수집된 자료는 이후의 정보관리 전 과정에 영향을 주는 가장 기초적이며 핵심적인 요소이기 때문에 정확하고 유용한 정보를 수집하는 것이 중요하다.

(2) 분류 및 저장

수집된 자료는 그 내용과 형태를 고려하여 사용자가 쉽게 사용할 수 있도록 체계적이며 안전한 형태로 보관해야 한다. 도서관의 수많은 장서와 자료들이 십진분류법 체계에 따라 정리되어 있는 것과 같이 각 조직이 수집 · 생산한 자료 역시 조직의 특성과 활동이 반영된 체계에 따라 분류 · 정리되어야 한다는 것이다. 수집된 자료는 그 특성에 따라 문서 자료, 사진이나 동영상 자료, 그림 자료, 소리 자료 등으로 분류하거나 자료를 저장하고 있는 매체의 특성에 따라 아날로그 또는 디지털 자료로 구분할 수도 있다. 혹은 자료의 확보 과정에 따라 직접 생산(확보)한 자료와 다른 기관이나 조직에서 생산한 자료 중 유용하다고 판단되어 수집한 자료로 구분해 볼 수도 있다. 이렇듯 하나의 정보는 그것과 관련된 다양한 특성 중 무엇을 기준으로 하느냐에 따라 다양한 형태로 세분화할 수 있다. 그렇기 때문에 각 조직의 특성과 상황을 고려하여 최적의 분류체계를 개발하는 것이 중요하다. 이때 중요하게 고려해야 할 점은 조직의 구성원 누구나 그 체계를 쉽게 이해할 수 있어야 하며, 그 체계에 따라 원하는 자료를 쉽고 빠르게 찾아 활용할 수 있어야 한다는 것이다. 필요할 때 쉽게 찾을 수 없다면 그 정보는 사실상 존재하지 않는 것과 다르지 않기 때문이다.

(3) 분석

수집 · 보관된 자료는 그 자체로는 활용도가 높지 않다. 개별적인 자료를 모아서 보다 중요한 의미를 갖는 정보를 추출해 낼 수 있을 때 개별자료의 총합 이상의 의미 있는 정보를 확보할 수 있게 되는 것이다. 이렇듯 파편적으로 존재하는 각각의 자료로부터 의미 있는 정보를 발굴해 내는 모든 과정이 분석의 과정이다.

(4) 공유 및 활용

분석 과정을 통해 새롭게 발견된 정보 또는 분석 과정을 거치며 새롭게 의미가 부여된 정보들은 조직 내·외부의 관계자들과 공유될 때 비로소 실제 사업과 활동에 도움이 되는 정보로 기능하게 된다. 따라서 정보관리는 수집, 보관, 분석된 정보가 적절하게 공유되고 활용될 수 있도록 관리하는 모든 활동을 포괄하는 개념이다. 정보의 교환은 내부적으로는 팀이나 과같이 조직을 구성하고 있는 세부 구성단위에서 수집, 저장, 분석된 자료를 공유하는 것뿐만 아니라, 대외적으로 공유해야 하는 정보의 대상과 범위를 정하고, 원자료를 공유 가능한 형태로 가공 또는 변환하는 것까지 포함하는 개념이다.

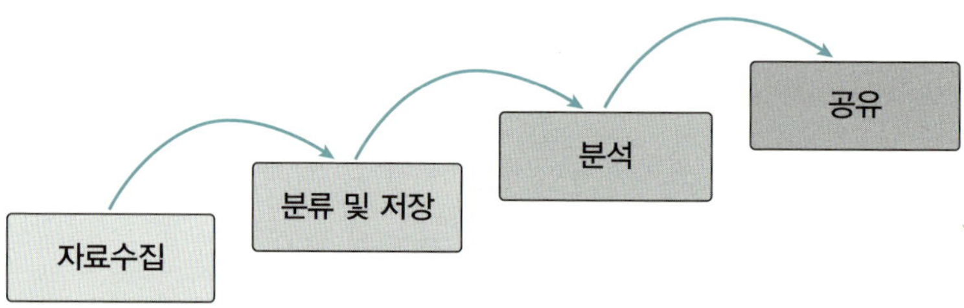

[그림 11-3] 정보관리의 4단계

2) 정보관리순환(Information Management Cycle) 모형

Choo(2002)는 정보관리 과정을 좀 더 세분화하여 설명하고 있다.[17] 개인이나 조직은 새로운 정보에 대한 필요성을 느낄 때, 다시 말해 새로운 정보 욕구가 발생했을 때 정보를 수집하게 된다. 이 과정은 두 단계로 구분해 볼 수 있는데, 먼저 필요한 정보가 무엇인지를 구체화하게 되고, 그 다음에 관련된 자료와 정보를 수집하게 된다. 이 과정을 통해 확보된 정보는 적절한 분류 체계를 통해 구조화된 뒤 저장된다. 수집된 정보가 그 자체로 의미 있게 활용될 수 있는 것이라면 바로 활용되기도 하고, 해당 정보를 필요로 하는 조직이나 구성원들과 공유되기도 한다. [그림 11-4]를 통해 확인할 수 있듯이 저장된 정보는 정보 상품 및 서비스, 정보유통(배포), 정보의 활용과 활발한 상호작용을 하게 된다. 이러한 상호작용을 통해 수집, 저장된 정보에서 새로운 의미를 도출하게 되면 그것은 각 조직의 다양한 의사 결정 과정에 영향을 미치게 된다.

예를 들면, 종합사회복지관이 지역주민의 특성이나 욕구와 관련하여 기존에 알고 있는 것과 다른 정보를 획득하게 된다면, 그러한 변화에 대한 대응으로 기존의 사업 중 일부를 중단하거나 수정하고 새로운 사업을 기획할 수 있다. 이처럼 수집, 보관, 분석 과정을 거친 정보는 조직이 추구하는 목표와 활동을 고려한 다양한 의사결정 과정에 활용되고, 그것은 다시 새로운 정보에 대한 욕구에 영향을 미치는 과정을 끊임없이 반복하게 된다. 이러한 과정을 통해 조직이 보다 효과적으로 목표를 달성하고 성장할 수 있도록 관리하는 모든 과정이 바로 정보관리인 것이다.

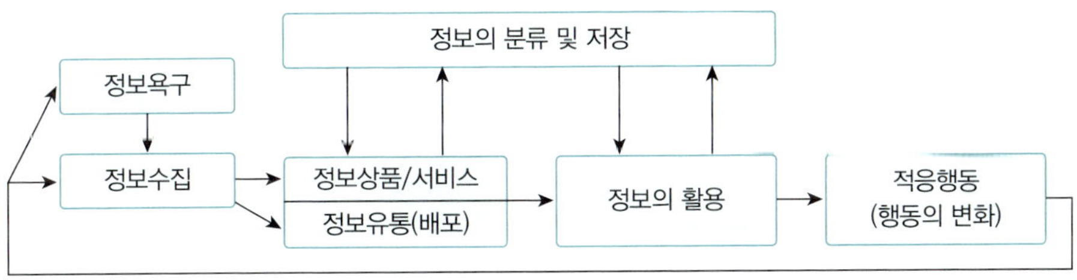

[그림 11-4] 정보관리순환 모형

출처: Choo(2002). Chapter 8. Learning to be intelligent.

4 사회복지 정보관리시스템의 현황 및 개선과제

기업과 같은 영리조직뿐만 아니라 사회복지조직에서도 정보관리의 중요성을 인식하고 정보관리시스템을 체계화하기 위한 노력을 강화하고 있다. [그림 11-5]에서 확인할 수 있듯이 지난 10여 년 간 사회복지사업의 대상자와 사업 수, 예산은 크게 증가하였고, 이와 함께 생산·활용되고 있는 정보의 규모 역시 크게 확대되었다.[18] 따라서, 정부 각 부처와 사회복지사업 단위로 산재되어 있던 자료를 체계적으로 관리함으로써 '자료'가 '정보'로 전환될 수 있는 시스템을 구축하는 것에 대한 관심이 증대되었으며, 그러한 관심의 변화가 한국보건복지정보개발원(현 한국

[그림 11-5] 사회복지사업 증가에 따른 데이터 생산량 및 사용량의 변화

출처: 보건복지부(2019. 4.). 차세대 사회보장정보시스테 구축사업 추진방향. p. 9.

사회보장정보원) 설립으로 이어진 것이다.

본 절에서는 우리나라 사회복지 분야의 정보관리체계와 관련 근거를 검토하고, 현재 사회보장정보원에서 운영하고 있는 정보시스템의 내용을 간략히 살펴본 뒤, 보다 나은 정보관리체계 구축을 위한 개선과제를 논의하고자 한다.

1) 사회복지분야의 정보관리 체계 및 관련 근거

기업뿐만 아니라 사회복지분야에서도 자료의 체계적인 수집과 보관, 활용의 중요성에 대한 인식이 높아지고 있다. 그러한 변화를 단적으로 보여주는 것이 한국사회보장정보원의 설립이다. 보건복지부는 2009년 12월 정부의 사회복지통합관리망인 행복e음, 보건소통합정보시스템, 그리고 사회복지시설 운영과 관련된 정보를 관리하는 사회복지시설정보시스템을 전문적으로 운영하기 위해 한국보건복지정보개발원을 설립하였다. 2011년에는 사회서비스 전자바우처 사업 관리를 위해 한국사회서비스관리원(2007년 12월 설립)을 흡수통합하였고, 2015년에 한국사회보장정보원(이하 정보원)으로 명칭을 변경하여 지금에 이르고 있다.[19]

정보원은 「사회보장급여의 이용 · 제공 및 수급권자 발굴에 관한 법률」 제29조에 따라 설립 · 운영되고 있으며, 정부와 민간 법인 · 단체 · 시설의 사회보장 업무를 효율적으로 추진하기 위해 자료의 처리 및 관리 시스템을 운영하고 이와 관련된 정책 연구 및 지원 업무를 담당하고 있다. 법에 규정된 정보원의 구체적인 역할은 [Box 11-1]과 같다.

BOX 11.1 사회보장급여의 이용제공 및 수급권자 발굴에 관한 법률 제29조

① 사회보장정보시스템의 운영 · 지원을 위하여 사회보장정보원(이하 "사회보장정보원"이라 한다)을 설립한다.

② 사회보장정보원은 법인으로 한다.

③ 사회보장정보원은 제51조제2항에 따른 위탁 등을 받아 다음 각 호의 업무를 수행한다.

1. 사회보장정보시스템의 구축 및 유지 · 기능개선 · 관리 등 운영에 관한 사항
2. 제12조제1항에 따른 자료 또는 정보의 처리 및 사회보장정보의 처리(제12조제1항은 사회보장업무를 효율적으로 수행하기 위해 사회보장정보시스템을 통해 위기 상황에 처해 있다고 판단되는 가구정보나 국민기초생활 보장법 신청 및 탈락 가구에 대한 정보 등을 처리할 수 있도록 규정하고 있음)
3. 사회보장급여의 수급과 관련된 법령 등에 따른 신청, 접수, 조사, 결정, 환수 등 업무의 전자적 처리지원
4. 「사회서비스 이용 및 이용권 관리에 관한 법률」 등 관계 법령 등에 따른 사회서비스이용권의 이용 · 지급 및 정산 등에 필요한 정보시스템의 운영, 사회서비스이용권을 통하여 사회서비스를 제공하는 사업의 관리에 관한 사항
5. 사회보장 관련 민간 법인 · 단체 · 시설에 대한 전자화 지원
6. 사회보장제도의 운영에 필요한 정책정보 및 통계정보의 생산 · 분석, 제공과 사회보장정책 지원을 위한 조사 · 연구
7. 제25조에 따른 대국민 포털의 운영에 관한 사항
8. 그 밖에 이 법 또는 다른 법령에 따라 보건복지부장관, 국가 또는 지방자치단체로부터 위탁받은 업무

④ 정부는 사회보장급여의 이용 및 제공이 원활히 이루어질 수 있도록 사회보장정보원의 설립 · 운영에 필요한 비용을 출연하거나 지원할 수 있다.

⑤ 사회보장정보원에 관하여 이 법에서 규정한 사항 외에는 「민법」 중 재단법인에 관한 규정을 준용한다.

⑥ 사회보장정보원의 설립 및 운영 등에 필요한 사항은 대통령령으로 정한다.

⑦ 사회보장정보원의 임직원은 「형법」 제129조부터 제132조까지의 규정을 적용할 때에는 공무원으로 본다.

⑧ 사회보장정보원의 임직원이나 임직원으로 재직하였던 사람은 그 직무상 알게 된 비밀을 누설하거나 다른 용도로 사용하여서는 아니 된다.

2) 사회보장정보원 정보시스템 및 포털[20]

2023년 7월 기준, 정보원이 운영하고 있는 정보시스템 및 포털은 모두 10개이다. 정부와 지방자치단체가 시행하고 있는 사회보장제도의 수급자 선정, 급여 및 서비스 이력 관리 등을 목적으로 구축된 '사회보장정보시스템(행복e음)'과 보건복지부 외에도 다양한 부처에서 시행하고 있는 제도를 통합 관리하기 위한 목적으로 운영하고 있는 '범정부 사회보장정보시스템'이 가장 기본적이고 포괄적인 정보시스템이다.

특정 제도의 운영 및 관리를 위해 개발된 시스템들도 있는데, 보건소 업무를 통합 관리하기 위해 '지역보건의료정보시스템'을 구축 · 운영하고 있으며, 사회서비스 제도의 운영과 정산, 서비스 제공기관 관리 등을 위해 '사회서비스전자바우처시스템'을 운영하고 있다. 또한 보육료 지원 및 어린이집 관리를 위해 '보육통합정보시스템'을, 사회복지관 등 사회복지시설 운영 및 관리를 위해 '사회복지시설정보시스템'을, 노인맞춤돌봄서비스 제공을 위해 '노인맞춤돌봄시스템'을, 독거노인과 장애인을 화재 및 가스누출 등의 사고로부터 보호하기 위해 '취약노인지원시스템'을 구축 · 운영하고 있다. 이상의 시스템들이 주로 각 제도의 운영과 관리에 초점을 맞추고 있는 시스템이라면, 이용자의 관점에서 지역주민들이 중앙정부 부처와 각 지방자치단체에서 시행하고 있는 사회복지제도와 서비스를 보다 쉽게 검색하고 신청할 수 있도록 '복지로'라는 복지포털도 운영하고 있다. 복지로가 주로 사회복지제도에 대한 정보를 포괄하고 있다면, 보건관련 정보는 e보건소라는 공공보건포털을 통해 확인할 수 있다.

각 정보시스템과 포털의 개요 및 주요 기능은 다음의 〈표 11-1〉과 같다.

〈표 11-1〉 한국사회보장정보원에서 운영 중인 정보시스템

정보시스템/포털	개요	주요 기능
사회보장 정보시스템 (행복e음)	• 사회복지 급여 및 지원 대상자의 자격과 이력에 관한 정보 통합관리 • 지자체 복지업무 처리를 지원하기 위해 시군구별 새올행정시스템의 복지분야를 분리하여 구축한 시스템	• 인적정보, 소득재산 정보, 수급이력 정보를 통합 관리함으로써 사회복지전달체계 효율화
사회보장 정보시스템 (범정부)	• 정부 각 부처 및 정보 보유기관에서 제공하고 있는 복지사업정보와 지원 대상자의 자격 정보, 수급 이력 정보를 통합 관리하는 시스템 • 효율적 행정 업무 수행(민원대응, 업무처리, 복지사업설계 등) 및 맞춤형 복지서비스 제공을 지원하기 위한 시스템	• 복지알림이: 중앙부처 및 지자체 복지사업의 내용, 대상, 절차 등에 관한 정보를 각 부처와 일반국민에게 제공 • 복지지킴이: 중복/부정수급 방지 및 관리 • 업무처리지원: 대상자 선정을 위해 관련 정보 연계/지원 • 서비스의뢰 • 복지서비스 대상자 및 자격/수급이력 정보 통합 관리
지역보건의료 정보시스템	• 전국 약 3,500여 개 보건기관(보건의료원, 보건소/지소, 보건진료소) 업무 통합 운영을 위해 구축한 정보 시스템	• 보건행정 및 사업 • 전자의무기록 및 진료관련 업무 전산화 • 실적/통계 보고자료 제공(자동화) • 증명서 발급, 진료내역 및 검진결과 확인 서비스 제공
사회서비스 전자바우처 시스템	• 정부와 지자체의 사회서비스 신청, 이용, 비용 지불정산 등의 전 과정을 전산처리하는 시스템	• 이용자 및 제공인력, 서비스 제공 관리 • 사회서비스 이용 및 바우처 결제 • 서비스 대상자 및 제공기관 관리 • 서비스 기관 찾기, 이용내역 조회 등 대국민 지원 서비스
보육통합정보 시스템	• 보육바우처 운영 및 행정지원을 위한 시스템 • 임신육아종합포털(아이사랑) 및 보육 유관기관 업무 시스템	• 어린이집 설치운영정보 및 아동/교직원 관리 • 보육서비스 이용 및 결제 • 어린이집 인허가, 보조금 승인, 지도 점검 등 지자체 업무 지원 • 어린이집 찾기, 아이행복카드 신청 및 결제 지원

사회복지시설 정보시스템	• 사회복지시설 업무의 표준화, 투명화 및 전자화를 위한 사회복지시설 통합업무관리시스템	• 회계: 전표의 입출력, 거래내역 관리, 예산 관리 등 • 인사/급여/자산관리 • 세무: 원천세, 사업소득, 기타소득 관리 • 후원금 및 후원자 관리 • 서비스 이력 관리 • 시군구보고 업무 지원
노인맞춤돌봄 시스템	• 노인맞춤돌봄서비스 제공을 위한 관리 시스템	• 대상자 선정조사 및 서비스 제공 계획 수립 • 대상자 정보관리 • 서비스 제공 및 실적 관리
취약노인 지원시스템	• 독거노인과 장애인 가정의 화재, 가스사고 등 응급상황 모니터링 및 대응을 위한 시스템	• 응급상황 발생 시 119 자동 신고 • 독거노인, 장애인 생활안전 서비스 제공(활동/화재/가스 감지, 응급호출 등)
복지로	• 각 부처의 복지서비스에 대한 맞춤형 통합 검색과 온라인 신청 기능을 포함한 복지포털	• 복지서비스 검색 • 복지지갑: 개인의 복지 현황 정보 제공 • 온라인 서비스 신청: 복지서비스 29종, 민원서비스 5종, 증명서 발급 9종 등(2022년 4월 기준) • 복지지도: 지도기반 시설정보 제공 • 복지도움: 온라인으로 본인과 이웃의 어려움에 대한 지원 요청 • 복지신고: 복지시설, 의료기관, 개인의 부정수급 내용 신고 • 뉴스레터 및 통계 정보 제공
e보건소 (공공보건포털)	• 보건 관련 정보 및 서비스를 종합적으로 제공하는 포털	• 온라인 민원 서비스 • 보건 서비스 • 보건소식

출처: 한국사회보장정보원 홈페이지(http://www.ssis.or.kr)의 내용을 참고하여 재구성함.

(1) 사회보장정보시스템

다음의 [그림 11-6]은 범정부 사회보장정보시스템(이하 범정부 시스템)의 구성도이다. 범정부 시스템은 복지사업을 운영하고 있는 각 부처와 관련기관으로부터 사업과 관련된 기초자료를 제공받고, 국세청, 대법원, 행안부 등으로부터 소득, 재산, 인적사항 등에 대한 정보를 제공받는다. 이렇게 제공 받은 자료는 '복지사업정보', '복지사업 처리지원', '사후관리' 등 자료의 성격에 따라 적절하게 분류 · 관리되며, 이들은 다시 행복e음과 연계되어 복지급여의 수급 자격을 심사하고, 수급이력을 관리하는 데 활용된다. 이러한 자료의 주된 이용자는 복지정책과 사업을 담당하고 있는 각 부처의 담당자와 지자체의 복지업무 담당자이다.

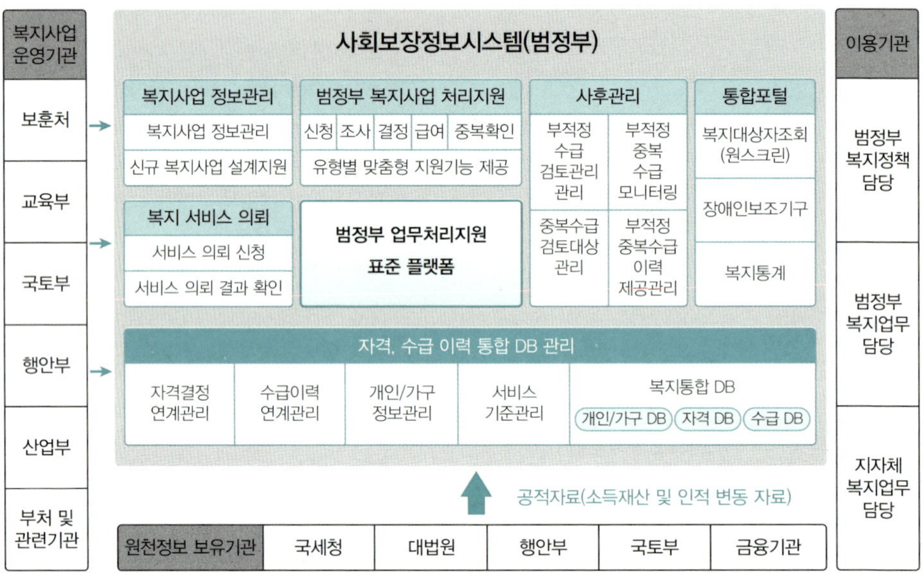

[그림 11-6] 사회보장정보시스템(범정부)의 시스템 구성도

출처: 사회보장정보원 홈페이지(http://www.ssis.or.kr).

다음의 [그림 11-7]은 행복e음 시스템의 초기상담 화면이다. 예를 들어, 기초연금 신청자와 초기상담을 진행하는 경우, 가장 먼저 성명이나 주민등록번호를 활용하여 대상자 정보를 확인하게 된다(그림의 ①). 대상자 정보가 확인되면, 이용 가능한 서비스 및 기존 상담이력 조회, 새로운 상담 내용 입력이 가능해진다. 초기화면에는 대상자 정보 상세조회가 기본으로 선택되어 있으며, 이곳에서 상담이력, 사례이력, 서비스이력, 민간서비스 연계이력 등을 확인할 수 있다(그림의 ②). 상담내용을 검색할 수도 있으며(그림의 ③), 보장이력조회 탭(그림의 ④)을 열어 상세 내용을 확인할 수도 있다. 가구원조회(그림의 ⑤) 탭을 열면 새올 민원행정시스템을 통해 대상자 가구원의 실시간 주민등록 정보를 확인할 수 있으며, 행복e음에 등록된 가구원 정보, 통합사례관리 업무와 연계된 가구구성 정보도 확인이 가능하다. 가구원 중 특성 기초연금 신청자를 선택한 후 원스크린(그림의 ⑥)을 클릭하면, 신청자와 관련된 가구원 정보, 각종 서비스 신청 및 이용 이력, 상담 이력, 소득 및 재산 정보 등 세부 사항을 한 눈에 확인할 수 있다. 필요에 따라 이상의 내용을 확인한 후 상담을 시작하고, 종료 후 그 내용을 상담내용(그림의 ⑦) 탭을 열어 입력할 수 있다. 상담 내용의 기록은 상담내용에 따라 단순안내 또는 요청접수 등으로 구분하고, 몇 가지 유형으로 구분된 접수경로를 선택한 후 상담내용을 자유롭게 입력할 수 있다. 이 외에도 [그림 11-7] 상단에 표시된 '조사결정', '급여(지급)', '변동(관리)・사후(관리)' 등의 업무가 행복e음 시스템에서 통합 관리되고 있다.

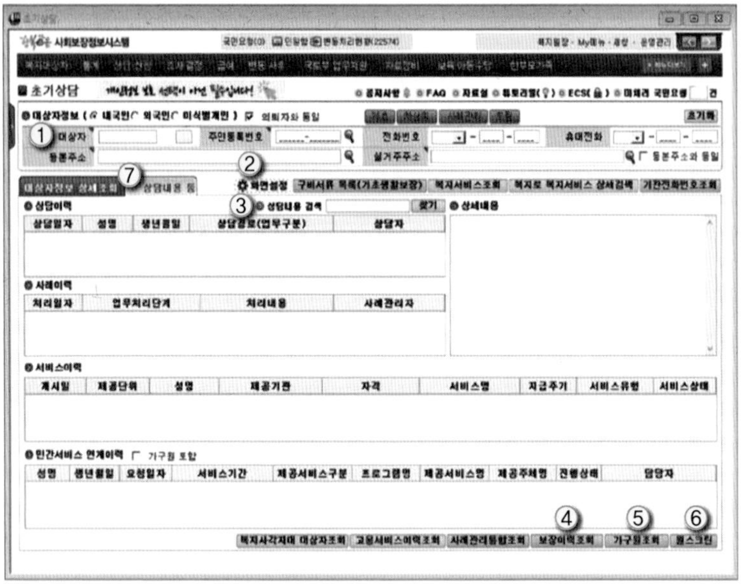

[그림 11-7] 행복e음 시스템의 초기상담 화면

(2) 사회복지시설정보시스템

행복e음은 주로 지방자치단체의 공무원들이 사용하는 시스템이며, 민간위탁 방식으로 운영되고 있는 사회복지시설의 경우에는 사회복지시설정보시스템이라는 별도의 시스템을 활용하고 있다. 사회복지시설정보시스템은 시설과 운영법인에 대한 기본정보와 회계, 인사 · 급여 · 세무 · 자산, 후원, 시군구 보고 등의 업무를 관리할 수 있도록 개발 · 운영되고 있다. 다음의 [그림 11-8]은 사회복지시설정보시스템 매뉴얼 중 시설정보 관리와 관련된 내용의 일부로, 사회복지시설 운영과 관련된 기본적인 정보뿐만 아니라 인력과 예산 등 지방자치단체에 보고해야 하는 업무를 원활하게 추진할 수 있도록 구성되어 있다.

하지만, 사회복지시설정보시스템은 개별 사회복지시설 단위로 정보를 생산 · 관리할 수 있도록 개발되었기 때문에 이용자 중심으로 체계화된 정보를 구축하기 어려운 문제가 있다. 예를 들어, 한 이용자가 여러 시설에서 다양한 서비스를 이용했다고 할 때, 그 이용자의 이력 정보를 종합적으로 파악하기는 어려운 시스템이다. 최근 다양한 계층의 욕구를 해결하기 위한 사회서비스가 지속적으로 증가하고 있고, 제공기관의 성격과 유형도 다변화되고 있는 상황을 고려하면 서비스 대상과 사업에 따라 분절적으로 관리되고 있는 정보시스템을 보다 통합적으로 개선할 필요가 있다는 지적이 지속적으로 제기되어 왔다. 이에 따라 2022년부터 공급자 중심의 정보 관리로 인한 누락과 중복 문제를 완화하고, 단위 사업에 따라 독립적으로 관리되어 온 정보시스템의 분절성 문제를 해결할 수 있는 차세대 사회서비스정보시스템(희망e음)을 구축하여 운영하고 있다.

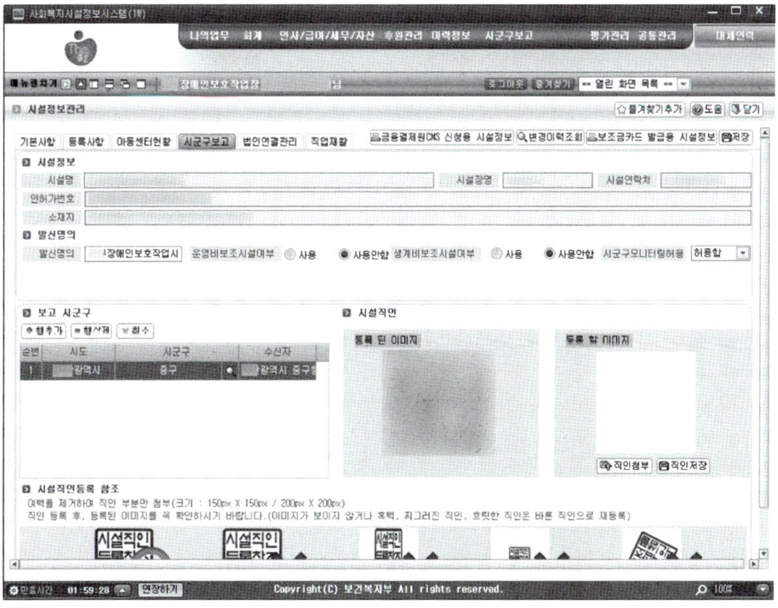

[그림 11-8] 사회복지시설정보시스템 시설정보관리 화면

3) 개선과제

그동안 사회보장정보시스템을 통해 정부부처와 지방자치단체 등 공공부문 간 정보의 연계 체계는 많이 개선되어 왔다. 하지만, 여전히 많은 정보가 개별 사업 단위에서 분절적으로 관리되고 있는 문제가 있으며, 특히 민간 사회복지시설에서 생산한 정보까지 포함할 수 있도록 통합관리체계를 개선하는 것이 필요한 상황이다. 앞서 언급한 차세대 사회서비스정보시스템의 경우 정보 관리의 분절성 문제를 해결하기 위해 개발되었지만, 당초 계획과 달리 일부 정보는 통합적으로 관리되지 않고 있는 상황이다. 때문에 사용자 입장에서는 오히려 여러 시스템을 병행해서 사용해야 하는 불편함만 증가하였다는 비판을 받기도 한다.

그렇기 때문에 사회복지정보관리시스템을 개선할 때에는 구조적인 변화뿐만 아니라, 그것을 이용하게 될 사용자의 의견을 충분히 청취 · 반영하여, 시스템 개선의 방향과 필요성에 대한 공감을 전제로 추진하는 것이 중요하다. 정보관리시스템은 보다 쉽고, 효율적으로 일하기 위해 존재하는 것이지만, 일선의 사용자들 중에는 정보관리시스템이 자신들을 통제하고, 감시하기 위해 존재하는 것이라고 생각하는 경우도 적지 않다. 특히, 정보기술에 익숙하지 않은 실무자들일수록 변화에 소극적이며,[21] 정보관리시스템에 대해 회의적인 태도를 보이는 경향이 강하다.[22]

일반적으로 정보관리시스템을 구축하기 위해서는 업무를 표준화하는 작업이 선행되어야 한다. 그런데 사회복지서비스는 한 사람 한 사람의 상황을 개별적이며, 총체적인 것으로 바라보아야 하기 때문에 업무의 표준화가 어려울 뿐만 아니라 바람직하지도 않다는 지적이 있다.[23] 그렇기 때문에 사회복지 분야의 정보관리시스템을 구축할 때에는 사회복지서비스의 본질적인 특성을 유지하면서도 시스템 구축을 통해 효율성을 높일 수 있는 업무의 내용과 범위를 결정하는 것이 중요하다. 이를 위해서는 시스템 구축과 관련된 주요 의사결정 과정에 사용자가 참여하

도록 함으로써 사용자의 욕구가 반영된 시스템을 구축하는 것이 중요하다.[24]

정보시스템의 고도화는 개인정보뿐만 아니라 사회복지실천의 관점에서 다양한 윤리적 화두를 던지고 있다.[25] 정보화가 '대상자 선별을 위한 정확한 사정'과 '적절한 서비스 제공을 위한 분석' 중 무엇을 지향해야 하는지, 사회복지실천은 정보시스템이 제공하는 자료를 근거로 해야 하는지 아니면 시스템이 제공하지 않는 정보까지도 파악하여 반영해야 하는지, 정보화가 사회통제와 사회연대 중 무엇을 강화하는 방향으로 기능하고 있는지 등 보다 근본적인 질문에 대해서도 지속적인 고민과 토론이 필요하다.

1 고일상, 안병혁, 이재정, 이종호, 정경수, 최무진, 한영춘 (2017). **스마트시대의 정보시스템**. 이프레스.

2 황성철, 정무성, 강철희, 최재성 (2014). **사회복지행정론**. 정민사.

3 Ackoff, R. L. (1989). From data to wisdom. *Journal of Applied Systems Analysis*, *16*, 3-9.

4 한국문헌정보학회 (2021). **문헌정보학의 이해**. 한국도서관협회.

5 상게서.

6 상게서.

7 상게서.

8 서영호, 박주석, 김재경, 이경전, 박재홍 (2013). **e-Business 시대의 경영정보시스템**. 한경사.

9 고일상, 안병혁, 이재정, 이종호, 정경수, 최무진, 한영춘 (2017). **스마트시대의 정보시스템**. 이프레스.

10 Gorden, B. D. (1985). *Management Information Systems: Conceptual foundations, structure, and development*. McGraw-Hill College.

11 Marakas, G., & O'Brien, J. (2013). *Introduction to Information Systems*(16th ed.). McGraw-Hill.

12 고일상, 안병혁, 이재정, 이종호, 정경수, 최무진, 한영춘 (2017). **스마트시대의 정보시스템**. 이프레스.

13 상게서.

14 상게서.

15 상게서.

16 상게서.

17 Choo, C. W. (2002). *Information management for the intelligent organization: the art of scanning the environment*. Medford, NJ: Information Today, Inc.

18 보건복지부 (2019). 차세대 사회보장정보시스템 구축사업 추진방향.

19 한국사회보장정보원 홈페이지. http://www.ssis.or.kr

20 본 절의 내용은 한국사회보장정보원 홈페이지(http://www.ssis.or.kr)에 소개된 내용을 정리하여 재구성한 것임.

21 Dorsey, D. (2002). *Information technology, Inplementing organizational interventions*. San Francisco: Jossey-Bass. pp. 110-132.

22 Kagle, J. D. (1993). Record keeping: directions for the 1990s, *Social Work*, *38*(2), 190-196.

23 Ames, N. (1999). Social work recording: A new look at an old issue. *Journal of Social Work Education*, *35*(2), 227-237.

24 Carrilio, T. (2005). Management Information Systems: Why are they underutilized in the social services? *Administration in Social Work*, *29*(2), 43-61.

25 조미형 (2006). 사회복지기관의 정보관리시스템 특성과 과제. 한국사회복지행정학회 2006년도 전기 학술대회.

26 김수영 (2016). 사회복지정보화의 윤리적 쟁점-사회보장정보시스템을 통한 데이터감사를 중심으로. **한국사회복지학**, 68(1), 193-224.

12 CHAPTER

사회복지조직과 마케팅

마케팅 이론은 영리를 목적으로 하는 기업을 전제로 발전되어 왔다. 기업 활동의 궁극적인 목적은 이윤을 확보하는 것이며, 이를 위해서는 잠재적인 구매자의 욕구를 정확히 파악하고 그러한 욕구를 충족시킬 수 있는 제품이나 서비스를 제공해야 하는데 이러한 과정이 보다 전략적으로 이루어질 수 있도록 체계화한 것이 바로 마케팅 이론이다.

그렇다면, 마케팅이란 무엇인가? 미국마케팅협회(American Marketing Association: AMA)는 "마케팅이란 고객(customers)과 클라이언트(clients), 파트너(partners), 그리고 사회 전반에 이르는 대상에게 가치 있는 무언가를 만들고, 알리고, 전달하고, 교환하는 활동과 제도, 그리고 그 과정"[1]이라고 정의하고 있다. 비슷한 의미이지만, 코틀러와 켈러(Kotler & Keller)는 마케팅 관리를 표적시장을 선택하고, 우월한 고객가치를 창조하고, 전달하고, 알림으로써 고객을 확보, 유지, 확대하는 기술과 과학이라고 정의하고 있다.[2] 정리하면, 마케팅이란 조직의 목적을 달성하기 위해 주요 고객이나 협력적인 관계에 있는 조직을 포함한 사회 전반에 조직의 활동을 효과적으로 알림으로써 우호적인 관계를 형성하는 일련의 과정이라고 할 수 있다.

공공과 민간의 사회복지조직은 기업과 같은 영리조직과 많은 부분에서 차이가 있지만, 마케팅에 대한 관심은 점점 확대되고 있다. 사회복지조직도 정책과 서비스의 수혜자뿐만 아니라 납세자와 기부자, 협력적인 관계에 있는 많은 조직을 포함한 지역사회 전반에 조직의 활동 내용과 성과를 효과적으로 알려야 하기 때문이다. 또한, 서비스의 질과 이용자의 만족도를 높이기 위해서는 표적 집단을 구체화하고, 그들의 욕구를 제대로 파악해야 하는데, 이러한 업무를 수행할 때 마케팅 이론의 활용도가 높기 때문이다.

본 장에서는 먼저 기업과 같은 영리조직의 마케팅과 대비되는 사회복지마케팅의 특징을 살펴본 후, 역사적으로 마케팅 개념이 어떻게 변화되어 왔는지, 그리고, 일반적으로 마케팅 활동은 어떠한 과정으로 이루어지며, 각 단계의 특징 및 주요 전략은 어떠한 것들이 있는지 살펴보고자 한다.

1 사회복지마케팅의 특성

최근 사회복지조직과 같은 비영리조직에서도 마케팅에 대한 관심이 높아지고 있다. 사회복지조직은 기업과 달리 이윤추구를 궁극적인 목적으로 하지는 않는다. 하지만 고객이 원하는 것이 무엇인지 파악하고, 다양한 특성을 갖고 있는 고객의 욕구를 어떻게 하면 효과적으로 충족시킬 수 있는지에 대한 실용적인 방법과 전략을 제안하고 있는 마케팅 이론은 기업뿐만 아니라 사회복지조직에도 중요한 시사점을 제공하고 있다.[3] 때문에 사회복지조직을 포함한 비영리조직에서도 기업의 마케팅 전략을 응용한 다양한 마케팅 활동이 강조·확대되고 있다. 하지만, 비영리조직과 영리조직은 근본적으로 조직이 추구하는 목적과 주된 고객의 특성이 상이하기 때문에 마케팅 활동의 내용과 성격에 있어서도 다소간의 차이가 존재한다. 다음의 〈표 12-1〉은 영리조직과 비영리조직 마케팅의 특징을 비교하여 정리한 것이다.[4]

비영리조직의 마케팅은 일차적으로는 주요 사업대상(표적집단)의 인식이나 행동 변화를 목적으로 하며, 이를 통해 궁극적으로는 사회가 긍정적인 방향으로 변화하도록 영향을 미치는 것을 목적으로 한다는 점에서 영리조직의 마케팅과 차이가 있다. 하지만 미시적인 수준에서는 매출 증대를 통한 이윤 창출을 추구하는 기업과 유사한 특성을 보이기도 한다. 비영리조직이기 때문에 이윤을 추구하지는 않지만, 잠재적인 사업 대상의 관심과 호응을 이끌어 냄으로써 조직과 사업의 성장을 추구한다는 측면에서는 영리조직의 마케팅과 유사한 특성을 갖고 있다고 볼 수 있다.

기업 마케팅의 핵심적인 표적집단은 기업의 제품이나 서비스를 구매하게 될 구매자(잠재적 구매자 포함)이며, 제품의 유통 및 판매에 중요한 영향을 미치는 유통업체와 미디어 등도 중요한 표적집단이다. 반면, 비영리조직 마케팅의 핵심적인 표적집단은 사업의 참여자 또는 서비스의 이용자이다. 이들은 기업 제품의 구매자와 달리 서비스 비용을 지불하지 않거나 일부만을 지불하는 경우가 대부분이며, 주로 사회경제적 취약계층이나 사회문제로 인해 고통 받는 대상인 경우가 많다. 보조적인 표적집단으로는 미디어뿐만 아니라 자원봉사자와 기부자, 사업 추진에 도움을 줄 수 있는 협력 기관과 조직 등 일반적으로 기업 보다 마케팅의 대상 범위가 넓고 다양한 특징을 보인다.

마케팅이 이루어지는 과정도 적지 않은 차이점이 있다. 일반적으로 기업의 마케팅 활동은 많은 예산이 투입되고, 높은 수준의 전략적 자유도와 낮은 수준의 외부 관여도를 특징으로 한다. 또한, 마케팅 활동의 성과를 매출이라는 성과지표를 통해 즉각적으로 확인할 수 있다. 하지만, 비영리조직의 마케팅은 적은 예산으로 추진되는 경우가 대부분이며, 서비스 이용자와 자원봉사자, 기부자, 운영법인 등 다양한 이해관계의 입장을 고려해야 하기 때문에 기업의 마케팅에 비해 전략적 자유도가 낮고 외부의 관여도는 높은 특징을 보인다. 또한, 일반 기업에 비해 마케팅 활동의 성과가 불분명하거나 단기간에 확인하기 어려운 경우가 많다.

이렇듯 영리조직과 비영리조직의 마케팅은 적지 않은 차이를 보이고 있는 것이 사실이다. 하지만, 조직의 목적을 달성하는 데 도움이 되는 방향으로 표적집단의 행동변화를 이끌어 내는 것을 목적으로 하며, 이를 위해 인적 · 물적 자원을 동원하여 다양한 마케팅 전략을 구사하는 본질적인 내용은 크게 다르지 않다. 다시 말해, 영리조직과 비영리조직의 마케팅 활동은 목표 달성을 위해 투입하는 자원의 규모와 성격의 차이는 있지만, 투입-산출-성과로 이어지는 과정, 그리고 마케팅 전략과 활동의 구체적인 내용은 상당히 유사한 모습을 보인다.

〈표 12-1〉 영리조직과 비영리조직 마케팅 활동의 특징

<table>
<tr><th colspan="2">구분</th><th>기업(영리조직)</th><th>사회복지조직(비영리조직)</th></tr>
<tr><td colspan="2">마케팅의 목적</td><td>• 매출 증대를 통한 이윤 창출
• 고객관계관리를 통한 기업가치 획득</td><td>• 표적집단의 인식과 행동 변화를 통한 사회변화
• 조직과 사업의 성장/확대
• 모금액/후원자/자원봉사자의 증가</td></tr>
<tr><td rowspan="2">마케팅 대상</td><td>핵심 표적집단</td><td>• 구매자
• 잠재적 구매자</td><td>• 사회복지서비스 이용자
- 사회경제적 취약계층
- 사회구조/제도의 피해자
- 사회문제로 고통 받는 사람들</td></tr>
<tr><td>보조적 표적집단</td><td>• 유통망
• 미디어</td><td>• 미디어
• 자원봉사자
• 기부자
• 협력기관 및 조직</td></tr>
<tr><td rowspan="4">마케팅 활동의 특징</td><td>예산</td><td>• 많음</td><td>• 적음</td></tr>
<tr><td>전략적 자유도</td><td>• 높음</td><td>• 낮음</td></tr>
<tr><td>외부의 관여도</td><td>• 낮음</td><td>• 높음</td></tr>
<tr><td>성과</td><td>• 분명하고 즉각적임</td><td>• 불분명하며 장기적임</td></tr>
</table>

출처: Evans & Berman(2009); 황성철 · 정무성 · 강철희 · 최재성(2014).

2 마케팅 개념의 변화[5]

지난 100여 년간 마케팅의 개념은 기업중심의 개념에서 고객중심의 개념으로 변화되어 왔으며, 포괄 범위 역시 제품과 서비스에서 기업 활동 전반으로 확대되어 왔다. 윌키와 무어(Wilkie & Moore)는 마케팅 개념의 변화 과정을 크게 다음과 같은 다섯 개의 시기로 구분한다.[6]

1) 개념 형성 이전 시기(1900년 이전)

산업혁명 시기 이후 1900년대 이전까지만 하더라도 현대적 의미의 마케팅 보다는 생산방식(Production Method)에 대한 관심이 높았다. 공급이 시장의 수요에 미치지 못했기 때문에 새로운 수요를 창출하기 위해 고민할 필요가 없었던 것이다. 수요 창출에 대한 고민보다는 어떻게 하면 보다 많은 제품을 빠르고 값싸게 생산할 것인지가 더 중요한 질문이었으며, 최적화된 대량생산 시스템을 구축함으로써 제품의 생산 단가를 낮추는 것이 곧 시장의 유효수효를 늘리는 가장 효과적인 방법이었다. 다시 말해, 산업혁명 이후부터 20세기 이전까지는 사실상 생산방식과 구별되는 마케팅 개념이 존재하지 않았으며, 제품의 생산 단가를 낮춤으로써 대중이 보다 쉽게 구매 · 사용할 수 있도록 하는 것이 대표적인 마케팅 전략이었다.

2) 개념 생성기(1900~1920년)

이 시기에는 마케팅이라는 용어가 생산과정의 경제적 효율성을 의미하는 것을 넘어서 광고, 프로모션, 판매 기술(selling skill)과 같은 의미로 사용되기 시작하였다. 1900년 이전까지는 고객의 특성과 취향에 대한 관심이 많지 않았지만, 1900년대부터는 고객의 특성을 고려한 판매전략 수립의 중요성을 인식하고, 이와 관련된 활동에 대한 관심이 높아지기 시작한 것이다.

3) 개념 형성기(1920~1950년)

이 시기는 근대적 의미의 마케팅 개념이 형성된 시기라고 할 수 있다. 이 시기를 거치면서 마케팅이라는 용어가 빈번하게 사용되기 시작하였고, 미국마케팅협회(American Marketing Association: AMA)와 같은 전문가 단체가 만들어졌으며, 전문 학술지가 발간되고, 학술대회가 열리기 시작하였다. 이러한 변화에는 라디오와 TV의 보급이 기여한 측면도 있다. 매체를 통한 광고가 본격화 되면서 광고와 프로모션이 중요하게 인식되었고, 이와 함께 마케팅에 대한 관심도 높아진 것이다. 이 시기의 마케팅은 개념적으로는 이전 시기와 크게 다르지 않지만, 마케팅의 중요성에 대한 인식이 좀 더 높아졌고 그것이 보편적인 용어로 사용되기 시작하였다는 점에서 이전 시기와 차이가 있다.

판매가치제안(Unique Selling Proposition), 파레토 법칙 등 마케팅과 관련된 중요한 개념들이 등장한 것도 이 시기이다. 일반적으로 USP라고 불리는 판매가치제안은 미국에서 광고 대행사를 설립했던 로저 리브스(Rosser Reeves)가 제안한 개념으로 재미와 흥미보다는 제품이 갖고 있는 고유의 장점을 강조함으로써 광고의 효과를 극대화하는 전략이다. 이를 위해서는 무엇보다 제품의 장점이 명확히 제시되어야 하고, 그 장점이 경쟁 제품에 없는 것이어야 하며, 결과적으로 그러한 차별성이 판매로 이어질 수 있을 정도로 강력하고 매력적이어야 한다.

20대 80의 법칙으로 더 잘 알려진 파레토 법칙은 경영 컨설턴트인 조셉 주란

(Jeseph Juran)이 빌프레도 파레토(Vilfredo Pareto)의 논문에 착안하여 만든 법칙이다. 파레토(Pareto)는 이탈리아 인구의 20%가 전체 부의 80%를 소유하고 있다고 주장하였는데, 주란(Juran)은 이러한 현상을 마케팅 분야에 적용하여 전체 원인의 20%가 결과의 80%를 초래한다고 주장한 것이다. 파레토 법칙은 지금도 마케팅 전략 수립 시 선택과 집중이 중요함을 강조할 때 자주 인용되고 있는 이론이다.

4) 개념 전환기(1950~1980)

이 시기는 마케팅 개념이 광고와 동일시되던 단계를 넘어서 소비자와 고객에게 주목하며 다양한 형태로 변화 · 성장한 시기라고 할 수 있다. 제2차 세계대전 이후, 세계 경제가 호황을 맞았던 이 시기는 대량 생산과 소비가 이루어지는 매스마켓(Mass Market)의 성장과 함께 시장의 경쟁이 가속화 된 시기였다. 대량생산 체제의 영향으로 시장에는 많은 제품이 쏟아져 나왔고, 공급이 급속히 증가하면서 자연스럽게 생산자(혹은 판매자)와 소비자의 역학관계에 있어서도 소비자가 상대적인 우위를 점하게 된 것이다. 이러한 변화로 인해 효과적인 광고를 넘어서는 새로운 마케팅 전략이 필요해졌고, 자연스럽게 오늘날까지 중요하게 다루어지고 있는 세분화(Segmentation), 마케팅 믹스(Marketing Mix), 제품수명주기(Product Life Cycle), 산업구조분석(5 Forces Model), 포지셔닝 등 많은 마케팅 개념들이 이 시기에 등장하게 된 것이다. 각각의 개념들이 주목하고 있는 부분은 다르지만, 이 시기에 등장한 마케팅 개념들의 공통점은 기업 내부가 아닌 외부의 고객에게 관심의 초점을 맞추고 있다는 점이다.

앞서 언급한 전략 중 세분화 전략은 고객이 동질적인 집단이 아니며, 다양한 특성과 취향을 갖고 있는 대상이라고 전제한다. 그렇기 때문에 고객의 다양한 특성을 고려한 세분화가 중요하다고 강조한다. 한편, 마케팅 믹스는 상품 판매에는 제품과 가격뿐만 아니라 다양한 요소가 영향을 미치고 있으며, 이러한 요인들 간에 적절한 균형을 유지하는 것이 중요하다고 강조한다. 제품수명주기 이론은 제품의 수명도 유기체와 마찬가지로 도입-성장-성숙-쇠퇴의 단계를 거치는 것으로 보는데, 소비자의 반응에 따라 어떤 제품은 일시적으로 유행하고 사라지는 반면 어떤 제품은 오랫동안 장수하거나 점점 더 성장하기도 한다고 설명한다. 때문에 마케팅 전략을 수립할 때에도 각 제품의 성장 단계를 정확히 파악한 뒤 각 단계의 특성을 고려한 전략을 수립하는 것이 중요하다는 것이다. 마이클 포터(Michael Porter)는 보다 거시적인 관점의 마케팅 전략을 제안하였는데, 기업이 새로운 사업을 시작할 때에는 다섯 가지 힘(진입장벽, 구매자의 교섭력, 공급자의 교섭력, 대체제의 위협, 경쟁의 심도)에 대한 분석(산업구조분석)을 통해 잠재적 이윤과 성과 등 해당 사업의 매력도를 가늠해 볼 필요가 있다고 주장하였다. 포지셔닝은 마케팅 믹스를 통해 하나의 제품(서비스)이나 회사(또는 브랜드)를 소비자의 인식 속에 특정한 이미지로 자리 잡게 하는 전략이다. 제품의 이미지를 지속적이며 일관된 형태로 유지하는 것이 유사한 제품에 대한 차별적 경쟁력을 확보하는 데 도움이 된다는 것이다.

이렇듯 이 시기에 등장한 마케팅 개념들은 이전 시기에 비해 고객의 특성과 성향에 주목하고 있으며, 제품이나 서비스의 생산뿐만 아니라 기획부터 생산, 판매, 유통에 이르는 전 과정을 마케팅의 대상으로 포괄하고 있다. 이러한 마케팅 개념은 1985년에 개정된 미국마케팅협회의 정의에도 잘 반영되어 있다. "마케팅은 개인과 조직의 목적을 충족시키는 교환을 창출하기 위한 아이디어, 제품, 콘셉트 도출, 가격 책정, 판촉, 유통을 기획하고 실행하는 과정이다."

5) 개념 분화기(1981~현재)

1980년대 이후 시기의 가장 큰 특징은 마케팅 개념의 분화 및 확장이라고 할 수 있다. 이전까지의 마케팅 개념이 주로 시장에서의 제품 생산과 판매 과정에 초점을 맞춘 것이었다면 1980년대 이후의 마케팅 개념은 사기업의 영역을 넘어서 비영리 조직과 정부를 포함한 공공부문까지 그 영역이 확장되고 있다. 또한, 시장의 범위도 단일 국가를 넘어서 글로벌 시장으로 확대되고 있으며, 공간적인 범위도 물리적 공간뿐만 아니라 인터넷과 가상현실 공간을 포괄하는 개념으로 확장되고 있다. 이러한 변화의 배경에는 재화와 서비스의 생산과 제공에 대한 비영리 조직과 공공부문의 역할 확대, 세계화 · 지구화로 인한 국가 간 교류 확대, 인터넷의 확산과 대중화로 인한 디지털 마케팅의 중요성 증대 등이 중요한 영향요인으로 자리잡고 있다.

마케팅 개념의 분화 및 확장 과정에서 확인되는 또 다른 특징은 '가치'와 '교환(exchange)'이 강조되고 있다는 점이다. 앞서 살펴 본 것과 같이 미국마케팅협회의 2013년 정의에 의하면, "마케팅은 고객들, 협력자들, 그리고 더 나아가 사회 전반에 가치 있는 것을 만들고, 알리며, 전달하고, 교환하기 위한 활동과 일련의 제도 및 과정들이다"(안광호 외, 2018. 재인용).

기존의 마케팅 개념이 고객의 니즈와 만족에 초점을 맞추었다면, 최근의 마케팅 개념은 여기에 윤리적 소비와 같은 '가치'를 추가적으로 고려하고 있다. 이러한 변화 역시 소비자의 소비 패턴 변화에 기인하고 있는 것이라고 볼 수 있는데, 최근의 소비자들은 단순히 상품과 서비스의 가격과 품질만으로 구매를 결정하는 것이 아니라, 기업이 추구하는 가치도 함께 고려하여 구매를 결정하는 경향이 강해지고 있기 때문이다. 경쟁 제품에 비해 높은 가격대를 형성하고 있음에도 불구하고 탐스 슈즈가 성공할 수 있었던 것이나, 최근 많은 기업이 ESG 경영을 강조하고 있는 것도 이러한 변화와 관련이 있다고 할 수 있다.

한편, 최근에는 마케팅 과정에서의 소비자 역할이 보다 능동적이며 적극적인 형태로 변화하고 있는데, 이러한 변화와 함께 강조되고 있는 것이 '교환'이다. 과거의 소비자는 기업의 상품이나 서비스에 대해 개인적인 차원에서 구매 여부를 판단하는 것에 그쳤지만, 최근의 소비자는 자신이 선호하는 상품이나 서비스의 특징과 장점을 자발적으로 찾아내고 주변에 알리는 등 마케팅 과정에 적극적으로 참여하고 있다. 따라서 최근의 마케팅 전략은 이러한 적극적인 소비자를 육성하고, 이들과 적극적으로 소통하는 것까지 포함하는 개념으로 확장되고 있다.

BOX 12.1 마케팅 개념의 변화[7]

코틀러(Kotler)와 그의 동료들은 마케팅 개념의 변화 과정을 4단계로 구분하였으며, 각 단계의 특징을 다음과 같이 설명하고 있다.

- 마케팅 1.0: 대량생산 시기에 형성된 마케팅 개념으로, 생산과 마케팅의 개념이 명확히 구분되지 않았다. 최소한의 비용으로 가장 기본적인 기능을 갖춘 제품을 생산함으로써 더 많은 고객이 상품을 구매할 수 있도록 하는 것이 곧 마케팅으로 인식되었다. 고객 보다는 제품 중심의 마케팅이 이루어진 시기이다.
- 마케팅 2.0: 시장의 경쟁이 치열해짐에 따라 마케팅의 관심이 제품에서 고객으로 이동한 시기이다. 고객의 욕구와 필요에 주목하였고, 소비자의 특성에 따라 시장을 세분화하고 각 시장에 맞는 마케팅 믹스 개발이 강조되었다. 이 시기부터 STP(Segmentation, Targeting, & Positioning)와 같은 마케팅 전략이 개발・적용되기 시작하였다. 고객중심의 마케팅을 추구하기는 하였지만, 고객을 마케팅 활동의 표적이 되는 수동적인 존재로 인식했다는 점에서 마케팅 3.0과 차이가 있다.
- 마케팅 3.0: 마케팅의 목표가 고객의 욕구를 충족시키는 것에 머물지 않고 세상을 좀 더 살기 좋은 곳으로 만드는 것까지 나아간다. 기업과 고객의 관계가 제품의 판매자와 구매자 관계를 넘어서, 공동의 가치를 추구하고 함께 실현해 가는 수평적 파트너 관계가 되는 것을 추구한다. 잠재적 구매자들의 마음속에 기업이 추구하는 가치가 명확히 인식되도록 함으로써 진정한 차별화를 추구하는 것이 마케팅 활동의 핵심이다.
- 마케팅 4.0: 마케팅 3.0의 지향성은 유지하지만, 정보통신기술과 인공지능의 발달 등 4차 산업혁명의 성과인 디지털 기술을 활용하여 다양한 마케팅 전략을 구사하는 시기이다. 기업과 고객의 상호작용이 물리적인 공간뿐만 아니라, 온라인 공간, 온라인과 오프라인이 결합된 공간으로 확장되었으며, 이에 따라 마케팅 전략과 기법이 획기적으로 변화하였다.

3 마케팅 과정

마케팅 이론을 정리한 필립 코틀러(Philip Kotler)는 시장의 상황을 조사하는 것에서부터 시작하여 마케팅 전략을 수립하고 시행한 뒤, 그 성과를 평가하고 기존의 전략을 수정하는 것에 이르는 모든 과정을 마케팅 과정으로 보았다.[8] 그는 이러한 일련의 과정을 조사→STP→마케팅 믹스→실행→관리의 5단계로 설명하였는데, 본 절에서는 이러한 구분에 따라 마케팅의 각 단계별 특징과 주요 과업을 살펴보고자 한다.

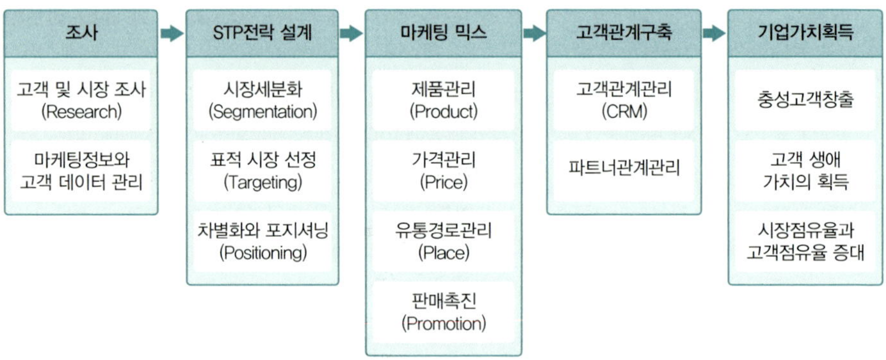

[그림 12-1] 마케팅 과정

1) 조사

일반 기업의 경우, 마케팅의 시작은 기업 안팎의 상황을 객관적으로 파악하는 것에서부터 시작된다. 안으로는 기업의 인력 규모는 어느 정도이며, 재정적인 여건은 어떠한지, 제품이나 서비스의 생산 능력은 어느 정도이며, 어느 정도의 고객

정보를 갖고 있는지, 생산 및 유통 과정에 협력적인 관계를 구축할 수 있는 네트워크 자원은 어떠한지와 같은 기업 내부의 상황을 정확하게 파악해야 적절한 마케팅 전략을 수립할 수 있다.[9]

기업 내부의 상황뿐만 아니라 시장의 상황에 대한 파악도 필요하다. 예를 들면, 새롭게 생산 · 판매하고자 하는 상품이나 서비스에 대한 수요가 있는지, 있다면 그 규모는 어느 정도이며, 그들이 그것을 구매할 만한 경제력과 비용을 지불하면서 구매할 의향이 있는지에 대한 객관적인 상황 파악이 필요하다.[10] 뿐만 아니라, 경쟁 업체에서는 어떠한 제품들을 판매하고 있으며, 기존의 제품으로 충족되지 않는 욕구는 없는지에 대한 조사도 함께 이루어져야 한다. 이러한 정보를 바탕으로 적절한 마케팅 전략을 수립해야 경쟁력 있는 상품이나 서비스를 제공할 수 있기 때문이다.[11]

사회복지 서비스를 제공하는 공공과 비영리 조직의 경우에도 크게 다르지 않다. 조직의 역량과 여건에 대한 검토와 함께 잠재적인 서비스 대상의 욕구와 상황, 그리고 다른 기관에서 제공하는 서비스에 대한 조사와 분석을 통해 새로운 서비스를 기획하는 것에서부터 마케팅이 시작된다.

조직 내부와 외부 상황에 대한 분석 방법으로는 SWOT 분석이 많이 사용된다.[12] SWOT 분석은 내부 상황에 대한 분석을 통해 강점(Strength)과 약점(Weakness)을 파악하고, 외부 상황에 대한 분석을 통해 기회(Opportunity)와 위협(Threat) 요인을 구체화 하는 방법으로, 그 이름은 네 가지 요인의 영문 앞 글자를 조합하여 붙여진 것이다. SWOT 분석을 통해 1차적으로 조직이 처한 상황에 대한 객관적인 인식이 가능해지면 각각의 요소들을 교차하여 SO 전략, ST 전략, WO 전략, WT 전략을 도출하게 되는데, 이러한 과정을 통해 조직이 처한 약점과 위협 요인을 극복하고, 강점과 기회를 극대화하는 전략을 수립하기가 용이하기 때문에 활용도가 높은 분석방법이다.

2) STP 전략 설계

조사 단계를 통해 시장의 상황과 고객의 욕구에 대한 객관적인 분석이 이루어지면, 그것을 바탕으로 고객 지향적 마케팅 전략을 설계하게 된다. 마케팅 전략을 수립하는 과정은 시장세분화(Segmentation), 표적시장선정(Targeting), 포지셔닝(Positioning)의 세 단계로 이루어지기 때문에 이들의 영문 앞 글자를 따서 STP 전략 설계 단계라고 부른다.[13]

(1) 시장세분화(Segmentation) 전략

시장세분화는 소비자의 욕구가 동질적이지 않다는 인식에 근거하여 개발된 전략이다. 개개인의 욕구와 취향, 선호에는 차이가 있기 마련이며, 시장에서도 소비자마다 선호하는 제품과 서비스가 다를 수 있는데, 이러한 차이를 고려하지 않고 제품과 서비스를 제공한다면 시장에서의 경쟁력을 확보하기 어렵다는 것이다. 물론 대부분의 소비자가 취향과 선호에 있어 큰 차별성을 보이지 않는 경우도 있을 수 있지만 이에 대한 분석과 확인이 필요하다. 만약 전체 소비자가 동질적인 특성을 갖고 있는 상황이 아니라면 각각의 집단이 별도의 세분화 된 시장을 형성하고 있는 것이기 때문에, 각 집단의 특성에 맞게 차별화된 마케팅 전략을 수립할 필요가 있다는 것이다.

시장은 인구학적 특성(나이, 성별, 결혼 여부, 교육이나 소득 수준 등)이나 지리적 특성(거주지역이나 출신지역, 국적 등), 심리적 특성(사회계층, 라이프스타일, 개성 등), 형태적 특성(구매 목적, 구매 방식, 제품에 대한 충성도 등) 등 다양한 요인을 기준으로 세분화할 수 있으며, 제품이나 서비스의 특성, 시장의 상황 등을 고려하여 보다 중요하다고 판단되는 요인을 기준으로 세분화 전략을 수립하게 된다.[14]

지리적 세분화	인구사회학적 세분화	심리적 세분화	행태적 세분화
국가 도시 언어 기후 지역 인구수 밀집도	연령 성별 소득 교육수준 사회적지위 가족규모 직업 종교	라이프스타일 활동관심사 개성 가치 태도	구매목적 구매방식 이용률구매빈도 충성도 제품에대한태도

[그림 12-2] 시장세분화 전략의 유형

출처: https://www.ebcg.com/benefits-of-customer-segmentation-in-sales-department

(2) 표적시장선정(Targeting)

시장의 세분화 정도에 대한 분석 이후에는 어떠한 시장을 표적시장으로 선택할 것인지를 결정한다. 표적시장은 세분화된 시장 각각의 규모와 성장률, 시장구조, 기업의 목표와 자원 등을 종합적으로 고려하여 선정하게 되는데, 일반적으로 다음의 세 가지 선략 중 하나의 진략을 선택하게 된다.[15]

[그림 12-3]과 같이 시장의 세분화 정도에 따라 적절한 마케팅 전략도 달라지는데, 세분화 되지 않는 동질적인 시장인 경우에는 무차별적 마케팅(undifferentiated marketing)이 효과적이며, 세분화 정도가 커질수록, 다시 말해 잠재적인 소비자의 규모가 작아질수록 차별적 마케팅(differentiated marketing), 집중 마케팅(concentrated marketing)이 효과적이다. 시장의 세분화 정도가 가장 높은 수준일 경우에는 개별 소비자에게 맞춤형 상품이나 서비스를 제공하는 집중 마케팅(concentrated marketing) 전략이 효과적이다.[16]

① 무차별적 마케팅(undifferentiated marketing)

무차별적 마케팅은 단일한 제품이나 서비스로 전체 시장을 공략하는 전략이다. 시장의 세분화가 선명하지 않거나, 세분화되어 있다고 하더라도 개별 세분시장의 특성을 고려하여 다양한 제품이나 서비스를 제공하는 것보다 하나의 제품이나 서비스를 제공하는 것이 유리하다고 판단되는 경우에 선택할 수 있는 전략이다. 무차별적 마케팅 전략의 가장 큰 장점은 제품과 서비스를 단순화할 수 있기 때문에 생산 및 제조 과정을 단순화할 수 있으며, 대량 생산과 유통을 통해 비용을 절감할 수 있다는 것이다. 이러한 전략은 공급자가 많지 않은 경우에 효과적이며 공급자 간 경쟁이 치열할 때에는 효과적이지 않은 전략이다.

② 차별적 마케팅(differentiated marketing)

차별적 마케팅은 하나 이상의 세분시장을 표적시장으로 선정한 후, 각각의 시장 특성을 고려하여 차별화된 제품이나 서비스를 제공하는 전략이다. 예를 들면, 휴대폰 제조 회사에서 소비자의 구매력과 이용 패턴 등을 고려하여 보급형 모델과 플래그십 모델을 생산 · 판매하거나 자동차 회사에서 다양한 배기량과 가격대의 승용차 모델 라인업을 구축하고 있는 것이 차별적 마케팅의 대표적인 사례이다.

차별적 마케팅 전략은 무차별적 마케팅 전략에 비해 소비자의 취향과 선호에 부합하는 제품과 서비스를 제공하는 전략이기 때문에 시장에서의 경쟁력을 확보하는데 유리한 장점이 있지만, 시장에 대한 분석과 차별적인 전략 수립, 그리고 그것을 반영한 다양한 제품과 서비스를 생산해야 하기 때문에 생산 비용이 높아지는 단점이 있다. 그렇기 때문에 차별화 마케팅 전략은 면밀한 분석을 통해 추가적인 비용보다 높은 수준의 수입이나 효과가 예상될 때 선택하는 것이 바람직하다.

③ 집중 마케팅(concentrated marketing)

집중 마케팅은 세분화된 여러 시장 중 하나의 시장에 집중하는 전략이다. 기업

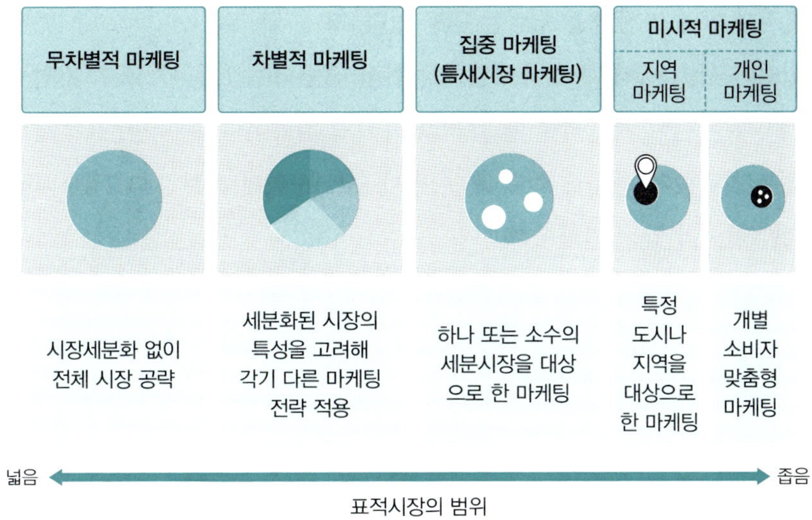

[그림 12-3] 표적시장 선정 전략

의 자원이나 역량이 제한적인 경우에 주로 선택하게 되는 전략으로, 하나의 세분시장을 집중 공략하여 점유율을 높임으로써 절대적인 시장 규모는 작더라도 그 안에서 지배적인 위치를 차지하는 데 유리한 전략이다. 이 전략은 한정된 자원으로 거점 시장을 확보하는데 유리한 장점을 갖고 있지만, 선택된 세분시장과 고객에 대한 의존도가 높기 때문에 상황 변화에 따른 위험 부담이 큰 단점이 있다.

④ 미시적 마케팅(micro marketing)

미시적 마케팅은 표적대상의 범위가 가장 좁은 형태의 마케팅 전략이다. 특정 지역의 시장 특성이 다른 지역과 확연히 다른 양상을 보일 때, 혹은 기업이나 조직의 규모가 크지 않아 전체 시장을 대상으로 한 마케팅을 수행하기 어려운 경우 마케팅의 범위를 특정 지역으로 제한함으로써 한정된 자원을 효율적으로 활용하여 경쟁력을 확보하는 전략이다. 상품이나 서비스 구매자의 특성을 일반화하기 어렵고 한 명 한 명의 특성과 욕구에 대응하는 것이 중요한 경우에는 개개인을 대상으로 차별적인 마케팅 전략을 수립할 수도 있다.

이 전략은 특정 지역 내에 네트워크 자원이 집중되어 있을 때, 혹은 기업이나 조직의 인력과 자원이 제한적일 때 유리한 마케팅 전략이다. 하지만, 표적시장의 범위가 좁은 전략이기 때문에 적정 수준의 매출과 성과의 확보 가능성에 대해 신중히 검토할 필요가 있는 전략이다.

(3) 포지셔닝(Positioning)

세분시장에 대한 분석을 토대로 표적시장이 결정된 후에는 자사의 제품이나 서비스가 표적시장 내의 어떠한 위치에 어떻게 자리매김하도록 할 것인지를 결정해야 한다. 제품이나 서비스가 세분시장 내에서 차별적인 경쟁력을 갖기 위해서는 소비자들의 인식 속에 경쟁 제품과 구별되는 차별적인 이미지를 각인할 필요가 있는데, 잭 트라우트(Jack Trout)는 이처럼 제품이나 기업의 이미지를 설계하는 것을 포지셔닝(positioning)이라고 명명했다.[17] 포지셔닝은 자사의 제품이나 서비스가 경쟁 제품과 비교하여 어떠한 차별적된 강점을 갖고 있는지 파악한 뒤 여러 가지 차별적 강점 중 무엇을 강조할 것인지를 결정하고 그것이 효과적으로 전달될 수 있는 전략을 수립하는 모든 과정을 포함하는 개념이다. 포지셔닝 전략으로는 제품의 특성을 활용하거나, 제품을 특정 이미지와 연결하는 전략, 제품 사용자의 이미지를 활용하는 전략, 특정 상황과 제품을 연계하는 전략, 경쟁 제품을 활용하는 전략 등이 자주 사용되고 있다.[18]

① 제품의 특성 활용

제품의 특성을 활용한 포지셔닝 전략은 경쟁 제품이 갖고 있지 않은 기능과 특성을 강조함으로써 경쟁적인 위치를 확보하는 전략이다. 예를 들면, 접을 수 있는 스마트폰이나 말아 넣을 수 있는 TV와 같이 경쟁 제품과 비교하여 차별적인 특성이나 기능을 갖고 있는 제품의 포지셔닝 전략으로는 제품이 갖고 있는 특성과 장점을 강조하는 것이 가장 강력하고 효과적인 전략이 될 수 있다.

② 이미지와 제품 연계

기능과 속성의 측면에서 경쟁 제품과의 차별성이 명확하지 않은 경우에는 특정 이미지와 제품을 연계하는 전략을 사용하기도 한다. 예를 들면, 생수와 같이 제품간 차별성이 크지 않은 경우에는 생수의 속성을 강조하기 보다는 청정지역의 이미지나 고급 이미지와 제품을 연계함으로써 다른 제품과의 차별적 경쟁력을 강화하는 전략을 구사할 수 있다.

③ 사용자 집단의 이미지 활용

제품이나 서비스의 주된 사용자 집단 혹은 그 집단의 특성과 이미지를 제품과 연결시킴으로써 경쟁력을 확보할 수도 있다. 많은 사람이 사용하는 제품이라는 것을 강조하기 보다는 성공한 사람들이 주로 사용하는 제품, 혹은 합리적인 소비자들이 선호하는 제품이라는 이미지를 강조하는 방식으로 경쟁 제품 대비 차별적인 위치를 확보할 수도 있다.

④ 특정 상황과 연계

제품이나 서비스를 특정 상황과 연계하여 이미지를 구축하는 것도 자주 사용되는 전략이다. 감사한 마음이나 미안한 마음을 전할 때, 혹은 축하할 일이 있는 경우에 특정 제품이나 브랜드가 떠오르도록 전략을 수립하는 것 역시 대표적인 포지셔닝 전략의 하나이다.

⑤ 경쟁제품 활용

마지막으로 경쟁제품을 활용하여 포지셔닝을 하기도 한다. 이런 방법은 보통

상당한 위치를 점유하고 있는 경쟁 브랜드가 있는 시장에 새롭게 뛰어 들어야 하는 경우에 효과적인 방법이다. 기존의 브랜드와 경쟁하고 있는 상황을 대중들에게 각인시킨다면 새로운 제품이나 브랜드의 존재감을 보다 쉽게 확보할 수 있기 때문이다.

이상의 다섯 가지 전략이 상품의 포지셔닝 전략으로 많이 활용되는 것이라면, 서비스 마케팅의 경우에는 이들과 함께 ⑥ 신뢰성, ⑦ 응답성, ⑧ 확신성, ⑨ 공감성, ⑩ 유형성도 중요하게 고려된다.[19] 서비스의 경우에는 물리적인 제품이 존재하는 것이 아니기 때문에 서비스 제공자(기관, 기업 또는 인력)에 대한 신뢰(신뢰성), 고객의 요구나 요청사항에 대한 적절하고 빠른 응답(응답성), 해당 서비스를 이용함으로써 원하는 것을 얻을 수 있다는 믿음과 확신(확신성), 나의 개별적인 관심과 특성을 고려하여 서비스를 제공해 줄 것이라는 공감(공감성), 서비스가 제공되는 공간과 환경에 대한 만족감(유형성) 등을 강조하는 것이 차별적 경쟁력을 확보하는데 유의미한 영향을 미칠 수 있다는 것이다. 때문에, 서비스 마케팅의 포지셔닝 전략을 수립할 때에는 이들 다섯 가지 요소에 대한 추가적인 고려가 필요하다.

3) 마케팅 믹스(Marketing Mix)

마케팅 믹스란 기업이 브랜드 또는 제품의 판매를 촉진하기 위해 사용하는 일련의 행동이나 전술을 의미하는 것으로 제롬 맥카시(Jerome McCarthy)가 1960년에 처음 사용한 개념이다.[20] 그는 기업이 생산한 제품의 판매를 촉진하여 이윤을 극대화하기 위해서는 제품의 생산에서 판매에 이르는 전 과정에 걸쳐 핵심적인 요소와 관련된 다양한 전략을 적절하게 혼합하여 사용할 필요가 있다는 것을 강조하였는데, 이를 의미하는 용어로 마케팅 믹스를 사용한 것이다.

코틀러(Kotler)는 STP 단계를 거치며 설계된 마케팅 전략이 마케팅 믹스를 통해 구체화된다고 보았다.[21] 다시 말해, STP 단계를 거치면서 마케팅 대상 제품과 시장의 특성을 이해하게 되는데, 이를 바탕으로 제품의 표적대상을 명확히 하고 경쟁 제품과의 관계(시장 내에서의 상대적 위치)를 설계함으로써 해당 제품이 소비자에게 매력적으로 인식될 수 있는 전략을 수립하게 된다. 이렇게 전략이 수립된 후에는 그것을 어떻게 구현할 것인지의 문제에 직면하게 되는데, STP를 통해 도출된 전략을 구체화 할 수 있는 실행전략을 수립하는 단계가 바로 마케팅 믹스인 것이다.

(1) 마케팅 믹스의 4P

맥카시(McCarthy)는 제품(Product), 가격(Price), 유통경로(Place), 판매촉진활동(Promotion)이 마케팅 믹스를 구성하는 핵심요소이며, 이 네 가지 핵심 요소를 적절히 구성함으로써 경쟁 제품과의 차별성을 부각할 수 있다고 보았다.[22] 제품의 기능과 특성에 따라 어느 정도가 적정가격이며, 어떠한 장소에서 어떠한 방식으로 제품을 유통할 것인지, 제품의 판매를 촉진하기 위해 어떠한 방법을 활용할 것인지 등을 결정해야 한다. 그런데 이들과 관련된 전략은 각각 독립적으로 결정하는 것이 아니라 상호 관계성을 고려하여 종합적으로 결정하는 것이 바람직하다.

경쟁 제품 대비 많은 기능과 높은 성능을 갖춘 제품을 생산하려면 가격 상승 압력이 커질 수밖에 없고, 잠재적 구매자의 관심을 끌기 위해서는 기존의 유통경로와는 차별화된 새로운 유통전략을 개발할 필요가 있었다. 고급화 전략을 추구하는 제품의 경우에는 가격할인 전략보다는 차별화된 서비스를 제공하는 것과 같은 판매촉진활동을 강화하는 것이 유리하다. 반대로 실용성과 가성비가 중요한 제품은 우수한 품질보다는 적정수준의 품질과 유통비용 절감을 통해 가격 경쟁력을 강화하는 것이 바람직하다.

이처럼 마케팅 믹스 전략을 수립할 때에는 전체적인 연계성과 균형을 고려하여 제품과 가격, 유통경로, 판매촉진활동의 세부 전략을 수립하는 것이 중요하다.

① 제품(Product)

제품관리 전략은 판매하는 제품군의 종류(제품믹스의 넓이)와 각 제품군에 포함될 상품의 종류(제품믹스의 길이), 개별 상품의 판매형태(제품믹스의 깊이)를 구성하는 것을 의미한다. 음료 판매회사를 예로 든다면, 생수와 스파클링음료, 과일음료, 스포츠음료 중 취급할 제품군을 정하는 것이 제품믹스의 넓이를 정하는 것이며, 과일음료를 취급하기로 결정한 경우 판매할 과일음료에 오렌지주스, 사과주스 등 보다 세부적인 제품 구성을 어떻게 할 것인지 결정하는 것이 제품믹스의 길이를 정하는 것이다. 제품믹스의 깊이는 각 제품의 판매용량(200ml, 330ml 등)이나 포장형태(병 포장, 종이팩 포장 등)를 어떻게 구성할 것인지 결정하는 것을 의미한다.

이처럼 제품믹스의 넓이와 길이, 깊이를 결정하는 것뿐만 아니라, 어떤 기능과 형태의 제품으로 시장에 진입할 것이며, 어느 시점에 새로운 제품을 출시하고, 어느 시점에 해당 제품의 생산 및 판매를 중단할 것인지 결정하는 것 역시 제품전략에서 고민해야 하는 문제이다.

② 가격(Price)

가격 관리 전략은 가격에 영향을 미치는 여러 요인들(소비자, 원가, 경쟁, 유통경로, 정부의 규제 등)을 고려하여 적절한 목표 가격을 결정하는 것을 의미한다. 실제 현실에서는 가격 결정 과정에도 다양한 전략이 활용되는데, 예를 들면 경쟁 제품보다 낮은 가격을 책정함으로써 경쟁력을 확보하거나, 묶음판매를 통해 단위 상품의 가격이 낮게 인식되도록 함으로써 판매를 촉진하는 전략, 가격을 고정적으로 유지하는 것이 아니라 의도적으로 잦은 변화를 줌으로써 구매를 촉진하는 전략 등 소비자의 심리를 고려한 다양한 가격결정 전략을 구사할 수 있다.

③ 유통경로(Place)

제품과 서비스의 매출은 유통경로의 형태에 따라 영향을 받기도 한다. 때문에 제품과 서비스의 특성뿐만 아니라 고객의 욕구와 성향을 고려하여 최적의 유통경로를 설정하는 것이 중요하다. 유통경로는 크게 판매망과 관리방식에 따라 구분해 볼 수 있는데, 판매망의 형태에 따라 도매상, 소매상, 무점포 소매상(통신판매, 온라인 판매, 홈쇼핑, 방문판매 등)을 활용한 유통경로를 생각해 볼 수 있다. 도매상을 주로 활용한다면 상대적으로 유통망 관리가 용이한 장점이 있지만, 소비자와 직접 소통할 수 있는 접점이 줄어드는 단점이 있고, 소매상을 주로 활용하는 경우에는 소비자에게 가까이 다가갈 수 있는 장점이 있는 반면 유통비용이 증가하는 단점이 있다. 관리방식에 따라서는 직영방식과 가맹점 방식을 생각해 볼 수 있는데, 직영방식은 본사에서 직접 유통망을 운영하는 방식이기 때문에 표준화된 질 관리가 가능한 장점이 있는 반면, 가맹점 방식에 비해 유통망을 빠르고 넓게 확장하기는 어려운 단점이 있다.

④ 판매촉진활동(Promotion)

마지막으로 제품의 판매를 늘리기 위해서는 다양한 판매촉진활동이 수반되어야 한다. 아무리 좋은 제품을 생산했다고 하더라도 잠재적인 구매자가 그 제품의 존재를 알지 못한다면 판매로 이어질 수 없기 때문이다. 일반적으로 제품의 판매를 촉진하기 위한 활동으로는 광고와 가격 할인, PR(Public Relation) 등의 전략이 자주 활용된다. 광고는 대중에게 제품의 기능과 특성을 알림으로써 그러한 기능을 원하는 고객의 구매 행동을 촉진할 때 효과적이며, 가격 할인이나 증정품 제공, 할인 쿠폰 배포와 같은 전략은 어느 정도 구매 의향이 있는 고객의 구매행위를 촉진하는데 효과적인 방법이다. PR은 직접적으로 특정 제품에 대한 정보를 제공하지는 않지만, 기업이나 브랜드의 이미지를 긍정적인 형태로 바꾸고 신뢰도를 높임으로써 궁극적으로 판매촉진에 기여하는 활동이다.

(2) 마케팅 믹스(4P 모델)의 확장

① 7P 모델

마케팅 믹스 개념이 처음으로 제안된 1960년대까지만 하더라도 산업의 중심은 제조업이었으며, 저렴한 가격으로 많은 제품을 생산하여 판매함으로써 이윤을 극대화 하는 것이 중요하게 여겨지던 시기였다. 때문에 마케팅 믹스의 핵심요소인 4P 역시 이러한 시대적 상황을 반영한 것이었다. 하지만, 마케팅 연구가 축적되고 산업구조가 변화하면서 4P 이외의 다양한 마케팅 전략이 제안되고 있다. 특히, 대량 생산된 제품을 전제로 개발된 4P 모델로는 서비스가 하나의 상품으로 소비되고 있는 시장의 변화를 반영하기 어렵다는 비판이 제기 되면서 여러가지 마케팅 믹스 개념이 제안되고 있다.

붐스와 비트너(Booms & Bitner, 1981)의 모델이 대표적인데, 그들은 서비스 시장에 적용 가능한 마케팅 믹스 모델로 기존의 4P 모델에 사람(People), 과정(Process), 물리적 특성(Physical Evidence)를 추가한 7P 모델을 제안하였다. 서비스 자체가 상품인 경우는 말할 것도 없고, 이제는 일반적인 상품을 판매하는 경우에도 판매가 이루어지는 모든 과정이 하나의 상품으로 인식되고 있기 때문에 상품과 연결된 사람(기업의 설립자, 생산자, 판매자 등), 판매 과정(문의 사항에 대한 대응 방식, 대응 시간, 배달 과정 및 시간 등), 물리적 특성(상품의 포장 상태, 판매가 이루어지는 공간의 청결 상태, 향, 음악과 같은 환경)과 같은 요인도 마케팅 믹스의 핵심 요인으로 함께 고려되어야 한다는 것이다.

[그림 12-4] 마케팅 믹스의 7P

② 4C 모델

로터본(Lauterborn, 1990)은 기존의 마케팅전략이 판매자의 관점에 치우쳐 있음을 지적하며, 소비자의 관점에서 마케팅 전략을 수립하는 것이 중요하다고 주장하였다.[23] 그는 맥카시(McCarthy)가 제안한 4P는 판매자의 관점을 반영하고 있는 개념이기 때문에 고객의 관점에서 마케팅 전략을 수립하는 데 한계가 있다고 보았으며, 기존의 4P를 소비자의 관점에서 새롭게 정의하여 소비자의 필요와 욕구(Consumer's needs and wants), 비용(Cost), 편리성(Convenience), 커뮤니케이션(Communication)의 4C를 제안하였다. 마케팅 믹스를 구성할 때에는 소비자의 필요와 욕구가 무엇이며, 그러한 필요와 욕구를 해소하기 위해 어느 정도의 비용을 지불할 의사가 있는지를 고려할 필요가 있다는 것이다. 또한, 구매과정의 편리성이나 제품의 특성이나 구매 과정, AS와 관련된 소통의 만족도를 높일 수 있는 방법에 대한 고려도 중요하다고 보았다.

4C는 4P가 강조하고 있는 내용을 단지 용어만 바꾼 것이라고 생각할 수도 있겠지만, 소비자의 관점을 고려하여 마케팅 믹스 전략을 수립해야 한다는 것을 강조

하고 있다는 점에서 중요하게 평가되고 있다.

4) 고객관계관리(Customer Relationship Management: CRM)

기업이 고객과 시장에 대한 정보를 조사 · 분석하고 마케팅 믹스를 통해 전략을 수립 · 실행함으로써 고객이 상품을 구매하게 되는 시점이 기업과 고객의 의미 있는 관계가 시작되는 순간이다. 물론, 첫 구매가 이루어지기 전에도 다양한 방법으로 잠재적 고객에 대한 정보를 확보할 수 있고, 정보가 확보된 후에는 이들과 관계를 맺기 위해 다양한 전략적 행위를 시작할 수 있다. 하지만 일반적으로는 첫 구매가 이루어지는 시점이 고객관계관리의 시작점이라고 할 수 있다.

대량생산 대량판매 시기에는 기업이 고객관리의 중요성을 높게 인식하지 않았다. 하지만 고객의 취향과 특성이 다양해짐에 따라 시장은 점차 세분화되었고, 제품과 서비스 품질 향상을 통한 차별적 경쟁력 확보가 어려워지면서 고객관계관리의 중요성을 인식하게 되었다. 다시말해, 기업과 고객의 관계가 기업 우위의 관계에서 고객 우위의 관계로 변하면서 고객만족에 대한 관심이 커진 것이다. 그러면서 고객(혹은 잠재적인 고객) 정보를 DB로 구축하고, 이를 활용하여 개인 맞춤형 정보와 서비스를 제공하는 등 기업과 상품에 대한 충성도를 높이기 위한 활동을 강화하게 되었는데, 이러한 활동이 바로 고객관계관리이다.[24]

고객관계관리는 고객만족과 관계마케팅 개념이 결합된 것으로, 고객이 기업과 상품에 대해 높은 만족감과 충성도를 갖도록 긍정적인 관계를 만들고 관리하는 일련의 활동을 의미한다. 많은 기업이 활용하고 있는 포인트 적립이나 제휴할인과 같은 로열티 프로그램, 구매 빈도와 패턴을 활용한 사용자 맞춤형 홍보 등이 대표적인 고객관계관리 활동이다. 많은 기업이 고객관계관리에 관심을 기울이게 된 것은 새로운 고객을 유치하는 것보다 기업과 제품에 대한 충성도를 높임으로써 평생 고객으로 만드는 것이 기업의 장기적 이익에 더 큰 도움이 된다고 판단했기 때문이다. 지속적인 이윤 창출을 위해서는 안정적으로 고객을 확보하는 것이 중요한데, 새로운 고객을 발굴하는 전략은 투여되는 노력과 비용에 비해 성과가 불확실하다고 본 것이다. 반면 기존 고객을 관리하여 반복적인 구매를 유도하는 것은 비교적 낮은 비용으로 확실하고 안정적인 성과를 기대할 수 있기 때문에 고객관계관리를 강화하고 있는 것이다.

고객관계관리는 데이터 수집과 분석, 고객 맞춤형 전략 개발과 이행의 4단계로 이루어지는데, 고객관계관리 전략은 대체로 다음과 같은 특징을 갖는다.[25]

첫째, 고객이 반복적으로 상품을 구매함으로써 기업과 상품에 대한 충성도를 높일 수 있도록 고객과의 관계를 지속적으로 유지 · 관리한다.

둘째, 고객 개개인의 특성과 취향을 고려하여 일대일 맞춤형 서비스를 제공한다.

셋째, 효율적이며 효과적인 고객관리를 위해 데이터베이스를 구축 · 활용한다.

넷째, 개별 부서나 개별 상품 차원이 아닌 전사적인 차원에서 고객을 관리한다.

5) 기업가치 획득

마케팅 관리의 마지막 단계는 기업 가치를 획득하는 단계이다. 기업가치란 기업의 가치를 수량화한 개념으로 수익가치와 자산가치에 무형의 가치를 합한 기업가치의 총량으로 측정된다.[26] 마케팅 관리의 궁극적인 목적은 기업 가치를 향상시키는 것이라고 할 수 있는데, 이를 위해서는 일차적으로 고객생애가치를 높이는 것이 중요하다. 고객생애가치란 고객 한 사람이 평생 동안 기업에 가져다주는 이익의 총량을 의미한다.[27] 자칫 고객이 상품이나 서비스 구매과정에서 얻은 편익의 총량에서 투입된 비용의 총량을 차감한 값, 다시말해 고객이 전 생애를 통해 획득하게 되는 가치를 의미하는 개념으로 오해할 수도 있다. 하지만 고객생애가치란 고객의 입장이 아닌 기업의 입장에서 고객 한 사람 한 사람이 평생에 걸쳐 기업의 가치에 기여하는 정도를 수량화한 개념이기 때문에 오해하지 않도록 주의할 필요가 있다.

모든 고객의 생애가치의 총합이 높아진다는 것은 곧 기업이 미래에 벌어들일 수익이 증가한다는 것이며, 이는 결과적으로 기업의 가치가 높아진다는 것을 의미한다. 고객생애가치를 높이기 위해서는 고객의 구매 행위가 일회적인 행위로 끝나지 않고 지속적으로 유지되도록 고객유지율을 높이는 것이 중요하다. 때문에 고객과 지속적인 관계를 유지함으로써 충성도를 높이는 고객관계관리가 중요하다고 강조한 것이다.[28]

사회복지조직은 고객관계관리의 개념을 비용효과성보다는 서비스의 질과 만족도 제고 관점에서 접근할 필요가 있다. 왜냐하면, 사회복지조직은 기업과 달리 공익적인 성격이 강한 서비스를 제공하는 조직이기 때문이다. 기업의 경우에는 충성도 높은 이용자를 안정적으로 확보할 수만 있다면 그들이 누구든 상관없지만, 사회복지조직은 특정 대상이 자원과 서비스의 이용을 독점하지 않고 가능하면 많은 사람이 공평하게 이용할 수 있도록 관리할 책임이 있다. 따라서 사회복지조직의 고객관계관리는 비용효과성이 아닌 사회효과성 제고를 목적으로 설계되어야 한다.

1 안광호, 하영원, 유시진, 박흥수(2018). **마케팅원론**. 학현사.

2 Kotler, P., & Keller, K. L. (2016). *Marketing Management*. Pearson.

3 남기민, 전명희 (2001). 사회복지기관의 PR현황과 활성화방안. **한국사회복지행정학**, 5, 56-79; 박향희 (2001). 사회복지관 후원사업활성화를 위한 마케팅기법 활용방안. 대구대학교 석사학위논문; 신준섭, 최은미 (2004). 사회복지조직의 마케팅 활성화 방안에 관한 연구-아동복지시설의 후원사업을 중심으로. **한국정책과학학회**, 8(2), 91-110.

4 Evans, J. R., & Berman, B. (2009). *Marketing: Marketing in the 21st Century*. Atomic Dog; 황성철, 정무성, 강철희, 최재성 (2014). **사회복지행정론**. 정민사.

5 본 절의 내용은 Wilkie, W. & Moore, E. (2003). *Scholarly Research in Marketing: Explorating the "4 Eras" of Thought Development*의 내용을 기초로 작성하였음.

6 상게서.

7 Kotler, P., Kartajaya, H., & Setiawan, I. (2017). *Marketing 4.0: Moving from Traditional to Diginal*. John Wiley & Sons.

8 Kotler, P., & Keller, K. L. (2016). *Marketing Management*. Pearson.

9 이유재(2019). **서비스 마케팅**. 학현사.

10 상게서.

11 상게서.

12 황성철, 정무성, 강철희, 최재성 (2014). **사회복지행정론**. 정민사.

13 안광호, 하영원, 유시진, 박흥수 (2018). **마케팅원론**. 학현사.

14 Bonoma, T. V., & Shapiro, B. P. (1983). *Segmenting the industrial market*. Lexington Books.

15 안광호, 하영원, 유시진, 박흥수 (2018). **마케팅원론**. 학현사.

16 Armstrong, G., & Kotler, P. (2000). *Marketing: An introduction. Upper Saddle River*. NJ: Prentice Hall.

17 Trout, J. (1969). Positioning is a game people play in today's me-too market place. Industrial Marketing. pp. 51 – 55.

18 Ries, A., & Trout, J. (2001). *Positioning: The Battle for Your Mind*. McGraw Hill

Professional.

19 이유재 (2019). **서비스 마케팅**. 학현사.

20 McCarthy, J. (1960). *Basic Marketing: A managerial approach*. Richard D. Irwin, Inc.

21 Kotler, P., & Keller, K. L. (2016). *Marketing Management*. Pearson.

22 McCarthy, J. (1960). *Basic Marketing: A managerial approach*. Richard D. Irwin, Inc.

23 Lauterborn, B.(1990). New Marketing Litany: Four Ps Passé: C-Words Take Over. *Advertising Age*, *61*(41), 26.

24 홍태호, 신택수, 안현철, 김은미 (2019). **고객관계관리: 개념, 전략, 도구**. 한경사.

25 김형, 김영걸, 박찬욱 (2009). **CRM 고객관계관리 전략 원리와 응용**. 사이텍미디어.

26 안광호, 하영원, 유시진, 박흥수 (2018). **마케팅원론**. 학현사.

27 상게서.

28 Kotler, P., & Keller, K. L. (2016). *Marketing Management*. Pearson.

제 5 부

혁신 및 새로운 경영

05

CHAPTER 13 사회복지조직의 평가

1 사회복지시설평가와 서비스 질 관리

1) 사회복지시설평가의 배경

한국 사회복지의 실천현장과 학계에서 휴먼서비스(human services) 프로그램의 중요성이 처음 부각된 것은 1990년대 말부터 2000년대 초반기라고 할 수 있다. 사회복지 프로그램이란 용어가 공식적으로 사용되기 시작했고, 대학에서의 사회복지전공교육을 위한 법정선택과목으로 '프로그램개발과 평가' 과목이 포함되기에 이른다. 2000년대 초반에 서울특별시에서는 서울시 소재 사회복지시설들의 평가를 위한 지표를 형성하고 시설평가를 시행하게 된다. 이러한 과정에서 개발된 평가지표는 향후 보건복지부에서 전국의 사회복지시설을 평가하는 작업과 그 지표를 만드는 데 기반으로 활용되었다.

사회복지시설을 평가하려는 추진의 배경에는 국가 및 지방자치단체로부터 운영보조금을 지급받는 사회복지시설들에 대한 관리감독을 체계적으로 강화하겠다는 계획도 있었지만, 복지서비스의 질(質, quality)을 제고하여 투입되는 비용의 책임성을 강화하겠다는 취지도 컸다고 보인다. 이로서 복지서비스 제공기관에 지원되는 보조금의 투명한 사용에 대한 확인에 더하여 이러한 보조금이 얼마나 효과적인 서비스를 제공하는 데 사용되었나에 관한 답을 요청하게 된다.

한편 사회복지시설 및 기관입장에서는 운영의 재정건전성과 지속가능성을 유지하고 제고하기 위하여 기존의 운영보조금 외에 국가, 지방자치단체, 기업, 민간기금(공동모금회 등) 등의 주체가 제공하는 프로젝트기반의 자금(project-based funds)을 확보하는 것이 요청되기 시작했다. 그러므로 이를 위하여 시설입장에서는 종전보다 훨씬 체계적이고 효과적인, 그렇기 때문에 클라이언트의 변화라는 성과를 담보할 수 있는 '우수프로그램'을 기획하고 이를 적절히 수행, 관리하는 것이 중요해졌다.

과거 사회복지서비스가 시혜의 개념으로 인식되던 시기에는 서비스가 제공된다는 것 자체에 대하여 의미를 두고 대상자들은 만족해야 했으나 21세기에 들어서면서 한국의 사회복지는 시민권적 권리의 입장에서 이해되고 있기 때문에 복지서비스 선택적 이용자 혹은 소비자로서의 서비스의 질적수준에 대한 평가를 수행하는 것은 지극히 당연한 것이 되고 있나. 그러므로 사회복지현장의 사회복지사들은 갈수록 체계적이고 효과성을 담보하는 우수프로그램의 개발에 노력을 기울일 수밖에 없고, 기획된 프로그램을 수행한 후에는 그 프로그램에 의한 클라이언트의 변화를 증명할 수 있는 평가작업에 주력할 수밖에 없게 된 것이다.

2) 사회복지시설평가제도의 개념과 내용

(1) 사회복지시설평가의 개념과 의의

사회복지시설평가는 정부의 복지시설에 관한 정책을 이행하는 중요한 수단들 중의 하나이다. 정부의 복지시설정책은 복지시설의 서비스 공급 범위 및 제공 방식의 설정 및 관리, 재정 지원 및 관리, 품질 관리, 기타 사항에 대한 관리 및 감독 등의 다양한 목적들을 이행하는 정책 수단으로 구성되고 있다.[1]

사회복지서비스 현장에서의 정부의 시설에 대한 규제의 흐름은 과거 시설 허가제와 같은 진입부문의 통제에서 시설설치 신고제로 변화되면서 진입 후 통제로 전환되었다. 이로서 정부와 지방자치단체의 시설 관리의 초점은 시설 운영에서 준수해야 할 규제 관리 사항이 지켜지고 있는지를 엄격하게 점검하는 것이 되고 있다. 현재 지도 · 감독, 감사제도, 평가제도 등 시설 운영의 적정성을 평가하기 위한 다양한 관리제도가 존재한다. 사회복지시설 평가제도 또한 이러한 맥락에서 그 의미를 찾을 수 있다.

사회복지시설에 대한 사후적 관리기제는 시설평가제도 외에 지도 · 감독, 감사 등과 같은 관리제도를 두고 이에 대해 점검하고 있으며, 일반적으로 하나의 복지시설을 대상으로 여러 가지 유형의 평가와 관리 · 감독이 중복되어 이루어질 수 있다.

BOX 13.1 사회복지현장에서의 평가의 다양성

- 사회복지실천(개입, 서비스, 프로그램, 정책 등)의 성과 및 효과성 평가
- 사회복지기관 및 시설의 관리적 성격의 자체적인 평가(TQM, BSC* 등)
- 사회복지시설평가(중앙정부 및 지방자치단체 주관)
- 지방자치단체(행정안전부) 및 국가(보건복지부 등)의 사회복지분야 업무성과평가 등
- 기초지방자치단체에 의한 사회복지시설 지도・감독 및 감사제도 등은 평가제도라기 보다 관리감독적 기제라고 볼 수 있다.

* TQM(Total Quality Management), BSC(Balanced Score Chart)

(2) 관련법령

한국의 사회복지시설평가는 사회복지시설 운영 효율화 및 서비스 질 제고를 통해 사회복시시설 생활자 및 이용자의 복지를 향상시킬 목적으로「사회복지사업법」제43조의2(시설의 평가)에 근거하여 1999년부터 시행되고 있다. 사회복지시설평가는 한국보건사회연구원(1999~2004년), 한국사회복지협의회(2005~2016년), 사회보장정보원(2017~2021) 등이 주관하여 이루어지다가 최근에는 2022년도에 창설된 중앙사회서비스원에서 담당하고 있다. 그러므로 보건복지부소관의 모든 사회복지시설들은 법에 기반하여 매년 3년 마다 의무적으로 평가를 받아야 한다(사회복지사업법 제43조의 제1항 및 동법 시행규칙 제27조의 제1항). 단, 어린이집, 노인요양시설, 지역아동센터 등은 개별법이나 지침에 따른다.

(3) 사회복지시설평가의 목적

사회보장정보원에서 제시하는 사회복지시설평가의 목적을 간략화하면 다음과 같다.[2]

- 사회복지시설의 운영 효율화 및 이용자 및 생활자에 대한 서비스의 질 향상
- 합리적 평가지표와 평가 체계의 개발을 통한 객관적인 평가 틀 마련
- 사회복지시설 운영 수준에 대한 지역별 · 시설 종별 차이의 극복과 균형화를 위한 기초자료 확보
- 사회복지시설 운영 상태에 대한 정보 제공으로 국민의 복지서비스 선택권 확대 및 보장
- 사회복지시설의 기능 제고를 통한 사회안전망 강화와 시설운영의 선진화에 기여

위에서 제시된 시설평가의 목적에서 우선적으로 천명되고 있는 것은 시설이용자 및 생활자에 대한 서비스의 질의 향상임을 알 수 있듯이 사회복지시설평가와 서비스 질 제고의 관계는 매우 깊다.

(4) 시설평가의 영역과 세부항목

사회복지시설평가의 목적을 달성하기 위해 「사회복지사업법」 시행규칙 제27조(시설의 평가) 2항은 시설의 평가 기준을 「사회복지법」 제43조 1항에 따른 서비스 최저 기준을 고려하여 정하도록 하고 있다. 사회복지시설평가의 주요 영역과 세부항목은 서비스최저기준을 기반으로 6개영역과 세부평가 항목들을 설정하고 있다. 〈표 13-1〉은 2018년 기준 사회복지관을 대상으로 하는 사회복지시설평가의 영역과 세부지표들을 제시하고 있다.[3]

〈표 13-1〉 사회복지시설평가의 주요영역과 세부지표

평가지표	세부 주요 지표
(A) 시설 및 환경	생활공간의 개별성 및 적절성, 편의시설의 적절성, 위생 상태의 적절성, 안전 관리, 응급상황 및 화재예방 안전체계 등
(B) 재정 및 조직운영	보조금 대비 운영 법인의 자부담(전입금) 비율, 보조금 대비 사업비 비율, 보조금 대비 후원금 비율, 회계의 투명성, 직원충원율, 직원근속률, 직원교육활동비 및 교육시간, 직원채용의 공정성, 시설장 및 중간관리자의 전문성, 직원복지, 직원의 권리 및 인권보호, 직원의 급여수준향상 노력 등
(C) 프로그램 및 서비스	시설 특성에 맞는 프로그램 · 서비스의 실적, 기획 · 실시 · 평가의 여부 및 적절성 등
(D) 이용자 권리	이용자의 비밀 보장, 고충 처리, 학대예방 및 인권 보장 노력, 서비스정보제공 및 이용자의 자기결정권 등
(E) 지역사회 관계	외부 자원 개발, 자원봉사자 관리, 실습교육, 후원금(품)의 개발 및 관리, 지역사회 연계, 홍보 등
(F) 시설운영전반	시설장의 시설운영 전반적 수준(시설장 인터뷰), A~E 영역에서의 직원들의 서비스 질적 수준 등

위의 〈표 13-1〉에서 보듯이 시설평가는 시설 및 환경, 재정 및 조직, 프로그램 및 서비스, 이용자 권리, 지역사회관계, 시설운영 전반 등 6개 영역에서의 평가를 위한 세부적 지표들을 점검하도록 지정하고 있다. 포괄적으로는 위의 6개 영역의 평가지표들은 모두 사회복지시설 및 기관의 서비스의 질과 연결되어 있다고 보여진다. 특히 프로그램 및 서비스 영역은 시설특성에 맞는 사회복지 프로그램과 서비스의 기획, 시행, 평가 여부 및 적절성을 따지도록 요청하고 있어 서비스의 질과 관련된 직접적인 영역으로 이해될 수 있다.

3) 사회복지서비스의 특성과 서비스 질의 평가

(1) 사회복지서비스의 특성

사회복지시설에서 제공하는 사회복지서비스는 그 특성상 질적으로 측정, 평가, 관리하는 것은 쉽지 않다. 사회복지서비스의 내재적 특성은 아래와 같이 제시될 수 있다.[4]

첫째, 복지서비스의 무형성은 품질관리와 시설의 서비스 역량을 이용자에게 소통하는 문제를 야기한다.

둘째, 생산과 소비의 동시성은 저장 불가능성, 장소 결합성과 함께 시간적 · 공간적 서비스 수급 균형과 접근성 문제를 야기한다.

셋째, 서비스의 개별성은 서비스생산의 표준화를 어렵게 하여 품질의 비교와 서비스 가격 안정화의 위협 요소로 작용한다.

넷째, 서비스 이용자가 외부 요인으로 서비스 생산 과정에 들어가므로 이용자의 행태를 고려한 서비스 생산이 중요하다.

다섯째, 경제성과 품질 간의 상충 관계가 존재하며, 생산성 증대가 어려우므로 가격안정성과 근로 환경이 위협받을 위험이 크다.

여섯째, 시설 운영자는 투자 등에 필요한 자금을 확보하기 어려우므로 공급자의 진입에 제약을 받으며, 합리적인 재정 지원 방식을 고민해야 한다.

(2) 서비스의 질의 개념과 구성요소

서비스 질에 대하여 학자들은 '서비스의 탁월성이나 우수성에 대한 장기적이며 전반적인 판단이나 태도'[5]라고 개념정의를 내리고 있고, '이용자 만족을 추구하기 위해 기관에서 제공하는 서비스의 전체적인 우수성'[6]으로 개념화하기도 한다. 또한 '서비스제품 속성들에 대한 지각된 성과와 고객기대 간의 관계결과 그리고 이러한 구체적인 관계들의 상호작용효과'[7]라고 정의 내리기도 한다. 한편 사회복지시설에서 프로그램을 통한 서비스의 질을 평가할 때보다 협의적인 개념으로 '전문적인 기준이 채용되는 정도'를 의미하면서, 보통 이와 관련된 평가의 지표는 '서비스 수행인력은 어느 정도의 전문적인 교육수준과 경험정도를 갖추었는지를 보는 것'[8]으로 이해된다.

신복기와 그의 동료들[9]은 서비스 질에 대하여 다양한 관점에서 고찰하여 그 개념에 대하여 세부적으로 파악하고 있기도 하다.

- 서비스 우수성 관점: 질은 용어가 의미하는 것 그대로 '뛰어난 것'을 말하나 정확히 정의되기는 어려움
- 서비스 자체 관점: 질은 서비스를 구성하고 있는 프로그램이나 구성요소(인력, 재원 등)의 수준에 의해 결정됨
- 이용자 관점: 고객 개개인의 욕구를 잘 충족시켜 주는 서비스를 말함. 여기서 질은 매우 주관적인 차원으로 평가됨
- 서비스과정 관점: 공급자에게 초점을 맞추어 주로 기술적인 측면과 제공방법 측면에서 개념화함. 서비스 제공과정에 원래 기획된대로 필요한 요청사항들을 얼마나 잘 충족했는가로 질적측면을 평가함
- 제품의 가치 관점: 서비스 질은 투입비용이나 서비스의 가격(이용료 등)을 의미함

서비스의 질에 대한 개념을 파악하는 데 있어서 Parasuraman과 그 동료들[10]이 제시한 다섯 가지의 구성요소들을 이해하는 것은 매우 유용하다. 신뢰성, 확신성, 유형성, 공감성, 즉응성이 그 다섯 가지인데, 아래에서 세부적으로 서술된다.

- 신뢰성(reliability): 약속한 것에 대한 신뢰감과 적확하게 제공하는 능력. 약속된

대로의 제품과 서비스가 실행될 것이라는 확신을 주는 것

- 확신성(assurance): 서비스 제공능력의 자신감. 스탭의 지식수준과 정중함, 시간적 여유, 긍정적 의사소통기법의 사용, 제품과 서비스에 대한 정확한 설명 등을 말함
- 유형성(tangible): 기관의 시설 및 장비, 직원의 외모 및 외양적 측면. 내부시설의 배치와 위생상태, 고객과의 커뮤니케이션의 외형 등을 말함
- 공감성(empathy): 고객에게 제공되는 관심도 및 공감성, 고객에 대한 진지한 경청과 배려, 고객의 욕구를 반영하는 서비스를 만들고 제공하는 것
- 즉응성(responsiveness): 고객의 요청에 즉각 대응하여 신속한 서비스를 제공할 준비가 되어 있음을 의미

(3) 서비스 질의 향상을 위한 접근

사회복지서비스의 질적 향상을 위한 시스템적인 측면에서의 접근이 중요하게 인식되고 있다. 투입(input)과, 서비스과정(throughput), 산출 및 성과(output/outcome)에 이르기까지 각각의 영역에서의 서비스 질 향상을 위한 접근이 이루어져야 함이 제시되고 있다([그림 13-1] 참조). 먼저 투입영역에서는 제공인력의 전문화와 조직의 재원 증대가 요청된다. 서비스의 제공활동 및 과정(throughput) 영역에서는 이용자중심 관점에서 서비스를 제공하고 과학적인 관리와 서비스기술이 개발되어야 하며, 효율적인 서비스전달체계가 갖추어져야 함을 제시하고 있다.

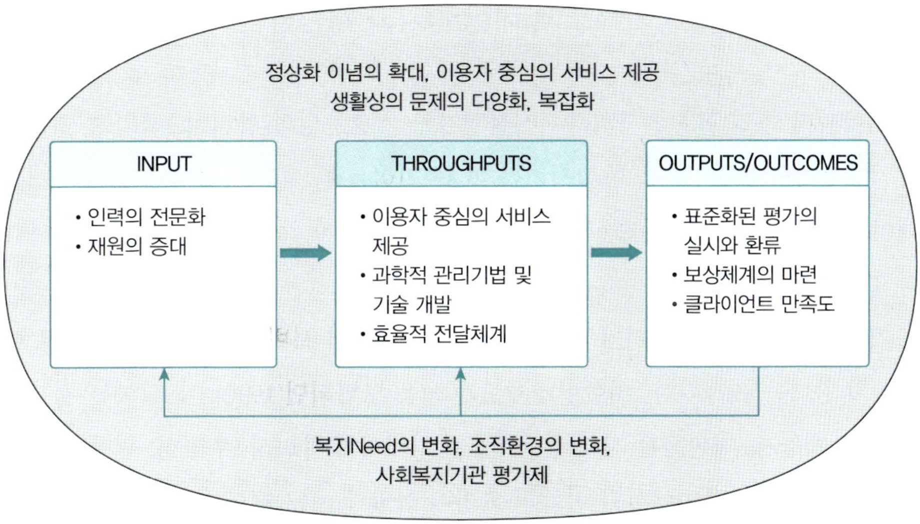

[그림 13-1] 사회복지서비스의 질적향상을 위한 시스템적 접근[11]

그리고 산출과 성과영역에서는 객관적이고 표준화된 평가의 실시와 환류, 그에 따른 직원들에 대한 보상체계가 갖추어져야 하며, 산출물과 성과에 대한 클라이언트 만족도를 조사하고 이를 향상시키는 노력이 필요함을 보여주고 있다. 이러한 시스템적인 접근에서의 사회복지서비스의 질적 수준의 제고노력들은 한국의 사회복지시설평가의 평가기준(사회복지사업법 시행규칙 제27조 ②항) 및 앞서 살펴본 사회복지시설평가 지표들의 6영역 지표들과 비교하여 연관성을 지니고 있음을 알 수 있다. 사회복지시설 평가기준으로 명시된 것들은 '입소정원의 적정성', '종사자의 전문성', '시설의 환경', '시설거주자에 대한 서비스의 만족도' 등이다.

한편, 서비스 질을 제고하는 관리기법으로서 TQM(Total Quality Management)은 1990년대 후반기부터 한국의 사회복지현장에 소개되어 지금까지 적용시행되고 있으며, 그 성과와 한계가 사회복지학계와 실천계에서 논의되고 있는 중이다. TQM에 관한 자세한 서술은 본서의 4장 4절 '현대조직이론'(일본식 관리와 TQM)의 지면을 통해 이루어지고 있으므로 참고하기 바란다.

4) 사회복지시설평가제도에 대한 평가와 개선방안[12]

지금까지 우리나라의 사회복지시설평가는 기관운영의 합리성, 책임성 수준과 복지대상자의 복지수준을 향상시키는 데 큰 기여를 한 것은 사실이나 앞으로 개선해야 할 사항들도 존재한다. 몇 가지 중요한 비판들과 개선방안을 제시하면 아래와 같다.

첫째, 사회복지시설평가가 시설운영평가 중심에서 서비스 질 중심의 평가로 이동해야 한다는 지적이다. 시설평가제도가 처음 도입되던 1990년대 말에는 정부와 이용자, 제공자, 시민들은 사회복지시설 운영에서의 합리성, 투명성, 민주성 등을 제고하자는 운영 측면에서의 변화의 요청이 높았다. 평가제도의 시행이 거듭된지 20여 년이 넘은 현재, 시설운영측면의 향상이 어느 정도 이루어진 것으로 평가되고 있으나, 반면 시설에서 제공하는 서비스를 질적으로 향상시키고자 하는 요청이 높아지고 있다.

둘째, 사회복지시설평가가 논리체계모형(logic model)의 측면[13]에서 볼 때, 산출(output)이나 결과(outcome)에 대한 평가가 부족하였다는 평가가 많다.[14] 이 역시 그동안의 시설평가가 서비스 질을 제고하기에는 아직도 미흡했다는 것을 의미한다. 그러므로 사회복지조직 운영의 효율성을 강화하기 위한 투입(input)과 과정 및 관리중심의 평가체계에서 서비스의 질(quality)이나 성과를 중시하는 이용자중심의 평가체계로 강화될 필요가 있다.

셋째, 시설평가를 통한 서비스의 질적 수준을 제고해야 된다는 당위성에도 불구하고 대부분의 휴먼서비스가 개별화를 지향하여 표준화와 성과측정이 어렵다.[15] 그러므로 이를 극복하는 노력이 지속되어야 하고 성과관리체계에 입각한 시설평가체계가 구축되어야 한다. 예컨대 사회복지시설의 서비스 결과의 측정은 삶의 질 향상, 욕구충족, 일상생활의 기능수행 유지 또는 향상과 같은 결과지표로 측정될 수 있을 것이다.[16]

넷째, 시설 성격이 다른 이용시설과 생활시설에 차별적으로 알맞은 평가체계를 만들어 시행할 것이 요청되고 있다. 현재로서는 거의 획일적인 평가 영역 및 지표, 그리고 평가방식으로 평가하는 구조는 수정, 개선할 필요가 있다. 프로그램 및 서비스 부분은 상대적으로 시설특성이 반영된다고 할 수 있으나, 공통영역 부분에서는 평가지표의 영역이 유사하여 거의 획일적으로 평가체계가 운영된다고 보여진다.

2 사회복지조직의 자율규제[17]

1) 자율규제의 개념과 장점

규제는 일반적으로 정부가 공익을 추구하기 위한 목적으로 실행하는 것인데, 자율 규제는 이와 달리 규제의 주체가 정부가 아니고 피규제 산업 또는 기관이 스스로를 규율하기 위하여 선언한 기준(standards), 원칙(principle) 또는 규정(rules)의 집합체를 의미한다.

자율규제가 옹호되는 이유는 다음과 같다. 우선, 자율규제는 잠재적 피규제자인 민간 영역 내부에서 규정이 만들어지기 때문에 자주적으로 관할(管轄) 할 수 있고 변화에 빠르게 대응하며, 피규제 집단이 규제의 비용을 부담하게 되므로 정부 입장에서는 비용이 적게 든다. 특히 전통적인 명령 지시적 규제에서 나타날 수 있는 과잉규제(legalism) 가능성을 감소시킬 수 있다는 점에서 자율규제는 효율적이라고 주장된다.[18] 둘째, 명령 지시적 규제의 경우 규제 회피적 행태, 순응의 문제가 발생하기 마련인데 자율규제는 조직화된 피규제 집단이 만든 것이므로 이러한 문제를 감소시킬 수 있어 규제의 집행과 규제에 대한 순응 확보가 쉽고, 규제의 실효성이 유지된다. 셋째, 자율규제는 전통적 규제보다 환경변화에 대한 적응성이 높다. 자율규제는 문제의 현장에 직접 참여하고 있는 사람들이 스스로의 문제에 대해 규칙을 세운 것이므로 규칙 자체에 적절한 유연성을 부여하며 정책의 상황 변화에 대한 유연성을 높일 수 있다.[19] 넷째, 자율규제는 전문적 정보획득이 용이하다. 산업조직, 직능대표 및 정부와의 협의를 통해 이루어지거나 업체로 구성된 협회나 전문가협회의 전문적인 지식을 직접 이용하므로 정부입장에서는 적은 비용으로 정보 수요를 충족시킬 수 있다. 이러한 장점들이 규제의 효과를 더 크게 만든다.

요약하면 자율규제는 피규제 집단의 입장에서 규제에 수반되는 부담감을 경감시키고, 정부로서는 민간자원을 활용함으로써 행정비용을 줄이고 정부와 시민 간의 갈등을 완화하여 신뢰를 증진하는 이점이 있다.

2) 민간비영리 사회복지조직의 자율규제와 유형

자율규제는 책임성의 문제이다. 민간비영리 사회복지조직이 사회적으로 강한 책임성을 요구받는 것은 이들 조직의 비영리적 특성에서 기인한다. 비영리조직은 자체적으로 이윤을 추구하지 않으면서 공익을 위한 사회서비스를 생산, 전달하고 있어 이들의 유지 · 운영에 필요한 자원을 외부에서 지원받는다. 이들에 대한 자원 제공자들은 국가에서부터 지방자치단체, 기업, 민간단체, 종교기관, 개인에 이르기까지 매우 다양하다. 민간사회복지조직은 정부 또는 이 재정지원자들에게 그들이 제공한 자원을 기반으로 의도한 결과를 효과적이고 효율적인 방식으로 달성하였는지를 보여주어야 할 책임성이 있는 것이다.

컨스(Kearns)에 따르면, 민간비영리조직은 공공조직과는 달리 명령체계나 수행

성과에 대한 명확한 기준이 없고, 다양한 이해관계자들이 가진 성과나 활동의 기준이 계속 변화하기 때문에 책임성의 의미가 매우 불명확하고 어려울 수밖에 없다고 한다. 이런 책임성의 불명확성 때문에 비영리조직의 책임성 확보 방안으로 규제가 필요하다.[20]

한편에서 사회복지조직의 책임성 강화를 공식적인 법적 규정을 통한 공공 감시체계 수립과 같은 외부 통제 강화를 주장한다.[21] 이들은 민간사회복지조직에 대한 규제가 이들 조직의 서비스를 받는 대상자의 보호라는 측면과 재정지원자들에 대한 보호라는 측면에서 공적인 영역의 규제를 강조한다. 또한 민간사회복지조직은 정부가 해야 할 공공활동(취약계층에 대한 보호 및 서비스 제공)을 위탁받아 수행하는 '공공의 목적을 달성하는 민간조직이어서 면세혜택이 주어지는 것이므로 이들이 면세 지위의 근거가 되는 활동을 제대로 하고 있는지를 정부에 보고할 법률적인 책임성이 있다'는 측면에서 외부 통제강화를 주장한다.[22]

그러나 다른 한편에서는 민간비영리조직에 대한 정부의 규제나 감시체계를 통한 책임성의 강화는 '처벌을 의미하는 것'으로[23] 인식될 가능성이 있으므로 자율규제와 같은 내부적 통제의 강화를 통한 책임성 확보가 필요하다고 주장한다. 이들은 민간비영리 사회복지조직의 서비스 전달의 장점들, 예를 들면 서비스 제공의 유동성 및 혁신성 강화, 서비스 이용자의 선택권 확대 등의 장점들이 정부 규제나 공공감시 체계의 강화로 저해될 가능성을 염려한다.[24] 또한 외부 통제기관들의 권력 남용으로 인한 과잉규제와 부작용들이 발생할 수 있음을 걱정한다.

이외에 실용적인 측면에서 자율규제의 강화를 주장하는 이도 있다. 어빈(Irvin, 2005)은 '정부 규제(감시와 재정보고서 등에 대한 요구들)가 과연 비영리조직들의 산출을 개선하고, 비영리조직에 대한 기부자들의 만족을 증가시키는가? 반대로 불필요하고, 억압적이고 비합리적인 것인가?'를 파악하고자 미국의 50개 주(州)의 비영리조직들을 대상으로 조사하였다. 그 결과 민간의 사회복지조직들에 대한 정부 규제가 실제적인 효과를 발휘하기 위해서는 막대한 비용과 규제를 수행할 전담 인력의 확보가 필수적이었다. 이러한 요소가 확보되지 않으면 정부 규제의 효과가 별로 나타나지 않는다는 것을 발견하였다. 더하여 그는 조사대상 중 6개의 주(州)에서 매년 민간비영리 사회복지조직에 요구되는 사항들(재정보고서, 전문적인 재정모금에 요구되는 규제 절차들)을 제거하였음에도 불구하고 부패 발생이 증가하거나 모금 액수가 축소되지 않았다는 것을 알게 되었다. 이러한 연구 결과를 근거로 그는 민간비영리 사회복지조직의 자율적인 규제를 통한 책임성의 강화를 주장하였다.[25] 컨스도 민간비영리 사회복지조직의 책임성 강화 방법은 이들 조직의 핵심적인 행위자들 및 복잡한 비영리조직들의 환경과의 특별한 맥락을 고려하는 것이어야 하고, 이를 위해서 자율규제가 필요하다고 주장하였다.

민간비영리조직의 책임성 강화에 대한 요구들이 비영리조직에 적용되는 자율규제의 구조와 이론을 발전시키는 논의로 이어졌다. 유럽과 아시아, 아프리카 3개 대륙의 비영리조직들이 자신들의 경험에 기반하여 자율규제의 개념과 유형을 비교 · 분석하는 심포지움을 개최하였고, 그 결과물로 2010년 Nonprofit and Voluntary Sector Quarterly 특별호가 출간되었다. 심포지움에서 비영리조직들에 대한 규제를 비자발적 규제와 자발적 규제로 분류하였다. 비자발적 규제는 법의 규제, 정부 · 법령으로 위임을 받은 협회나 준정부기구의 규제, 제3자의 감시자가는 행하는 규제를 포함하는 것으로 정의되었고, 자발적 규제는 비영리조직의 자발적 참여에 의한 규제로 4가지 형태를 포함하는 것으로 규정되었다.

〈표 13-2〉는 비영리조직들이 스스로를 규제하는 유형이다.[26] 이들은 법률에 강요되지 않는 '사적'인 체계이다. 네 가지 유형 중 두 가지는 참여의 조건이 회원으로 제한되는 자발적 "클럽"의 형태이다. '내부 네트워크 혹은 기부자 주도 프로그램'들은 전형적으로 재원을 지원하는 자들이 기금을 받는 기관에 대하여 공통적인 일련의 기준들을 만들거나 또는 재정 지원에 대한 조건으로 순응을 요구하는 형태이다. '인가 혹은 자격 시스템'은 비영리조직들이 공적인 자격이나 인가에 대한 교환으로 자신들의 활동을 제3자인 자격/인가 관리기관에게 제공하는 자발적 프로

그램이다. 이에 비해 '집합적 자율규제 시스템'은 전체 비영리조직에 적용되는 동료 모니터링(peer-monitoring) 기제 및 공통적 기준들이 발전된 형태이다. 마지막 유형은 비영리조직들의 행동과 거버넌스를 위한 목표 혹은 기준들로 구성되는 '윤리강령'이다. 이는 참여가 자발적인 곳에서 조직 간의 경계를 넘어 집합적으로 발전되지만 순응에 대한 모니터링이 없다는 점에서 '집합적 자율규제 시스템'과 차이가 난다. 이 네가지 유형들의 규제 범위는 전국적인 것에서부터 비영리 영역 내로 제한되거나, 또는 범위와 커버리지가 '기부자-지원 클럽'으로만 한정되는 매우 제한적인 형태에 이르기까지 다양하다.

〈표 13-2〉 비영리영역의 자율규제 유형

	자발적 접근(Voluntary Approaches)			
	사적 체계(private system)			
규제 시스템 (Regulatory system)	"내부네트워크" 기부자 주도 프로그램 또는 클럽 ("Intranet" Donor-led programs or "clubs")	인가/자격 프로그램-자발적 클럽들 (Accreditation & certification programs-voluntary clubs)	집합적 자율규제 (Collective self-regulation)	자발적 기준들/윤리강령 (Voluntary standards)/code of conduct
전형적 지지자 (Typical sponsor)	기부자 (Donor)	제3지 기관 또는 비영리/NGO협회 (Third party agency or nonprofit/NGO association)	비영리/NGO협회 (Nonprofit/ NGO association)	비영리/NGO협회 (Nonprofit/ NGO association)
표적 영역 그리고 규제 범위 (Scope and regulation coverage)	참여자로 제한 (Limited to participation)	참여자로 제한 (Limited to participation)	전국적 또는 영역 내 (National or sectoral)	전국적 또는 영역 내 (National or sectoral)

3) 우리나라의 민간사회복지조직에 대한 자율규제

〈표 13-2〉에서 논의되었던 비영리조직의 네 가지 자율규제 유형은 우리나라 민간사회복지조직에서 두드러지게 발전되고 있다고 보기 어렵다. 우리나라의 민간사회복지조직은 발전과정의 역사에서 보았듯이 비자발적 규제가 주를 이루고 있다. 특히 법률에 의한 규제들이 발전된 형태이다. 「사회복지사업법」, 「사회복지법인 재무회계규칙」, 「공익법인의 설립 · 운영에 관한 법률」 등을 통하여 민간의 비영리 사회복지조직들이 공익성을 가지고 활동하도록 진입장벽이나 운영에 있어 다양한 규제들이 작동하고 있다.

세부적으로 보면, 민간협회에 의한 집합적인 자율규제와 윤리적 기준이나 강령의 제정 등과 같은 자발적 규제영역은 미약하게나마 발전하고 있다.

우선 협회를 통한 민간기관들의 자발적인 인증 · 자격프로그램이 있는 것은 아니지만 협회에 의한 민간의 집합적인 자율규제라고 볼 수 있는 부분이 있기는 하다. 사회복지를 포함한 비영리영역 전반에서 민간비영리조직에 대한 회계정보를 포함한 여러 가지 정보를 공개하여 일종의 열린 모니터링 역할을 수행하는 자발적 기구인 '가이드스타 한국재단'의 설립과 활동이 그 예이다. 한국 가이드스타는 2007년 3월에 설립되어 비영리법인의 기본사항, 사업정보, 재무정보 등의 내용들을 데이터베이스화하여 인터넷을 통해 기부자나 관심 있는 시민들 누구라도 접근 가능하도록 하고 있다. '가이드스타 한국재단'에 등록되어 평가를 받는 조직들은 현재 12,889개 중 3,328개가 사업내용을 사회복지로 하고 있는 공익법인이다.[27] 가이트 스타 한국재단 초기 등록된 사회복지비영리조직의 수는 소수에 불과하였지만 지금은 전체 등록된 공익법인의 약 25.8%에 이른다. 그렇지만 사회복지시설의 경우 법률 규정상 매년 홈페이지에 일정 기간 회계정보를 공시하도록 하고 있어 대부분이 이를 따르고 있다. 한국 가이드스타는 회원단체의 자발적인 의사에 따라 참여가 이루어지고 인증이나 자격 검증, 민간기관에 대한 평가의 반영 등과 같은 동기와 유인 시스템이 부족하기 때문에 사회복지조직이 이 기구를 통하여 회계정보를 공시 해야 할 동인은 크지 않다.

민간사회복지조직의 순수한 자율규제인 '자발적 윤리강령'을 만드는 운동이 한때 우리 사회에서도 진행되었다. 2006년 13개 사회복지기관대표들과 보건복지부가 참여하여 체결한 '사회복지투명사회협약'이 바로 그것이다.[28] 이 협약은 사회복지분야의 투명성을 강화하고 책무성을 확보하는 것이 국민과 사회로부터 신뢰받고 궁극적으로 국민 복지를 향상시키는 출발점이자 목표라고 생각하여 이의 성실한 이행을 다짐하기 위하여 체결되었다. 그리고 이를 실천하기 위한 실무기구인 '사회복지분야 투명사회협약실천협의회'가 2007년에 한해 가동하였지만 2008년에 해산되었다. 한국사회복지사협회도 사회복지공동모금회의 지원을 받아 2007년부터 짧은 기간 동안 시범적으로 '사회복지윤리경영정보센터'를 운영한 적도 있다.

그렇다고 사회복지 비영리부문에서 자발적 윤리경영 논의가 아주 없는 것은 아니다. 사회복지시설 평가에서 윤리적인 부분을 고려하는 기준이 생겨나면서 사회복지시설에 '(고객)서비스 헌장' 혹은 '이용자 권리' 등이 생겨나고 있다. 이는 서비스를 받는 대상자의 권리확보를 조직 차원에서 고려하는 것이다. 물론 이 사회복지시설 평가는 「사회복지사업법」의 규정에 따라 보건복지부로 위임받은 제3자 기관이 3년마다 정기적으로 수행되는 것이어서 비자발적 규제로 볼 수 있는 측면도 부분적으로 존재한다.

3 사회복지조직의 혁신

1) 혁신과 사회복지조직

혁신(Innovation, 革新)의 사전적 의미는 '낡은 것을 바꾸거나 고쳐서 아주 새롭게 함'이다. 비슷한 의미로 혁신과 함께 자주 사용되는 용어가 변화와 개혁이다. 변화는 '사물의 성질 모양 상태가 바뀌어 달라진다'는 뜻이고, 개혁은 '새롭게 뜯어 고친다'라는 의미이다.

혁신이란 용어 자체는 슘페터(Schumpeter)가 1912년 『경제개발론』에서 기술의 발달에 경제가 얼마나 잘 적응하는지를 설명하는 부분에서 '창조적 파괴(creative destruction)'의 개념과 함께 처음으로 사용하였다. 그가 주창한 혁신은 영리기업의 '기술적인' 것에 초점이 맞춰진 것으로, 낡은 것을 파괴 · 도태시켜 새로운 것을 창조하는 발명과 같은 의미였다.[29] 그 이후 혁신은 광범위한 학문 분야에서 다양한 학자들에 의해서 연구되었다. 그 결과 혁신의 개념은 상당히 다양하고 풍부하여 졌다. 일부의 학자들은 혁신을 채택과 관련된 단위에 의해 새로운 것으로 인식되는 아이디어, 실천, 생산물로 정의하고,[30] 반 더 벤(Van de Ven)은 제도적 맥락안에서 오랫동안 여러 사람들과 상호작용해 온 사람들에 의해 새로운 아이디어가 개발되고 실행되는 것으로 정의하였다.[31] 또한 Choi는 혁신을 협의 혹은 광의로 보느냐, 조직문화 혹은 조직활동으로 보느냐, 혁신대상을 산물로 보느냐 과정으로 보느냐, 새로운 것을 창출, 채택, 확산하는 활동 중 어디까지를 혁신으로 보느냐, 혁신을 채택하는 주제를 어떻게 규정하느냐, 어느 정도의 변화로부터 혁신으로 보느냐 등에 따라 혁신의 개념이 다양하게 나타난다고 정리하였다.[32]

혁신의 정의가 다양한 만큼 혁신이란 용어가 사용되는 부분도 제품, 과정, 서비스, 기술 혹은 비즈니스 모델로서 시장, 정부, 그리고 사회 등에 이르기까지 다양하다.

혁신에 대한 유형화도 혁신의 개념을 이해하는 데 기여한다. 유형화 역시 혁신의 정의만큼 '무엇을 어떻게 혁신하느냐'에 따른 관점의 차이에 따라 다양하다.[33] 그중 가장 주목을 많이 받아 온 대표적인 혁신 유형화는 산물혁신과 과정형식, 기술혁신과 행정혁신, 점진적 혁신과 급진적 혁신으로의 구분이다.[34] 과정(process)혁신은 조직에서 투입자원이나 과업 세분화, 정보공유 체계, 장비 등과 같이 조직의 산물이나 서비스 운영을 위해 새롭게 도입되는 요소를 의미하고, 산물(product)혁신은 시장 욕구 충족을 위한 새로운 산물이나 서비스를 말한다.[35] 기술(technical)혁신은 산물, 서비스, 생산공정 기술상의 혁신을, 행정(administrative)혁신은 조직구조 및 행정절차와 관련하는 것이다.[36] 또한 혁신은 변화의 속도 및 정도에 따라 급진적(radical)·점진적(incremental) 혁신으로 구분된다. 급진적 혁신은 기존의 것을 근본적으로 바꾸는 변화로 산업 혹은 조직이 완전히 바뀌는 큰 변화를, 점진적 혁신은 기존의 것을 조금 변화함으로써 조직역량을 강화하는 것을 의미한다.[37]

혁신에 영향을 주는 선행요인은 개인적 수준과 조직적 차원, 환경적 차원 등 세 가지 측면으로 제시되고 있다. 우선 개인적 수준에서 영향을 주는 요인은 구성원 각자가 담당하고 있는 업무능력과 혁신에 대한 태도, 리더의 혁신에 대한 태노 등이다.[38]

조직적 차원에서 혁신에 영향을 주는 요인은 첫째, 조직구조이다. 조직의 구조가 수평적으로 분화되어 있거나 공식화 수준이 낮거나 집중화 수준이 낮은 경우 이러한 조직은 융통성과 적응력을 촉진하므로 혁신채택이 쉬워진다. 둘째, 조직의 나이도 영향을 줄 수 있다. 조직은 시간이 지나면서 조직 본연의 성격이 변화하는데, 예를 들면 시간이 지나면 조직 내 관료화의 정도, 관리 방법·기술을 채택하는 정도가 달라져 혁신에 영향을 주게 된다. 셋째, 조직문화도 영향을 준다. 조직문화는 조직구성원이 조직 생활을 통하여 학습하고 공유하는 신념, 규범, 관행으로 이를 통하여 조직구성원의 생각과 의사결정 및 행동에 방향성과 힘이 부여된다. 넷째, 조직보상체계이다. 조직 내 보상체계가 혁신을 고무하느냐 아니냐에 따라 조직구성원들의 행동과 태도는 달라진다. 다섯째, 조직의 사명과 이를 실행할 수 있는 세부 방안을 구체화시켜 둔 조직전략도 혁신에 영향을 준다. 여섯째, 조직규모도 관련된다. 조직규모가 작을수록 혁신에 유리한 신속한 대응과 적응력이 높아지므로 혁신이 빈번하게 일어난다.[39]

환경 차원에서 조직 혁신에 영향을 주는 요인은 그 조직이 속한 산업, 환경의 급격한 변화, 시장구조 등이다.[40]

이상에서 살펴본 것처럼 혁신에 대한 합의된 하나의 개념이나 유형은 찾기 힘들다. 그렇지만 최근에는 혁신이 과정을 포함하는 포괄적인 접근으로 이해되고 있으며, 요소 간의 상호영향, 환류, 외부요소의 영향을 강조하는 체계론적 관점에 근거해서 이해하려는 시도들이 증가하고 있다.[41]

2) 우리나라 사회복지조직과 혁신

사회복지조직에서 혁신은 주로 자원 및 이용자 확보, 자원의 효율적 사용 등과 관련하여 논의된다. 칸터와 섬머(Kanter & Summers)는 사회복지조직이 처한 자원 부족의 상황에서 서비스 질을 향상할 수 있는 유일한 수단이 혁신이라고 주장하였다.[42] 거머(Gummer)는 사회복지조직에서 동일한 혹은 축소된 자원으로 더욱 양질의 혹은 더 많은 서비스를 제공하는 대안이 혁신이라고 하였다.[43] 즉 사회복지조직에서 혁신은 서비스 욕구와 수요의 변화에 적절히 대응하도록 개선함으로써 목표를 보다 효과적으로 달성할 수 있도록 하는 것이다.

우리나라의 사회복지조직에서 혁신이 논의되기 시작한 것은 비교적 매우 최근의 일이다. 우리나라 사회복지조직은 전통적으로 공공조직과 유사하고, 보수적이고 폐쇄적으로 운영되어 왔다. 그리고 그러한 기조가 오랜 기간 유지되어 오다가 1990년 말부터 변화가 발생하였다. 1997년 개정된 사회복지사업법은 사회복지조직이 복지사업을 수행한다는 이유만으로 책임성 검증에서 자유로웠던 과거와 달리 1998년부터 사회복지시설 평가를 시작으로 자원의 효과적 · 효율적 사용에 대한 책임성을 검증하도록 하였다. 또한 사회복지서비스 전달에 다양한 주체의 참여가 허용됨으로써 민간의 다양한 기관이나 법인들이 운영 주체로 사회복지서비스 전달에 진입함으로써 이용자 확보를 위해 사회복지조직들이 경쟁하는 상황에 직면하였다. 여기에 정부의 복지시설에 대한 재정보조금의 축소와 민간 재단들의 복지시설 및 기관에 대한 지원 확대로 사회복지조직들이 외부 프로포절(proposal), 기부, 후원금 등을 위해서 경쟁해야 하는 상황이 되었다. 2000년대 들면서는 사회복지서비스 제공자 내부에서 서비스 질 및 자원 운용의 효율성 향상을 위한 자생적 노력으로써 혁신의 필요성이 제기되었다.

이와 같은 사회복지 환경변화에 힘입어 한국사회복지행정학회가 '사회복지조직 혁신을 말한다: 사회복지시설도 혁신에 주목해야 하는가?'라는 주제로 2014년 춘계학술대회를 개최하여 사회복지조직에서의 '혁신'을 본격적으로 다루었다. 이를 전후로 사회복지조직의 혁신을 주제로 하는 연구들도 소수이지만 발간되었다. 서울 · 인천 · 경기지역의 종합 · 노인 · 장애인복지관 116개소의 종사자 496명을 대상으로 우리나라 사회복지조직에 가장 적합한 혁신유형을 도출하기 위한 시도를 한 연구,[44] 전국 258개의 종합사회복지관을 대상으로 데이터 통계를 분석하여 조직의 혁신수행과 혁신성과에 영향을 미치는 리더십이 어떤 것인지를 규명한 연구,[45] 사회복지조직의 혁신 수행실태와 혁신의 영향요인을 살펴보는 연구,[46] 사회복지환경에서 조직의 성과를 향상시킬 수 있는 방안으로써 조직 혁신의 과정에 주목한 연구,[47] 혁신과 관련하는 창조성에 대한 탐색적 연구[48] 등이다.

다소 산발적이었던 사회복지조직의 혁신에 대한 논의는 2020년 코로나19 팬데믹의 발생과 그 이후의 시대를 준비해야 하는 상황이 되면서 사회복지조직에서 현실의 문제가 되었다.

코로나19는 과거의 금융위기와 달리 금융 경제뿐 나이라 인류사회의 삶의 방식과 기준을 전반적으로 변화시키면서 뉴노멀(New normal) 시대를 열었다. '뉴노멀'은[49] 시대 변화에 따라 새롭게 떠오르는 기준, 표준을 뜻하는 신조어이다. 전문가들은 코로나19로 인한 뉴노멀시대의 달라지는 점을 다음의 네 가지로 예견하였다.[50] 우선, 세계 경제 측면에서 기존의 저성장 기조가 장기화할 수 있다. 코로나19로 인한 불확실성 증가로 민간 소비와 투자가 위축되고, 금융시장과 실물경제 간 괴리와 부채 증가 등으로 금융시장 불안이 발생할 수 있다는 것이다. 둘째, 사회적 측면에서 코로나19 대응 과정에 비대면 사회 경제 활동이 급격히 증가하였으며, 비대면 산업과 디지털 경제가 급격히 성장하였다. 이러한 경험이 코로나19 이후에도 영향을 미쳐 비대면 활동의 일상화가 진전되고 디지털 경제가 가속화할 것으로 전망하였다. 셋째, 국제적으로 세계화의 취약성이 드러나고 보호무역주의가 확산하고 있다. 이에 각국은 자국 산업의 생산활동이 안정적으로 이루어질 수 있도록 리쇼어링 정책 등을 추진하고 무역규제를 시행하는 등 자국 우선주의가 나타나고 있는데 이러한 현상이 지속될 것으로 보았다. 넷째, 정부 역할의 경우 코로나19 대응 과정에서 강화되었는데, 앞으로도 방역 의료시스템 확충 등 사회안전망 구축과 저성장 경제기조 극복을 위한 재정사업 등을 중심으로 코로나19 이전에 비해 확대될 것으로 예상하였다.

이러한 생활 전반의 변화로 인하여 사회복지조직들은 비대면으로 프로그램을 진행하기 위해 동영상을 찍거나 줌(zoom)을 통한 화상회의를 진행하고, 재택근무와 같은 새로운 근무유형을 활용하는 등으로 대처하였다. 사회복지조직은 지금 그 어느때보다 혁신을 통한 변화 적응의 압박을 받고 있다. 뉴노멀 시대의 특징인 저성장 · 저소비 · 고실업 · 고위험들로[51] 인하여 확대되는 복지 대상층에 대한 일상적 보호와 지원을 제공하고, 언택트에 따른 복지위험을 최소화하고, 그리고 언택트 사회에서 취약계층과 복지 대상층을 위하여 효과적인 서비스 제공 방법과 사회

문제 해결 방안을 고안해 내야 한다.

3) 사회복지조직의 혁신모델과 방해 요인

황성철 외는 사회복지조직의 혁신을 위한 방법을 위로부터의 혁신(변혁적 리더십)과 아래로부터의 혁신(직원주도의 조직변화)으로 구분하였다.[52]

(1) 위로부터의 혁신 모델

변혁적 리더십(transformational leadership)은 위로부터의 변화와 혁신을 가져다준다. 일반적으로 부하가 조직이 기대하는 성과를 달성할 경우, 반대급부로 부하가 원하는 것을 제공함으로써 동기를 부여하는 것은 거래적 리더십(transactional leadership)이다. 이와 달리 변혁적 리더십은 조직을 변화 또는 변혁시켜야 한다는 의미로 리더는 부하 스스로 업무에 확신을 가질 수 있도록 동기부여하고, 업무 결과에 따라 부하직원을 자극하여 직원 스스로 추가적인 노력을 통해 기대 이상의 효과를 가져오게 한다. 이는 앞에서 언급한 최성미의 연구에서 실증적으로 증명되었다. 그의 연구는 우리나라 종합사회복지관을 대상으로 조사하여 조직 혁신을 촉진하는 요인으로 최고 관리자의 리더십을 제안하였다. 또한 조직 혁신 활동과 성과 향상을 위해서는 최고 관리자의 변혁적 리더십, 그중에서도 동기부여적 리더십 특성을 갖출 필요성이 있으며, 혁신 활동의 성공적 수행을 위해서는 예외 상황, 실패 발생 시 적극적으로 개입하는 리더의 역할이 필요함을 주장하였다.[53]

(2) 직원주도의 조직변화 모델

직원이 주도하는 조직변화는 아래로부터의 혁신이라고 할 수 있다. 할로웨이(Holloway)가 SIOC(Staff-Initiated Organizational Change)라고 요약한 '내부로부터의 변화' 또는 '아래로부터의 변화'이다.[54] 이는 고용인들이 시도하는 변화전략을 의미하는 것으로 다음과 같은 다섯 단계를 거친다.

첫째, 초기 사정 단계로서 문제 확인, 흥미와 관심을 가진 평범한 개인들로 이루어진 행동 체계(action system)구성, 자료수집, 변화목표설정, 가능한 해결책을 고려한다.

둘째, 개시 전 단계로서 사회복지인력들이 그들의 영향력과 신뢰성을 전제로 문제가 처리될 수 있도록 스트레스를 유발하거나 증대시킨다.

셋째, 개시단계로서 어떻게 하면 주요한 의사결정자의 관심사에 맞는 것처럼 보일 수 있을지를 고민하며 변화목표를 제시하고, 변화관리자는 다른 주요 개인 및 집단들과 동맹이나 자원을 개발하며, 주요 행동가의 관심과 가치에 부합하도록 구체적인 사업계획서를 준비한다. 의사결정자와 대면할 대표자를 선출하고 변화의 목표와 사업계획서를 소개한다.

넷째, 실행단계이다. 변화목표가 승인된 후 이 단계에서는 관련 직원의 지원과 책임을 얻어 내고, 저항을 처리하며, 변화계획을 이행했을 때 기대가 이해되도록 설득한다.

다섯째, 제도화단계로서 궁극적으로 변화는 기존의 전략계획, 표준운영절차, 조직 문화의 일부가 되어야 하므로 다른 체계와의 연계도 필요하며, 기관의 예산 과정, 새로운 지위, 역할이나 보상체계 등이 인적자원 체계에 공식화된다.

그러나 혁신을 이루는 리더십 모델과 직원주도 모델도 실패를 맞게 될 수 있다. 아래로부터 시작되는 변화는 기존의 권력구조로 충분히 이행되지 못할 때, 위로부터의 변화는 권위적인 방식으로 이루어지면 실패하게 된다.

하버드대학교 경영대학원 석좌교수 존 코터너(Kotter)는 실패하거나 성공한 100여 개 회사들을 분석해 여덟 단계의 변화 관리 프로세스를 정립하였고, 이러한 프로세서가 정립되지 않을 때 조직의 변화나 혁신은 실패한다고 주장한다.

① 지나치게 무사안일한 경우: 변화 대리인은 사람들이 변화를 원하도록 동기화하기 위해 사람들이 고도의 긴박감을 형성하도록 할 필요가 있다.

② 충분히 영향력 있는 지도력 연합을 형성하지 못한 경우: 핵심 리더는 변화 노력을 공개적으로 지지할 필요가 있다.

③ 비전의 힘을 과소평가하는 경우: 비전은 다수의 사람들의 행동을 이끌고 동조시키고 고무하는 것을 도움으로써 유용한 변화를 초래하는 데 결정적인 역할을 한다.

④ 열 중의 한 요소로(혹은 백 중의 하나) 비전을 충분히 의사소통하지 못하는 경우: 사람들은 자신에게 돌아올 이득이 비용을 능가하는지 명확하게 보고, 자신의 리더들이 자신들에게 말한 의도와 가치에 맞게 행동하는지 확인할 필요가 있다.

⑤ 새로운 비전을 차단하는 장애물을 허용하는 경우: 변화 비전은 변화로 조정되지 않는 조직 구조나 보상체계 등의 기존체계에 의해 좌초될 수 있다.

⑥ 단기간에 승리를 이루어 내지 못하는 경우: 부분의 변화같이 대규모의 변화는 완전하게 성취하는 데 수년이 걸린다.

⑦ 너무 일찍 승리를 선언하는 경우: 대규모의 변화는 완전하게 성취하는 데 수년이 걸린다.

⑧ 변화가 있으나 이를 조직문화에 확실하게 정착시키는 것을 무시하는 경우: 변화 결과는 조직의 업무수행도 향상에 가시적으로 반영될 필요가 있다. 새로운 행동과 체계는 새로운 규범과 가치에 근거해야 한다.

1 오윤섭, 이아영, 강지원, 주찬희, 고경표 (2018). 사회복지시설평가제도 개선방안 연구. 보건사회연구원 연구보고서. p, 237.

2 한국사회보장정보원, 사회복지시설평가 홈페이지자료(https://www.w4c.go.kr/favl/intro/business Intro.do)

3 보건복지부 (2018). 2018년도 사회복지시설 평가 사회복지관 평가지표(안). 보건복지부.

4 오윤섭 외, 전게논문.

5 Parasuraman, A., Zeithaml, V. A,. & Berry, L. L. (1988). SERVQUAL: A multiple-item scale for measuring consumer perceptions of service quality. *Journal of Retailing*, *64*(1), 12-40.

6 박경일 (2006). 지역사회복지관에서의 TQM실행에 관한 사례연구-서비스 질 관리와 고객만족을 중심으로. 한국사회복지정책학회 추계학술대회 발표문.

7 오창택 (2010). 청소년수련관 서비스 질의 구성차원과 전반적인 서비스 질 및 청소년애호도 간의 관계. 청소년학연구 17(2), 35-58에서 재인용(원출처: Oberoi, U. & Hales, C. (1990). Assessing the quality of the conference hotel service product: Towards an empirically bases model, *The Service Industries Journal*, *10*(4), 700-721.

8 김영종 (2016). **사회복지 프로그램개발과 평가**. 학지사. p. 234.

9 신복기, 박경일, 이명현, 윤기혁, 권진아 (2019). **사회복지행정론**. 공동체. pp. 295-296.

10 Parasuraman, A., Zeithaml, V. A., & Berry, L. L. (1988). 전게논문.

11 박경일 (2000). 서비스의 질적 향상을 위한 관리기법으로서 복지QC활동에 대한 사례연구. **한국사회복지학**, 40, 97-130.

12 백종만, 양난주, 최균, 장영신 (2015). 사회복지시설평가제도 분석과 개선방안 연구. **사회과학연구**, 39(2), 281-314.

13 1998년 이후에 이루어진 한국의 사회복지시설평가는 체계모형에 입각하여 사회복지조직을 평가하는 구조라고 볼 수 있다(백종만 외, 2015).

14 백종만 외 (2015). p. 292와 참고문헌을 참고할 것(유동철, 2012; 이봉주, 2013; 양난주, 2014).

15 강혜규, 박세경, 김형용 (2008). 사회서비스 성과지표 개발 및 시범 성과평가 연구. **사회서**

비스 활성화를 위한 품질 및 성과관리체계구축방안 Ⅰ. 보건복지부 · 한국보건사회연구원. pp. 155-338.

16 Kettner, P. M., Moroney, R., & Martin, L. L. (2008). *Designing and Managing Programs: An Effectiveness-based Approach*. Los Angeles: Sage Publications.

17 문순영 (2011a). 사회복지비영리조직의 자율규제에 관한 탐색적 연구. **사회복지정책, 38**(3), 81-104; 문순영 (2011b). 자율규제를 통한 사회복지 비영리조직에 대한 감독의 효율화 방안 연구. **정책분석평가학회보**, 21(4), 251-281의 자율규제 내용을 토대로 수정되었음.

18 최성락, 이혜영, 서재호 (2007). 한국 자율규제의 특성에 관한 연구: 자율규제의 유형화를 중심으로, **한국공공관리학보**, 21(4), 73-96.

19 김태윤 (1999). **규제대안개발연구**. 한국행정연구원.

20 Kearns, K. P. (1994). The strategic management of accountability in nonprofit organizations: An analytical framework, *Public Administration Review*, *54*(2), 185-192.

21 Cutt, J., & Murray, V. (2000). *Accountability and effectiveness evaluation in non-profit organizations*. London: Routledge; Ebrahim, A. (2003b). Making sense of accountability: Conceptual perspectives for northen and southern nonprofits. *Nonprofit Management & Leadrship*, *14*(2), 191-212; Dicke, L. A., & Ott, J. S. (1999). Public agency accountability in human services contracting. *Public Productivity & Management Review*, *22*(4), 502-516.

22 O'Neil, M., (1989) *The third America: The emergence of the nonprofit sector in the United States*. SanFrancisco: Jossey-Bass Publication.

23 Behn, R. D. (2001) *Rethinking democratic accountability*. Washington DC: Brookings Institution Press; Whitaker, G. P., Altman-Sauer, L., & Henderson, M. (2004). Mutual accountability between government and non-profits: Moving beyond "surveillance" to "service". *American Review of Public Administration*, *34*(2), 115-133 재인용.

24 Gates, S., & Hill, J. (1995). Democratic accountability and government innovation in the use of nonprofit organization. *Policy Studies Review*, *14*(1/2), 137-148.

25 Irvin, R. A. (2005). State regulation of nonprofit organizations: accountability regardless of outcome. *Nonprofit and Voluntary Sector Quarterly*, *34*(2), 161–178.

26 Gugerty, M. K., Sidel, M., & Bies, A. L. (2010). Introduction to minisymposium: Nonprofit selfregulation in comparative perspective–themes and debates, *Nonprofit and Voluntary Sector Quarterly*, *39*, 1027–1038. http://nvs.sagepub.com/content/39/6/1027

27 한국가이드스타 홈페이지(http://www.guidestar.or.kr/web/eval-result/list)에서 2022년 1월 27일 인출.

28 한국사회복지협의회, 한국사회복지사협회, 한국노인복지시설협회,한국노인종합복지관협회, 한국부랑인복지설연합회, 한국사회복지관협회, 한국시니어클럽협회, 한국아동복지연합회, 한국자활후견기관협회, 한국장애인복지관협회, 한국장애인복지시설협회, 한국재가노인복지협회, 한국정인요양협회와 보건복지부 등이 참여하였다.

29 정은하 (2010). 사회복지조직 혁신의 영향요인과 도입이유의 조절효과에 관한 연구. 카톨릭대학교 박사학위논문. pp. 8-9.

30 Damanpour, F. (1991). Organizational innovation: A meta-analysis of effects of determinants and moderators. *Academy of Management Journal*, *34*, 555–590; Dewar, R. D., & Dutton, J. E. (1986). The Adoption of Radical and Incremental Innovations: An Empirical Analysis. *Management Science*, *32*(11), 1422–1433.

31 Van de Ven, A. H. (1986). Central problems in the management of innovation. *Management Science*, *32*, 590–607.

32 Choi, S. (2014). Learning orientation and market orientation as catalysts for innovation in nonprofit organizations. *Nonprofit and Voluntary Sector Quarterly*, *43*(2), 393–413.

33 Edquist, C. (2001). *The systems of innovation approach and innovation policy: An account of the state of the art*. paper presented at the DRUID Conference, Aalborg, June 12~15.

34 Damanpour, F., & Evan, W. M. (1984). Organizational innovation and performance: the problem of organizational lag, *Administrative Science Quarterly*, *29*, 392–409.

35 Knight, K. E. (1967). A descriptive model of the intra-firm innovation process. *Journal of Business*, *40*(4), 478–496; Utterback, J. M., & Abermathy, W. J. (1975). A dynamic model of process and product innovation. *Omega*, *3*(6), 639–656.

36 Damanpour, F., & Evan, W. M. (1984). Organizational innovation and performance: the problem of organizational lag. *Administrative Science Quarterly*, *29*, 392–409.

37 Dewar, R. D., & Dutton, J. E. (1986). The Adoption of Radical and Incremental Innovations: An Empirical Analysis. *Management Science*, *32*(11), 1422–1433; Ettlie, J. E., Bridges, W. P., & O'Keefe, R. D. (1984). Organization strategy and structural differences for radical versus incremental innovation. *Management Science*, *30*, 682–695.

38 황성철, 정무성, 강철희, 최재성 (2014). **사회복지행정론**. 정민사. p. 449.

39 상게서, p. 449.

40 상게서, p. 449.

41 Kempt, R. G. M., Folkeringa, M. De Jong, J. P. I., & Wubben, E. F. M. (2003). *Innovation and Firm Performance*. SCALES Research report H200207; Parthasarthy, R., & Hammond, J. (2002). Product innovation input and outcome: Moderating effects of the innovation process. *Journal of Engineering and Technology Management*, *19*(1), 75–91; Choi, S. (2014). Learning orientation and market orientation as catalysts for innovation in nonprofit organizations. *Nonprofit and Voluntary Sector Quarterly*, *43*(2), 393–413; Choi, S., & Choi, J-S. (2014). Dynamics of innovation in nonprofit organizations: The pathways from innovativeness to innovation outcomes. *Human Service Organizations Management*, *38*(4), 360–373.

42 Kanter, R. M., & Summers, D. V. (1987). Doing well while doing good: dilemmas of performance measurement in nonprofit organizations and the need for a multiple-constituency approach. In W. W. Powell (Ed.), *The Nonprofit sector: A research handbook*. New Haven, CT: Yale University Press.

43 Gummer, B. (2001). Notes from the management literature: Innovate for die: The necessity for change in contemporary organizations. *Administration in Social Work*, *25*(3), 65–85.

44 정은하 (2010). 사회복지조직 혁신의 영향요인과 도입이유의 조절효과에 관한 연구. 카톨릭대학교 박사학위논문.

45 최상미 (2012). 사회복지조직의 혁신 촉진제로서 최고관리자의 리더십: 변혁적 · 거래적 리더십을 중심으로. **서울도시연구**, 13(3), 115-132.

46 최상미 (2014). 사회복지조직의 혁신 수행실태와 혁신 영향요인에 대한 탐색적 연구. **서울도시연구**, 15(4), 99-122.

47 Choi, S., & Choi, J-S. (2014). Dynamics of innovation in nonprofit organizations: The pathways from innovativeness to innovation outcomes. *Human Service Organizations Management*, *38*(4), 360-373.

48 최재성, 이상, 이선우 (2016). 사회복지조직의 창의성에 관한 탐색적 연구-3개 사회복지기관 사례를 중심으로. **사회과학논집**, 47(1), 1-27.

49 2008년 글로벌 금융위기 이후 새롭게 나타난 세계 경제의 특징을 통칭하는 말로 시작되어 사회적으로 '새로운 기준이나 표준'이 보편화되는 현상을 이르는 말이 되었다.

50 이재준, 임송식, 이고은 (2020). 포스트 코로나 뉴노멀 2.0 시대의 환경변화. **산은조사월보**, 776(27), 26-49.

51 국민일보 (2021. 08. 05). (여의도포럼)뉴노멀시대의 사회개혁 과제. http://news.kmib.co.kr/article/view.asp?arcid=0924203611&code=11171316&cp=nv.

52 황성철, 정무성, 강철희, 최재성 (2014). **사회복지행정론**. 정민사.

53 최상미 (2014). 사회복지조직의 혁신 수행실태와 혁신 영향요인에 대한 탐색적 연구. **서울도시연구**, 15(4), 99-122.

54 Holloway, S. (1987). Staff-initiated organizational change. In A. Minahan (Ed.), *Encyclopedia of social work* (18th ed., pp. 729-736). Washington, DC: NASW Press.

CHAPTER 14

사회복지조직의 새로운 경영방식

1 ESG경영

최근 ESG경영은 전 세계적인 트랜드로 확대되고 있고, 기업뿐만 아니라 정부와 소비자 등 모든 사회구성원이 관심을 가지게 되면서 이제는 선택의 문제가 아닌 기업의 생존과 성장의 핵심적 요소로 급부상하고 있다. 기업의 측면에서는 미래 사회에서 기업가치를 높이기 위한 사회적 가치를 기업 목적에 담고 있어야 하고, ESG가 투자자들의 핵심 가치로 부각됨에 따라 자본조달을 위하여 ESG경영은 필수적인 관리 요소가 되고 있는 것이다.[1] 여기에서는 ESG경영의 기본적인 개념과 ESG평가지표, 그리고 사회복지조직에서의 ESG경영에 대해 살펴보도록 하겠다.

1) ESG경영의 개념

(1) ESG의 의미

ESG는 환경(Environment), 사회(Social), 지배구조(Governance)의 영문 첫 글자를 조합하여 재구성한 단어로 세 가지 영역에 대한 사회적 기여도를 측정하여 기업의 비재무적 성과를 판단하는 기준으로 활용된다.[2] 이러한 ESG의 개념이 다소 급작스러울 수도 있지만, 이미 기업들은 ESG 등장 이전에 CSR(Corporate Social Responsibility)이라고 불리는 다양한 사회적 책임 활동들을 수행하고 있었다. 이는 기업의 최우선 목적이라 할 수 있는 이윤 추구를 넘어서서 기업이 가진 사회적 의무를 충족하기 위한 활동이었다. 특히 기업 운영과정에서 나타나는 각종 사회 문제들에 대하여 소비자들이 기업에 대한 적절한 책임을 요구하게 되면서 기업들은 이에 대한 대응 과정에서 CSR활동을 펼치게 된 것이다. 이러한 과정에서 ESG는 단순한 사회공헌 활동에 그치지 않고 기업활동의 각종 성과들을 기업 가치와 연결하게 되었고 CSR의 영역을 더욱 크게 확대했다.[3]

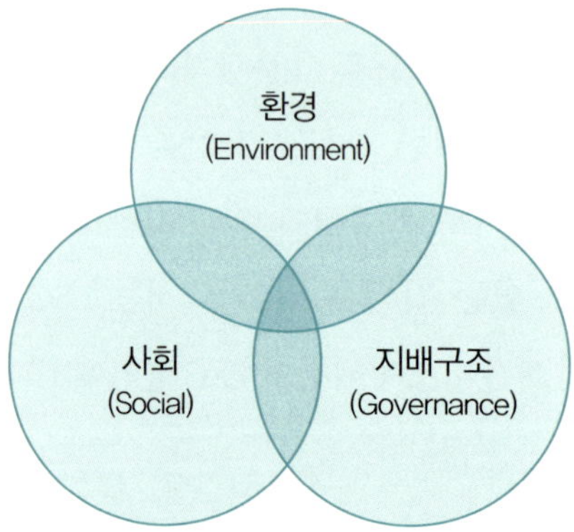

[그림 14-1] ESG의 구성요소

(2) ESG경영의 경과

ESG경영은 이제 기업에 있어서 선택의 문제가 아니라 지속 가능한 기업이 되기 위해, 또한 기업에 대한 투자를 유치하기 위해서라도 필수적인 활동이 되고 있다. 과거 기업을 둘러싸고 있는 이해관계자(stakeholder)의 영역이 넓어지게 되면서 기업에게 ESG경영에 대한 압력은 계속 커지고 있다.[4] 특히 기업들은 주주의 만족을 추구하는 활동에서 탈피하여 이제는 기업 내 · 외부의 다양한 이해관계자들을 만족시키고 이들과의 관계를 개선하기 위한 활동으로 기업경영 방향을 확대하고 있는 것이다.[5] 주주 이외에도 소비자나 직원, 지역사회 등이 기업의 이해관계자가 되고 있으며 이러한 내용들이 기업의 가치평가에 중요하게 영향을 미치고 있다. 따라서 주요 선진국의 자본시장에서는 친환경적이고 도덕적인 기업에 투자하는 사회적 책임투자(Socially Responsible Investment: SRI)가 확산되어 있을 뿐만 아니라 기업의 ESG 경영성과가 주요한 투자의 지표로 여겨지고 있다.

이러한 ESG의 개념을 포함하는 지속가능성과 관련한 전 세계적인 논의는 1987년 UNEP(유엔환경계획)와 WCED(세계환경개발위원회)가 함께 채택한 우리 공동의 미래(Our Common Future)라는 보고서에서 맨 처음 제시되었다. 보고서에서는 전 인류가 빈곤, 인구증가, 지구온난화, 기후변화, 환경파괴 등의 위기적 상황에서 경제를 발전시키기 위해서는 지속가능한 발전이라는 패러다임으로 전환이 필요하다는 것이었다. 이를 시작으로 ESG에 대한 국가와 투자자들의 관심과 사회적 책임투자(Social Responsible Investment: SRI) 논의가 활성화되었으며 다양한 방식으로 ESG의 제도화가 이루어지게 되었다.

우리나라에서도 상장기업의 ESG 정보공개 의무화가 추진된다. 자산규모가 2조원 이상인 기업은 2025년까지, 그리고 2030년에는 증권 거래소 모든 기업의 ESG 정보공개가 의무화될 예정이다.[6]

(3) ESG경영에 대한 성과논쟁

과연 그렇다면 ESG경영은 기업의 재무적 성과에 긍정적 영향을 미칠 것인가? ESG경영을 포함하여 기업의 사회적 책임수행이 기업 재무성과에 어떠한 영향을 미치는지에 대한 논쟁은 그동안 계속되어 왔다. 특히 이러한 사회적 책임경영이 분명 기업 재무성과에 긍정적 영향을 미칠 것이라는 기대에도 불구하고, 오히려 부정적 영향을 미치거나 투입한 자원에 비해 별다른 성과가 없을 것이라는 의견도 있다.

먼저 ESG경영에 대해 부정적인 의견을 내고 있는 대표적인 학자로는 프리드먼(Friedman)을 들 수 있다. 그는 프리드먼 독트린[7]이라는 뉴욕타임즈의 칼럼에서 기업은 이익을 극대화하는 것을 가장 큰 목적으로 해야 하며, 경영자들이 자신들의 사회적, 정치적 입지를 위해 사회적으로 자원을 사용하게 되면 결국 주주의 이익이 훼손된다고 보았다. 따라서 ESG와 관련한 활동들은 가급적 최소화해야 한다고 주장하고 있다. 또한 Barnea 외[8]는 기업이 수행하는 각종 사회적 책임활동과 기업가치 사이에 어떠한 관계도 존재하지 않는다고 주장한 바 있다. 오히려 경영자가 자신의 명성을 위해 기업의 사회적 책임 활동을 수행할 수 있기 때문에 적정 수준 이상의 사회적 책임활동은 기업 가치를 저하시키는 현상을 초래한다고 보고하고 있다.

하지만 기업 재무성과에 대한 ESG경영의 긍정적 영향을 나타내는 의견이 더 지배적이다. 우선 경영학 영역에서는 1980년대 이래로 기업에 영향을 주고 받는 이해관계자(stakeholder) 개념을 제시하고 경영의 과정에 적극 반영하기 시작했다. 특히 프리먼(Freeman)은 이해관계자 이론을 제시하고 SRM(Stakeholder Relationship Management)을 강조하기에 이른다. 주주 중심에서 벗어나 기업을 둘러싸고 있는 내외부 환경의 이해관계자의 요구들을 경영 전반에 반영하고 이들과 기업 간의 관계를 적극 고려해야 한다는 것이다.[9] 따라서 기업은 이윤 추구라는 목적 외에 주주와 소비자, 환경, 지역사회 등의 다양한 이해관계자들을 고려한 사회적 가치 창출을 중요한 아젠다로 고려하게 되었다. Murray와 Vogel[10] 또한 기업의 사회적 책임 활동을 활발히 할수록 소비자들도 해당 기업 상품의 가치를 더 높게 평가하게 되고, 사회적 책임 활동을 수행하지 않는 기업은 소비에서 제외함으로써 결국 기업의 사회적 책임 활동과 기업의 가치 사이에는 정(+)의 관계를 강조한 바 있다. 그 외에도 Godfrey[11]는 기업이 사회적 책임활동을 열심히 수행할수록 기업의 도덕적인 명성을 높여주기 때문에 궁극적으로 기업 가치에 긍정적인 영향을 미친다고 주장하였다.

이렇듯 ESG 경영의 재무성과에 대한 논쟁이 이루어져 왔지만, 기업 지속가능성 측면에 있어서 ESG 경영은 매우 중요한 역할을 담당하고 있다. ESG 경영은 기업 활동이 환경과 사회에 미칠 수 있는 불이익을 최소화하고 기업 지배구조의 효율성을 증대시킴으로써 기업의 지속가능한 성장을 창출할 수 있는 활동이 되었기 때문이다.

2) ESG 평가지표

ESG 평가지표는 주로 자산운용사들이 ESG 요소를 반영한 투자와 의결권 행사를 하기 위해 활용하고 있고, 특히 신용평가기관이 ESG 평가 결과를 기업 신용등급에 반영함으로써 ESG 평가지표가 강화되는 추세에 있다.

(1) Fitch의 평가지표

세계 3대 신용평가기관 중의 하나인 Fitch는 ESG가 기업의 신용등급에 미치는 영향을 보여주는 ESG Releavance Score 시스템을 2019년 발표하였다. Fitch의 구체적인 ESG 평가 기준을 살펴보면 다음의 내용과 같다.

먼저 환경영역(Environment)에서는 온실가스배출과 대기질, 에너지와 연료 관리, 물과 오수처리, 폐기물과 유해 물질관리, 그리고 자산과 기업 운영이 기후변화와 기상이변에 어떤 영향을 주는지와 관련한 환경영향에의 노출 내용을 포함하고 있다. 사회영역(Social)에서는 지역사회와의 관계와 가격의 적정성, 소비자의 개인정보 보호나 제품의 품질과 안전성, 노사관계와 직원의 다양성·포용성, 직원복지, 그리고 각종 사회 영향에의 노출의 내용을 다루고 있다. 지배 영역(Governance)에서는 기업관리 전략, 이사회의 독립성과 효과성, 소유권 집중도와 관련한 거버넌스 구조, 그룹 구조의 복잡성이나 투명성, 관련 당사자와의 거래정도, 마지막으로 재무 공개의 정도나 시기 관련 재무 투명성의 내용으로 구성된다.

〈표 14-1〉 기업을 위한 일반적 ESG 위험요인

영역	지표	내용
환경 (Environment)	온실가스배출/대기질	온실가스배출, 대기의 질
	에너지와 연료 관리	에너지 관리
	물과 오수처리	물과 오수 관리
	폐기물과 유해물질	폐기물과 유해물질 관리, 생태적 영향, 제품디자인과 생애주기 관리, 제품공급망 관리
	환경영향에의 노출	자산 및 운영에 있어서 기후변화 및 기상이변의 영향
사회 (Social)	지역사회관계와 사회접촉	지역사회 또는 토지권 보유자들과의 관계, 접촉과 가격 적정성
	소비자복지, 제품 안전성, 정보보안	소비자 개인정보보호, 정보보안, 제품 품질과 안전, 소비자복지, 판매 관행과 제품 인증
	노사관계 및 관행	노동 교섭 및 직원 (불)만족 영향, 노동공급망 관리, 직원의 다양성과 포용성
	직원복지	직원의 건강과 안전, 사고 예방
	사회 영향에 대한 노출	사회 선호도에서의 변화, 주요 프로젝트 운영에 대한 사회적 저항으로 초래되는 지연 또는 비용증가

지배 (Governance)	운영수행	관리전략
	거버넌스 구조	이사회 독립성과 효과성, 소유권 집중도
	그룹 구조	복잡성, 투명성과 관련 당사자 거래
	재무 투명성	재무 공개의 정도와 시기

출처: Fitch Ratings[12]

(2) K-ESG 가이드라인

전 세계적으로 ESG에 대한 관심이 커지고 있는 가운데 한국도 기업 평가의 기준이 재무적 요소에서 ESG와 같은 비재무적 요소로 발 빠르게 변화하고 있다. 특히 투자의 기준으로 ESG를 활용하는 경우가 커지고 있으며 협력사에 대한 ESG 기준 준수의 요구가 증가하고 있는 실정이다. 하지만 기업의 입장에서는 ESG경영을 어디에서부터 시작해야 하는지, 구체적 방법은 어떠해야 하는지에 대한 경험과 정보가 부족한 상황이어서 기업의 평가 대응 방향을 제시하고 국내 상황을 고려한 ESG 요소를 제시하기 위해 정부 차원의 K-ESG 가이드라인을 마련하게 된다.

K-ESG 가이드라인은 중견, 중소기업 ESG 경영성과 데이터 관리를 위하여 4개 영역에 총 27개 문항을 제시하고 있으며 구체적인 영역별 문항을 살펴보면 다음과 같다. 먼저 정보공시 영역에서는 정보공시 형식에서 ESG 정보공시의 방식과 주기, 범위를 진단하고 있으며 정보공시 검증에서는 ESG 정보공시 내용을 검증하게 된다. 환경영역에서는 환경경영 목표에 대해 환경경영 추진체계를 진단하고, 원부자재 사용량과 온실가스 배출량 및 검증, 에너지 사용량, 용수 사용량, 폐기물 배출량, 그리고 대기와 수질오염 물질 배출량을 진단한다. 사회에서는 노동과 관련한 정규직 비율과 결사 자유 보장, 다양성 및 양성평등에서 여성 구성원의 비율과 여성 급여 비율, 장애인고용률을 진단하며 지역사회 범주에서는 전략적 사회공헌과 구성원 봉사 참여를 진단한다. 마지막으로 지배구조에서는 이사회 내 ESG 안

건 상정과 이사회 활동에서의 전체 이사 출석률, 이사회 안건처리를 진단한다. 주주 권리에서는 주주총회 소집공고를, 윤리경영에서는 윤리 규범 위반사항공시를 진단하게 된다.

〈표 14-2〉 K-ESG 가이드라인

영역	범주	진단항목
정보공시	정보공시형식	• ESG 정보공시 방식 • ESG 정보공시 주기 • ESG 정보공시 범위
	정보공시검증	• ESG 정보공시 검증
환경	환경경영 목표	• 환경경영 추진체계
	원부자재	• 원부자재 사용량
	온실가스	• 온실가스 배출량 • 온실가스 배출량 검증
	에너지	• 에너지 사용량
	용수	• 용수 사용량
	폐기물	• 폐기물 배출량
	오염물질	• 대기오염물질 배출량 • 수질오염물질 배출량
사회	노동	• 정규직 비율 • 결사의 자유 보장
	다양성 및 양성평등	• 여성 구성원 비율 • 여성 급여 비율 • 장애인 고용률
	산업안전	• 안전보건 추진체계 • 산업재해율
	지역사회	• 전략적 사회공헌 • 구성원 봉사 참여

지배구조	이사회 구성	• 이사회 내 ESG 안건 상정
	이사회 활동	• 전체 이사 출석률 • 이사회 안건처리
	주주 권리	• 주주총회 소집공고
	윤리 경영	• 윤리규범 위반사항 공시

3) ESG경영의 사회복지조직 적용

기업의 ESG경영에 대한 관심과 실제 성과에 비해 아직까지 사회복지조직에 있어서 ESG경영은 거의 이루어지지 않고 있는 실정이다. 기업이 그동안 수행해 왔던 사회공헌활동을 어떻게 ESG와 연계시킬 것인지에 대한 내용이 일부 다루어지고 있지만, 사회복지조직이 주도하는 ESG경영은 아직까지 활발하지 못한 것이다. 여기에서는 ESG경영과 관련한 지표의 내용을 중심으로 사회복지조직에서 적용할 수 있는 내용들을 환경과 사회, 지배구조의 영역별로 살펴보고자 한다.

(1) 환경(Environment)

사회복지조직이 환경과 관련하여 ESG접근을 수행할 수 있는 내용은 의외로 많다. 우선 사회복지조직 운영과정에서 환경경영에 대한 중요성을 인식할 수 있도록 임직원 대상 교육을 정기적으로 실시하고 환경경영 관련 추진체계를 사회복지조직 내에 설치한다.

이와 함께 사회복지조직이 배출하는 다양한 오염물질을 최대한 줄일 수 있는 시도가 이루어져야 한다. 구체적으로 클라이언트를 대상으로 하는 송영서비스 과정에서 친환경 자동차를 사용하고 사회복지서비스 제공 시 사용하게 되는 1회용품을 최대한 자제해야 한다. 또한 사회복지기관에서 배출되는 폐기물에 대한 처리

방법을 다양한 연구기관들과 개발하는 노력을 기울일 필요가 있다. 그 외 대부분 사회복지조직들은 공간을 기반으로 하기 때문에 향후 투입되는 공간개선 과정에는 신재생에너지를 적극 활용할 수 있어야 한다.

(2) 사회(Social)

사회복지조직이 다양한 사회문제를 해결하기 위해 노력한다고 해서 ESG경영을 하고 있다고 생각하면 안 된다. ESG경영과정에서의 사회영역은 그동안 사회복지조직의 고유 활동이라 할 수 있는 취약계층에 대한 직접적 사회복지서비스 제공 외에도 매우 다양한 내용을 포함하고 있기 때문이다.

우선 사회복지조직 내에 보유하고 있는 수많은 클라이언트들의 개인정보 보호를 위해 더 많은 노력을 기울여야 한다. 특히 최근에는 문서 형태가 아닌 전자 형태의 개인정보들이 지속적으로 증가하고 있기 때문에 더욱 더 개인정보보호가 중요하다. 이와 함께 사회복지조직 종사자들의 복지를 향상하고 사고로 인한 피해를 입지 않도록 해야 하겠다. 그 외 클라이언트들이 일자리 차원에서 참여하여 생산하는 다양한 제품들에 대한 안정성을 향상해야 하며 기존 사회복지조직에서 제공하는 사회복지서비스 외에 새로운 사회적 이슈를 발견하고 해결하려는 노력을 지속적으로 기울여야 할 것이다.

(3) 지배구조(Governance)

지배구조와 관련해서는 우선 사회복지조직의 이사회와 운영위원회 등이 독립적이고 효과적으로 운영될 수 있도록 해야 하겠다. 그리고 다양한 위원회 조직에 지역주민을 포함한 이해관계자들이 실질적으로 참여할 수 있는 구조가 마련되어야 한다.

또한 사회복지조직은 대체로 중앙 또는 지방자치단체로부터 사회복지법인 등이 위탁을 받아 운영하는 경우가 많은데, 이 때 법인들은 사회복지기관 자체의 운영권을 보장하기 위해 노력해야 하겠다. 마지막으로 사회복지조직이 민주적이고 투명하게 운영될 수 있는 체계가 마련되어야 한다.

이상으로 환경과 사회, 지배구조에 대한 사회복지조직의 ESG 대응방향에 대해 제시하였다. 개별 영역별로 보다 적극적인 ESG경영이 이루어지기 위해서는 사회복지조직 내에 ESG 위원회가 설치되어 지속적인 ESG경영 관련 모니터링이 가능해야 하겠으며 사회복지조직의 특성이 고려된 ESG 평가기준이 마련되고 확산될 수 있어야 할 것이다.

2 사회복지조직 윤리경영

윤리라운드(ethics round)[13]의 탄생, WTO, OECD, ICC와 같은 국제기구들의 부패라운드(corruption round)[14]도입, OECD, ISO 등이 윤리경영의 규범화와 표준화를 추진하며 '공정하고 투명한 경쟁규칙'을 국제상거래에 적용하려는 노력이 강화되었다. 이러한 국제적 환경변화 속에서 21세기 기업의 윤리경영은 많은 기업들이 선택이 아닌 초일류기업이 되기 위한 필수요건이라고 인식하고 있다. 또한 윤리경영은 기업의 경쟁력 향상과 지속가능한 발전을 위한 핵심요소로 부각되고 있다.

이에 많은 기업들이 윤리경영을 기업경영의 으뜸으로 삼고자 기업윤리헌장을 제정하고 그에 따른 강령과 실천지침을 작성하는 한편, 윤리경영 전담 부서를 설치해 기업윤리를 정착시키기 위한 노력을 기울였다. 이제 윤리경영은 기업의 경쟁력 향상과 지속가능한 발전을 위한 핵심요소이다.

우리나라 사회복지조직에 윤리경영이 본격적으로 도입된 것은 2006년 사회복지분야 투명사회협약이 체결되면서부터이며[15] 한국사회복지사협회가 2006년부터 사회복지공동모금회의 후원으로 '윤리경영 선도기관 육성사업'을 진행하면서 사회복지 분야 전반에 윤리경영에 대한 관심이 매우 높아졌다. 이를 통해 사회복지기관 종사자들의 윤리의식 고취 및 기관운영의 역량 강화를 통한 투명성 확보, 사회복지기관의 내·외부 관계자 및 지역사회 전체에 긍정적인 이미지 확립, 사회복지기관 윤리경영 적용 프로그램 개발 및 확산이 이루어졌다.[16]

BOX 14.1 사회복지 분야 투명사회협약 전문의 일부내용

우리 사회복지 분야 종사자들은 모든 국민들의 자발적이고 협력적인 참여를 위해 깨끗하고 투명한 사회복지환경을 조성하는 것이 중요하다는 점에 인식을 같이 한다. 우리는 사회복지 분야의 투명성을 강화하고 책무성을 확보하는 것이 국민과 사회로부터 신뢰받고, 궁극적으로는 국민 복지를 향상하는 출발점이자 목표가 되기를 기대하며, 이의 성실한 이행을 다짐하기 위해 이 협약을 체결한다.

〈사회복지분야 투명사회협약 본문의 주요내용〉

제1장 총 칙

목적, 정의, 적용범위, 협약체결 당사자의 책무

제2장 공공부문

공공부문의 역할, 부패방지체제 개선, 청렴도 제고, 공공부문 직원 윤리 강화, 투명성 교육 강화, 투명사회협약 지원

제3장 사회복지시설 운영의 투명성 강화

보조금 운영의 투명성 확보, 기능보강사업비 적정집행, 법인운영의 투명성 강화, 후원금 및 입소비용 관리의 투명성 확보, 당사자 역할

제4장 사회복지시설 이용자 인권개선 및 종사자 근무환경 개선

이용자 권익보호, 시설의 지역사회 개방, 직원 처우개선, 투명한 인사정책 확립, 교육훈련을 통한 직원 전문성 제고, 사회복지 조사 및 연구사업 활성화

제5장 사회공헌활동 촉진

사회공헌활동의 목표, 주민복지의식 제고, 청소년 인식 및 봉사활동의 제고, 사회봉사단 설립 추진

제6장 사회복지단체 및 시설의 윤리경영 강화

사회복지 윤리강령 준수: 사회복지관련단체와 사회복지시설은 자발적인 윤리경영 및 투명성 제고를 위하여 사회복지 윤리강령을 준수하도록 한다.

제7장 협약이행과 사회복지분야 투명사회협약실천협의회

사회복지분야 투명사회협약실천협의회 설치, 협의회의 임무, 투명사회협약실천협의회와의 관계, 투명사회실천을 위한 참여선언

이러한 배경을 토대로 본 절에서는 사회복지조직 내 윤리경영의 도입 및 실행을 돕기 위하여 사회복지전문직 윤리와 사회복지기관의 윤리와 책임, 윤리경영의 개념과 필요성, 발전단계, 핵심요소 및 실천 운영체계, 실천전략을 중심으로 사회복지조직 윤리경영에 관해 살펴보고자 한다.

1) 사회복지전문직 윤리

일반적으로 가치(value), 지식(knowledge), 실천기술(practical skill)을 사회복지전문직의 구성요소로 본다. 이 중 지식과 실천기술은 사회복지를 타 전문직과 구별하여 하나의 독립적인 전문직으로 설 수 있게 해 주는 필수요소이며, 가치는 다른 전문직과 구별되는 핵심요소이다. 따라서 전문가 집단으로써 사회복지사들은 자신들만의 고유한 전문직 가치(professional ethics)를 공유하게 된다. 이는 구체적인 윤리적 원칙과 표준으로 표현되면서 전문직 윤리체계를 형성한다. 김기덕은 사회복지전문직이 지향하는 핵심가치와 연관하여 사회복지전문직의 구성요소로 개인

존중과 개인적 서비스 윤리(개인존중), 전문가의 온정적 개입주의(전문성), 공적 책임성의 윤리(공공성)를 제시하였다.[17]

(1) 개인존중과 개인적 서비스 윤리: 개인존중

전문직으로서 사회복지는 전문적인 도움을 통해 개개인의 복지와 이익을 향상시켜야 한다. 즉, 사회복지전문직의 궁극적인 가치는 개별 클라이언트가 가지고 있는 인간성에 대한 존중과 인간성을 실현하기 위해 요구되는 전문적이고 개별적인 서비스의 제공에 있다. 여기에서 자유와 자율성, 클라이언트의 자기결정의 원칙, 비밀보장의 원칙이 파생된다.

(2) 전문가의 온정적 개입주의: 전문성

사회복지의 핵심가치는 도움을 필요로 하는 사람들을 돕고 사회적 문제들에 대응하는 것이며, 사회의 취약하고 억압받는 개인이나 집단을 위해 일해야 한다는 것이다. 전문가의 온정적 개입주의의 규범적 근거는 인간이 가진 선행의 의무는 어려움에 처한 사람들을 도움으로써 그들이 행복한 생활을 영위할 수 있도록 하는 것과 클라이언트에 비하여 전문가가 가지고 있는 능력의 우위에 있다는 것이다. 클라이언트의 의사에 반해서도 개입할 수 있는 윤리적 근거는 전문적 개입을 통해 보다 확대된 자율의 신장을 가져올 수 있다는 것에 있다.

(3) 공적 책임성의 윤리: 공공성

사회복지가 기본적으로 공적으로 후원되고 자금을 지원받는 영역이라는 특성 때문에 공적책임성은 더욱 강조된다. 이는 직접서비스 대상인 클라이언트뿐 아니라 더 광범위한 사회적 요구에 적절하게 부응해야 한다는 것을 의미한다. 따라서 클라이언트의 욕구 및 이익의 충족이 타인 혹은 제3자 나아가 공공의 이익을 침해해서는 안 된다.

(4) 사회복지전문직 윤리 구성요소의 관계

앞서 설명한 개인존중, 전문성, 공공성이라는 사회복지전문직 윤리 구성요소 중 하나라고 소홀히 하거나 상실하게 된다면 사회복지전문직의 규범적 존재근거는 상실된다. 또한, 각각의 구성요소는 서로 상충되는 요소가 있어 한 요소를 지나치게 강조하면 다른 요소가 상대적으로 위축될 수 있다. 구성요소의 주요내용과 관계를 도식화하면 [그림 14-2]와 같다.

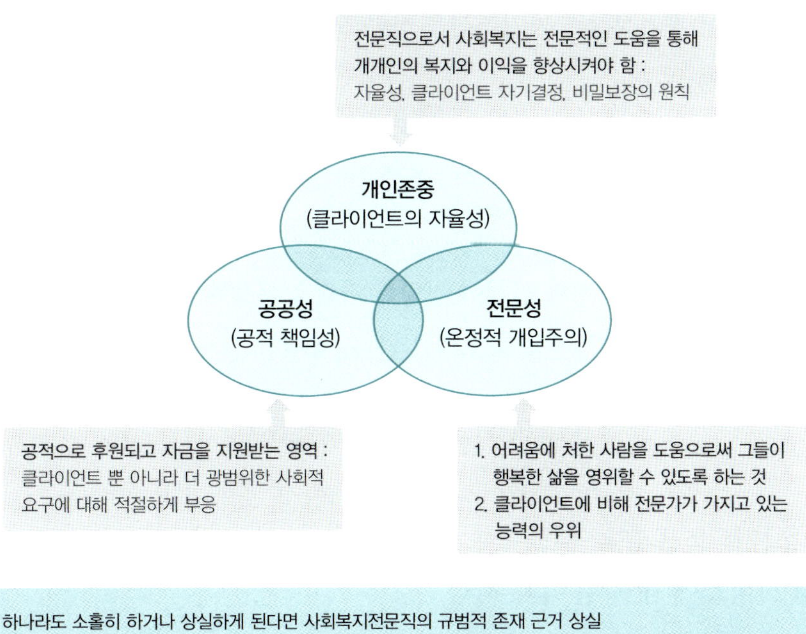

▶ 하나라도 소홀히 하거나 상실하게 된다면 사회복지전문직의 규범적 존재 근거 상실
▶ 각각의 구성요소는 서로 상충되는 요소가 있어 한 요소를 지나치게 강조하면 다른 요소가 상대적으로 위축될 수 있음

[그림 14-2] 사회복지전문직 윤리의 세 가지 구성요소[18]

2) 사회복지조직의 윤리와 책임

가치지향적인 사회복지조직에서 윤리는 기본 사명이다. 아울러 이윤창출이 근본목표인 기업과 달리 도덕성이 우선시되는 조직특성에서 사회복지조직의 윤리경영은 더욱 강조되고 있다. 이명묵은 사회복지조직의 윤리와 책임으로 세금과 후원금, 직원, 서비스, 사회관계, 거버넌스 참여, 사회적 가치에 대한 윤리와 책임을 제시하고 있으며 관련 내용은 다음과 같다.[19]

(1) 세금과 후원금에 대한 윤리와 책임

사회복지조직 예산의 대부분은 세금과 후원금이다. 따라서 재무관리는 투명하고 원칙적으로 이루어져야 하며, 최선의 책임(직무 책임 완수)과 관련하여 기관장과 종사자들이 자기성찰과 자기혁신을 하는 도덕적 책임의 자기윤리경영이 요구된다.

(2) 직원에 대한 윤리와 책임

사회복지조직은 전문성과 인성이 검증된 직원을 채용해야 하고, 최선의 근무환경 조성을 통한 생산성 향상을 도모해야 한다. 공정한 인사, 기관 운영 정보 공유, 역량개발 지원, 인격적 대우, 기관·법인의 합리적 경영과 최선의 근무환경 조성 노력 등이 요구된다.

(3) 서비스에 대한 윤리와 책임

클라이언트의 복지 증진에 헌신하며, 이를 위한 환경 조성을 위하여 국가와 사회에 요구해야 한다. 최상의 서비스를 제공하기 위해 지속적으로 지식과 기술을 개발하는데 최선을 다해야 하며, 클라이언트의 경제적 지위나 장애 등의 이유로 차별하지 않아야 한다. 또한, 클라이언트의 권익옹호, 자기결정권, 이익을 위한 대변, 사생활 보호, 알 권리를 존중해야 한다.

(4) 사회관계에 대한 윤리와 책임

이는 지역사회, 국가 또는 지구촌과의 관계형성에 대한 윤리와 책임이다. 사회복지조직은 지역사회복지 증진을 위한 활동에 참여할 수 있는 기회와 책임이 있다. 지역(주민)의 복지현안 분석과 대안 개발, 환경, 교통, 교육, 인권, 문화, 평화, 재난 예방과 복구, 지역개발 등 지역주민과 지구촌 주민의 삶에 대한 윤리와 책임이 여기에 해당된다.

(5) 거버넌스 참여의 윤리와 책임

정부와 민간기관(사회단체와 기업)간의 협력과 넓은 의미로 사회(정책)변화를 의도하는 공익을 목적으로 하는 민간기관 간의 협력을 의미한다. 거버넌스 시대 사회복지조직이 사회적 책임을 다하고 정부 또는 지역사회에서 협력의 파트너로 선택되기 위해서는 지역사회에서 전문성 · 열성 · 도덕성을 인정받는 윤리성 확보가 필요조건이다.

(6) 사회적 가치에 대한 윤리와 책임

사회복지조직의 사회적 존재 가치와 역량에 대한 사회적 평가와 관련하여 '한국에서 가장 존경받는 기업'을 조사하는 데 사용된 6개 항목을 대입해 볼 수 있다. 사회복지조직의 혁신능력(기관경영의 혁신능력, 창조적 서비스개발), 주주(예산의 투명성과 효율성, 기관장의 헌신), 직원(직원복지, 능력개발지원), 고객(서비스 질, 클라이언트 만족도), 사회(지역사회 및 지구촌 기여, 사회복지계 기여), 이미지(기관 브랜드의 대외 신뢰도) 가치의 총합이 사회적 가치로 평가될 수 있다.

3) 윤리경영의 개념과 필요성

(1) 윤리경영의 개념

윤리경영이란 경영활동상의 행동이나 태도의 옳고 그름을 구분하는 규범적 판단과 의사결정 기준을 윤리적 가치에 둔 공정하고 합리적인 경영방식이며,[20] 기업이 윤리적 책임을 다함으로써 고객, 주주, 구성원, 경쟁자, 공급자, 정부, 지역사회 등 이해관계자들에게 신뢰를 얻을 수 있도록 경영하는 것을 의미한다. 또한, 지속가능한 기업으로 성장하는 것을 목표로 하는 경영전략으로서 윤리경영은 기업을 둘러싼 다양한 이해관계자와의 좋은 관계 형성과 유지를 통해 경쟁력(competitiveness) 있는 기업이 되기 위하여 기업의 경제적 · 사회적 · 환경적 책임을 이행함으로써 경쟁우위를 창출하는 것이다.[21]

이를 사회복지조직에 적용해 보았을 때, 사회복지조직 윤리경영은 인간에 대한 존중을 의미하며, 조직의 사명을 달성하기 위해 사회에 유익한 가치를 창출하는 것이라 할 수 있다.[22] 또한 사회복지조직이 지속가능한 조직으로 성장하는 것을 목표로 조직의 사명을 달성함으로 사회에 유익한 가치를 창출하는 것이다.

구체적으로 사회복지조직에 부여된 역할을 수행함에 있어 클라이언트를 비롯하여 사회복지조직을 둘러싼 다양한 이해관계자와 좋은 관계형성 및 유지를 통한 경쟁력 확보, 사회복지조직의 세금과 후원금 등의 재무관리의 투명성과 최선의 책임을 기본으로, 직원, 서비스, 사회관계, 거버넌스 참여, 사회적 가치지향에 대한 윤리와 책임을 성실히 이행함으로써 경쟁우위를 확보하고 지속가능경영을 창출하는 경영전략으로 정의할 수 있다.

(2) 윤리경영의 필요성

사회복지조직에서 사회복지를 실천하는 종사자들은 실무를 담당하는 실무자이든 경영과 행정을 담당하는 기관장이든 사회복지가 지향하는 목적과 기능 때문에 윤리적 기준에 맞는 행동을 하도록 요구받는다. 투명한 사회와 투명한 경영이 화두가 된 현재 그 어떠한 조직보다 사회복지조직이 윤리성에 입각해서 운영되고 있는지 여부는 매우 중요한 부분이다.[23] 경영활동의 투명성 유지는 대내외 이해관계자로부터 신뢰를 확보하고, 직원들의 직무만족도와 생산성을 향상시켜 경영성과의 상승을 초래한다. 또한 노사상호간 신뢰관계가 강화되면서 노사안정화 등 복합적인 경영성과를 가져올 것으로 본다.

사회복지조직이 윤리경영을 도입해야 하는 이유는 이해관계집단의 요구와 사회복지조직의 책임에서 찾아볼 수 있다. 첫째, 공공기관, 재단, 개인 및 단체 후원자, 협력후원자, 국제기구 등 재정지원사들의 재정지원에 대한 합법적 사용 여부 보고와 평가의 책임, 둘째, 대중 · 정부 · 집단 대표자들의 대리인 역할을 수행해야 하는 책임, 셋째, 서비스 제공시 클라이언트와 지역사회의 의견을 반영해야 하는 책임이 그것이다.[24]

사회복지조직은 존재목적 자체가 공공성을 인정받아야 하며, 이를 위해서는 조직자체에 대한 신뢰확보가 바탕이 되어야 한다. 사회복지조직은 윤리경영 실천을 통해 다양한 이해관계자들의 신뢰를 확보하여 지속적이고 협력적인 관계형성이 가능하게 된다. 이를 통해 사회복지조직은 인적 · 물적 자원의 확보가 용이하며, 책임적인 자원을 획득하게 됨으로 경쟁우위를 확보하고 지속가능경영이 가능하게 된다.

특히, 윤리성은 인간이면 누구에게나 요구되는 덕목이지만, 사회복지전문직은 다른 직종보다 더 많은 윤리성을 요구받는 직업 중 하나이다. 그 이유는 첫째, 지식, 기술, 가치라는 사회복지실천의 3대 구성요소 중 가치는 윤리적 측면을 포괄하는 요소이며, 사회복지실천의 존재를 구성하는 중요한 한 축이 윤리적 요소일 정도로 사회복지사에게 윤리는 필수적 측면이기 때문이다. 둘째, 윤리성은 일반적으로 전문직 구성요소 중 하나인데 우리나라에서도 한국사회복지사협회가 설립된 1967년부터 사회복지사 윤리강령을 채택하였고, 사회복지사는 이를 준수할 것을 의무로 하고 있기 때문이며, 셋째, 사회복지사는 사회적 약자 및 소수자를 주 대상으로 하는 전문직이라는 측면에서 윤리성이 더욱 요구되기 때문이다.[25] 이에 사회복지조직은 사회복지사들이 사회복지실천과정에서 윤리적으로 민감성을 가지고 업무를 수행할 수 있도록 돕고, 이러한 근무환경 조성을 위해 노력을 기울여야 한다. 이는 사회복지조직 내 윤리경영의 체계적인 도입과 실행을 통해 가능한 부분이다.

4) 윤리경영의 발전단계

윤리경영은 관념적 개념이 아니고 형성적·실천적 개념이므로 사회복지조직의 윤리경영 실천 역사와 실천정도에 따라 실천내용이 동일할 수 없다. 따라서 윤리경영 추진전략은 사회복지조직의 사정과 문화에 따라 조직의 상황에 맞게 다양하게 전개되어야 한다. 일반적으로 이러한 윤리경영의 발전단계로서 5단계론과 4단계론, 국제투명성 기구의 6단계 실행절차 등이 있다.[26] 사회복지조직은 널리 알려진 윤리경영 발전단계의 5단계론과 4단계론을 참조하여 윤리경영 수준을 점검하고, 단계적으로 추진전략을 수립할 수 있다.

(1) Reidenbach와 Robin의 윤리경영 5단계

Reidenbach와 Robin은 기업이 이윤추구와 윤리적 고려를 어떻게 균형 시키는가를 기준으로 기업조직의 윤리경영 수준을 무도덕단계, 준법단계, 대응단계, 윤리관 태동단계, 윤리적 선진단계로 설명하였으며 이를 도식화하면 [그림 14-3]과 같고, 구체적인 내용은 아래와 같다.[27]

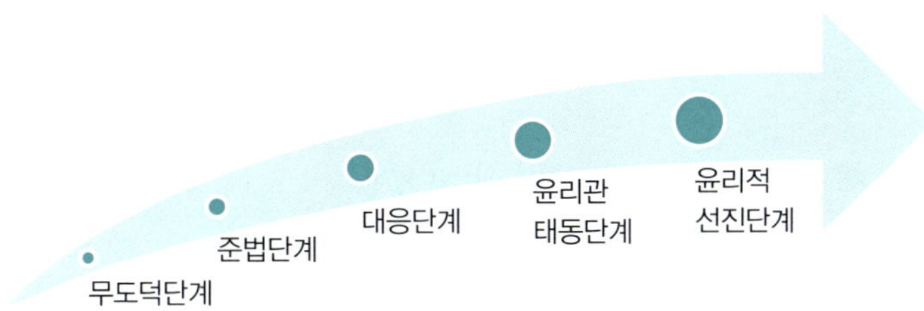

[그림 14-3] Reidenbach와 Robin의 윤리경영 5단계

- 1단계 무도덕단계(amoral stage): 경영에서 윤리적인 문제에 대해 심각하게 고려하지 않는 단계이며, 이익의 증대 및 극대화를 추구하기 위해 어느 정도의 비윤리적인 행위도 감수하고, 처벌을 받더라도 이익을 극대화하기 위한 대가로 생각하는 상태
- 2단계 준법단계(legalistic stage): 경영에서 윤리적인 잣대로 경영활동과 관련된 모든 행위를 판단하려고 노력하지 않더라도 최소한의 법규는 준수하려는 단계이며, '법은 도덕의 최소한도'라는 의식으로 법규만 제대로 지키고 그 이상의 윤리는 고려하지 않는 상태
- 3단계 대응단계(responsive stage): 경영에서 윤리적인 문제를 생각하고 관심을 갖기 시작하며, 지역사회 이해 · 고려 및 사회적 책임을 깨닫는 초기단계이며, 이윤을 확보 · 증대하고 극대화하기 위해 윤리경영을 감안하고 고려하는 상태

- 4단계 윤리관 태동단계(emerging ethical stage): 기업이익과 기업윤리의 균형을 찾으려고 노력하는 단계이며, 기업윤리를 반영한 기업의 목적과 경영이념 등을 규정하고 윤리강령제정, 윤리문제 인사고과 반영, 윤리경영의 시스템화가 진행되는 상태
- 5단계 윤리적 선진단계(developed ethical stage): 명확한 윤리관과 윤리원칙을 천명하고 관리하는 단계이며, 윤리원칙에 따라 경영활동 수행, 단기적인 이익 실현보다 윤리가 우선적으로 고려되는 윤리경영의 최고수준

(2) 전국경제인연합회의 윤리경영 4단계

국제투명성 기구의 6단계 실행절차와 Reidenbach와 Robin의 5단계론이 현실적인 윤리경영 실천정도를 판단하고 그에 따라 기업이 취할 적절한 실천 로드맵을 제시해 주지 못한다는 단점을 지적하면서 [그림 14-4]와 같이 윤리경영 도입단계, 제도화 단계, 체계화 단계, 명성 유지단계 4단계론을 제시하였다.[28]

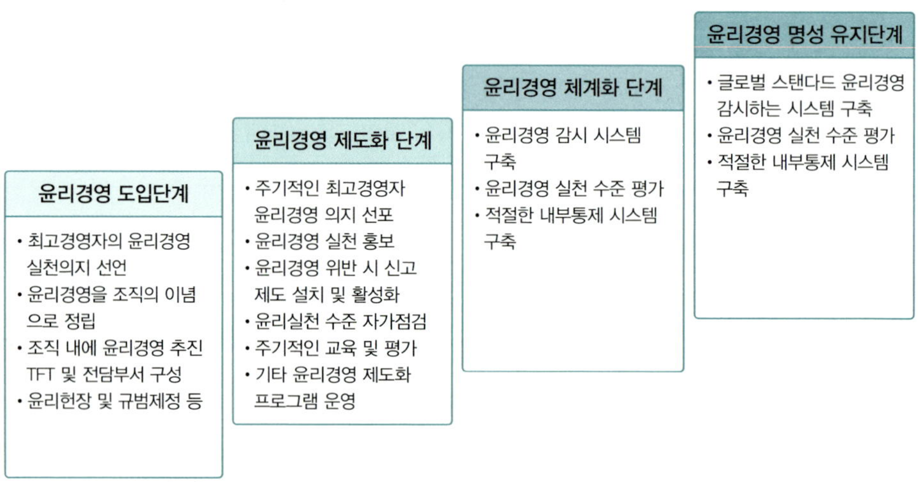

[그림 14-4] 전국경제인연합회의 윤리경영 4단계

5) 윤리경영의 핵심요소 및 실천 운영체계

윤리경영을 실천함에 있어 핵심요소 및 실천 운영체계의 구축은 사회복지조직 내 윤리경영의 정착, 효과성 증진, 실행력 증진, 윤리경영의 조직문화화 도모 등을 위한 중요한 내용이다.

(1) 윤리경영의 핵심요소(3C)[29]

윤리경영의 핵심요소는 최고경영자(CEO), 실천시스템(Conducting System), 조직문화화(Corporate Culture)이다.

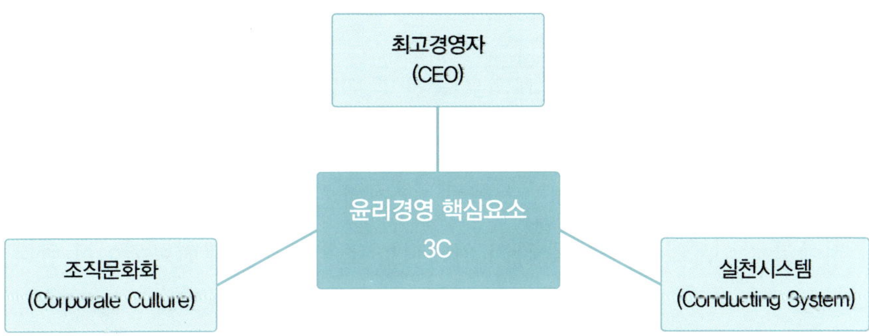

[그림 14-5] 윤리경영의 핵심요소(3C)

① 최고경영자: 최고경영자의 도덕적 수준은 조직의 도덕적 수준을 결정하는 가장 중요한 요소이다.

- 기업윤리에 대한 꾸준한 추진의지
- 전략적 의사결정자로서 윤리적 의지와 결단은 해당 조직의 윤리경영 수준 좌우

- 실천시스템 구축 후 실행될 수 있도록 조정 · 통제 역할(격려, 감독, 평가 등) 필요
- 윤리경영의 조직문화화를 위해 솔선수범 필요

② **실천시스템:** 윤리경영의 성공적인 정착을 위해서 실행시스템의 효과적인 정비가 핵심적인 과제이다.

- 성문화된 윤리헌장과 실천 지침
- 윤리전담 조직과 인력
- 교육 및 평가 시스템
- 내부통제 및 피드백 시스템
- 윤리경영 홈페이지 운영 등
- 윤리경영 실천 우수 직원 인센티브(승진 및 보상)

③ **조직문화화:** 윤리경영이 최고경영자 및 전체 구성원들의 활동과 의사결정과정에서 가이드라인 역할을 하기 위해서는 조직문화로 내면화되어야 한다.

- 조직사명과 목표를 통해 제시된 윤리적 가치 내면화 → 윤리경영 추론 능력 형성 → 윤리적 의사결정 기능
- 내부 커뮤니케이션(대화, 성공사례 공유, 신입직원 특별교육 등) 활성화가 중요

BOX 14.2 성공적인 윤리경영 실천과 정착을 위한 7가지 조건[30]

① 기관장의 강력한 실천의지
② 실천을 위한 인프라 구축(윤리경영 관련 규정과 제도마련, 윤리전담부서 설치와 인력배치 및 홈페이지 개발)
③ 실천 프로그램 정비
④ 지속적인 윤리교육 실시
⑤ 경영성과에 대한 확고한 믿음
⑥ 윤리실천에 대한 제도 및 평가 프로그램 개발
⑦ 협력기관의 적극적인 동참 유도

(2) 윤리경영의 실천 운영체계[31]

조직 내에 윤리경영을 도입하여 정착시키기 위해서는 체계적인 접근이 필요하다. 윤리경영 실천에 대한 최고경영자의 확신을 시작으로 윤리헌장과 강령 등 윤리방침의 명문화, 윤리경영 관련부서 운영, 조직구성원들 대상으로 윤리경영 교육실시, 윤리경영 조직문화화를 위한 방안 마련, 윤리경영 감사, 조직 내 실시되고 있는 윤리경영 프로그램의 평가와 그 결과에 따른 개선방안 마련 등 [그림 14-6]과 같이 윤리경영을 실천함에 있어 실천 운영체계를 구축해야 한다.

[그림 14-6] 윤리경영의 실천 운영체계

① 최고경영자의 확신: 최고경영자가 조직운영에 있어 윤리경영이 필수적임을 인식하고 조직의 윤리수준을 향상시키려는 신념이 있어야 한다.

② 윤리방침: 윤리헌장, 강령 그리고 구성원의 행동규칙은 명확하게 규정되고 문서로 표명되어야 하며 위배 시의 명확한 처벌규정 등이 적용되어야 한다. 이때 윤리강령과 행동규칙은 조직구성원들이 함께 의논하여 제정하는 것이 요구된다.

③ 윤리경영 관련 부서: 조직 내 윤리경영을 도입하여 정착시키기 위해서는 관련 부서를 두어야 한다. 독립부서 및 기존부서에 윤리관련 업무를 책임지울 수도 있다.

④ 윤리경영 교육: 조직의 윤리헌장, 강령 등 방침이 발표되고, 윤리프로그램을 실천하기 위해서는 조직 내 교육이 가장 큰 역할을 한다.

⑤ 윤리경영의 조직문화화: 조직의 경영계획과 구성원의 업무평가에 윤리내용을 포함하여야 하며, 구성원의 자원봉사활동 장려를 통해 윤리경영의 조직문화 정착에 큰 역할을 하게 된다.

⑥ 윤리경영 감사: 객관성 유지를 위해 외부의 전문적 연구기관에 의뢰할 수도 있고, 자체적으로 감사를 실시할 수도 있다.

⑦ 윤리경영 프로그램의 평가와 개선: 윤리감사 및 구성원들의 상담을 통해 얻은 경험과 분석을 토대로 교육프로그램을 개선하고 필요시 윤리강령과 구성원 행동준칙을 개정한다.

6) 사회복지조직 윤리경영 실천전략

사회복지조직에서 윤리경영을 실천함에 있어서 기관장의 의지와 철학이 가장 중요하며, 직원들의 윤리경영에 관한 공감대 형성은 필수이다. 사회복지조직이 조직 내 윤리경영을 도입하여 정착시키기 위해서는 앞서 살펴보았던 윤리경영의 핵심요소(3C)와 윤리경영의 실천 운영체계를 구축하는 것이 요구된다. [그림 14-7]과 같이 사회복지기관 윤리경영 실천전략[32]에 따라 체계적으로 윤리경영 시스템을 도입한다면 조직 내 윤리경영 정착에 도움이 될 것이다.

[그림 14-7] 사회복지기관 윤리경영 실천전략

실천전략 1. 윤리적 실천을 위한 기반 마련

윤리경영을 실천하기에 앞서 실천과정에서 직면하게 될 어려움의 극복에 도움을 줄 전문가나 선행기관과의 관계를 형성하는 것이 필요하다. 또한 윤리경영 실천은 조직의 변화를 의미하기 때문에 지식과 신념을 가지고 변화에 앞장 설 변화 추진자를 양성하는 것이 필요하다.

실천전략 2. 윤리경영을 위한 전담 기구의 구성

윤리적인 실천을 위한 사업계획 수립, 실천과정상 필요한 주요 의사결정(정례화된 회의), 조직 내 공감대 형성을 위한 의사소통기구로서의 역할을 수행할 윤리경영 사업 전담기구가 필요하다.

실천전략 3. 윤리적 실천을 위한 계획의 수립

경영관리 프로세스의 틀에 따라 윤리경영활동 전개가 필요하다. 즉, 조직의 미션과 주요 목표의 설정, 외부환경(기회와 위협요인) 및 내부환경(강점과 약점)분석, 외부환경의 기회를 활용하고 위협에 대처하기 위해 조직내부의 강점과 약점에 토대를 둔 전략 선택, 선택적 전략 시행, 시행된 전략의 성과평가이다. 또한 계획수립 시 단기과제와 장기과제를 수립하고, 과제에 따른 구체적인 계획마련, 조직 내 윤리적 실천을 위한 예산 편성, 그리고 적극적인 활동 등이 포함되어야 한다.

실천전략 4. 조직별 윤리강령 및 실천지침 제정

윤리강령과 실천지침은 윤리경영의 핵심이다. 계획수립 후 모든 활동의 구체적 내용과 방향 결정의 기준이 되는 윤리헌장이 제정되어야 한다. 또한, 업무 수행 상 일어날 수 있는 구체적인 행위를 중심으로 지켜야 할 규범을 기술하고 있는 행동강령인 실천지침이 제정되어야 한다. 윤리헌장과 실천지침 제정 시 조직구성원들의 의견수렴과 공감대 형성이 필요하며, 이해관계자 분석을 통하여 이해관계자별로 세부적인 실천지침을 도출하는 것이 효과적이다.

실천전략 5. 윤리강령 및 실천지침 선포식

원칙과 기준 설정 후 윤리적 실천 의지강화를 위해 선포식이 필요하다. 이를 통해 외부감시자를 확보하여 이용자 및 관계자가 조직의 윤리적인 실천에 대한 감시 및 모니터링 역할수행을 기대할 수 있다.

실천전략 6. 지속적이고 반복적인 교육

지속적으로 윤리적 상황에 대한 민감성을 높이고 새로운 지식을 습득하고 실천하고자 노력하여야 한다. 이를 위해서 구체적 상황 속에서 어떻게 행동하는 것이 올바른 것인지 함께 토론하고 공감대를 형성해 나가는 교육이 요구된다. 예를 들어 스터디그룹, 학습조직, 신입직원에 대한 체계적인 교육 등이다.

실천전략 7. Help-Line(내부고발자제도)

관련제도가 존재하는 경우 조직구성원은 슈퍼바이저와 상의하여 관련된 내용에 대한 구체적인 대응을 할 수 있다. 이를 위해서는 철저한 비밀보장, 관련내용의 처리절차가 명확히 확립될 경우 조직운영에 대한 조직구성원의 신뢰가 향상될 수 있다.

실천전략 8. 기관에 맞는 윤리적 실천을 프로그램화하여 실천

사회복지분야는 지역과 대상에 따라 조직의 특성이 다르기 때문에 윤리경영을 구체적으로 실천함에 있어 조직의 특성이 반영되어야 한다. 개별 조직에 맞는 특성화된 프로그램을 기획하고, 실천함으로써 기관은 원하고자 하는 방향으로 윤리적 실천을 할 수 있다.

1 관계부처합동 (2021). K-ESG가이드라인 V1.0.

2 Galbreath, J. (2013). ESG in Focus: The Australian Evidence. *Journal of Business Ethics*, *118*(3), 529-541.

3 임형철, 정무섭 (2021). 국내외 ESG사례를 통해 본 중소기업 ESG경영 활성화방안. **아태비즈니스연구**, 12(4), 1-24.

4 Berman, S. L., Wicks, A. C., Kotha, S., & Jones, T. M. (1999). Does stakeholder orientation matter? The relationship between stakeholder management models and firm financial performance. *Academy of Management Journal*, *42*(5), 488-506.

5 Mohin, T. (2012). The Top Ten Trends in CSR for 2012, Forbes, January 18.

6 김양민, 박지현 (2021). ESG 또는 기업의 사회적 책임, 그리고 기업 재무성과: 실증연구 고찰과 향후 발전 방향. **전략경영연구**, 24(2), 75-114.

7 Friedman, M. (1970). The social responsibility of business is to increase its profits. *New York Times Magazine*, *32*(13), 122-126.

8 Barnea, A., & Rubin, A. (2020). Corporate Social Responsibility as a Conflict between Shareholders. *Journal of Business Ethics*, *97*, 71-86.

9 Freeman, R. E. (1999). Response: Divergent Stakeholder Theory. *Academy of Management Review*, *24*(2), 233 - 36.

10 Murray, K. B., & Vogel, C. M. (1997). Using a Hierarchy-of-Effects Approach to Gauge the Effectiveness of Corporate Social Responsibility to Generate Goodwill toward the Firm: Financial versus Non-financial Impacts. *Journal of Business Research*, *38*, 141-159.

11 Godfrey, P. C. (2005). The Relationship between Corporate Philanthropy and Shareholder Wealth : A Risk Management Perspective. *Academy of Management Review*, *30*, 777-798.

12 Fitch Ratings (2019). Introducing ESG Relevance Scores for Corporates: marking the intersection of credit risk and ESG risks, Special Report.

13 윤리라운드(ehics round): OECD는 1999년 '외국 공무원에 대한 뇌물방지협약'을 발표하여 정부조달관련 뇌물, 환경문제, 탈세, 규제관련 등 비윤리적 행위를 사전에 예방할 수

있도록 형사상 처벌 요구에서 시작하여 2003년 UN 부패방지 협약이 체결되면서 경제 활동의 윤리적 환경과 조건을 각 나라마다 표준화하려는 국제적인 움직임이다.

14 부패라운드(corruption round): 국가 간의 무역에 있어서 관행 시 되고 있는 뇌물수수와 부패를 업애 국가 간에 공정한 무역질서를 확립하려는 다자간 노력을 일컫는 용어로 1994년 '국제 상거래에 있어서의 뇌물에 관한 OECD 이사회 권고'를 채택하였으며, 1996년 '해외 영업에서의 뇌물수수 근절을 위한 조세의 역할에 관한 이사회 권고'를 마련하였다.

15 2006년 10월 17일 사회복지단체 및 보건복지부는 사회복지분야 투명사회협약 추진에 합의하고 수차례 실무협의회와 간사단체 회의를 거쳐 사회복지분야 투명사회협략을 체결하게 되었으며, 이 협약은 전문, 본문 7장 30조 및 부칙으로 구성되어 2007년부터 본격적인 실천에 들어갔다.

16 최혜경 (2016). 윤리경영이 조직신뢰, 조직시민행동, 고객지향성에 미치는 영향에 관한 연구: 부산광역시 민간사회복지기관을 중심으로. **한국사회복지행정학**, 18(1), 267-291.

17 김기덕 (2010). 사회복지전문직 윤리의 본질과 최근변화. 한국사회복지사협회 윤리경영 교육 · 실천매뉴얼. pp. 134-161.

18 상게서, pp. 138-141 내용을 토대로 재구성.

19 이명묵 (2010). 사회복지기관의 윤리경영. 한국사회복지사협회 윤리경영 교육 · 실천매뉴얼. pp. 202-206.

20 이명환, 이동길, 오세현 (2006). **윤리경영과 지원시스템**. 파주: 21세기북스.

21 전국경제인연합회 (2007). 윤리경영 자율진단지표.

22 신후경 (2009). 사회복지사의 윤리경영 인식과 윤리적 민감성에 관한 연구. 평태대학교 박사학위논문.

23 양옥경 (2010). 사회복지 윤기경영은 임파워먼트이다. 한국사회복지사협회 윤리경영 교육 · 실천매뉴얼. pp. 32-34.

24 김진곤 (2010). 비영리 사회복지조직의 윤리경영이 조직몰입 및 직무만족에 미치는 영향에 관한 연구. 연세대학교 석사학위논문.

25 최명민 (2010). 윤리적 사회복지 실천과 사회복지사의 윤리성. 한국사회복지사협회 윤리경영 교육 · 실천매뉴얼. pp. 163-196.

26 전국경제인연합회 (2007). 윤리경영 자율진단지표.

27 김성수 (2009). **21세기 윤리경영론 이론과 실제**. 서울: 삼영사. pp. 35-37.

28 상게서.

29 양세영 (2010). 성공적인 윤리경영 시스템의 도입과 운영방안. 한국사회복지사협회 윤리경영 교육 · 실천매뉴얼. pp. 393-410.

30 신후경 (2009). 사회복지사의 윤리경영 인식과 윤리적 민감성에 관한 연구. 평태대학교 박사학위논문.

31 김성수, 전게서.

32 문형구 (2010). 윤리경영 매뉴얼 Tip. 한국사회복지사협회 윤리경영 교육 · 실천매뉴얼. pp. 41-64 내용을 토대로 핵심내용 정리.

저/자/약/력

이기영

현) 부산대학교 사회복지학과 교수

연세대학교 사회복지학과 학사, 대학원 사회복지학과 석사

미국 Ohio State University, College of Social Work, 사회복지학 박사(Ph. D)

문순영

현) 경북대학교 사회복지학부 교수

전) Johns Hopkins University, Institute for Policy Studies, Junior Fellow

연세대학교 사회복지학과 학사, 사회복지대학원 사회복지학 석사, 박사(Ph. D)

엄태영

현) 경일대학교 사회복지실무전공 교수

전) 연세대학교 가양4종합사회복지관 지역복지과장

연세대학교 사회복지학과 학사, 사회복지대학원 사회복지학 석사, 박사(Ph. D)

주은수

현) 울산대학교 사회과학부 교수

연세대학교 사회복지학과 학사, 대학원 사회복지학과 석사

미국 University of Minnesota, School of Social Work, 사회복지학 박사(Ph. D)

이상우

현) 목원대학교 사회복지학과 조교수

연세대학교 사회복지학과 학사

연세대학교 사회복지대학원 사회복지학 석사, 박사(Ph. D)

최혜경

현) 사회복지법인 안나원 안나모자원장, 부산가톨릭대학교 사회복지학과 겸임교수

서울신학대학교 사회복지학과 학사, 대학원 사회복지학과 석사

부산대학교 경영대학원 경영학과 석사, 대학원 사회복지학 박사(Ph.D)

사회복지행정론

초판발행 2023년 9월 10일 **1판 1쇄 발행** | 2024년 9월 10일 **1판 2쇄 발행**

지은이 이기영 문순영 엄태영 주은수 이상우 최혜경
펴낸이 최용구 | **펴낸곳 도서출판 신정**
주소 (04316) 서울시 용산구 원효로 89길 19 (원효로1가)
전화 02)3211-4782, 0266(영업부), 3211-4783(편집부), 3211-4784(팩스)
이메일 sjbook2002@naver.com | **홈페이지** www.sjbook.co.kr
등록 2001년 5월 11일 제13-702호
기획마케팅 최용구 장만동 최충구 송대용 | **책임편집** 석기은 황가연

ISBN 978-89-5912-814-3 93330
정가 28,000원